高等院校精品课程系列教材

经济管理基础

Basis of Economic Management

邓金堂 胡树林 主编

机械工业出版社
China Machine Press

图书在版编目（CIP）数据

经济管理基础 / 邓金堂，胡树林主编 . —北京：机械工业出版社，2017.6（2025.1 重印）
（高等院校精品课程系列教材）

ISBN 978-7-111-56902-2

I. 经⋯　II. ①邓⋯　②胡⋯　III. 经济管理 – 高等学校 – 教材　IV. F2

中国版本图书馆 CIP 数据核字（2017）第 112198 号

　　本书紧扣非经管类所有专业学生需求，是按照基础性、逻辑性、故事性、可读性原则撰写的经济管理知识普及类教材。本书着眼于概念描述，采用简单易懂的方式讲解经济管理的核心知识，以培养学生的经济管理知识素养。

　　本书内容包括商品价值与商品价格，消费者需求与厂商供给，竞争与垄断，收入分配：效率与公平，经济周期、增长与发展，管理思想，领导者，战略与管理职能，企业运营 ABC，企业成长，创新与创业，政府经济管理。本书适用于非经济管理类专业学生，包括理工、历史、文学艺术等专业本科学生。

出版发行：机械工业出版社（北京市西城区百万庄大街 22 号　邮政编码：100037）
责任编辑：孟宪勐　　　　　　　　　　　　责任校对：李秋荣
印　　刷：北京建宏印刷有限公司　　　　　版　　次：2025 年 1 月第 1 版第 16 次印刷
开　　本：185mm×260mm　1/16　　　　　印　　张：20.25
书　　号：ISBN 978-7-111-56902-2　　　　定　　价：45.00 元

客服电话：（010）88361066　68326294

版权所有·侵权必究
封底无防伪标均为盗版

前 言

随着"双创"浪潮兴起,创新创业教育在高校蓬勃开展,通识教育成为大学人才培养方案的基础。大学生学习经济管理知识的热情高涨。经济学专业和管理学专业受到社会欢迎,成为热门专业,经济学学科和管理学学科成为显学。经济管理专业读物颇受读者青睐。在大学校园内,挑战杯赛、"双创"大赛等比赛要求校园的莘莘学子必须了解经管专业常识。在淘宝、当当等各类线下、线上图书市场中,名家、大咖所著所编的经济管理基础或经济管理概论比比皆是,却令这些读者望而却步。为推进通识教育改革向纵深发展,推出满足文学艺术专业、法学专业、外语专业、理学专业、工学专业等非经济管理专业学生要求的经济管理概论教材势在必行且非常急迫。本书应时而生,应景而出。

根据非经济管理专业学生需求特点,我们确定了编撰本书的基本理念,编撰一本非经济管理专业大学生都能看得懂、乐意读的《经济管理基础》教材。从事经济管理专业教育的同事们都知道,经济学、管理学是两个不同类别的一级学科,无论是经济学还是管理学,都有很多分支学科和专业。这就给编撰者提出了巨大挑战:选择哪些内容?如何选择这些内容?主编提出了以基础性理念为内容取舍的依据。编撰团队充分讨论,一致同意按此选择内容。根据基础性原则,我们选择了如下内容:商品的价值与价格,消费者需求与厂商供给,竞争与垄断,收入分配:效率与公平,经济周期、增长与发展,管理思想,领导者、战略与管理职能,企业运营 ABC,企业成长,创新与创业和政府经济管理。

以专业思路还是以故事思路撰写?这是我们面临的又一个挑战。图书市场的经济管理读本之所以使非经济管理专业读者望而却步,是因为专业语言较难理解。尽管这些读物的作者费尽心力力求语言简明,但仍然难以令这个读者群满意。放下经济管理专业编写思路,尽可能少用专业语言,多用故事语言,就可大大降低非经济管理专业大学生的阅读难度,并增强其阅读兴趣。因此我们确立并在编撰过程中始终坚持使用故事叙述方式。在很多专业教材中，使用故事叙事方式亦不鲜见。如何突出故事叙事方式？我们的编撰安排就是：力求主要知识点都讲一个故事或一个短小案例。

故事叙事方式的优势是可以增加教材的可读性。但是，其劣势亦突出，即不易于传递经济学和管理学知识点。为此，我们设计了名家生平和论述。名家生平和论述有两个优点：一是加深读者对经济学和管理学大师、著名企业家的了解；二是提供了读者直接阅读这些大家的精辟论述和见解的直观体验。这种安排弥补了故事叙述方式的缺陷，增强了专业知识性。

如何选择案例或故事？原则是：经典性、时代性和体验性。经典性是指故事或案例是在经济学、管理学教学领域公认的、广为人知的；时代性是指故事或案例发生在当代大学生所处的时代；体验性是指故事或案例处于当代大学生可直接体验的场景中。

概括起来，本书的编撰思路就是，本着基础性原则选择各章节的基础概念，厘清知识逻辑。在满足知识逻辑的基础上，首先讲一个故事或一个案例引出知识点，针对知识点介绍名家生平和论述，运用语言、图片、公式等多种表达方式讲述基础知识点。

本书的编撰思路对我们这些惯于使用专业语言和逻辑的老师来说是一个"高难度动作"。本书的编写过程亦可说明编撰难度。首先，我们就编写提纲多次讨论，经过团队成员激烈争论，确定了第八个编写提纲；其次，我们团队成员反复修改初稿；最后，主编仍然大幅度删减内容。

经过编撰团队的努力，贯彻和落实了本书的编撰理念、思路，形成了一本具有基础性、故事性、易读性和常识性特点的经济管理教材。本教材的面市为图书市场增加了一本满足非经济管理专业学生需求的教材。

本教材的编撰分工是，邓金堂教授、胡树林教授负责编撰方案制定、编撰团队组建、编撰组织和统稿工作。各章节具体分工是：第一章、第十一章（邓金堂），第二章（刘璐），第三章（严复雷），第四章（王建洪），第五章（胡树林），第六章（李进兵），第七章（刘樑），第八章（陈文君），第九章（万福），第十章（胡健）。

在编撰本书的过程中，我们得到了学校领导、职能部门、学院领导的大力支持。我们还得到了具有丰富教学经验的工商管理专业教师黄燕琳老师、何波老师、杨翠兰老师和会计系教授蒋葵老师等专家的指导。在此，特别致谢这些支持者、帮助者。

尽管团队成员付出了极大精力和心血，但是囿于团队成员识见有限，本书可能在内容取舍、案例与名家论述等方面仍有不足之处。我们团队渴望得到所有读者、各位专家和同事指正。

邓金堂　胡树林
2016 年 12 月写于西科花园

教学建议

教学目的

本课程的教学目的在于让学生了解经济学、管理学最基础、最核心的知识。具体来说,要培育所有非经济学、管理学专业的学生基础性、常识性的经济学知识和管理学知识。强化学生对价值和价格、需求与供给、竞争和垄断、收入分配以及效率与公平的关系、经济增长与发展、管理理念和管理思想、领导与战略、企业运营、企业成长、创新与创业、政府经济管理等经济管理活动常见的经济现象和管理现象的基本认识。

前期需要掌握的知识

初高中数学等知识。

课时分布建议

教学内容	学习要点	课时安排	案例使用建议
第一章 商品的价值与价格	(1) 学习和掌握商品使用价值的概念 (2) 学习和掌握商品价值的概念 (3) 学习和掌握商品市场价格的概念 (4) 学习和掌握商品均衡价格的概念 (5) 学习和掌握商品平均价格的概念	2	以综合案例为中心组织课堂教学
第二章 消费者需求与厂商供给	(1) 学习和掌握需求的概念、影响因素 (2) 学习和掌握生产成本的概念 (3) 学习和掌握供给的概念 (4) 学习和掌握供求均衡的概念	2	以综合案例为中心组织课堂教学
第三章 竞争与垄断	(1) 学习和掌握完全竞争市场的概念、基本特征 (2) 学习和掌握不完全竞争市场的主要类型及其特征 (3) 学习和了解不完全竞争市场上主要的竞争策略	2	以综合案例为中心组织课堂教学

（续）

教学内容	学习要点	课时安排	案例使用建议
第四章 收入分配：效率与公平	（1）学习掌握国民收入的概念与国民收入分配过程 （2）学习掌握收入分配差距的概念与衡量方法 （3）学习掌握效率与公平的概念以及效率与公平的关系 （4）学习掌握国民收入分配政策的概念、特征与主要内容	2	以综合案例为中心组织课堂教学
第五章 经济周期、增长与发展	（1）学习和掌握经济周期的概念 （2）学习和掌握经济周期的阶段与类型 （3）学习和掌握经济增长的概念与内涵 （4）学习和掌握经济发展的概念与内涵	2	以综合案例为中心组织课堂教学
第六章 管理思想	（1）学习和掌握科学管理理论思想 （2）学习和掌握人本管理思想的演变过程 （3）学习和掌握组织管理思想的演变过程 （4）学习和掌握战略管理、知识管理的基本思想	2	以综合案例为中心组织课堂教学
第七章 领导者、战略与管理职能	（1）学习和理解领导的概念和领导者的概念 （2）学习和理解战略的概念、特征 （3）学习和理解战略类型 （4）学习和理解管理职能	2	以综合案例为中心组织课堂教学
第八章 企业运营 ABC	（1）学习和掌握客户、客户分类、客户理论 （2）学习和掌握质量、质量管理 （3）学习和掌握利润、经济利润、增加利润的手段 （4）学习和掌握绩效、绩效考核、绩效考核的方法	2	以综合案例为中心组织课堂教学
第九章 企业成长	（1）学习和掌握企业生命周期及其各阶段的特点、企业生命周期理论 （2）学习和掌握企业成长概念、企业成长理论 （3）学习和掌握企业成长动力概念、不同阶段几种企业成长的驱动因素 （4）学习和掌握企业成长模式概念、几种企业成长模式的特征	2	以综合案例为中心组织课堂教学
第十章 创新与创业	（1）学习和掌握创新的概念 （2）学习和掌握创新的主要类型 （3）学习和了解创业过程、创业政策制度、识别创业机会	2	以综合案例为中心组织课堂教学
第十一章 政府经济管理	（1）准确理解法治是政府经济管理的基本指导思想 （2）准确理解政府与市场的关系 （3）准确理解产业规制的含义、目标和工具 （4）准确理解有效需求理论要点 （5）准确理解有效供给要点	2	以综合案例为中心组织课堂教学
合计		22	

说明：

（1）在课时安排上，每章都为2课时。每节都有小故事，任课教师可据此组织课堂教学，或者在综合性案例基础上结合每节的故事组织教学。

（2）每一章都设计了扩展性学习。扩展性学习旨在给有兴趣的学习者提供扩展学习引导,因此每章都附有参考文献和推荐网址。

(3)任课老师可充分利用综合案例一节给出的学习讨论题组织教学,尽可能让学习者参与到教学中来,并考核学习者。建议以3~5人组成小组,以小组为单位组织学生课后讨论。

(4)名家生平与论述设计旨在加深学习者对经济学大师、管理学大师思想的了解,增强知识权威性。任课教师在组织教学时可用之,以提高学习者对每个知识点的重要发展环节的认知素养。

(5)我们鼓励任课教师更多地引用自己熟知的正能量案例。

目 录

前言

教学建议

第一章 商品的价值与价格 ………… 1

学习要点 ………………………………… 1
第一节 商品的价值 ……………………… 1
第二节 商品的价格 ……………………… 11
第三节 案例 ……………………………… 17
本章要点 ………………………………… 19
关键术语 ………………………………… 20
延伸阅读 ………………………………… 20
相关网址 ………………………………… 20

第二章 消费者需求与厂商供给 ……… 21

学习要点 ………………………………… 21
第一节 消费者需求 ……………………… 22
第二节 生产成本与厂商供给 …………… 28
第三节 供求均衡分析 …………………… 37
第四节 案例 ……………………………… 43
本章要点 ………………………………… 45
关键术语 ………………………………… 46
延伸阅读 ………………………………… 46

相关网址 ………………………………… 46

第三章 竞争与垄断 …………………… 47

学习要点 ………………………………… 47
第一节 完全竞争市场 …………………… 48
第二节 不完全竞争市场 ………………… 59
第三节 博弈论与竞争策略 ……………… 69
第四节 案例 ……………………………… 72
本章要点 ………………………………… 73
关键术语 ………………………………… 74
延伸阅读 ………………………………… 74
相关网址 ………………………………… 74

第四章 收入分配：效率与公平 ……… 75

学习要点 ………………………………… 75
第一节 收入分配差距 …………………… 76
第二节 效率与公平 ……………………… 86
第三节 收入分配政策 …………………… 96
第四节 案例 ……………………………… 103
本章要点 ………………………………… 104
关键术语 ………………………………… 104
延伸阅读 ………………………………… 105

第五章　经济周期、增长与发展 ······ 106

学习要点 ······ 106
第一节　经济周期 ······ 107
第二节　经济增长 ······ 113
第三节　经济发展 ······ 123
第四节　案例 ······ 130
本章要点 ······ 132
关键术语 ······ 133
延伸阅读 ······ 133
相关网址 ······ 133

第六章　管理思想 ······ 135

学习要点 ······ 135
第一节　科学管理思想 ······ 136
第二节　人本管理思想 ······ 143
第三节　组织管理思想 ······ 152
第四节　案例 ······ 159
本章要点 ······ 161
关键术语 ······ 161
延伸阅读 ······ 161
相关网址 ······ 161

第七章　领导者、战略与管理职能 ······ 162

学习要点 ······ 162
第一节　领导者 ······ 163
第二节　战略与战略管理 ······ 172
第三节　管理职能 ······ 180
第四节　案例 ······ 195
本章要点 ······ 199
关键术语 ······ 199
延伸阅读 ······ 199
相关网址 ······ 199

第八章　企业运营 ABC ······ 200

学习要点 ······ 200
第一节　客户 ······ 201
第二节　质量 ······ 210
第三节　利润 ······ 215
第四节　绩效 ······ 222
参考文献 ······ 230
本章要点 ······ 230
关键术语 ······ 231
延伸阅读 ······ 231
相关网址 ······ 231

第九章　企业成长 ······ 233

学习要点 ······ 233
第一节　企业成长概述 ······ 234
第二节　企业成长动力 ······ 241
第三节　企业成长模式 ······ 249
第四节　案例 ······ 255
本章要点 ······ 258
关键术语 ······ 259
延伸阅读 ······ 259
相关网址 ······ 259

第十章　创新与创业 ······ 260

学习要点 ······ 260
第一节　创新 ······ 261
第二节　创业 ······ 274
第三节　案例 ······ 287
本章要点 ······ 289
关键术语 ······ 290
思考题 ······ 290
延伸阅读 ······ 290

第十一章　政府经济管理 ………… 292
学习要点 ……………………………… 292
第一节　政府经济管理思想 ………… 293
第二节　产业规制管理 ……………… 296
第三节　宏观经济管理 ……………… 300
第四节　案例 ………………………… 309
本章要点 ……………………………… 312
关键术语 ……………………………… 312
延伸阅读 ……………………………… 312

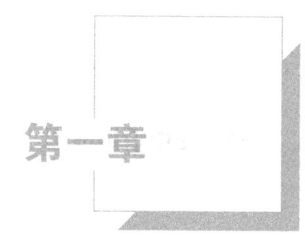

商品的价值与价格

学习要点

- 学习和掌握商品使用价值的概念
- 学习和掌握商品价值的概念
- 学习和掌握商品市场价格的概念
- 学习和掌握商品均衡价格的概念
- 学习和掌握商品平均价格的概念

商品价格是基本的经济现象,是普通老百姓、企业都经常面对的经济现象。有的商品价格高,有的商品价格低。创新创业者在创业活动中也经常面对商品或服务的价格问题。消费者、企业、创新创业者应该如何理解经济生活中的商品价格现象?

事实上,经济学家们对商品价格现象的理解是存在差异的。归结起来,有两种思路:一种思路从消费者的效用(消费者消费某种商品或服务所获得的满足感)出发来解读商品价格现象;另一种思路从生产劳动(生产者生产某种商品或服务所付出的劳动时间)出发来解读商品价格现象。前一种解读思路是西方经济学的基本思路,后一种思路是马克思主义政治经济学的思路。从西方经济学家观点看,商品价格始终围绕均衡价格波动;从马克思主义政治学观点看,商品价格始终围绕商品的价值波动。

西方经济学家与马克思主义经济学家在商品价值上的认知区别是:西方经济学家常常使用消费者效用值判断商品的价值;马克思主义经济学家常常使用社会必要劳动时间量来判断商品的价值。读者可以从商品价值故事、名家论述中体会商品价值和商品价格的区别。

第一节 商品的价值

一、商品的使用价值是商品价值的基础

商品是用来交换的劳动产品。商品的有用性表现为商品的使用价值,商品的使用价值是商

品价值的基础，没有商品的使用价值就没有商品的价值。因此我们首先讨论商品的使用价值。

商品使用价值故事

汽车商品的发展

汽车是现代社会非常普遍的交通工具，其发展却是一个漫长的历史过程。1885年，德国工程师卡尔·本茨发明了汽油发动机三轮车。1885年，哥特里布·戴姆勒发明了汽车发动机四轮车。

图1-1 卡尔·本茨与世界上第一辆汽油发动机三轮车

图1-2 戴姆勒与四轮汽车

本茨和戴姆勒被世人尊称为"汽车之父"，是人们公认的以内燃机为动力的现代汽车的发明者，他们的发明创造成为汽车发展史上最重要的里程碑。

亨利·福特设计T型车，发明汽车生产线，造出老百姓买得起的汽车。1917年福特公司市场占有率逾42%，1921年达55.45%，成为当时美国最大的汽车制造商。福特开启了人类进入汽车工业时代的大门。

图1-3 福特和T型车

20世纪二三十年代，通用汽车公司的哈利·厄尔设计出凯迪拉克 LaSall，该车有圆润的线条、锥形的尾部、修长低矮的轮廓，工艺美学成为汽车的新特性。阿尔弗雷德 P. 斯隆任通用汽车公司总裁以后，改变了福特汽车产品单一的形态，开启了汽车多品种批量化生产的新模式。同一时期，德国奥迪与戴姆勒·奔驰公司、法国雪铁龙等相继推出新的汽车产品。1937年德国政府成立大众汽车公司，计划生产名为甲壳虫的 VW33 型国民车。自此，人类完全迈入了汽车工业时代。

图 1-4　哈利·厄尔与第一款概念车别克 Yjob　　　图 1-5　甲壳虫

1950～1970年，汽车发展进入黄金时代。20世纪50年代，美国汽车业已形成"通用""福特""克莱斯勒"三大公司鼎立的局面，同时期的欧洲厂商也开始实行"量产化"，另外，欧洲厂商具有卓越的产品设计能力，从而生产出各式各样的跑车，转而销往美国，从而出现欧美两霸并存的局面。

汽车产品的主要特点是：操控性、流线性、耐用性。1973年石油危机爆发，日本丰田汽车公司针对欧美汽车缺陷设计了耐用、便宜、性价比高的小型车，开启了汽车工业新时代。进入20世纪80年代，汽车逐渐步入电子化、智能化时代，新兴的电子技术取代了汽车原来单纯的机电液操纵控制系统，以适应对汽车安全、排放、节能日益严格的要求。21世纪互联网技术、智能技术继续快速地应用于汽车工业，汽车无人驾驶时代的大幕徐徐开启。

上述故事表明，汽车商品的有用性特征表现为汽车的耐用性、安全性、操控性、舒适性、节能性等，具体表现为满足消费者的交通需要。

知识产品是现代商品中的代表性商品。它的有用性特征是什么呢？我们可观察在 IT 产业中家喻户晓的 Windows 系统。

Windows 系统的改进

20世纪70年代，个人计算机兴起，个人计算机操作系统随之发展起来。DOS 系统和 MS-DOS 系统是个人计算机发展初期的操作系统。20世纪80年代初期，比尔·盖茨收购 Windows 系统。Windows 系统逐渐取代 MS-DOS 系统。从 Win1.0 到 WinNt，Windows 系统早期版本易学易用的功能优势显现；自 Windows 95 到 Windows XP，Windows 系统节能、运行速度、兼容性等优点更加明显，易用性特征更加突出。Windows XP 版本成为 Windows 系统的经典版本，该版本满足了客户的几乎全部需求，其稳定性、安全性、易用性令用户满意。2009年，微软公司推出的 Windows 7 成为又一款经典产品。Windows 7 的设计主要围绕五个重点——针对笔记本电脑的特有设计；基于应用服务的设计；用户的个性化；视听娱乐的优化；用户易用性的新引擎。Windows 8 在 Windows 7 基础上发展起来，Windows 8 支持来自 Intel、AMD 和 ARM 的芯片架构，广泛应用于移动触控电子设备，如触屏手机、平板电脑等。该系统具有良好的续航能力，且启动速度更快、占用内存更少。2014年，微软公司推出了 Windows 系统新版本 Windows 10。Windows 产品在保持稳定性、易用性、安全性等特点的基础上逐渐强化多功能性。

汽车产品、Windows 系统等所有现代商品不断满足现代人的需要，其有用性特征在不断拓展，这种有用性表现为商品的使用价值。马克思（Karl Heinrich Marx）最先使用商品的使用价值概念，之前的古典经济学家大都使用物品效用概念。

名家生平与论述

卡尔·马克思生平

卡尔·马克思（1818—1883），德国政治家、社会主义理论家、作家、革命家、哲学家，马克思主义的创始人之一，国际无产阶级运动的领袖。

1835～1841年，马克思先后在波恩大学、柏林大学学习哲学和法学，获得法学博士学位。柏林大学的生活更加坚定了马克思为人类而工作的理想和抱负。他在博士论文中写道："你知道得很清楚，我不会用自己的痛苦去换取奴隶的服役，我宁愿被缚在岩石上，也不愿做宙斯的忠顺奴仆。"⊖

1842～1883年，马克思为了实现自己的理想和抱负而勤奋工作，发表了很多理论著作和论文，其中代表性作品是《资本论》。

资料来源：http://zhidao.baidu.com/link?url=T0KZZbcRPEpzyNd9gDqvGbQ0zptihzJbcJdZceTyRvUoqF7OzW5YbS7TYncLOLIWq1F3oXgqjb9Qm1zCLaJLE9-ZR2IHpKUh5DCbWr9Ut8q。

卡尔·马克思论商品的使用价值

"一物可以有使用价值而无价值。如果它对人类的效用不是以劳动为媒介，情形便是这样。例如，空气、处女地、自然草地、野生林木等。一物可以有效用又为人类劳动的生产物，但不是商品。用自己的生产物满足自己需要的人，只创造使用价值，不创造商品。要生产商品，他不仅要生产使用价值，还要生产为别人的使用价值，社会的使用价值。最后，任一物，要不是使用对象，就不能有价值。如果它是无用的，其中包含的劳动就是无用的，不算作劳动，并从而不形成任何价值。"

资料来源：卡尔·马克思.资本论[M].郭大力，王亚南，译.北京：人民出版社，1956:13。

马克思论述商品使用价值时提到了物品的效用。在马克思之前，物品的效用概念在古典经济学家的著作中被广泛使用。约翰·穆勒（John Stuart Mill）全面概括了物品的效用类型。

⊖ 马克思的博士论文题目是《德谟克利特的自然哲学和伊壁鸠鲁的自然哲学的差别》。

名家生平与论述

约翰·穆勒生平

约翰·穆勒（1806—1873），英国心理学家、哲学家和经济学家。约翰·穆勒毕业于英国著名的爱丁堡大学，与英国著名的伦理学家边沁交往密切，深得其真传，成为边沁效用主义学说的继承者和传播者。

1843～1865年是约翰·穆勒的创作高峰阶段，他发表了一系列作品，比如，《逻辑体系》《政治经济学原理》等。

约翰·穆勒论物品效用

约翰·穆勒认为劳动产生的效用具体包括三种产品与服务。

第一，固定和体现在外界物体中的效用，即运用劳动使外物具有能使它们对人有用的性质，即生产物质物品；

第二，固定和体现在人身上的效用。在此情况下，劳动用于使人具备能使他们对自己和别人有用的品质。所有与教育沾边的人的劳动，不仅仅是学校教师、教授，还有政府官员、道德家、传教士、医生、体育教师和各种行当、科学和艺术教师，以及学习者向他们求教的劳动，任何人在一生中求知或培养自己或他人体力或脑力才能花费的全部劳动，都属于这一类，即生产教育服务；

第三，也是最后一种效用并未固定或体现在任何物体中，它只存在于所提供的服务中，即给予一种快乐，消除不便或痛苦，时间可长可短，但不会使人或物的性质得到永久性改善，即生产其他服务。

资料来源：约翰·穆勒.政治经济学原理及其在社会哲学上的若干应用（上卷）[M].赵荣潜，等译.北京：商务印书馆，1991:62.

（一）商品使用价值的概念与特征

商品使用价值是指商品的有用性，在现代市场经济中，商品的使用价值是商品有用性的决定性内容。

商品使用价值具有自然属性与社会属性。商品使用价值的自然属性是指商品满足个人与社会的需要；商品使用价值的社会属性是指商品必须是用来交换的劳动产品，社会属性把商品的有用性与自然物品有用性区别开来。

商品使用价值有三种类型：第一，物质产品的使用价值；第二，知识产品的使用价值；第三，服务产品的使用价值。

（二）商品使用价值与人的体验

商品使用价值需要人的体验。通过体验，人们可以感知商品及其品质满足消费者的需要；通过体验，人们可以感知商品的耐用性、安全性、易用性以及给人们带来的欢乐。通过体验，人们感知商品是否符合自己的偏好，自己喜欢不喜欢，自己是否更喜欢等。在互联网时代，爆炸式的商品信息通过微信、QQ等各种网络渠道推送给消费者，消费者可以选择自已喜欢的商品信息。有着同样偏好的消费者集聚产品平台，形成了粉丝经济。品鉴活动、试驾活动、试用活动激发了消费者认知商品的各种功能的兴趣，因此体验营销成为现代商品使用价值转化为消费者价值的主要途径。

二、商品价值源于劳动还是效用

商品价值源于劳动还是效用？经济学史上存在对立的两种学说。一种是商品效用价值学说，该学说形成于 19 世纪 70 年代，英国经济学家杰文斯、德国经济学家门格尔、法国经济学家瓦尔拉斯等提出了边际效用价值学说。另一种是马克思主义的劳动价值学说。这两大学说相互对立。马克思认为，效用价值学说过度强调人的心理满足，在哲学上，这是主观唯心主义观点，是不科学的。

（一）商品价值源于效用

商品效用价值故事

沙漠之水与军士

狄仁杰所救的大唐凉州卫大军副将廖文清终于醒来。面对狄仁杰一干人等，回忆起饷银被劫的真相。

"那天，大军进入沙漠后不久便遇到了大地动，强风卷起百丈黄沙将众军打得七零八落，人仰马翻……"说着，他的眼神中流露出惊惧之色，仿佛又回到了那恐怖的大劫难中……大地疯狂地震动着，天空已呈黄雾色。

暴风嘶吼，肆虐地将地面的黄沙扬起，继而在空中组成一道道沙墙，向房哲率领的三千押运饷银的铁甲军横扫而来。"那景象真是太恐怖了！末将是凉州人，可以说对大漠相当熟悉，可却从来没见过那种情形。"

狄公点了点头道："那，后来呢？"

廖文清道："待地动停止，暴风过去，房将军命末将查看饮水储备的状况，末将点查之下，全军竟只剩下 40 袋水。"

"只剩下 40 袋？"

"是啊。这还不是最糟的，最糟糕的是通往凉州的官道竟被黄沙掩埋了。无奈之下，我们只得使用罗盘和地图硬着头皮向前行进……当时大军因缺水已无法继续前进。正在山穷水尽之际，大漠中突然出现了奇幻之象……"

狄公、曾泰对视一眼，几乎是同声问道："什么奇幻之象？"

廖文清深吸了一口气道："我们看到了许多黑衣天神手托银制的水瓶从远处向我们飘来！开始大家尚有敌意，房将军还号令众军摆出战斗队形。可这些黑衣天神似乎并无恶意，来到近前，他们将银瓶中的水倾洒在沙地上，众军一见再也忍耐不住，一拥而上……"

资料来源：钱雁秋.神探狄仁杰3，第14章，九九藏书网 http://99lib.net/book/5026/182922.htm。

大地震后，军士缺水。沙漠炎热，军士口渴至极，见水即蜂拥上前，鲸吞牛饮。可见，水对一群极度口渴的军士拥有的效用。但是，水并没有喝完，这表明，饮水足量后，军士再不愿饮水，水对于军士来说就没有效用。著名经济学家阿尔弗雷德·马歇尔（Alfred Marshall）把这个称为欲望饱和规律或边际效用递减规律。

名家生平与论述

阿尔弗雷德·马歇尔生平

阿尔弗雷德·马歇尔（1842—1924），近代英国最著名的经济学家，新古典学派的创始人，剑桥大学经济学教授，19世纪末～20世纪初英国经济学界最重要的人物。其就读于剑桥大学，毕业后任职于剑桥大学，9年后任职于牛津大学，直至退休。

其著述颇丰。《经济学原理》是他的代表著作，该书在西方经济学界被公认为划时代的著作，也是继《国富论》之后最伟大的经济学著作。该书所阐述的经济学说被看作英国古典政治经济学的继续和发展。《经济学原理》一书的主要成就在于建立了静态经济学。马歇尔的经济学说是19世纪上半叶至19世纪末经济学之大成，并形成自己独特的理论体系和方法，对现代西方经济学的发展有着深远的影响。

马歇尔论边际效用规律

欲望是无止境的多种多样，但任何个别的欲望却是有其限度的。人类的这种平凡而基本的倾向，可用欲望饱和规律或效用递减规律来说明：某物对任何人的全部效用，随着他对此物所有量的增加而增加，但不及所有量的增加那样快。如果他对此物的所有量是以同一的比率增加，则由此而得的利益是以递减的比率增加。换句话说，一个人从一物的所有量有了一定的增加而得到的那部分新增加的利益，随着他已有的数量的增加而递减。

一个东西的价值，也就是它的交换价值，在任何地点和时间用另一物来表现的，就是在那时那地能够得到的，并能与第一样东西交换的第二样东西的数量。因此，价值这个名词是相对的，表示在某一地点和时间的两样东西之间的关系。

根据马歇尔的观点，一物的真正价值是可以衡量的，这就是消费者剩余概念，即消费者宁愿付出而不愿得不到此物的价格，超过他实际付出的价格的部分，是这种剩余满足的价值衡量。

一物的真正价值不是以它与个别人的关系来研究的，而是以它与一般人的关系来研究的；这样自然就会假定，"第一点"，对一个英国人值一先令的满足可当作与对另一个英国人的一先令的价值相等。

资料来源：马歇尔.经济学原理（上）[M].朱志泰，译.北京：商务印书馆，1981.

商品效用，简单地说，就是商品对人的心理满足感。边际效用递减是商品效用的特征。商品价值来源于商品效用，消费者剩余可以衡量商品价值。

1. 边际效用递减原理

一个人对于财富的占有多多益善，即效用函数一阶导数大于零；随着财富的增加，满足程度的增加速度不断下降，效用函数二阶导数小于零。

2. 最大效用原理

在风险和不确定的条件下，个人的决策行为准则是为了获得最大期望效用值而非最大期望金额值。

（二）商品价值源于劳动

📽 商品价值故事

华为手机

2012年，谈到华为（华为科技有限公司，简称华为公司或华为）手机产品时，人们还以为是深圳一家小公司的产品。2013年华为推出P6产品初步改变了业界和消费者对华为手机产品的印象，但依然被定义为没有技术含量的组装货。2014年华为陆续推出Mate7、P8，再到MateS，Mate8，P9，华为手机的进步令人刮目相看，而Mate7的热销更是国产品牌挺进中高端手机市场的一次革命，及至MateS，P9，华为手机已然从一个国产品牌转型为国际科技时尚品牌。2016年，华为推出了Mate8，P9两款高端产品，标志着华为手机产品代表中国手机产品成功升级为国际高端产品。华为手机产品的市场价格由每台2 000元上升到3 000元。

2015年，华为公司品牌位列Interbrand全球品牌百强榜第88位，在BrandZ的全球百家最具价值品牌中位列第70位。据全球知名调研机构Ipsos报告显示，全球有超过3/4的消费者知道华为手机，在素以品牌高地著称的欧洲市场对华为手机的品牌认知度同样大幅度提升，在中国市场，华为手机的认知度达到了97%。华为手机已成为与苹果手机、三星手机并列的国际三大高端手机品牌。

华为手机价值源泉是：华为构建了遍布全球的17个研究中心体系，聚集了全球顶级的专家和科学家、艺术家，保持了15%以上的持续研发投入。

高智力劳动投入及研发投入带来了华为业绩持续高增长。2015年华为整体业务收入达到了3 950亿元，其中消费者业务实现销售收入1 291亿元（超200亿美元），同比增长72.9%，全年智能手机发货量达到1.08亿台，成为全球前三的智能手机品牌。2016年第一季度全球智能手机的销量显示华为在手机行业的位置，今年第一季度华为手机以2 700万部的出货量继续位列全球智能手机的第三位，市场份额9.3%，与位列第二名的苹果14.4%的市场份额相比，有5个点左右的差距。华为手机业务正向"终端要敢于5年内超越1000亿美元的销售收入"的目标稳步推进。

资料来源：客商天下. 揭秘华为公司变化发展的真实情况 [D/OL].http://www.rongbiz.com/info/show-htm-itemid-343595.html.

华为手机产品价值为何能与苹果手机、三星手机产品价值媲美？直观地看，一是形成了高端品牌，产生品牌价值；二是研发劳动持续投入。在这里，高端品牌价值与研发劳动价值是什么关系呢？

唐代新乐府运动诗人李绅《悯农》一诗描述了农事劳作的艰辛。从经济学角度看，这首诗表现了农事劳动的性质是体力劳动支出。

"锄禾日当午，汗滴禾下土，谁知盘中餐，粒粒皆辛苦。"

体力劳动价值在现代社会所占份额大幅度下滑已成为不争的事实。过去 30 多年，中国依靠劳动力资源优势，制造了满足全世界需求的中低端工业制成品。"中国只有卖出 8 亿件衬衫才能进口一架空客 380。"这表明，中国劳动者创造的价值与欧美等发达经济体的劳动者创造的价值有巨大差距。

名家生平与论述

马克思论商品价值

"把商品的使用价值丢开来看，它们就还只留下一种属性，那就是劳动生产物属性。"在劳动生产物这个残留物中，"不外是无差别的人类劳动的凝结物。人类劳动又不外是人类劳动力的支出，而不问它的支出形式。所以，此等物不过表示，在它们的生产上，曾有人类劳动力被支出，有人类劳动积累着。此等物当作它们同有的社会实体的结晶，它们便是价值——商品价值"。

资料来源：卡尔·马克思.资本论［M］.郭大力，王亚南，译.北京：人民出版社，1956:9-10.

刘诗白生平

刘诗白（1925—），男，重庆市万州人，毕业于武汉大学经济系，西南财经大学教授、博士生导师，西南财经大学名誉校长，《经济学家》杂志主编，中国著名的理论经济学家，《现代财富论》是其代表作。其理论贡献之一是，全面解读了当代经济生活中劳动创造财富的观点。知识创新劳动是当代商品价值源泉。

刘诗白论现代商品价值源泉

知识密集成为现代财富的特征。知识是科学劳动的结晶，高科技产品的知识密集性本身意味着有科学劳动体现于其中。创造知识密集的产品，即把原科学知识要素合并于生产和体现于生产品之中，需要依靠人的劳动投入，特别是需要有高智力的劳动投入，而任何一种科学知识密集的产品的形成都是既体现原科学劳动的作用，又体现劳动，特别是智力性劳动的作用。可见，科学（知识）力本质上是劳动力，科学力的高财富创造力体现的是高级形态的人类劳动——知识创新劳动的生产力。

资料来源：刘诗白.现代财富论［M］.北京：三联书店，2005:109.

商品价值概念与特征

商品价值是指凝结在商品中的一般人类劳动。劳动创造价值在商品经济发展过程中的表现不同。在简单商品经济阶段，劳动创造价值表现为体力劳动力支出。在 20 世纪，加工制造业是体力劳动创造价值最为集中的产业领域。创新劳动创造价值在先进制造业、生产性服务业等产业中起决定性作用。随着专业分工深化，全球市场形成，创新劳动、体力劳动创造价值表现在产品的研发、设计、制造、销售等各个环节。施振荣"微笑曲线"（见图 1-6）揭示了现代商品价值特征。

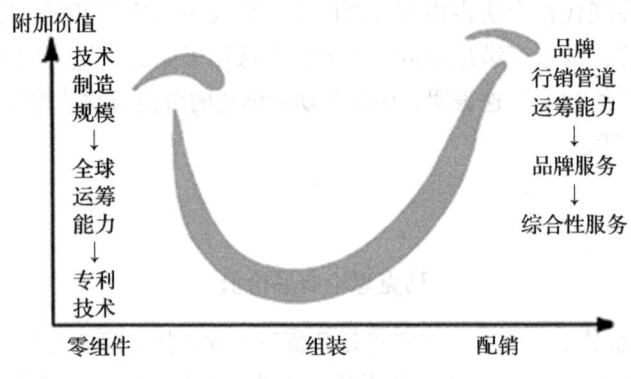

图 1-6 施振荣"微笑曲线"

资料来源：施振荣，1992。

商品价值量是由必要劳动时间来衡量的。必要劳动时间是个人的必要劳动时间还是个体公司的必要劳动时间？都不是。马克思说，"社会必要劳动时间是衡量商品价值量的尺度"。

什么是社会必要劳动时间？在《资本论》第一卷中，马克思指出，"在现有社会标准的生产条件下，用社会平均的劳动熟练程度和劳动强度，生产任一个使用价值所必要的劳动时间。"⊖此处，社会必要劳动时间针对商品的价值而言。

在《资本论》第三卷中，马克思写道："棉织品按比例来说生产过多了，尽管在这个棉织品总产品中实现的只是既定条件下生产这个总产品所必要的必要劳动时间。但是，总的来说，这个特殊部门消耗的社会劳动是过多了；就是说，产品的一部分已经没有用处。可见，只有当全部产品是按必要的比例生产时，它们才能卖出去。社会劳动时间可分别用在各个特殊生产领域的份额的这个数量界限，不过是整个价值规律本身进一步展开的表现，虽然必要劳动时间在这里包含着另一种意义。为了满足社会需要，只有如许多的劳动时间才是必要的。在这里界限是由于使用价值才产生的。"⊖此处，社会必要劳动时间指的是各个产业部门的社会平均必要劳动时间。

三、小案例分析

（一）苹果公司 iPhone 产品价值

iPhone 产品是无线互联网时代的耐用消费品。据调查，生产一部 32GB 的 iPhone 4S 产品的成本为 220 美元，生产一部 16GB 的 iPhone 4S 产品的成本为 170 美元，而生产一部 8GB 的 iPhone 4S 产品的成本为 140 美元。美国市场研究公司 Asymco 人工成本仅为 iPhone 售价的 2%～5%，大约一台 iPhone 产品人工成本约为 12.5 美元。扣除 iPhone 成本，每台 iPhone 产品大约为苹果创造 650 美元的收入，据估计其毛利润率约为 55%。⊜此处，iPhone 4S 产品价值可分解为：劳动力工资为 12.5 美元/台 + 零部件制成品成本 + 苹果公司得利润为 650 美元。

⊖ 马克思.资本论［M］.郭大力，王亚南，译.北京：人民出版社，1956（1）：11。
⊖ 马克思.资本论［M］.郭大力，王亚南，译.北京：人民出版社，2004（3）：717。
⊜ 资料来源：AppleInsider 网站报道。凤凰网科技讯北京时间 2013 年 2 月 23 日报道。

（二）思考题

（1）iPhone 产品价值源于劳动吗？
（2）iPhone 产品价值源于品牌吗？
（3）iPhone 产品价值源于创新劳动吗？

第二节　商品的价格

商品价格是商品交换价值的货币表现。这个观点有两层意思：第一，商品价格是商品的交换价值；第二，货币是商品价格的表现。商品价格质的属性通过商品市场价格形态表现出来，商品价格水平是商品价格量的属性。

一、商品价格是商品交换价值的货币表现

商品价值形态的演化

物物交换故事

别针换别墅

2005 年 7 月 14 日～2006 年 7 月 12 日，加拿大小伙凯尔·麦克唐纳德以一枚红色大曲别针为资本，经过 16 次物物交换，最终不仅实现了换别墅的梦想，而且还与兰登书屋公司签订了出书协议，并把电影拍摄权卖给了好莱坞梦工厂。

他成功换物的主要流程如下：

一枚红色曲别针→一支鱼尾形圆珠笔→一件骷髅头把手饰品→一台野营微波炉→一台旧的家用型发电机→一个有纪念意义的啤酒桶＋一张欠单（要装满啤酒）→一辆雪橇摩托车→一个免费度假安排→一辆旧的两用货车→一份录音棚的合同书（50 小时录音、50 小时混音制作）→美国凤凰城免费租用一年的双层公寓→与著名摇滚歌星艾丽斯·库珀一起喝下午茶→电视演员科尔宾·伯恩森在新片中提供的一个演员角色→一幢别墅的一年使用权。

在现代社会，别针换别墅的故事是个别案例。不过，在物物交换时代，却是极为普遍的现象。物物交换常常发生于一个村庄或相邻村庄。这种交换表现为：一种物品交换为另一种物品。交换的偶然性大，交换次数多，完成交换的时间长，交换的效率低。一枚红色曲别针与一支鱼尾型圆珠笔在交换过程中互相表现对方的价值形态。这种情形称为相对价值形态和等价形态。

名家论述

马克思论相对价值与等价物

相对价值形态与等价形态是互相依赖，互为条件，而不可分离的两个要素，同时又是互相排斥，互相反对的，同一价值表现为内在的二极端。

资料来源：马克思.资本论［M］.郭大力，王亚南，译.北京：人民出版社，1956（1）：23.

1. 从相对价值形态到扩大价值形态

别针换别墅的故事实际上是一个别针多次交换其他物品的过程。别针换别墅的故事我们可以改写成：

$$
一枚红色曲别针 = \begin{cases} 一支鱼尾形圆珠笔 \\ 一件骷髅头把手饰品 \\ \cdots\cdots \end{cases}
$$

这个公式表明，一枚红色曲别针的价值表现在鱼尾型圆珠笔、骷髅把手饰品等无数的商品要素上。鱼尾型圆珠笔、骷髅把手饰品等无数的商品都是这枚红色曲别针的等价物。商品扩大价值形态优势在于，商品交换范围扩大，商品交换品种增加了，可以满足持有红色曲别针的凯尔·麦克唐纳德的更多欲望。然而，其缺陷亦特别鲜明：第一，商品的相对价值表现是不完全的；第二，这种交换链形成了一种错乱无序的交易。

2. 从扩大价值形态到一般的价值形态

我们把红曲别针与其他商品交换的等式调换，得到一个新等式：

$$
\begin{cases} 一支鱼尾形圆珠笔 \\ 一件骷髅头把手饰品 \\ \cdots\cdots \end{cases} = 一枚红色曲别针
$$

这个等式表明，商品的价值表现特点是：第一，很多商品的价值可以表现在唯一商品——红曲别针上；第二，很多商品的价值的等价物都统一于红曲别针上。这种情形表明，商品交换更便捷、更快了。但是，这种交换的缺陷是，红曲别针作为一般等价物不能获得更广泛的认同。

3. 从一般的价值形态到货币形态

在商品发展历史上，货币形态曾由多种商品表现，比如，马、牛、羊、贝壳等。但是，金银等因其贵重、耐用性等诸多优点从贵金属中脱颖而出，成为一般等价物形态，成为公认的货币。金银天然不是货币，货币天然是金银。这是真的。

📽 名家论述

马克思论货币

商品交换越是打破地方的限制，商品价值越是发展成为人类劳动一般的体化物，货币就越是归到那种天然最适于担任一般等价物社会机能的商品，那就是贵金属。

资料来源：马克思.资本论［M］.郭大力，王亚南，译.北京：人民出版社，1956.

货币职能一般归结为：价值尺度、流通手段、支付手段、贮藏手段和世界货币。货币形态有铸币和纸币。

4. 商品价格表示商品价值的货币度量

根据市场咨询公司 Canaccord Genuity 的数据显示，2015 年第四季度，虽然三星销售的智能手机比苹果多，但是三星的平均售价（ASP）只有 180 美元，而苹果却达到了 691 美元。⊖

⊖ 虎涛，编译去年智能手机利润苹果占91% 三星为14%［N］.凤凰科技 http://tech.ifeng.com/a/20160215/41550768_0.shtm.

在这个例子中,苹果手机和三星手机的价值都是由美元度量的。平均每部苹果手机 691 美元,平均每部三星手机 180 美元。这就是商品价格。

在全球化时代,世界主要货币有美元、英镑、欧元、日元、澳元。在国际贸易活动中,商品计价货币主要有美元、欧元、日元、英镑。

随着人民币国际化进程加速,人民币不仅是中国市场的计价货币,也正在成为国际市场计价货币。

二、商品价格特征

(一)商品市场价格总是围绕均衡价格上下波动

商品市场价格故事

上海黄金交易所

上海黄金交易所是中国央行的附属机构,是中国实物黄金市场的核心。上海黄金交易所提供了一个受政府监管的单一流动交易平台,向所有交易者提供了一个受监管的、高效且安全的交易平台。几乎所有的黄金需求和供应都在上海黄金交易所系统内进行。

2008 年全球金融危机所带来的巨大冲击再次证明美元作为全球储备货币的内在脆弱性。为应对美元风险,中国政府迅速发展国内黄金市场并刺激私人囤积黄金。国内黄金市场价格运行如图 1-7 所示。

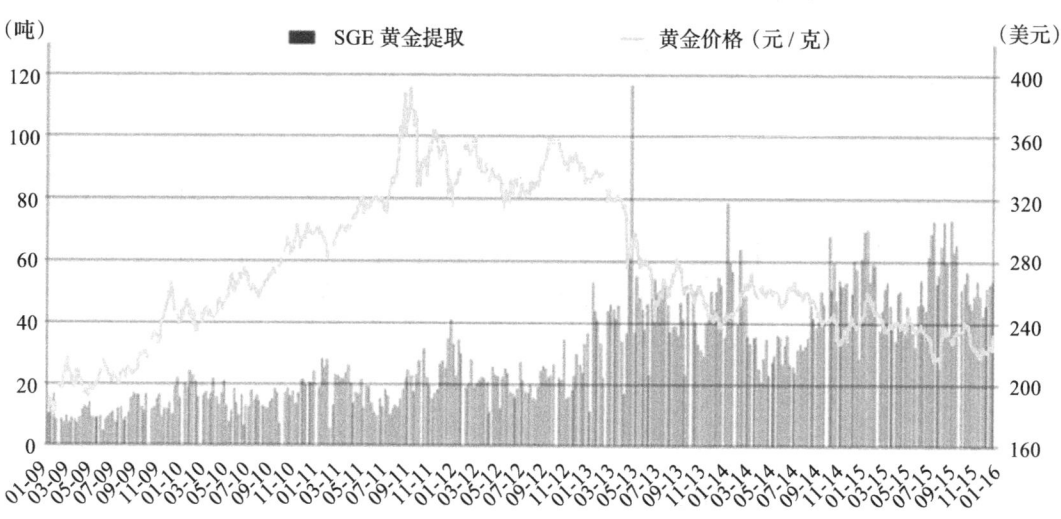

图 1-7　2015 年上海金交所黄金市场价格运行

资料来源:从美元霸权解脱!后美元时代来临前中国拥抱黄金。凤凰国际 iMarkets 2016 年 04 月 18 日报道。

名家论述

马歇尔论均衡价格与市场价格

当供求均衡时,一个单位时间内所生产的商品量可以叫作均衡产量,它的售价可以叫作均衡价格。

这种均衡是稳定的均衡;这就是说,如价格与它稍有背离,将有恢复的趋势,像钟摆沿着它的最低点来回摇摆一样。我们将会看到,所有稳定均衡都有这样一个特点,那就是,在均衡状态中,需求价格大于供给价格的那些数量,恰恰也就是小于均衡数量的那些数量,反之亦然。

资料来源:马歇尔,著.经济学原理(下卷)[M].陈良璧,译.北京:商务印书馆,1981:37.

1. 商品市场价格概念与特征

商品市场价格指的是商品市场供求价格,包括商品的需求价格和商品的供给价格。商品市场价格的基本特征是波动性。

2. 均衡价格概念与特征

均衡价格是指商品市场供求均衡状态时的商品价格。均衡价格是暂时的。均衡价格的特征是商品市场价格总是围绕市场均衡价格上下波动。

(二)商品市场价格总是围绕平均价格上下波动

🎬 商品平均价格故事

股票交易价格

股票市场价格走势通常采用移动平滑线描述。我们给出上海证券交易所综合指数股市描述商品平均价格。

图1-8中有四条移动平均线。第一条是白色5日均线(①),第二条线是黄色10日均线(②),第三条是紫色20日均线(③),第四条是绿色60日均线(④)。蜡烛图是当日交易价格图。我们可以清晰地看到,每天的蜡烛图或者在均线上方或在均线下方。这表示上海股市的市场价格总是围绕着市场平均价格波动。

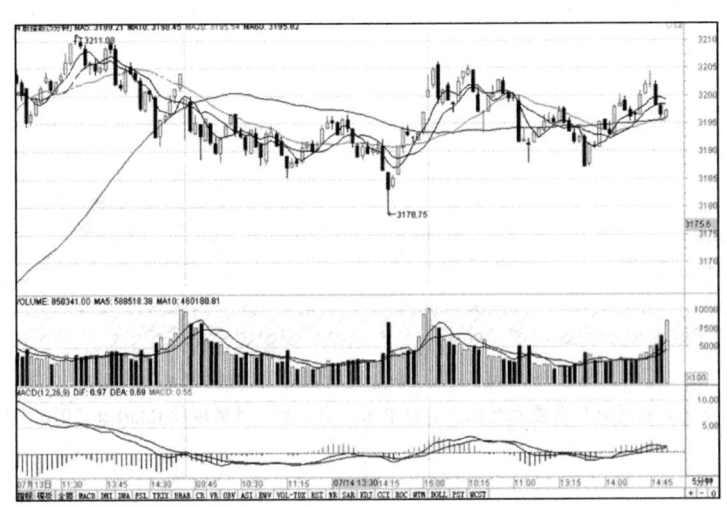

图1-8　上海证券综合指数移动平均线

不仅整个市场是这样的,每只股票的市场价格同样紧紧围绕该股票的平均价格波动(见图1-9)。

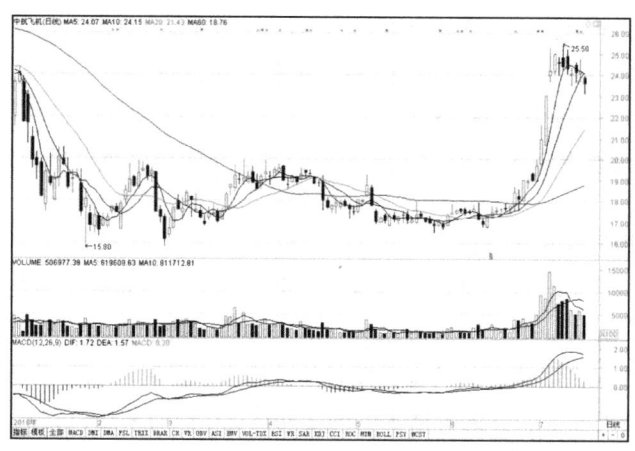

图 1-9　中航飞机股票指数 2016.01.05～2016.07.15

名家论述

马克思论平均价格

不同诸生产部门的商品依照它们的价值来售卖这一个假定,当然这不过意指:它们的价值是一个重心,它们的价格就是围绕着它来变动,并且它们的价格的不断上下涨落,就是为它均衡。因此,我们在此以外,又常常有一个市场价值。……市场价值,一方面,要视为是一个部门所生产的商品的平均价值,另一方面,要视为是在该部门所生产的商品的平均价值,再一方面,要视为是在该部门平均条件下生产的产品个别价值。

资料来源:马克思.资本论[M].郭大力,王亚南,译.北京:人民出版社,1956(3):203.

1. 平均价格概念与特征

综合股票价格指数和马克思论述,平均价格指的是一个生产部门的商品价值近似于商品的社会必要劳动时间或者在部门平均条件下生产的产品必要劳动时间。平均价格是一个居中的市场价格或均衡价格。

2. 平均价格类型

平均价格包括物质生产部门的产品市场平均价格、服务部门的市场平均价格、资产市场的平均价格。

计算平均价格的方法有简单算术平均数计算方法和移动加权平均数计算方法。其中,权重系数确定是平均价格计算的关键。价格指数是常用的平均价格工具。

三、商品价格指数:消费者价格指数和采购经理人指数

(一)消费者价格指数

消费者价格指数故事

2016 年上半年消费者价格指数

据国家统计局 2016 年 7 月 15 日消息,2016 年上半年,居民消费价格同比上涨 2.1%,

涨幅与一季度持平。其中，城市上涨 2.1%，农村上涨 2.1%。分类别看，食品烟酒价格同比上涨 5.0%，衣着上涨 1.6%，居住上涨 1.4%。在食品烟酒价格中，粮食价格上涨 0.6%，猪肉价格上涨 28.2%，鲜菜价格上涨 18.2%。

2016 年上半年消费者价格指数（CPI）表明，我国经济仍然处于通货紧缩阶段。

1. 消费者价格指数含义和特征

无论是严肃的经济学教材还是百度百科，都会解释消费者价格指数的含义和特征。消费者价格指数可以定义为：一个反映居民家庭一般购买的消费价格水平变动情况的宏观经济指标。它是度量一组代表性消费商品及服务项目的价格水平随时间而变动的相对数，是用来反映居民家庭购买消费商品及服务的价格水平的变动情况。其计算公式是：

CPI =（一组固定商品按当期价格计算的价值 / 一组固定商品按基期价格计算的价值）× 100%。它采用的是固定权数按加权算术平均指数公式计算，即

$$CPI = \sum_{i=1}^{n} CPI_i \times Weight_i \qquad (1-1)$$

2. 消费者价格指数的功能

消费者价格指数衡量一国物价总水平，它的基本功能是，度量通货膨胀或是通货紧缩，国民经济测算，契约指数化调整，反映货币购买力变动情况和实际工资水平。

各国经验表明，消费者价格指数取中位数的 5% 作为判断通货膨胀或是通货紧缩依据。

（二）采购经理人指数

采购经理人指数故事

2016 年上半年生产者价格指数

据国家统计局 2016 年 7 月 15 日消息，2016 年 6 月中国制造业采购经理指数为 50.0%，比上月微降 0.1 个百分点，位于临界点。具体情况是，首先从企业规模看，大型企业 PMI 为 51.0%，比上月上升 0.7 个百分点，持续高于临界点；中型企业 PMI 为 49.1%，比上月下降 1.4 个百分点，降至临界点以下；小型企业 PMI 为 47.4%，比上月下降 1.2 个百分点，继续位于临界点以下。从分类看，生产指数为 52.5%，新订单指数为 50.5%，从业人员指数为 47.9%，原材料库存指数为 47.0%，供应商配送时间指数为 50.7%（见图 1-10）。我国 2016 年上半年的 PMI 数据表明，我国仍处于通紧阶段。

1. 采购经理人指数含义和特征

采购经理人指数（purchase managers' index，PMI）是衡量一个国家制造业的"体检表"，是衡量制造业在生产、新订单、商品价格、存货、雇员、订单交货、新出口订单和进口八个方面状况的指数，是经济先行指标中一项非常重要的附属指标，是美国供应管理协会 ISM 商业报告中关于制造业的一个主要参数。

采购经理人指数是以百分比来表示的，常以 50% 作为经济强弱的分界点：当指数高于 50% 时，则被解释为经济扩张的信号。当指数低于 50%，尤其是非常接近 40% 时，则有经

济萧条的忧虑。一般在 40%～50% 之间，说明制造业处于衰退阶段，但整体经济还在扩张。

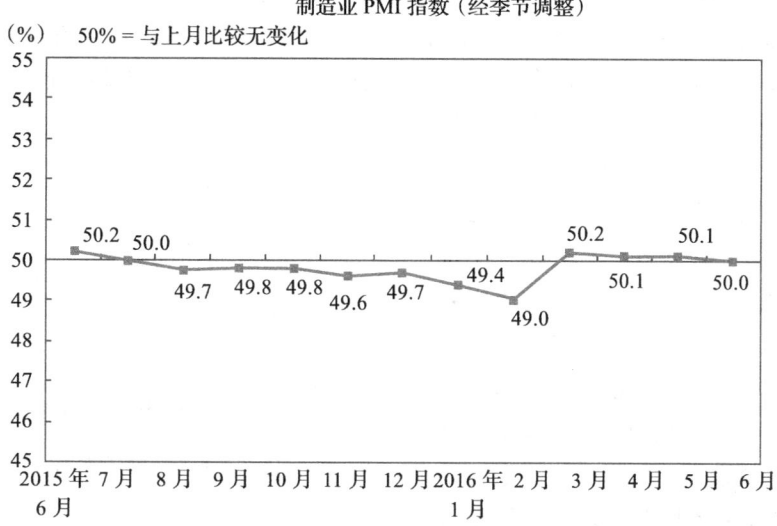

图 1-10　制造业 PMI 指数

资料来源：2016 年 6 月中国制造业采购经理指数为 50.0%[N]. http://news.163.com/16/0701/09/BQSJU2SO000 14JB5.html.

2. 中国采购经理人指数

2005 年 4 月底，我国在北京和香港两地发布了"中国采购经理人指数"。这是中国首次发布这一经济指数。它包括制造业和非制造业采购经理人指数，与 GDP 一同构成我国宏观经济的指标体系。中国制造业采购经理人指数体系共包括 11 个指数：新订单、生产、就业、供应商配送、存货、新出口订单、采购、产成品库存、购进价格、进口、积压订单。

第三节　案例

一、价值与价格案例

本案例是根据《日本窗》杂志，2016 年 7 月 4 日一篇文章改写而成的。文章的原题目是《日本人在中国租下 1 500 亩土地，前 5 年巨亏被嘲笑，10 年后惊呆所有人！》本案例取末尾"美莓"和"唯品"的价格命名即"美莓"和"唯品"为何高价？

"美莓"和"唯品"为何高价

2006 年 5 月，3 家日本公司朝日啤酒、住友化学、伊藤忠商事投资 15 亿日元，在中国山东莱阳租下 1 500 亩农田，租期 20 年，并成立了一家高科技农业公司"朝日绿源"，开始在中国种地。3 家日本公司来头可不小，都是响当当的世界 500 强企业。

朝日绿源公司先用围栏把地都圈了起来，不让当地人进入，甚至还装上了摄像头。他们还整天在田间地头钻土、取水采样，为了取地下水居然把井打到了地下 200 米！要知道当地一般钻 10 米深就能取到水了！这是为何？很多人猜测，朝日绿源是不是拿种地做幌子，实际是在勘探地下矿藏？当地农民怀疑这家公司"根本不会种地"！

当地农民的怀疑不无道理。普通农民都能把玉米种得高大粗壮、绿油油，但朝日绿源公司的玉米地却活活像块野地：杂草长得比玉米还高，不知道施化肥不说，生了虫也不赶紧打农药，害虫肆虐甚至连累到附近农民的庄稼，被找上门要求赔偿。对此质疑，该公司却解释道："要想种出安全的作物，最重要的是要有健康的土壤！莱阳土地虽然肥沃，但常年过度使用化肥农药，土壤活力已退化，前几年我们要先恢复土壤健康。"

土壤健康，闻所未闻！土壤健康重要吗？土壤健康与安全的作物有什么关系？朝日绿源公司解释道："钻200米深的水井，可避开被农药、化肥污染的浅层地下水，采用有害物质更少的深井水，避免污染土壤。"看起来还挺有道理的。很多人还是摇头，他们说："日本人纯粹瞎折腾，成本搞到这么高，这么种地能赚钱才怪！"的确，就因为坚持不打农药"靠天吃饭"、前期不追求亩产量、种植养殖循环，前5年企业一直处于亏损状态，"朝日绿源"甚至沦为"钱多人傻"的笑谈。

但是，日本公司是全世界出名的精于算计的公司，绝不会傻到做赔本生意。大老远跑到中国投资15亿日元，其实早有了一副全盘规划。

整个项目由朝日啤酒统筹农业生产，住友化学负责提供农资器材，伊藤忠商事负责物流销售，股份结构为朝日啤酒73%，住友化学17%，伊藤忠商事10%，3家形成了完整的现代农业产业链条。

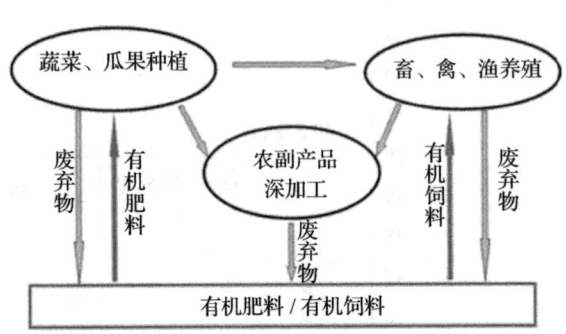

图1-11　朝日绿源的循环农产品生产链

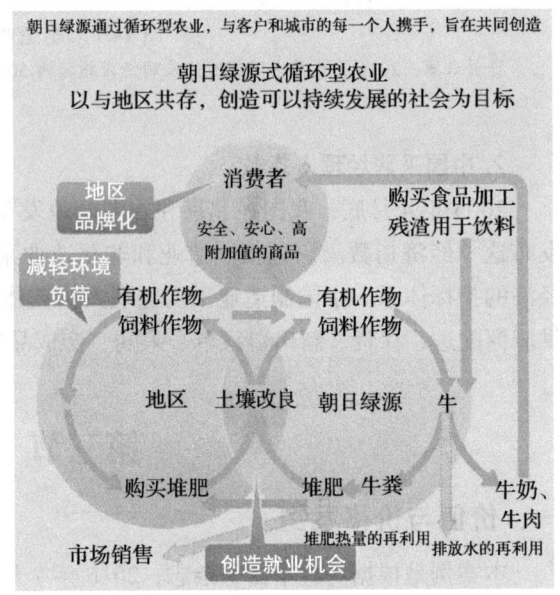

图1-12　朝日绿源循环农产品链细图
资料来源：引自朝日绿源主页。

网上夸张的说法"日本人租了1 500亩地，荒置5年任其荒草丛生"并不准确。其实早在2006年当年，朝日绿源就开始种植玉米、小麦、草莓等，随后又引进奶牛，一切都在按部就班地推进。改善室外土壤的同时，一排排可控蔬果大棚快速建成。当年8月就开始向山东省内各大城市供应生菜、甜玉米和草莓等。2007年后完成农地和有关设施全部整备，逐步扩大生产数量，预计每年可供应蔬菜约2 000吨、水果约700吨、牛奶约7 000吨。

朝日绿源的奶牛全部来自新西兰和澳大利亚，均是三代以内有高产奶记录的优质荷兰奶牛。2007年5月第一批就引进了400头，并不断追加数量，目标年产鲜奶5 500吨。这些身价2万元人民币的奶牛住在装有空调的牛棚中,享受专业调配的、粗细结合的饲料,还有大片的草场自由活动,放松心情。

为了尽可能减少化肥的使用,他们投资300万元人民币建造了堆肥工厂,利用农场奶牛的粪便和有机物生产有机肥料来改善土壤,从而提高农作物质量。牛粪发酵50天后,再堆放3个月便可直接撒到地里了。靠这牛粪发酵出来的有机肥料,地里产出的果实才可以直接摘来吃。

另外,朝日绿源还花200万元引进了风力发电和太阳能发电设备,为办公楼和农场解决能源问题。

通过扩大生产、销售以及开拓销售渠道,目标在5年后,即2011年实现企业单年度盈利!

朝日绿源产品市场在哪儿?有人说,90%返销日本市场。事实上,朝日绿源公司做投资规划时就有明确定位,朝日绿源产品市场在中国北京、上海等国内大城市。该公司按可追溯原则设计产品说明。所有产品都会有一个小标签,可以查到是什么时间收获、发货,如何生产的,包括是否使用农药、化肥等信息,因为"获得消费者的信赖,比任何事情都重要"。

在北京、上海的超市里,朝日绿源生产的品牌草莓"美莓",1公斤售价可以达到约140元。而品牌牛奶"唯品"1升装价格超过20元,达到国产牛奶的1.5～2倍。虽然价格明显昂贵,但销量依然节节攀升。

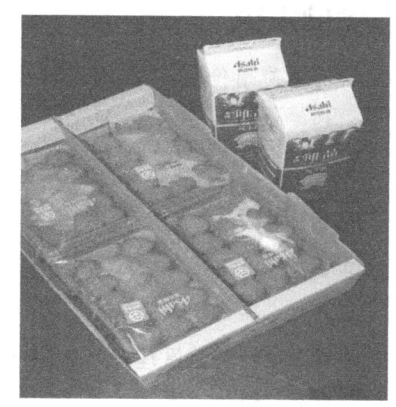

图1-13 美莓与唯品

二、讨论题

(1)现代农产品使用价值是什么?
(2)现代农产品价值来源于农业设施、农业劳动者和农业创新劳动者?
(3)现代农产品价值来源于消费者体验吗?
(4)"美莓"产品价格与草莓市场平均价格是什么关系?
(5)"唯品"产品价格与牛奶制品市场平均价格是什么关系?
(6)有没有草莓市场均衡价格?有没有牛奶制品市场均衡价格?

○本章要点

1. 商品的使用价值指的是商品的社会有用性。不同商品经济发展阶段,商品的社会有用性显著不同。现代商品经济发展阶段,商品的社会有用性特指商品高品质、健康、安全、舒适等。
2. 商品的社会有用性表现为满足人的需要,因此商品的使用价值在现象上表现为效用。西方经济学家赞成效用价值观点。消费者个体效用的基本特征是边际递减。这个观点对企业营销活动有指导意义。
3. 商品的价值指的是凝结在商品中的一般人类劳动。在商品经济发展的相当长时期内,商品的价值表现为体力劳动者劳动支出在商品中的凝结。在知识经济时代,商品的价值表现为科技劳动等创新劳动者劳动支出在商品中的凝结。在商品价值中，体力劳动支出所占份额越来越少，科技劳动支出所占份额越来越多。机器似乎在创造价值。

4. 商品的价值量由社会必要劳动时间决定。
5. 商品价格是商品交换价值的货币表现。货币是一种特殊商品。
6. 商品市场价格总是围绕平均价格上下波动。
7. 商品市场价格总是围绕均衡价格上下波动。
8. 商品价格指数可以度量商品价格水平。

○关键术语

| 商品使用价值 | 商品价值 | 商品价格 | 市场价格 |
| 均衡价格 | 平均价格 | 货币 | 价格指数 |

○延伸阅读

1. 马克思.资本论（第一卷）[M].郭大力，王亚南，译.北京：人民出版社，1956.
2. 马克思.资本论（第三卷）[M].郭大力，王亚南，译.北京：人民出版社，1956.
3. 马歇尔.经济学原理（上）[M].朱志泰，译.北京：商务印书馆，1981.
4. 马歇尔.经济学原理（下）[M].陈良璧，译.北京：商务印书馆，1981.

○相关网址

1. http://finance.ifeng.com/
2. http://tech.ifeng.com/
3. http://finance.ifeng.com/gold/
4. http://tech.sina.com.cn/
5. http://finance.sina.com.cn/
6. http://auto.sina.com.cn/news/index.d.html

第二章

消费者需求与厂商供给

学习要点

- 学习和掌握需求的概念、影响因素
- 学习和掌握生产成本的概念
- 学习和掌握供给的概念
- 学习和掌握供求均衡的概念

萨缪尔森曾说过:"你可以使一只鹦鹉成为经济学家,但前提必须是让它明白'供给'和'需求'。"供给与需求是经济学家最常用的两个词。在市场经济体制下,消费者用货币来选择需要的产品,厂商根据产品能够获得的货币数量决定产出。生产什么和生产多少,由货币来选择;如何生产,则由厂商的生产成本情况决定;产品的分配,则由货币的占有情况决定。

关于消费者需求有很多故事,本章给读者选了一个渔翁的故事开头,更多有趣的消费者需求故事安排在第一节中。2016 年,中国钢铁产能全面过剩,钢铁企业去产能蹒跚步稳。钢铁企业要去掉那些低端的钢铁产品,增加中高端品质产品供给,满足客户需求。钢铁企业对中低端钢铁产品的供给底点在哪儿?在什么样的价格情况下这些中低端产品供给才是合适的?钢铁企业中高端产品的供给量应当是多少?这些问题都是本章第二节要讨论的内容。

需求和供给,不仅可以定性解释,还可以定量描述。对需求和供给做定量描述都需要使用图形、数学公式。这些叙事方法都是经济学的常识。本章使用的图形和数学公式属于常识之中的常识,因而不会给读者带来困惑。

均衡是经济学的核心概念。刚才提到的钢铁行业产能过剩状态是钢铁产品市场的不均衡状态之一,这种状态在我国的大学生就业市场同样突出。中高端产品供应不足或需求过旺则是市场不均衡的另一种状态。本章第三节会讨论市场均衡问题。

读者应当在轻松地阅读中学习本章的知识点。为此,我们安排了一个经典的案例供大家学习,这个案例的名字是奇妙的梳子。这是本章最后一节要讨论的内容。

因此,在市场运行中,需求和供给两股力量的作用和平衡结果决定了交易的价格和交易量。本章中消费者需求和厂商供给的分析成为学习的重要内容。

第一节 消费者需求

一、什么是需求

（一）需求的概念

🎬 **渔翁需求的故事**

渔翁的小鱼

一个渔翁在钓鱼，看样子他的运气还不错，只见银光一闪，一会儿就钓上来一条。但很奇怪的是，每逢钓到大鱼，渔翁就会把他们放回水中，只有小鱼才放到鱼篓里。在旁边观看他钓鱼良久的人迷惑不解，问道："你为什么要放掉大鱼，而留下小鱼呢？"

钓鱼的人说："我只有一个小锅，怎么煮得下大鱼？而且小鱼更鲜美啊！"

鸦片战争以后，英国商人为打开了中国这个广阔的市场而欣喜若狂。当时英国棉纺织业中心曼彻斯特的商人估计，中国有4亿人，假如有1亿人晚上戴睡帽，每人每年用两顶，整个曼彻斯特的棉纺厂日夜加班也不够，何况这只是睡帽，还有衣服、裤子、被子等都需要洋布。于是他们把大量睡帽和洋布运到中国。结果是一枕黄粱美梦：洋布在中国根本就卖不出去。这是为什么呢？

结果与他们的梦想相反，中国人没有戴睡帽的习惯，衣服也用自产的丝绸或土布，睡帽和洋布根本卖不出去。而且，大多数老百姓也买不起洋布。

按当时中国人的购买能力，还是有相当一部分人可以消费得起洋布的，为什么英国人的洋布根本卖不出去呢？

资料来源：王同来.关于经济学的100个故事［M］.南京：南京大学出版社，2012:36-37.

渔翁为什么只需要小鱼呢？鸦片战争后，中国人为何不喜欢睡帽呢？这故事表明，渔翁的需求与他的小锅有关；睡帽与中国人的消费偏好有关。经济学家认为，构成消费者需求的两个因素是购买欲望和购买能力，两者缺一不可。英国人的失败在于其不了解中国的国情和消费者的购买欲望。就像渔夫一样，他清楚自己需要的是能放进锅里的小鱼，如果超出他的锅的容纳范围，就算大鱼送到他手里，也不是他需要的。

实际上，消费者需求是指消费者对有能力购买的某种商品所产生的欲望，也可以说是对特定商品既有购买欲望，又有购买能力的一种市场关系，它是购买欲望和支付能力的统一。

（二）需要、欲望和需求的区别

需要（need）——没有得到某些基本满足的感受状态。

欲望（desire or want）——对具体满足物的愿望。

需求（demand）——对有能力购买并且愿意购买的某个具体产品的欲望。

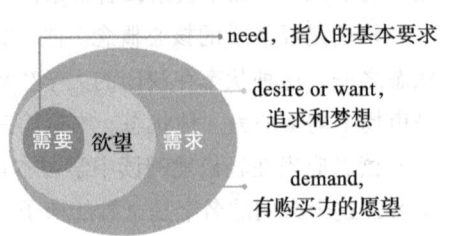

图2-1 需要、欲望和需求的区别

需要是人们的一种心理现象，指人们因为缺乏某种事物而没有得到某种满足时的心理状态，表现人们对客观事物的渴求，是人们行动的直接原因。人类需要可以划分为生理需要、安全需要、社交需要、自尊需要与自我成就需要五个层次。

欲望是指想得到某种具体的东西以满足或部分满足某种需要的愿望。《礼记·礼运》说："喜、怒、哀、惧、爱、恶、欲七者弗学而能。"欲是七情之一。《吕氏春秋·贵生》首先指出"人有六欲"，东汉哲人高诱对此做了注释："六欲，生、死、耳、目、口、鼻也。"

需要是人类的共性，如饿思饮、寒思衣。欲望则是针对每个个体而有所不同的个性。如当一个人饿了时，美国人需要薯条、汉堡和可乐，而中国人希望吃到面条、米饭、蔬菜和肉类等。

需求是指对有支付能力并且愿意购买的某个具体产品的欲望。小轿车作为一种便捷的交通工具，人人都需要。但对没有购买能力的人来说，小轿车的需要只是一种欲望，只有对具有足够支付能力的人来说才是需求。在市场经济条件下，人类的需求表现为市场需求。后面会详细讨论。

二、消费需求曲线与消费需求函数

（一）消费需求曲线

🎬 小明家买猪肉的故事

小明家对猪肉的需求量

早上起来，挎着菜篮子，到菜市场转一圈，跟菜摊老板砍砍价，跟遇到的邻居聊聊天，这是人们每天必不可少的生活片段。小明家附近就有一个菜市场，菜肉鱼虾、蛋奶水果、米面粮油、主食熟肉、豆制品酱菜、调味品干货，连锅碗瓢盆、狗粮猫粮都有，可算是比较全面的中型便民菜市场了，能满足各个层次家庭主妇的基本需求。恰逢假期，小明每天陪妈妈选购菜品，"这段时间的猪肉又涨价了！""嗯，现在买鸡比较划算。""大米再贵也还是得吃呀！"在妈妈的碎碎念中，小明也发现了一定的经济学道理。如果猪肉的价格上升，而鸡、牛、羊肉的价格不变，那么猪肉就会变成价格相对贵的商品，猪肉的需求量就会减少，人们对于鸡、牛、羊肉的购买量就会相应地增加。如表2-1所示，当猪肉价格为5元/斤时，小明家每月的猪肉需求量是25斤；随着猪肉价格的上涨，当猪肉价格为15元/斤时，小明家每月的猪肉需求量是15斤；当猪肉价格的上涨到30元/斤时，小明妈妈不再选择购买猪肉。

小明家买猪肉的故事包含了消费者需求量、需求表、需求曲线这些与需求相关的概念。

1. 需求量

小明家每天买多少猪肉呢？经济学家把这个问题称为消费品需求量。消费品需求量是对消费者需求的量化。比如，当猪肉价格为5元/斤时，小明家的需求量为25斤。需求量（quantity demanded）是指在一定价格条件下买者愿意并有能力购买的产品的数量。

2. 需求表

如果猪肉价格是5元/斤，小明家将购买25斤猪肉。当价格为20元/斤时，小明家将购买10斤猪肉。随着价格继续上升，他家对猪肉的需求量越来越少。当价格为30元/斤时，小明家就不再购买猪肉了。小明家猪肉需求量与价格对应关系可用表 2-1 表示。

表 2-1 猪肉价格和需求量之间的关系

价格 – 数量组合 / 月	A	B	C	D	E	F
猪肉价格（元）	5	10	15	20	25	30
猪肉需求量（斤）	25	20	15	10	5	0

需求表（demand schedule）：表示一个物品的价格与需求量关系的表格。它表明，在其他因素都不变的条件下，一种商品的价格与其需求量之间的关系。

3. 需求曲线

假设纵轴代表猪肉的价格，横轴代表对猪肉的需求量。把价格和需求量联系在一起的向右下方倾斜的曲线被称为需求曲线（demand curve）。价格下降，需求量增加，引起需求曲线向右下方倾斜。

小明家猪肉需求量与价格关系可通过需求曲线描述。小明家猪肉需求变化随着猪肉价格变化而变动。图 2-2 直观地描述了这种变化。

猪肉价格由原来的 5 元 / 斤上升到 25 元 / 斤，猪肉的需求量则从每月 25 斤下降至 5 斤，提高猪肉价格的成本引起需求量沿需求曲线的移动。图 2-3 显示了沿需求曲线的变动。

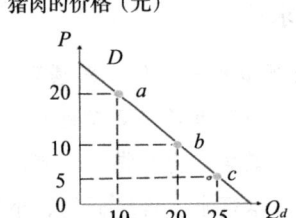

图 2-2 小明家猪肉的需求曲线

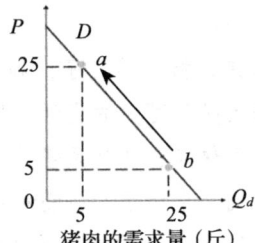

图 2-3 消费者需求量沿需求曲线的变动

4. 需求定理

（1）需求定理（law of demand）。需求定理认为在价格与需求量之间存在着一个负相关的关系，即其他条件不变时，一种物品的价格上升，对该物品的需求量减少；一种物品的价格下降，对该物品的需求增加。

（2）需求定理例外。

1）吉芬商品。萨缪尔森在谈到需求定律时，说道："该规律建立在常识和经济理论的基础之上，并经过经验的检验和证明，几乎适用于一切商品。"但是吉芬商品是例外。

吉芬商品

吉芬商品（Giffen's goods），是由罗伯特・吉芬（Robert Giffen）爵士（1837—1910）提出的。在 19 世纪早期，土豆的价格上涨却引起低收入者购买更多的土豆，需求量反而没有减少，这被称为吉芬之谜（Giffen Paradox）⊖。

⊖ 编译 http://wiki.mbalib.com/wiki/%E5%90%89%E8%8A%AC%E5%95%86%E5%93%81。

吉芬商品是指在特定的条件下，消费者对某种商品的需求与其价格成同方向变化的生活必需品。它的替代效应与价格呈反方向变动。吉芬物品的特殊性就在于，它的收入效应的作用很大，以至于超过了替代效应的作用，从而使总效应与价格呈同方向变动，这也是其需求曲线呈现出向右上方倾斜的特殊情况的原因。

吉芬商品并不常见，历史上有一个经典的例子：1854年爱尔兰发生大饥荒，土豆的价格大幅度上涨之时，对其需求量反而增加了。因为当时人们太穷了，平时买很少的肉，土豆价格的上涨对他们来说使它们变得更穷了，穷到买不起原本消费的肉类，结果只好增加对土豆的购买数量来补救。

没有特殊地定义哪个商品是吉芬商品，它是一种现象，吉芬商品并不是指其需求曲线永远向上，而是指需求曲线带有这种反常现象的商品。

图 2-4 吉芬商品

资料来源：http://wiki.mbalib.com/（作者整理改编）。

2）吉芬商品例外。

对于需求定律，"吉芬商品"不是唯一的"例外"，还有两种"例外"：

A. 炫耀性商品。消费者购买这些商品是出于向别人炫耀的心理，价格高是值得炫耀的条件，只有价格高了，多数人买不起，少数买得起的人才能拿出来向别人炫耀。价格高多买、价格低少买，炫耀性商品的需求量与价格呈同方向变动关系。

B. 投机性商品。消费者不是出于真实的需求购买商品，而是期望从价格变动中套取利益。投机性商品的需求量是由对未来的预期所决定的，预期未来价格会上涨就会买入，预期未来价格下跌就会卖出。不同的购买者对产品的不同判断，会产生不同的预期，其需求量与价格的关系不明显，如股票的价格。

以上"例外"物品是实际现象对传统经济理论的挑战，我们应该如何看待，让我们重温一下经济学家茅于轼说过的话：

"当理论与实际相矛盾的时候，99%的情况我相信理论，并怀疑'实际'是个假象，因为理论是经过千百万人的实践检验过了的。但当经过仔细的核对确认那个事实是真实的之后，我们就面临着推翻旧理论建立新理论的任务，而这种幸运的机会对一个科学家来说，一辈子也碰不上几回。"⊖

5. 需求曲线的移动

使每一种价格水平下的需求量增加的任何变动都会使需求曲线向右移动，我们称之为需求增加。使每一种价格水平下的需求量减少的任何变动都会使需求曲线向左移动，我们称之为需求减少。商品本身的价格不变，其他因素变化（收入变化）引起需求曲线的移动，收入、相关物品价格、嗜好、预期和买者数量等任何变量的移动将会使需求曲线移动（见表2-2）。

表2-2 影响消费者购买数量变动的量

变量	变动情况
价格	表现为沿着需求曲线的变动
收入	使需求曲线移动
相关物品的价格	使需求曲线移动
嗜好	使需求曲线移动
预期	使需求曲线移动
买者的数量	使需求曲线移动

小明家的收入提高了，对于猪肉的需求量会增大，促使需求曲线向右移动，由 D_1 到 D_0，那么对应着同样是20元的猪肉价格，小明家的需求量由原来的10斤需求量变为后来的20斤需求量。小明家猪肉需求曲线的移动，如图2-5所示。

其他因素不变的情况下，生猪市场上，生猪存栏减少，导致生猪价格上涨，直接提高了猪肉的成本，从而引起了猪肉价格的上涨。

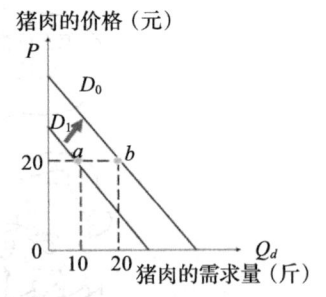

图2-5 小明家猪肉需求曲线的移动

⊖ 何全胜，编译．"吉芬物品"是科学的例外吗？［OL］．http://blog.sina.com.cn/s/blog_672660000100i2s5.html．

(二) 消费需求函数

1. 需求函数的公式

需求函数表示一种商品的需求数量和影响该商品需求数量的各种因素之间的相互关系。如果把某种商品的需求量作为因变量，把影响人们对这种商品需求的各种因素作为自变量，就可以得出需求函数：

$$Q_d = f(Y, X, P, H \cdots) \tag{2-1}$$

式中　Q_d——对商品的需求量；

$(Y, X, P, H, \cdots)$——影响需求的各种因素。

这些因素中任何一个因素发生变动，都会引起因变量 Q_d 的相应变动。由于一种商品的价格是决定需求量的最基本的因素，所以，我们往往假定其他因素保持不变，仅仅分析价格因素对该商品需求量的影响，这样需求函数可以用下式表示：

$$Q_d = f(P) \tag{2-2}$$

式中　P——商品的价格；

　　Q_d——商品的需求量。

2. 影响需求的主要因素

影响消费需求的主要因素有商品价格、替代品价格与互补品价格、消费者预期、家庭收入、消费者偏好、人口数量与人口结构、政府政策等。这里简要说明替代品价格与互补品价格、消费者预期和政府消费政策。

（1）替代品价格与互补品价格。替代品是可以相互替代满足消费者同样需要的商品，如牛奶和奶粉、面包和蛋糕、米和面等。在存在替代关系的相关商品购买中，如果一种商品的价格上涨，另一种商品的需求量就会增加；一种商品价格下降，另一种商品需求量就会减少。

互补品是互相配合使用才能满足消费者需要的商品，比如牙膏和牙刷、颜料与画笔、铅笔与橡皮、汽车和汽油等。互补品的商品中一种商品价格上涨，另一种商品价格伴随上涨；一种商品价格下降，另一种商品价格也会随之下降。

（2）消费者对未来价格变动的预期（PE）。如果消费者预期将来商品价格上升，则会增加现在的需求；反之，如果预期未来商品价格下降，则会减少现在的需求。例如，消费者预期电脑价格还会持续下降，则会推迟购买，从而减少了当前电脑的市场需求；反之，消费者预期电脑价格还会持续上升，则会抓紧购买，从而增加了当前电脑的市场需求。对未来价格变动的预期有时会带来价格越高，需求量越大的反常现象，这是因为人们普遍有"买涨不买落"的心理。[一]

（3）政府的消费政策（G）。政府通过政策的影响来改变消费者的行为，政府通过政策调节来鼓励或抑制消费，进而调节消费者的需求。例如，政府提高所得税税率、加征消费税等都会抑制消费；政府降低税率则会刺激消费，增加需求。[二]

[一] https://zhidao.baidu.com/question/561097648808495324.html。

[二] http://wenwen.sogou.com/z/q706925598.htm。

第二节 生产成本与厂商供给

一、生产与生产函数

（一）生产与生产要素

微观经济学中的"生产"是一个十分广泛的概念，它不仅是指改变生产资源的物质形态，而且包含了运输、金融、商品等各种劳务的提供。生产理论的重点就是讨论如何有效地利用各种生产要素来进行生产活动。换句话说，生产理论研究是用来提供物质产品与劳务的生产体系的物质技术特征，其目的在于决定各种投入要素的最佳结合方式，以使产量最大或成本最低。

> **名家论述**
>
> **亚当·斯密论针和剪刀的生产**
>
> "计抽线者一人，直者一人，截者一人，蹉锋者一人，钻鼻者又一人。但要钻鼻，以须有两三种不同的工作。搓之使利，擦之使白，乃至以针刺于纸带上的工作都成了一种职业"。为了我们日常所使用的剪刀，除了基础的厂房、原材料、资本等还需要将许多种工人的多种多样的手艺结合起来，"例如矿工、熔炉的建造者、木材的砍伐者、烧炭工人、制砖工、水泥匠、熔炉的工人、机械安装工人、锻工、铁匠以及其他等。"
>
> 资料来源：亚当·斯密.国富论[M].郭大力，王亚南，译.北京：译林出版社，2012：2-7.

亚当·斯密关于针和剪刀生产论述表明：生产要素，指进行社会生产经营活动时需要的各种社会资源，是维系国民经济运行及市场主体生产经营过程中必须具备的基本因素。它包括劳动力、土地、资本、企业家才能四种要素。随着科技的发展和知识产权制度的建立，技术、信息也作为相对独立的要素投入到生产中。这些生产要素通过进行市场交换，形成各种各样的生产要素价格及其体系。

（二）生产函数

1. 生产函数界定

自阿尔弗雷德·马歇尔开始，经济学家常用生产函数量化生产过程。生产函数（production function）是用来反映特定产品产量依赖特定投入要素或资源使用方式的数学表达式。它体现了投入（input）与产出（output）之间的物质技术关系。生产函数亦可以表述为：代表每种可能的投入要素组合所能生产的最大产量，即在既定的工程技术知识水平条件下，给定投入之后能得到的最大的产出。

假如有 a, b 两种生产要素，用来生产 X 产品，有产出量 Q，那么，生产函数就可表述为：

$$Q = f(a, b) \tag{2-3}$$

在现实生产过程中，厂商生产必须投入资本和劳动两种基本生产要素，则生产函数表示为：

$$Q = f(K, L) \tag{2-4}$$

式中　K——资本；
　　　L——劳动；

Q——产量。

2. 经典生产函数

柯布-道格拉斯生产函数是经典的生产函数，可表示为：

$$Q = AL^{\alpha}K^{\beta} \tag{2-5}$$

式中 L——劳动；

K——资本；

A——技术水平（参数）；

α, β——参数，分别代表劳动所得和资本所得在总产量中所占份额。

柯布-道格拉斯生产函数采用的是边际分析方法，可用于分析要素投入对产量（产出）的贡献率、规模收益和其他系列问题。

名家论述

柯布-道格拉斯论生产函数

柯布-道格拉斯生产函数最初是美国数学家柯布（C.W.Cobb）和经济学家保罗·道格拉斯（Paul H. Douglas）共同探讨投入和产出的关系时创造的生产函数，是以美国数学家C.W.柯布和经济学家保罗·道格拉斯的名字命名的。它是在生产函数的一般形式上做出的改进，并引入了技术资源这一因素。它是用来预测国家和地区的工业系统或大企业的生产，分析发展生产的途径的一种经济数学模型，是经济学中使用最广泛应用的一种生产函数形式，它在数理经济学与经济计量学的研究与应用中都具有重要的地位。

资料来源：http://www.baike.com/wiki/。

3. 生产函数分为短期生产函数和长期生产函数

短期生产函数分析在一种可变要素合理投入时，可根据产量的变化将生产过程划分为平均产量递增、平均产量递减和边际产量为负三个阶段。如图2-6所示，由此可见理性的生产者不会选择在第一阶段和第三阶段进行生产，必然选择在第二阶段组织生产，即只有第二阶段才是可变要素投入的合理区域。但在这一区域中，生产者究竟需要投入多少可变要素可生产多少产品，必须结合成本函数才能确定。

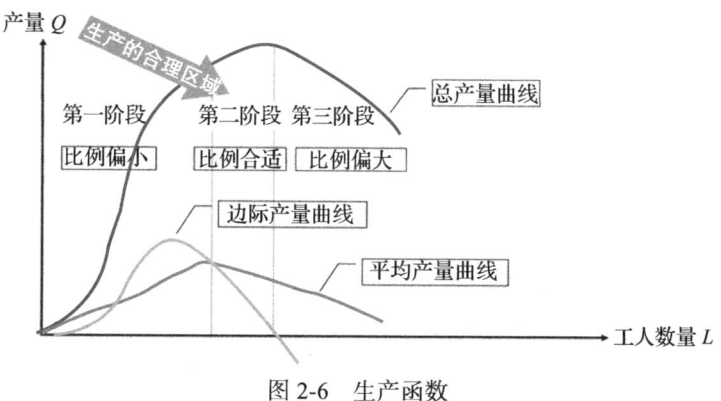

图2-6 生产函数

在长期中，所有的要素都是可变的，通常以两种可变要素的生产函数来研究长期生产问题。如何确定要素间的最优组合，借助等产量曲线和等成本线，来具体分析厂商使用两种可以相互替代的投入要素的生产情况。

二、成本的含义及分类

（一）成本的含义

苹果公司的成本

苹果公司的成本控制之道

苹果公司是美国的一家高科技公司，2007年由苹果电脑公司更名而来，核心业务为电子科技产品，总部位于加利福尼亚州的库比蒂诺。苹果公司由史蒂夫·乔布斯、斯蒂夫·沃兹尼亚克和罗·韦恩在1976年4月1日创立，在高科技企业中以创新而闻名，知名的产品有Apple Ⅱ、Macintosh电脑、Macbook笔记本电脑、iPod音乐播放器、iTunes商店、iMac一体机、iPhone手机和iPad平板电脑等。2012年8月21日，苹果成为世界市值第一的上市公司。

2012年1月，ZDNet（至顶网）根据各大厂商发布的最新财报，对2011财年IT业十大利润最高的厂商进行了排序。苹果和微软都超过200亿美元，分别以259.2亿美元和231.5亿美元的利润排名十大最赚钱IT厂商前两位。下面通过图2-7和图2-8来分析为什么苹果利润排名第一。

从图2-7看，苹果公司在iPhone上获得了58.5%的利润，在iPad上获得30%的利润，而很明显，苹果之所以能够有那么大的利润，主要是因为它将自己的生产供应链撒向全球各国，建立不同配件的代工厂，尽量将自己的成本降到最低。

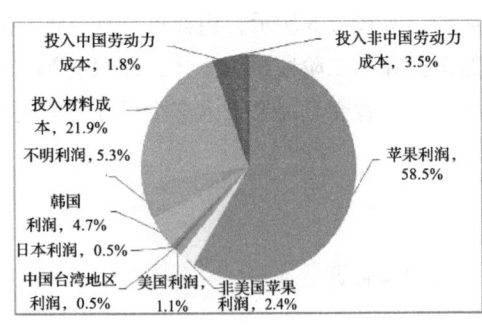

图2-7　iPhone价值分布

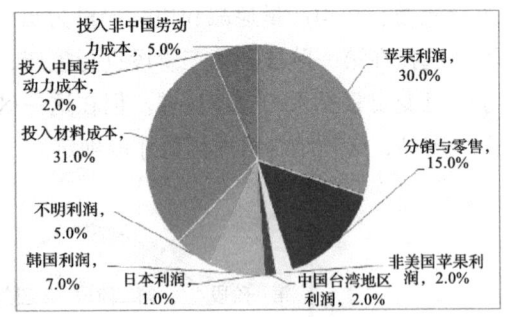

图2-8　iPad价值分布

外媒称成本控制是苹果成功的秘诀之一，8月4日，美国投资网站Seekingalpha发表署名史蒂芬·罗斯曼（Stephen Rosenman）的文章《苹果业绩佳的原因：成本控制》。文章称，苹果因为伟大的产品和可观的收入获得广泛赞誉，但很少有人注意到，苹果在成本控制方面做得也十分出色。过去10年，它的日常支出占营业收入比例是所有科技公司中最少的,而且这一比例仍在逐年下降。苹果的"日常支出",由销售支出(sales)、一般支出(general)和管理支出(administrative)组成,简称"SGA"

2001~2011年这10年间,苹果工资、租金和基础设施支出占销售收入的比例逐年减少。2001年,苹果"SGA"支出占总营收的比例超过21%。2011年,"SGA"支出只占到销售额的7%左右。随着苹果营收不断增加,它的"SGA"支出所占比例越来越小。相比之下,对很多科技公司来说,不管销售额怎么上升,日常支出所占比例都差不多是固定的。

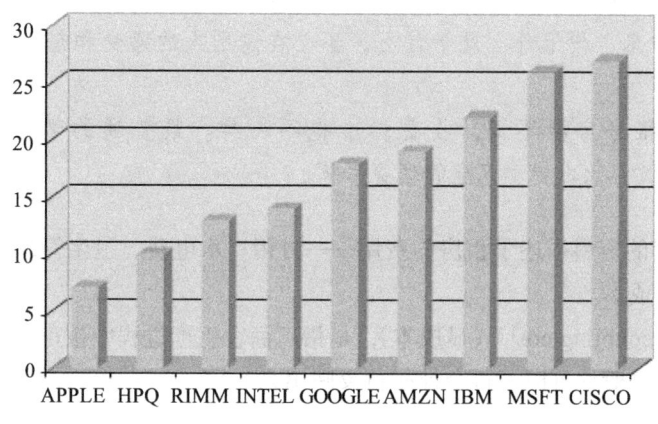

图 2-9　苹果公司成本优势

从图2-9可以看出,其他科技公司没有哪家能像苹果一样将"SGA"支出占营收比例压得如此之低。竞争对手们的"SGA"支出占营收比例都要比苹果高得多。在大多数情况下,大科技公司都无法有效削减成本。IBM、微软、思科、谷歌和亚马逊都没有降低支出占销售额的比例。事实上,思科和IBM的图标显示它们的日常开支占销售比例的数字几乎就没有变化。一直到2004年,RIMM公司在这方面做得也非常成功,但现在看起来是遇到了瓶颈。在前任首席执行官马克·赫德(Mark Hurd)的领导下,惠普大刀阔斧地削减支出。然而,过去几年中,惠普的努力陷入僵局。苹果则显得与众不同。苹果在保持营业收入增长的同时,也能使"SGA"支出不断下降。从图表上来看,这样的趋势还远未结束。

资料来源:根据百度检索改编。苹果的低成本战略 http://wenku.baidu.com/view/334d88f2dd88d0d232d46a08.html。

对于苹果公司的案例提出的问题是:iPhone 7产品成本构成是什么?劳动工资占多少?租金成本占多少?基础设施费用占多少?SGA占多少?苹果公司生产iPhone 7产品成本构成如下:劳动工资+租金+基础设施支出+SGA支出。其中,劳动工资在苹果公司生产iPhone7产品成本中是可变的,租金等其他成本事项是可控制的。经济学家如何看生产成本呢?成本是指厂商在生产活动中使用的各种生产要素的价格(包括工资、地租、利息和企业家才能)。

在经济学上,成本包含了机会成本。在会计学上,成本仅指显性成本。我们阅读下面的资料就可感知其区别。

校外租房成本

学校外面的美食街上乃至学生常来往路过的转角路口，经常可以看到一张张大小不一、不断覆盖的小广告："××街二楼、三楼多套学生公寓，家具齐全，设施完善，独立卫生间、24小时热水、宽带WiFi网络……"感兴趣的同学一一上前查看，留下电话号码。同学们为何选择在校外租房？学生小张："寝室同学来自各个地方，生活习惯、卫生习惯差异明显，我从小就喜欢自己住，环境好又安静。"学生小王："过不惯集体生活，一个人住，可以按照自己的作息，想干什么就干什么，不必在意别人的感受和想法，给自己一个自由的空间。"

据了解校外租房房型不同，收费标准也不一样。最普通的学生单间每月的租金300~500元不等，且水电费、卫生管理费另算。

校外租房火爆的资料描述了租房的费用——月租、水电费、卫生管理费等。这些是什么成本？这些是会计成本。

会计成本（accounting cost）（显成本），是指厂商在生产过程中按市场价格直接支付的一切费用，这些费用一般均可以通过会计账目反映出来。

（二）成本的各种衡量指标

1. 固定成本与可变成本

固定成本（fixed costs，FC）：不随着产量变动而变动的成本，如厂房、设备等生产要素费用。

可变成本（variable costs，VC）：随着产量变动而变动的成本，如原材料、劳动力工资。

总成本（TC）= 总可变成本（TVC）+ 总固定成本（TFC），即 $TC = TVC + TFC$。

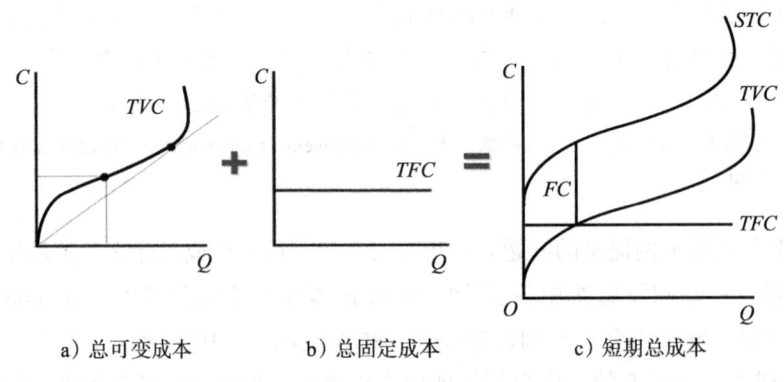

a) 总可变成本　　　b) 总固定成本　　　c) 短期总成本

图 2-10　总成本的构成

2. 平均成本与边际成本

平均成本（average costs）：总成本除以产量，就得到平均成本，即一单位产品的成本。

平均成本分别由平均总成本、平均可变成本和平均固定成本描述，其关系如下：

平均总成本（ATC）=平均可变成本（AVC）+平均固定成本（AFC），即 $ATC = AVC + AFC$。

$$AVC = \frac{可变成本}{产量} = \frac{VC}{Q}$$

$$AFC = \frac{固定成本}{产量} = \frac{FC}{Q}$$

$$ATC = \frac{总成本}{产量} = \frac{TC}{Q}$$

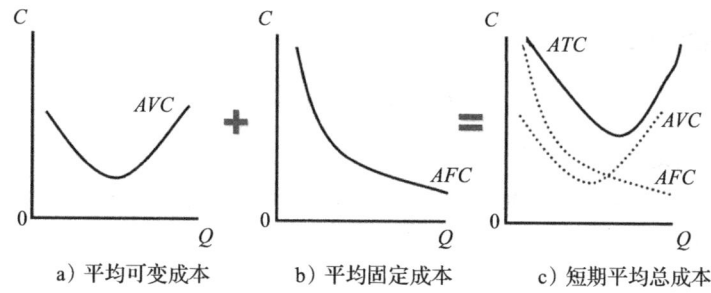

图 2-11 平均总成本的构成

边际成本（marginal cost，MC）：额外一单位产量引起的总成本的增加。边际成本有助于解答这样的问题，如多生产一单位产量所费的成本是多少。

$$MC = \frac{总成本变动量}{产量变动量}$$

$$= \frac{\Delta TC}{\Delta Q}$$

平均成本就是总成本在生产的所有单位中平均分摊，也就是普通一单位产量的成本。边际成本是，多生产一单位产量引起的总成本变动（见图 2-12）。

3. 短期成本与长期成本

短期成本：一部分投入可以调整——可变成本；另一部分投入不可以调整——固定成本。

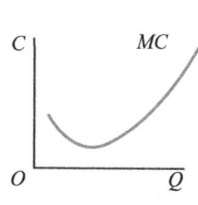

图 2-12 边际成本

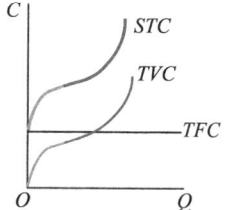

图 2-13 短期总成本、总可变成本与总固定成本关系

TFC 是一常数，是一条与横轴平行的直线，表示成本不随产量的变动而变动。

TVC 曲线是一条从原点出发且向右上方倾斜的曲线，表示可变成本随产量的增加而增加，但先以递减的速率增加，后以递增的速率增加。

STC 曲线的形状与 TVC 曲线相同，向右上方倾斜。其与 TVC 曲线之间的距离即 FC。

长期成本：一切成本都可以调整，没有固定与可变之分。

边际收益递减规律：在一定的技术条件下，在生产过程中不断增加一种投入要素的使用量，其他投入要素的数量保持不变，最终会超过某一定点，造成总产量的边际增加量（变动投入要素的边际产量）递减。

三、厂商供给

iPhone 产品供给故事

iPhone 产品供给

iPhone 一直就是智能手机领域的标杆级产品。从销售数量上看，iPhone 在智能手机界领先于任何一条单一产品线。自 2007 年以来，iPhone 的销量在不断上升，截至 2016 年销量累计已超过 10 亿台。

图 2-14　2007～2016 年苹果 iPhone 销量趋势图

iPhone 作为苹果旗下最为重要的产品线左右着苹果的营业收入曲线，在 2015 财年，iPhone 在苹果收入来源中的占比超过 60%，这其中，大中华区成为拉动苹果营业收入增长的功臣。

检查一下你的 iPhone，iPad 的背面，都会发现一行小字："加州设计，中国组装（Designed by Apple in California Assembled in China）"。很多美国人，包括前总统奥巴马都在纳闷为什么苹果公司将几乎所有的制造业都外包给海外。在一次给美国顶尖高科技总裁专设的宴会上，奥巴马曾经开诚布公

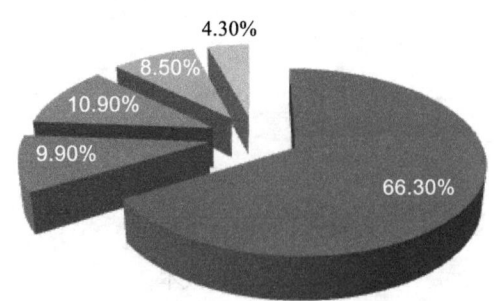

图 2-15　2015 财年 Apple 公司产品营收分布比例
注：由于四舍五入的原因，上述数据相加不一定为 100%。

地问前苹果公司总裁史蒂夫·乔布斯，为什么这些就业机会不能返回美国。乔布斯毫不含糊地回答：回不来。

另一名前苹果高管说，"整条供应链如今都在中国。需要 1 000 个橡胶垫圈吗？隔壁就有这样的工厂。需要 100 万个螺丝钉吗？厂子就在一个街区之外。需要对螺丝钉做一点小小的改动吗？3 个小时就可以办到"。距那家玻璃厂 8 小时车程的地方是一大片俗称"富士康城"（Foxconn City）的建筑，iPhone 的装配线就在那里。在苹果管理层看来，富士康城进一步证明了一个事实：中国有能力提供比美国同行更好的工人，其勤勉的态度也超过美国。美国根本找不出像富士康城这样的地方。

资料来源：苹果为什么将制造业务外包中国？http://blog.sina.com.cn/s/blog_93fa5b870100zf9d.html。

iPhone 产品供给故事表明，苹果公司为何愿意把 iPhone 产品交给中国厂商生产？苹果公司 iPhone 产品为何在中国市场供给量一直较大？苹果公司 iPhone 产品供给与成本有关吗？

名家生平及论述

亚瑟·拉弗生平

亚瑟·拉弗（Arthur Laffer），美国经济学家，南加州大学教授，供应学派代表人物。拉弗先生以其"拉弗曲线"（Laffer Curve）而著称于世，并当上了里根总统的经济顾问，为里根政府推行减税政策出谋划策。

拉弗的一个主要经济思想是：以拉弗曲线刻画了税率与收入的关系。过高的税率会导致人们不愿工作，因此拉弗主张减税。

萨伊论供给

萨伊在《政治经济学概论》中指出："一种产物一经产出，从那时刻起就给价值与它相等的其他产品开辟了销路。一般地说，生产者在完成他的产品的最后一道加工后，总是急于把产品卖出。因为他害怕产品在自己手中会丧失价值。此外他同样急于把卖出产品所得的货币花去，因为货币的价值也易于毁灭。但想要摆脱手中的货币，唯一可用的方法就是拿它买东西。所以，单单一种产品的生产，就给其他产品开辟了销路。"在他看来，生产活动每产出一个产品，就已经带动起其身前的一系列产品的生产与销售，比如生产出一辆汽车，已经带动起钢铁业、煤矿业、运输业、电力业、人力资源等的生产，这些行业的生产与成功销售，反过来又对汽车产生需求。"某一种货物，所以过剩，是由于它的供给超过需求。它的供给之所以超过需求，则因为它的生产太多，或因为别的产品生产过少。"生产给产品创造需求，商品过多是不存在的，存在的是商品生产少了。那么，解决滞销的办法就是增加生产。

资料来源：萨伊.政治经济学概论[M].陈福生，陈振骅，译.上海：商务印书馆，1963:144.

1. 供给定义

苹果公司供给 iPhone 产品与萨伊的论述表明，供给（supply）是一定时期内，生产者在每一个价格水平下愿意而且能够提供出售的商品和劳务的数量。厂商供给产品取决于价格。厂商供给量是对厂商供给的定量描述。

2. 供给表

供给量（quantity supply）是一个卖者愿意并有能力出售的一种物品的数量。供给表（supply schedule）是表示每种价格水平下的供给量的表，是表示一种物品的价格与供给量之间关系的表格。如表 2-3 所示，随着价格的上升，冰激凌的供给量越来越多。

表 2-3 冰激凌的供给表

冰激凌的价格（美元）	冰激凌的供给量（支）
0.00	0
0.50	0
1.00	1
1.50	2
2.00	3
2.50	4
3.00	5

3. 供给曲线

供给曲线（supply curve）是根据供给表画出来的，表示一种商品的供给量随其价格的变动而变动，是表示一种物品的供给量与价格之间关系的向上倾斜的曲线。供给曲线向右上方倾斜，表明价格愈高，供给量就愈多。我们称之为"供给法则"（law of supply）。

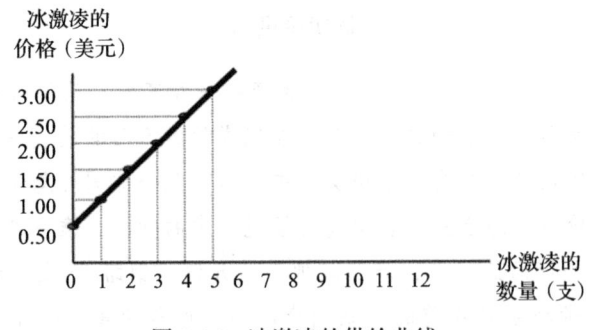

图 2-16 冰激凌的供给曲线

4. 供给曲线的移动

使每一种价格水平的供给量都增加的任何一种变动，都会使供给曲线向右移动，我们称之为供给增加。同样，使每一种价格水平的供给量都减少的任何一种变动，都会使供给曲线向左移动，我们称之为供给减少。供给受市场价格、投入品价格、技术、预期和生产者数量等因素影响，如表 2-4 所示。

表 2-4　影响供给量变动的因素和供给曲线的变动

影响供给量的变量	供给曲线的变动
价格	沿着供给曲线的变动
投入价格	供给曲线移动
技术	供给曲线移动
预期	供给曲线移动
卖者数量	供给曲线移动

供给量变化：由产品的市场价格变化引起的沿着供给曲线移动，如图 2-17 所示。

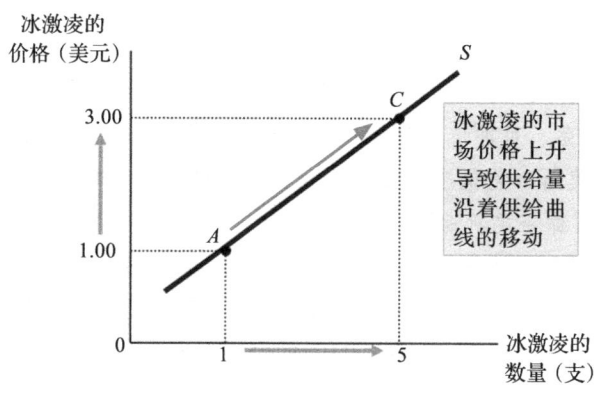

图 2-17　供给曲线移动

供给变化：由非价格因素的变化引起的供给曲线的移动。成本上升，供给曲线向左移动，供给减少。供给曲线向左上方移动的原因是投入品价格上升。成本下降，供给曲线向右移动，供给增加。技术进步，供给曲线向右移动，供给增加。

供给量变动与供给变动的区别：前者由价格变动引起；后者由生产技术变动以及生产成本变动等因素引起。

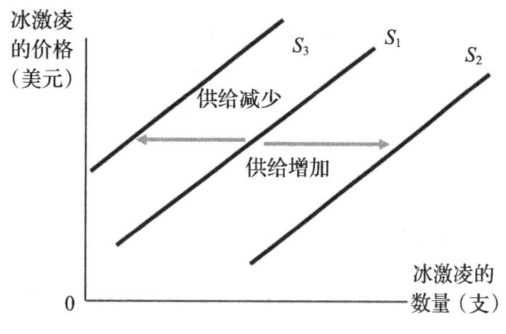

图 2-18　冰激凌供给曲线移动

第三节　供求均衡分析

一、均衡

均衡或称平衡，在哲学上，常指一种对立事物力量对等的状态。在经济学上，均衡是指什么呢？

(一)均衡是市场出清或供求相等的状态

📽 供求均衡故事

中国人疯抢马桶盖

继日本的电饭锅之后,日本的电动马桶盖近来又火了。在很多赴日旅游的中国消费者抢购名单中,一种具有除臭、冲洗、烘干、抗菌甚至臀部按摩功能的马桶盖成为人们的必买品之一。这种被中国消费者称为"马桶盖"的产品在日本的学名叫洁身器,由于其科技含量和人性化程度都较高,因此也被称作"智能洁身器",在很多经常有中国旅游团光顾的日本电器店中已经频频出现断货现象。

这种状况被知名财经作家吴晓波在《去日本买只马桶盖》的文章中描述得淋漓尽致:"最让我吃惊的是,居然还有3个人买回了5只马桶盖。这款马桶盖一点也不便宜,售价在2 000元左右,它有抗菌、可冲洗和座圈瞬间加热等功能,最大的'痛点'是,它适合在所有款式的马桶上安装使用,免税店的日本营业员用难掩喜悦的神情和拗口的汉语说,'只要有中国游客团来,每天都会卖断货'。"

中国企业为何没抓住马桶盖商机?其实日本马桶盖的突然走红,很大程度上给中国家电厂家敲响了警钟:我们有没有静下心来看一看消费者真正需要的是什么?

资料来源:根据 http://business.sohu.com/20150131/n409252763.shtml 整理。

在中国人疯抢马桶盖的背后,我们看到了目前中国制造业的问题——供需不均衡,实质是高品质新产品市场供给小于当前消费者需求的一种供需错配现象。事实上,在中国中低端产品市场上还有供给大于需求的现象。对制造业来说,想要获得消费者青睐,先要认识到问题和差距,才有机会去弥补这个短板。

在要素市场上,存在劳动力市场供给大于需求的现象、资本供给小于资本需求的现象。要素市场出清还是一种理想状态。

📽 名家论述

阿尔弗雷德·马歇尔论局部均衡

马歇尔经济学说的核心是均衡价格论,而《经济学原理》正是对均衡价格的论证和引申。马歇尔《经济学原理》中有关均衡的论述指出,均衡价格论的实质就是供求论,即用供求关系来说明价格的变化。

马歇尔的论述表明,局部均衡是某种产品或某种生产要素市场在一定条件下供求相对的状态。供求双方紧紧围绕价格信号增加产品供给或减少产品需求。供过于求时,价格下降,引起供应量下降和需求量上升,促使供求接近;供不应求时,价格上升,引起供应量上升和需求量下降,促使供求接近;最终在供求相等的价格水平上,买卖双方完成交易,此时的价格叫作均衡价格。如图2-19同时给出了冰激凌产品供给和需求曲线,供给曲线和需求曲线相交于一点,这个点被称为市场的均衡,供给曲线和需求曲线相交处的价格为均衡价格,供给曲线和需求曲线相交处的数量为均衡数量。

资料来源：马歇尔.经济学原理［M］.章洞易，译.北京：北京联合出版社，2015:178-179.

"马桶盖"故事和马歇尔论述告诉读者，均衡是什么？均衡有哪些特征？

1. 均衡是某种产品或某种生产要素市场在一定条件下供求相等的状态

供求双方紧紧围绕价格信号增加产品供给或减少产品需求。供过于求时，价格下降，引起供应量下降和需求量上升，促使供求接近；供不应求时，价格上升，引起供应量上升和需求量下降，促使供求接近；最终在某一价格水平下买卖双方完成交易，产品市场达到均衡。

2. 均衡价格：供求相等的市场价格

图 2-19 告诉我们，冰激凌价格为 2 元 / 支时，卖方愿意卖出 7 支冰激凌，买方愿意买进 7 支冰激凌。此时，2 元 / 支就是冰激凌的市场均衡价格。

3. 均衡特征

（1）均衡是指经济中各种对立的变动着的力量处于一种相对静止的状态。均衡一旦形成，如果有另外的力量使它离开原来均衡的位置，则会有其他力量使之恢复到均衡。但是，在市场上均衡是相对的，不均衡才是绝对的。市场上经常处于均衡状态，也经常处于不均衡状态。

（2）决定均衡的力量是需求和供给双方。需求与供给决定价格，它们就像一把剪刀的两边一样起作用，因此，需求与供给的变动都会影响均衡价格的变动。

（3）市场上各种均衡价格是市场竞争的最后结果，其形成过程是在市场的背后进行的。

（4）不均衡状态有两种：供过于求状态和供不应求状态。

（5）马歇尔主要分析一种商品或一种要素市场的均衡，这种均衡称为局部均衡。

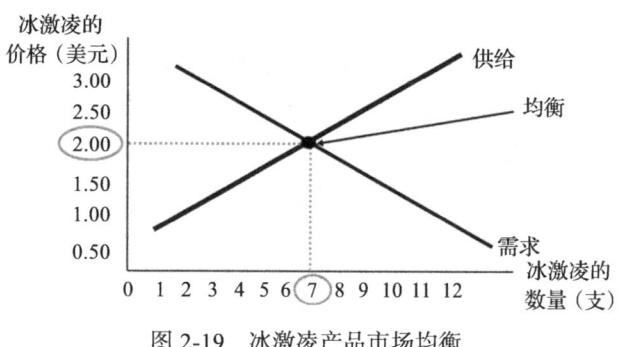

图 2-19 冰激凌产品市场均衡

（二）瓦尔拉斯一般均衡分析

一般均衡故事

2016 年中国艺术品最高成交纪录

2016 年 12 月 4 日晚上，随着拍卖师一声清脆的落槌声，2016 年最贵的中国艺术品诞生了。任仁发画作《五王醉归图卷》亮相保利 2016 年秋拍，最终以 3.036 亿元成交。拍卖会现场涌入大量买家，不仅座无虚席，甚至连后场站立区域都几乎站满了。

拍卖师以 6 800 万元起拍，仇英的 16 开巨作《唐人诗意图册》经过近 1 小时、上百轮激烈竞价，最终以 2.64 亿元落槌。成交价 3.036 亿元，刷新个人作品拍卖纪录，创造了 2016 年度全球中国艺术品成交纪录。

资料来源：http://www.polypm.com.cn/index.php?s=/News/3315。

拍卖市场故事告诉读者，一个拍卖品通过多次竞价，最后价高者得。最后成交价就是市场均衡价格。所有拍品都通过这种方式交易，所有拍品市场都达到均衡状态。

名家生平与论述

里昂·瓦尔拉斯生平

里昂·瓦尔拉斯（Léon Walras），法国经济学家，开创了一般均衡理论，是一位数理经济学家、边际革命领导人、洛桑学派创始人，曾经被约瑟夫·熊彼特认为是"所有经济学家当中最伟大的一位"。瓦尔拉斯的核心学术思想是一般均衡理论。瓦尔拉斯的一般均衡理论后经帕累托、希克斯、谢尔曼、萨缪尔森、阿罗、德布鲁以及麦肯齐等经济学家的改进和发展之后，形成现代一般均衡理论。

里昂·瓦尔拉斯论均衡

早在 1874 年，里昂·瓦尔拉斯就建立了一套被后人称为瓦尔拉斯一般均衡的理论。在经济学说史上，瓦尔拉斯第一个提出了一般均衡的数学模型并试图解决一般均衡的存在性问题。他认为各种经济现象都是通过数量关系表现出来的。这些数量全面地互相依存和影响，在一定条件下达成均衡。各种商品的供给，需求和价格都不是独立存在的，它受其他商品的价格和供求的影响。任何局部的变动都不是孤立的，必将影响到其他局部的变动。只有当整个价格体系中每种商品的供给和需求都相等时，才形成一般均衡。他特别强调，要确定某些经济变量的值，必须把这些经济变量间的关系表现为函数关系，用方程式体系同时求它们的值。他按照从简单到复杂的思路一步一步地构建自己的一般均衡理论体系。首先，他从产品市场着手来考察交换的一般均衡，而后从要素市场的角度来考察生产过程的一般均衡，然后再对资本积累进行一般均衡分析，最后他还运用一般均衡分析方法考察了货币交换和货币窖藏的作用而得出了他的"货币和流通理论"，从而把一般均衡理论由实物经济推广到货币经济。

拍品市场故事和瓦尔拉斯的关于均衡的论述告诉读者，一般均衡理论的要点如下。

1. 一般均衡是所有市场供求相等的状态

根据瓦尔拉斯的思想，市场上总是存在一组价格，使得所有市场的供给和需求都恰好相等，即存在着整个经济体系的一般均衡。可用公式表示为：

$$\Sigma P_i D_i = \Sigma P_i S_i \tag{2-6}$$

式中　S_i——进入市场进行交换的第 i 种商品的供给量（$i=1, 2, \cdots, n$）；

　　　P_i——第 i 种商品的价格（$i=1, 2, \cdots, n$）；

　　　D_i——第 i 种商品的需求量（$i=1, 2, \cdots, n$）。

2. 一般均衡特征

（1）连续的市场出清。在完全竞争的经济中，价格具有完全弹性。任何市场上的供求失衡都会通过理性的经济人追求自身利益的最大化而使商品价格和要素价格迅速地进行调整，因而总会有一组价格使得所有市场都能及时出清。

（2）调节经济走向一般均衡的唯一机制是市场价格机制。依靠价格机制调节可以实现连续的市场出清。

（3）一个经济中的资源总会充分就业的。不存在长期偏离充分就业均衡位置的就业和产出的波动，只存在价格总水平随着货币数量的变动而变动。

二、均衡价格的变动与均衡曲线移动

市场均衡故事

家电市场价格的变化

我国在改革开放初期，生产力水平落后，家电产品的总需求量远远高于其总供给量，出现了 20 世纪 80 年代凭票排队抢购冰箱的场面。连续几年的高价倾销，家电市场长期供小于求，厂商的利润可观，越来越多的厂家投身于家电产品的生产，由原来的几个增加到几十个。

随着改革开放的不断深入，国外先进技术的不断引进以及国外家电产品的不断进入，竞争越发激烈，供求平衡随之改变，由原来的供小于求，逐步转变为供大于求。同时，由于竞争的需要，产品的质量提高了，品种式样不断增加，产品的价格更加市场化，厂家的服务也更加优质化，带给消费者的实惠也越来越大。再加之消费者的收入影响着商品的需求，收入越高，消费的档次就越高，对劣等产品的需求呈反方向变动。

2016 年第一季度家电行业整体实现主营收入 1 828.57 亿元，同比增长 0.83%，增速环比改善较为明显；从子行业来看，第一季度白电、黑电、厨电及小家电行业主营分别增长 −2.75%、2.30%、17.17% 及 8.86%，厨电子行业主营增速依旧最为优异。

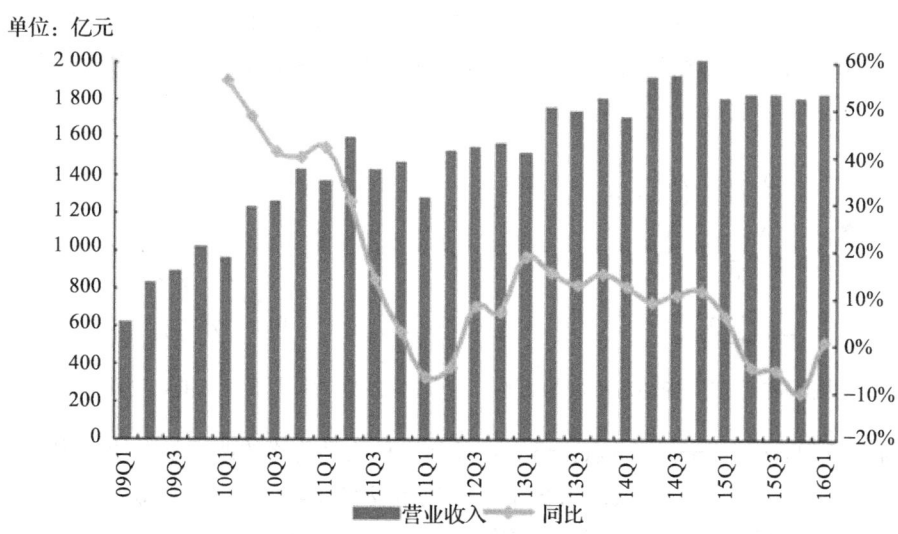

图 2-20　2009～2016 年家电行业整体主营收入增速

如今的家电市场竞争已进入白热化，各厂家为了争夺市场不断用降价、促销等手段来赢得顾客，甚至推出了大批低于成本价的特价机来争得一时的高市场份额，不少品牌由于厂家收不抵支而逐渐退出家电市场。

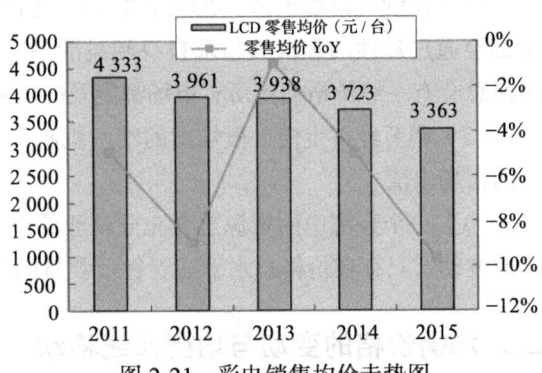

从彩电销售看，2015年市场均价3 363元，而同尺寸价格大幅下跌，如55寸、60寸和65寸彩电的价格下降幅度分别为15%、12%和20%。从行业竞争格局看，由于互联网公司加入竞争，新进的互联网品牌包括：大麦、17TV、CAN、PPTV、微鲸、风行、梦品牌、暴风、荣为、CNC、优酷、芒果TV、腾讯等，预计互联网品牌彩电的数量将达到18家。2015年国内传统电视品牌的市场零售份额为77%，较2014年下降3.8个百分点；互联网品牌的市场零售份额为10%，较去年上升5.1个百分点；韩日系品牌零售份额合计13%，较2014年略有下降。从公司看，2014年创维、海信出货超过900万台，TCL居第三。

图2-21　彩电销售均价走势图

我们可以看到，价格调节供求，市场竞争的最后结果，使得家电市场更加规范化、品牌化，逐渐趋于供求平衡。

资料来源：根据2016年中国家电行业市场现状及发展趋势分析改编，http://mt.sohu.com/20161215/n476020904.shtml。

我国家电市场价格波动是技术进步引致的。从市场价格趋势线看，电视产品市场均衡点不断向右上方移动。

任何一本经济学教材都会告诉我们，价格均衡点的移动是指商品价格以外的其他因素（外生变量）的变动引起的均衡点的变动，引起均衡价格和均衡产量的变动。均衡变动的机理：外生变量变动→需求曲线或者供给曲线位置移动→打破旧均衡→达到新均衡。

供给不变，需求变动对市场的影响：需求变动引起均衡价格和均衡产量的同方向变动。需求不变，供给变动对市场的影响：供给变动引起均衡价格反方向变动，均衡产量同方向变动（见图2-22、图2-23）。

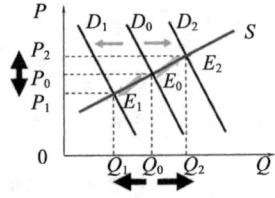

图2-22　供给不变，需求变动对市场的影响

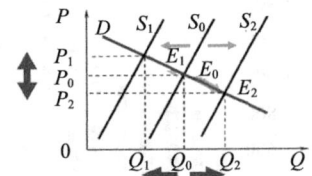

图2-23　需求不变，供给变动对市场的影响

均衡定理（law of supply and demand）：任何一种物品价格的调整都会使该物品的供给与需求达到平衡。在一个自由交换的市场上，无论市场状况如何——超额供给或者超额需求，最终都会通过价格的调整，使市场回复到均衡状态——该物品的供给与需求达到平衡。

第四节 案例

一、奇妙的梳子

某公司创业之初，为了选拔真正有效能的人才，要求每位应聘者必须经过一道测试：以比赛的方式推销100把奇妙的梳子，并且把它们卖给一个特别指定的人群——和尚。

几乎所有的人都表示怀疑：把梳子卖给和尚？这怎么可能呢？许多人都打了退堂鼓，但是甲、乙、丙3个人勇敢地接受了挑战……

一个星期的期限到了，3人回公司汇报各自销售实践成果，甲仅仅只卖出1把，乙卖出10把，丙居然卖出了100把。

同样的条件，为什么结果会有这么大的差异呢？公司请他们谈谈各自的销售经过。

甲讲述了经历的辛苦，他跑了3座寺院，游说和尚应当买把梳子，无甚效果，还惨遭和尚的责骂，但仍然不屈不挠，终于感动了一个小和尚，买了1把梳子。

乙去了一座名山古寺，由于山高风大，把前来进香的善男信女的头发都吹乱了。乙找到住持说："蓬头垢面对佛是不敬的，应在每座香案前放把木梳，供善男信女梳头。"住持认为有理。那庙共有10张香案，于是买下10把梳子。

丙来到一座颇负盛名、香火极旺的深山宝刹，对住持说："凡来进香者，多有一颗虔诚之心，尤其对于积德行善之人宝刹应有回赠，保佑平安吉祥，鼓励多行善事。我有一批梳子，您的书法超群，远近闻名，可刻上'积善梳'三字，作为赠品。"住持听罢大喜，立刻买下100把梳子。

公司认为，3个应考者代表着营销工作中三种类型的人员，各有特点。

甲是一位执着型推销人员，有吃苦耐劳、锲而不舍、真诚感人的优点；乙具有善于观察事物和推理判断的能力，能够站在为客户服务的角度，因势利导地实现销售；丙呢，他通过对目标人群的分析研究之后，最后站在客户利益的角度，大胆创意，有效策划，开发了一种新的市场需求。

由于丙过人的智慧，公司决定聘请他为市场部主管。

这时挑战者丁找到公司领导说，卖给和尚100把梳子算什么？以1年为限。我可以让和尚源源不断地买我的梳子，至少也得上万把！许多人都认为他疯了。

1. 市场分析及策划

他还是找到了那个住持，问他：您这边每天大概能赠出多少把梳子呢？

住持回答：10多把。

他继续问：您觉得这与您获得的香火钱相比是不是也是成本呢？

住持回答：是的，虽然是赠，但是也是钱啊。佛门本来就没有什么钱。

他又问：你有没有想过收费呢？

住持回答：怎么收费？

他说：到您这儿来的人有达官贵人，也有平民百姓，总之是什么样的人都有吧。您可以在梳子上下点工夫，让您的梳子与普通梳子有着本质上的区别，您可以准备一些梳子，做成"开光梳"，千金不卖，只卖有缘人。然后把您的梳子命名为"智慧梳""姻缘梳""健康梳""功名梳"，卖给不同需求的人。这样一方面您的收入增加了，另一方面您的寺庙的档次也就体现出来了。

这个住持一听，觉得有点道理的，于是就说好，这事就交给你来办吧。

2. 市场活动，提升形象

丁很快就请了几个记者来宣传了这家寺院。然后造了一批梳子，举行了一个盛大的"开光"仪式，当地的政府要人、各界明星都来了。当天就卖出了 1 000 把梳子。寺院的名气一下就上去了。

丁又请人给这个寺院搜寻了一些历史故事和神奇传说，当然，很多是跟梳子有关的。很快，这个寺院成了当地的历史名胜。来的香客越来越多，梳子的销量也越来越好。人们也不在乎掏钱买把梳子。这样过了一段时间，寺院挣了不少钱。住持很佩服丁。

3. 细分客户群，引入客户关系管理系统

这个时候，丁找到住持说："你有没有发现前来的香客您都没有记录。据我观察，有的香客来了好几次了，有的香客很富有，有的香客很重要，有的香客是名人，您是不是应该对这些香客提供一些更有意义的梳子呢？"

住持一听，觉得也是，于是很快就让小和尚开始记录前来拜佛的香客。很快，小和尚发现，前来的人太多了，毛笔根本记不过来。主持又找到丁，问他有什么办法？

丁说，我可以给你解决这个我问题，丁购买了一些电脑，在寺院内很隐蔽地架构了一个局域网，连接到外部的因特网；并安装了一套客户关系管理（customer relationship management, CRM）系统，又设置了硬件设备。只要香客一进入寺院，关于这个香客的详细记录就全部在 CRM 系统里面展现出来。

4. 贴近客户，精耕细作，挖掘客户价值

住持看到这个东西大吃一惊。丁开始用 CRM 来分析来寺院香客的详细资料。一些香客刚来到寺院，就被突然告之今天是他生日。香客们非常感动，香火钱更多了。

针对一些大香客（20%），寺院开始量身定做一些特殊价值的高端梳子，如牛角梳、檀木梳、白玉梳等，由住持亲自开光，分别赋予不同的含义，如奇妙聪明梳、健康如意梳、事业成功梳等，满足一些大香客特殊的需要。

从那以后，这些香客们在逢年过节、小孩庆生、老人庆寿的时候总能收到寺院寄的小礼品。梳子已经成为人们心中的神圣的神物，只要去那家寺院的都要为自己和家人带几把梳子，给远方的亲人、朋友带几把梳子。一旦梳子用坏了，就自然想到了那家寺院。

5. 竞争对手分析：差异化竞争

过了一段时间。丁通过 CRM 发现，有些香客来得少了。一打听，原来不远处也有一家寺院采用了同样的但赠送梳的方式，相当一部分香客去了那家寺院。住持开始着急起来。

恰逢国际上将举办一次重大的佛教活动。于是丁通过各种渠道邀请了这次活动的主席——某活佛到这家寺院考察讲经，活佛对梳子特别感兴趣，最后由寺院举办盛大的"开光"仪式，邀请活佛亲自为一批制作精美的梳子"开光"，当地的政府要人、各界明星都来了。国内外许多记者也都记录了这一时刻。最终寺院梳子的美名度再次提升。

丁制作了大量活佛的开光梳，将其设计成精巧、微型的工艺品。出售给前来的香客，让这些人挂在脖子上、钥匙扣上做纪念。于是梳子与寺院更紧密地联系在一起。旁边的那家小寺院一下子就没有了香客。

6. 缝隙市场全面覆盖

住持根据 CRM 里的跟进记录发现，虽然 70% 当地的香客都到这家寺院来，但是本地还是有一些大香客没有上门过，于是丁专门组织了一些能力强的和尚对这些目标香客进行了一一了解、详细分析并分工制订行动计划，然后通过上门拜访、宣讲法事、祈福，以及通过其他香客做工作，最终这些大香客都到这家寺院来了。

7. 客户分类专人管理，强化绩效考核

虽然对香客进行分类管理，但是由于接待香客的和尚素质不一样，经常出现出售错了梳子。住持找到了丁。

丁根据 CRM 里的跟进记录以及每个和尚接待香客的数量、次数、被香客投诉的次数将现在的和尚进行了分类，不同的和尚接待不同的香客。香客发现这些和尚更能了解他们的心思了，满意度大大提高了。

丁对所有的和尚说，每个人必须要把自己做的事记录在 CRM 里，否则就请离开寺院。和尚们很听话地照做了。丁通过统计分析很快就发现了偷懒的和尚。主持把那些和尚赶下山去了，寺院运营紧凑。

8. 销售预测

寺院运营真的很不错。丁每个月都能通过 CRM 的漏斗来预测下一阶段能卖出多少梳子。寺院蒸蒸日上。

1 年过去了，丁不知道卖出了多少把梳子。他挣的钱已经很多了。○

二、讨论题

（1）本案例中的梳子有多少种类型？
（2）梳子的需求受哪些因素影响？
（3）和尚是梳子的需求方还是香客是梳子的需求方？
（4）寺院是梳子的供给方吗？
（5）两家寺院竞争如何影响梳子供求关系？

○本章要点

1. 消费者需求是指消费者对有能力购买的某种商品产生的欲望，也可以说是对特定商品既有购买欲望，又有购买能力的一种市场关系。它是购买欲望和支付能力的统一。
2. 需求定理认为在价格与需求量之间存在着一个负相关的关系，即其他条件不变时，一种物品的价格上升，对该物品的需求量减少；一种物品的价格下降，对该物品的需求量增加。

○ 资料来源：企业管理故事——把梳子卖给和尚的人，http://www.docin.com/p-862903987.html。

3. 供给是指在一定时期内，生产者在每一个价格水平下愿意而且能够提供出售的商品和劳务的数量。
4. 供求定理：任何一种物品价格的调整都会使该物品的供给与需求达到平衡。

○关键术语

| 需求 | 需求量 | 需求表 | 需求曲线 | 供给 |
| 供给表 | 供给曲线 | 均衡 | 马歇尔均衡 | 瓦尔拉斯均衡 |

○延伸阅读

1. 亚当·斯密. 国富论［M］. 郭大力, 王亚南, 译. 北京：译林出版社, 2012.
2. 萨伊. 政治经济学概论［M］. 上海：商务印书馆, 1963.
3. 格里高利·曼昆. 经济学基础［M］. 梁小民, 梁砾, 译. 北京：北京大学出版社, 2015.
4. 罗伯特·弗兰克. 牛奶可乐经济学［M］. 闾佳, 译. 北京：中国人民大学出版社, 2010.
5. 罗伯特·弗兰克. 牛奶可乐经济学2［M］. 闾佳, 译. 北京：中国人民大学出版社, 2016.
6. 王同来. 关于经济学的100个故事［M］. 南京：南京大学出版社, 2012.

○相关网址

1. http://www.yilin.com/Book/BookView?BookID=6375
2. https://www..ttrnet.com
3. http://www.crup.com.cn/
4. http://www..cengaeasia.com

第三章

竞争与垄断

学习要点

- 学习和掌握完全竞争市场的概念、基本特征
- 学习和掌握不完全竞争市场的主要类型及其特征
- 学习和了解不完全竞争市场上主要的竞争策略

竞争与垄断是市场结构中的常见形态。自亚当·斯密以来，经济学家对此话题乐此不疲。公平竞争是政府竞争政策关注的核心，各国政府不断完善竞争政策。2016 年，国家发展与改革委员会经过长达数月的调查，对美国高通公司开出了中国反垄断史上的最大罚单。应对不公平竞争挑战将会成为中国政府部门的重要竞争政策问题。

"竞争"现象并不是近代以来才有的，但却是近代以来才成为日常经济生活主题的。竞争是什么？竞争有何特点？本章第一节给读者讲了有趣的竞争故事和斯密等大师的论述。通过阅读这些故事和论述，读者对竞争的感知和体验都会增强。19 世纪美国铁路公司的故事告诉读者有关对抗性竞争知识；华为科技有限公司与苹果公司合作竞争的故事告诉我们合作竞争是当代企业竞争的主旋律。

"垄断"现象已成为现代经济生活中不可回避的现象。比如，中国轨道交通制造业只有一家中车公司，网友调侃为中国"神车"。中国汽车行业公司有数千家，但却难以匹敌大众通用、丰田等世界汽车巨头。垄断现象的研究早已引起了经济学家的高度关注。英国经济学家张伯伦等学者是这个领域的大师。读者阅读本章第二节就会了解这些问题，获得有关垄断的有益知识。

垄断企业竞争会采取哪些竞争策略？博弈论大师给出了有趣的答案。田忌赛马的故事是一个最为经典和古老的竞争策略故事。本章第三节解读了垄断企业的竞争策略。

本章第四节给出了一个典型的案例，这个案例是网上外卖，这是共享经济时代出现的新

案例。读者阅读此案例时,可以结合《中华人民共和国反垄断法》、中国反垄断案例学习。

第一节 完全竞争市场

一、竞争概念、特征

(一)竞争概念

在中文里,"竞争"一词最早出现在《庄子·齐物论》中,文中有"有竞有争"。其意是"并逐曰竞,对辩曰争"。在古希腊时代,亚里士多德在《政治学》一书中就使用了"竞争"和"垄断"这一对范畴。近代以来,竞争的概念最早源于达尔文的进化生态学说,"物竞天择,适者生存"是自然界各类生物生存的基本规律。亚当·斯密最早把竞争引入经济学。什么是经济学上的"竞争"?我们看看下面的故事和大师之言。

农产品市场故事

"蒜你狠"

2010年,"蒜你狠"被评为中国十大网络语言,此后"豆你玩""姜你军"等形容农产品价格上涨的网络语言被广泛流传,"蒜你狠"源于2010年大蒜价格的大幅飙升。2009年5月,大蒜的市场价格每千克大约为0.2元左右,到2010年8月,每千克价格飙升到10元左右,1年多时间大涨50倍,部分地区甚至暴涨100多倍。此后的2012年、2016年"蒜你狠"再次卷土重来,导致政府部门不得不采取措施稳定价格。一般来讲,农副产品的价格都比较稳定,因为在农产品市场上有大量的生产者和消费者,生产者生产的产品品质几乎相同,消费者的个体购买能力不足以影响到价格的明显变化,生产者和消费者对市场上商品价格信息是共知的,生产者可以自由决定生产小麦还是玉米,是一个典型的完全竞争市场。2010年大蒜价格飙升与气候原因导致大蒜减产、往年大蒜价格极其便宜导致蒜农减少种植、"炒蒜团"操纵价格、农产品物流运输成本大幅上涨等因素密切相关,只是个例。

"蒜你狠"故事让我们思考这个问题:大蒜价格为何飙升?这是因为买方竞相报出高价,或者是因为卖方竞相报出高价,还是因为其他市场参与者报出高价?"蒜你狠"故事还告诉我们,大蒜市场有三方参与者:卖方、中间商、买方。卖方之间为了追逐自身利益,要高价;买方之间为了保证自己利益,不得不接受高价;中间商为获取交易价差而参与竞逐。三方之间两两相逐,这就是大蒜市场的竞争。

名家生平与论述

斯蒂格勒生平

乔治·斯蒂格勒(George Joseph Stigler,1911—1991),美国著名经济学家、经济学史家，信息经济学和管制经济学的主要创始人，1982 年诺贝尔经济学奖得主。

斯蒂格勒于 1938 年获得芝加哥大学博士学位。1947～1958 年，斯蒂格勒在哥伦比亚大学任教。1958 年，斯蒂格勒被任命为芝加哥大学商业研究生院美国制度查尔 R 沃尔格林讲座的教授。这样，他就开始了在这所大学的长期任职生涯。在此期间，他与米尔顿·弗里德曼一道，领导了主张自由市场经济的芝加哥学派，这个学派以重视货币主义和降低政府作用闻名于世。

1957～1958 年，斯蒂格勒离开了芝加哥大学赴加利福尼亚斯坦福大学的行为科学高等研究中心进行为期 1 年的研究工作，他与肯尼斯·阿罗、梅尔文·里德、米尔顿·弗里德曼和罗伯特·索洛一起度过了他在回忆中所称的"辉煌的一年"。这些人中除里德外，后来全是诺贝尔经济学奖获得者。

斯蒂格勒在 1971～1974 年担任安全投资保护委员会副主席，1969～1970 年担任尼克松总统的法规管理改革顾问，这使他有机会将他在法规管理上的学术成果应用于公共政策。斯蒂格勒的代表作有《竞争价格理论》（1942 年）、《价格理论》（1946 年）和《信息经济学》（1961 年）。

资料来源：http://baike.baidu.com/link?url=h2aVVjpH2jEMSG1KU0nBo_ikphPhsZEOfM9l7dU8HyOjvFnyn1obbRoVMx1qzbwsOpVvfv3lmisKmE3YOxEwSQv7w6yOpb480jXS-9eebI8VQ2AYnG0gDYXqGkhgXdkT.

斯蒂格勒论竞争

竞争是个人（集团或国家）间的角逐，凡两方或多方力图取得并非各方均能获得的某些东西时，就会有竞争。

资料来源：简明帕氏新经济学辞典 [M]. 顾海良，等译. 北京：中国经济出版社，1991：684.

亚当·斯密生平

亚当·斯密（Adam Smith，1723—1790），英国古典政治经济学的奠基人。1723 年出生于苏格兰。

1723～1740 年，亚当·斯密在苏格兰生活。在格拉斯哥大学（University of Glasgow）时期，亚当·斯密完成拉丁语、希腊语、数学和伦理学等课程学习；1740～1746 年，赴牛津学院（The Oxford Academy）求学。1750～1764 年，亚当·斯密在格拉斯哥大学担任逻辑学和道德哲学教授，这一时期，他出版的《道德情操论》（1759 年）获得学术界极高评价。1768 年开始着手著述《国民财富的性质和原因的研究》简称《国富论》，1776 年正式出版后引起了广泛的讨论，影响所及除了英国本土，连欧洲大陆和美洲也为之疯狂，因此世人尊称亚当·斯密为"现代经济学之父"和"自由企业的守护神"。

1778～1790 年亚当·斯密定居爱丁堡，1787 年被选为格拉斯哥大学荣誉校长，同时也被政府任命为苏格兰的海关和盐税专员。亚当·斯密在去世前将自己的手稿全数销毁，于 1790 年 7 月 17 日与世长辞，享年 67 岁。

亚当·斯密首次全面系统的经济学说，因此，毫不夸张地讲，《国富论》是现代政治经济学研究的起点。

资料来源：http://baike.baidu.com/link?url=RuETnadRokrTG3IpghQJLVgvDxZK3JfVRfT6-QX22-mk-Gm4QnqrvgU5NnwaC7B2OmQYaRFnBmAbzoJIIB0QWX_2nH01Iqve804sNKsZ2qXAkdrybIUid1NbMXxaVvF2ULbPrcIBguUbo2eWAxVZnZ1yI7LQTVqbQsk_eKbTGbVa4Ie98sJkGjW_YMObOHbnZHmnpWz1VCV8AsOcFQNeS7DXQALSMtsRYlyTJAovGLe。

亚当·斯密论竞争

市场上任何一种商品的供售量，如果不够满足这种商品的有效需求，那些愿支付这种商品出售前所必须支付的地租、劳动工资和利润的全部价值的人，就不能得到他们需要的数量的供给。他们当中有些人，不愿得不到这种商品，宁愿支付较大的价格。于是竞争便在需求者中间发生。而市场价格便或多或少地上升到自然价格之上。价格上升程度的大小，要看货品的缺乏程度及竞事者的富有程度和浪费程度所引起的竞争热烈程度的大小。

资料来源：亚当·斯密. 国富论（上）[M]. 郭大力，王亚南，译. 江苏：译林出版社，2011.

而经济学意义上的竞争是指经济主体在市场上为了实现自身利益或既定目标而进行角逐的过程。参与竞争的经济主体有两个或两个以上的生产者或消费者，他们在利益目标或既定目标的驱动下，按照市场竞争规律开展利益争夺的过程。可见，竞争包括卖方之间竞争、买方之间竞争，买卖方之间竞争和买卖方与中间商之间的竞争。

（二）竞争性质：对抗性竞争与合作性竞争

▶ 对抗性竞争故事

19世纪的美国铁路公司竞争

1849年由费城运货至芝加哥至少须经过9个转运站，以及数星期的时间；10年后这段旅程可一趟直达且仅需3天时间。

然而美国铁路网至1861年尚未完成。主要的河流除密西西比河在罗克艾兰的一段及俄亥俄河在匹兹堡的一段外，均没有桥梁连接两岸，以同一城市为重点的不同铁路间也无铁轨相连。各家铁路公司的轨距与使用的设备均不相同，因此一家铁路公司的车辆无法转到另一家铁路公司的铁轨上行驶。在早期，这些差别都是有意造成的，使得由此城市商人出资的铁路托运的货物不致为其他城市的商人抢走。要减少这方面的开支与耽搁的时间（非标准化运营）需要各铁路公司的密切合作。随着1873年经济不景气的袭击，几乎所有的经理和投资者都认定，非正式的合作方式已不能解决问题。日益尖锐地、拼命地争夺客货运量，使运费协议遭受破坏而荡然无存。秘密回扣的做法越来越普遍，各公司很快就公开降低运费。运输部门经理和货运代理人耍出各种花招来逃避公布运费的规定，这些伎俩包括伪造提货单，记载不实的货物重量和数量，或是在运送距离和货物分离上做手脚，以图降低运费。

资料来源：艾尔弗雷德D钱德勒. 看得见的手：美国企业的管理革命[M]. 重武，译. 北京：商务印书馆，1987:135-158.

美国铁路公司的竞争故事说明，商人之间的竞争是你吃掉我，我吃掉你之间的竞争。厂商之间的竞争像狼与狼之间的关系。恶性价格竞争、打击竞争对手、垄断行业意图等是其基本特征。

名家生平与论述

艾尔弗雷德 D. 钱德勒生平

艾尔弗雷德 D. 钱德勒（Alfred D.Chandler，1918—2007），伟大的企业史学家、战略管理领域的主要奠基者之一。

钱德勒 1918 年生于美国特拉华州，毕业于哈佛大学，到海军服役 5 年。他于 1952 年在哈佛大学历史系获博士学位，随后任教于麻省理工学院和霍普金斯大学。自 1971 年被哈佛商学院聘为企业史教授后，他一直在那里工作，直至近 80 岁退休。

在很大程度上，企业史（美国人称之为商业史）这一研究领域就是他开创的。美国的《商业周刊》写道："在商业历史中，BC 意味着在钱德勒之前（before Chandler）。"所以，商业史时代也被称为 AC（after Chandler）。

他所著的《战略与结构：美国工业企业史的若干篇章》（1962）、《看得见的手：美国企业的管理革命》（1977）及《规模与范围：工业资本主义的动力》（1990）被称为"钱氏三部曲"。《看得见的手：美国企业的管理革命》于 1978 年赢得了普利策历史奖。

钱德勒的贡献有：职业经理在管理职能上对企业主的替代，综合起来可以定义为"管理革命"。这一管理革命的结果，就是"看得见的手"（现代企业内部的行政协调）在许多方面代替了亚当·斯密的"看不见的手"（市场协调），成为现代工业经济中重要的资源分配手段。

大企业是在市场竞争中成长起来的。从组织能力的角度看，大企业不可能由行政命令拼凑。现代大企业是国民财富最重要的创造者，是资本主义经济发展的发动机。企业对大规模生产和分配的组织能力不仅提供了企业成长的动力源泉，而且在国际工业领导权的竞争中提供了导致国民经济兴起和衰落的增长动力，决定了企业和国家的兴衰。

资料来源：http://www.baike.com/wiki/。

钱德勒论对抗性竞争

随着 1873 年以后经济不景气的袭击，几乎所有的经理和投资者都认定，非正式的合作方式已不能解决问题。日益尖锐地、拼命地争夺客货运量，使运费协议遭受破坏而荡然无存。秘密回扣的做法越来越普遍，各公司很快就公开降低运费。非正式的联营也无法维持运费，它的成员承运非分配给它们的客货运，并且往往交不出应由联营重新分配的收入款项。

19 世纪 70 年代中期，美国铁路公司又企图抓住另一种解决办法应付毁灭性竞争威胁。

资料来源：艾尔弗雷德 D 钱德勒.看得见的手：美国企业的管理革命［M］.重武，译.北京：商务印书馆，2001:153.

19 世纪美国铁路公司对抗性竞争的故事及钱德勒的论述告诉读者，对抗性竞争是指厂商之间一方必赢，另一方必输的竞争。战争是对抗性竞争的最高级形态。其特点是：

（1）以对抗的眼光看待竞争者，认为竞争者之间是不相容的，将竞争者视为一种威胁，对竞争者的存在总抱着一种无端的恐惧，必欲除之而后快；

（2）竞争的手段具有明显的对抗性，主要采取价格竞争，以低价来吸引消费者，从而打击竞争对手，并力争将竞争对手逐出市场；

（3）竞争的目的在于控制和消除竞争，以获取对某市场或行业垄断。

🎬 合作性竞争故事

苹果公司向华为公司支付专利使用费

2016年的一则科技新闻在朋友圈火速传播，苹果公司要向华为公司支付专利使用费了，这是真的吗？原来这是一则真实的新闻。根据国家知识产权局公布的许可备案登记信息，2015年华为向苹果公司许可专利769件，苹果公司向华为许可专利98件。这意味苹果公司向华为公司支付专利许可使用费。华为与苹果签署专利交叉授权协议，双方互为专利的合法授权使用者。

与此同时，以华为为代表的中国高科技企业非常重视专利申报。2015年，世界知识产权组织（WIPO）公布的数据显示华为公司的专利申报量位居世界第一。尽管苹果公司与华为公司在智能手机领域互为竞争对手，但在专利使用上相互授权使用的合作方式也使得双方受益、消费者受益。

苹果公司与华为公司之间竞争合作的故事表明：现代竞争的性质是竞争合作关系。苹果公司与华为公司在4G网络使用中有合作，但在智能终端销售上存在着竞争。

🎬 名家生平与论述

内勒巴夫生平

拜瑞·内勒巴夫（Barry J. Nalebuff，1958—），麻省理工学院经济与数学硕士、牛津大学博士。目前任教于耶鲁大学管理学院。他与迪克西特（Avinash K. Dixit）合著的《策略性思考：商业、政治与日常生活的竞争优势》（*Thinking Strategically*: *The Competitive Edge in Business*）是商学院必读的教科书，非常畅销。

他曾担任美国运通（American Express）等多家公司的顾问，并与麦肯锡顾问公司合作把赛局理论应用到顾问实务中。另外，他也为联邦通讯委员会（Federal Communications Commission）设计个人通讯频谱拍卖。

拜瑞·内勒巴夫的代表理论是合作竞争理论。他在与哈佛大学企业管理学教授亚当·布兰登勃格（Adam M.Brandenburger）合著出版的《合作竞争》（1996）中指出，企业经营活动是一种特殊的博弈，是一种可以实现双赢的非零和博弈。他提出了合作竞争（co-competition）的新理念。

资料来源：http://wiki.mbalib.com/wiki/%E6%8B%9C%E7%91%9E%C2%B7%E5%86%85%E5%8B%92%E5%B7%B4%E5%A4%AB#.E6.8B.9C.E7.91.9E.C2.B7.E5.86.85.E5.8B.92.E5.B7.B4.E5.A4.AB.E7.AE.80.E4.BB.8B。

布利克论合作竞争

对多数全球性企业来说，完全损人利己的竞争时代已经结束。驱动一公司与同行业其他公司竞争，驱动供应商之间、经销商之间在业务方面不断竞争的传统力量，已不可能再确保赢家在这场达尔文式游戏中拥有最低成本、最佳产品或服务，以及最高利润。很多跨国公司日渐明白，为了竞争必须合作，并以此取代损人利己的行为……跨国公司可以通过有选择地与竞争对手以及供应商分享和交换控制权、成本、资本、进入市场的机会、信息和技术，为顾客和股东创造最高价值。

<blockquote>资料来源：布利克，等.协作型竞争——全球市场的战略联营与收购［M］.林燕，译.中国大百科全书出版社，1998.</blockquote>

苹果公司与华为技术有限公司竞争合作的故事，以及合作竞争研究专家的论述给读者如下合作竞争要点：

合作竞争是一种市场参与方双赢的竞争。其特点是：

（1）竞争对手的存在是一件值得庆幸的事。竞争对手是有价值的。

（2）竞争者能带来战略利益，比如增加竞争优势、改善产业结构、帮助市场开发、阻止进入等。

（3）选择合作伙伴。合作竞争要点是选择"好"的竞争者，选择能给企业带来战略利益的竞争者。

（4）竞争合作是多点竞争、多点合作并存关系。

二、完全竞争市场概念

（一）什么是市场结构

市场结构故事

中国乘用车市场

据统计，2015年中国乘用车销量超过2 000万辆，达到2 020万辆。其中销量前十的企业为上海大众、上汽通用、一汽大众、上汽通用五菱、北京现代等，这十大品牌合计销售量在总销量中的占比超过60%。前十大品牌为大众、现代、别克、丰田、本田等，合计销量在总销量中的占比约为60%；乘用车销量前十的本土集团为上汽、东风、一汽、长安、北汽等，合计销量在总销量中的占比为90%以上。

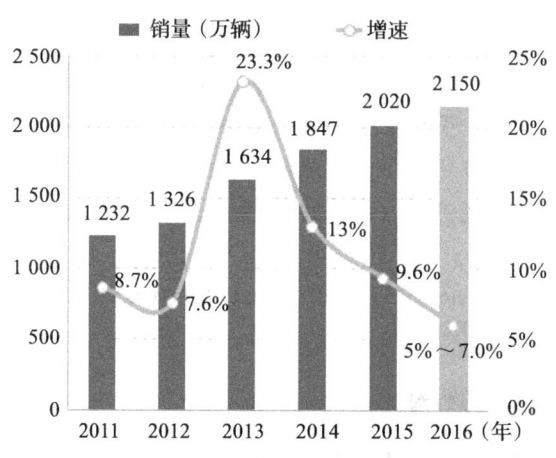 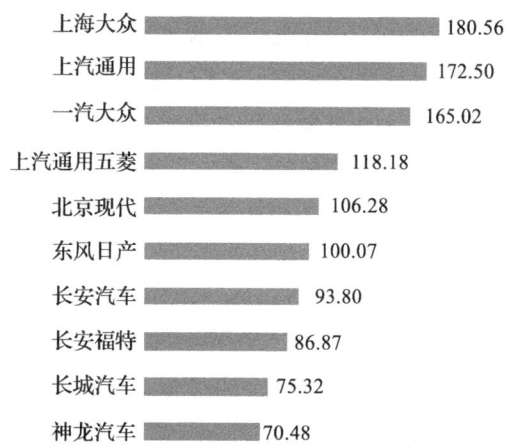

图 3-1　2011年以来的乘用车销量变化　　图 3-2　2015年乘用车前十企业销量排行（万辆）

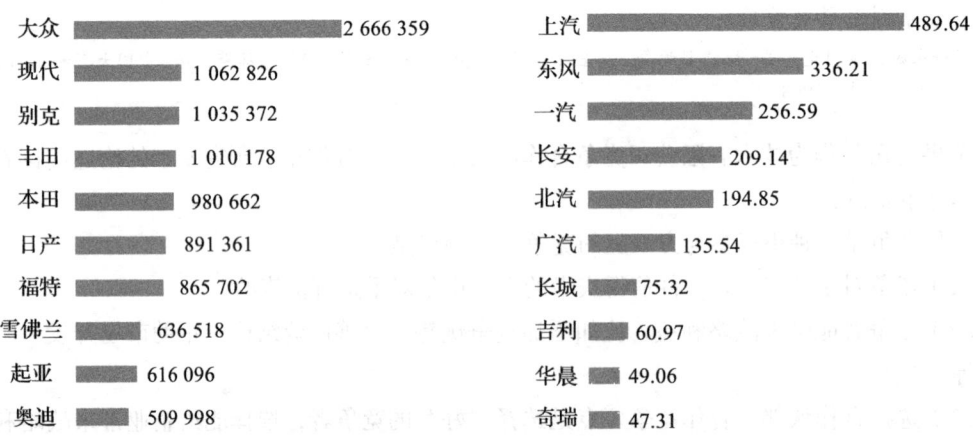

图 3-3　2015 年乘用车前十品牌销售（辆）　　图 3-4　2015 年乘用车前十本土集团销量排行（万辆）

资料来源：2015 年中国乘用车市场销量全面解析，http://auto.sohu.com/20160120/n435194848.shtml。

由此可见，中国乘用车市场呈现出厂商数量有限、竞争异常激烈的特点。大众、通用、福特、丰田、本田、日产、现代等知名合资品牌在市场占有率上尽管仍占优势，但上汽、东风汽车、比亚迪、长城汽车等自主品牌厂商销量增速很快，与合资品牌销量的差距在不断缩小。在这个激烈竞争的市场上，厂商数量、产品差异和定价策略不仅仅与本企业发展战略有关，也与其他竞争对手的营销策略密切相关。不是哪家厂商说了算的，也不是哪几家厂商说了算的，没有厂商说了算。这就是市场结构问题。

🎬 名家生平与论述

斯蒂格利茨生平

约瑟夫·斯蒂格利茨（Joseph E. Stiglitz, 1943— ），1943 年出生于美国印第安纳州一个叫作加里的小城。24 岁时，斯蒂格利茨就获得了麻省理工学院博士学位，此后在剑桥大学从事研究工作。1969 年，斯蒂格利茨被耶鲁大学聘为经济学正教授，3 年后他被选为计量经济学会的会员。1979 年，他获得了美国经济学会两年一度的约翰·贝茨·克拉克奖。1988 年他成为美国国家科学院院士，同年起在斯坦福大学任经济学教授。1993 年，斯蒂格利茨成为克林顿政府的总统经济顾问委员会成员，并从 1995 年 6 月起任该委员会主席。1997 年起，他担任了世界银行高级副行长兼首席经济学家。2000 年至今，斯蒂格利茨执教于哥伦比亚大学。2001 年，因为经济学的一个重要分支——信息经济学的创立做出的重大贡献，斯蒂格利茨获得了诺贝尔经济学奖。

资料来源：http://baike.baidu.com/link?url=u7ORiBl79_SmoVUk6aVjYEJhg2WprsJB-jZD7UXCf6XCEMSHkFyREVVsf6gEyig4C-LnS4xoaRxhD52hM9JE1K。

斯蒂格利茨论市场结构

当经济学家考察市场时，他们首先考察市场结构（market structure），即该市场是如何组织起来的。

资料来源：约瑟夫·斯蒂格利茨.经济学（原书第2版）[M].梁小民，黄险峰，译.北京：中国人民大学出版社，2000:311.

综合中国乘用车市场的故事及斯蒂格利茨关于市场结构的观点可有如下要点：

1. 市场结构是市场主体之间在市场规则下的竞争态势和市场特性的表现

（1）市场主体一般包括卖方和买方，或供给方和需求方。

（2）市场规则是市场主体双方共同遵守的行为准则，一般包括市场准入规则、市场竞争规则和市场交易规则。

（3）竞争态势和市场特性则是由买卖双方在市场交易中的力量对比体现出来的，其具体的含义是①市场特性指市场的竞争强度、市场的成熟度、市场的集中度。按市场成熟度特性，市场可分为新兴市场、成长性市场、成熟市场和衰退市场。市场竞争强度、市场集中度可度量新兴市场、成长性市场、成熟市场和衰退市场的竞争激烈程度、市场竞争态势、企业力量状况等。②市场竞争态势指市场竞争力量变动趋势、市场竞争强度变动趋势、市场周期变动趋势及市场主体地位变动趋势等。市场竞争态势是市场竞争特性变动的综合表现。比如，新兴市场特性是企业在市场不能左右价格及其变动、市场集中度低、市场竞争强度较低；成长性市场特性是企业在市场上价格影响力逐渐显现出来，形成了几个主要大企业和众多中小企业并存的力量格局，市场集中度有升高的趋势，市场竞争强度提高，大企业影响力态势基本形成；成熟市场特性是企业左右市场价格及其变动、市场集中度高、市场竞争强度高。一家企业或几家企业主导市场，形成垄断竞争市场格局或完全垄断市场。

2. 决定市场结构的主要因素

（1）市场上厂商的数目。

（2）厂商生产的产品的差别程度。

（3）厂商进入或退出一个行业的难易程度。

（4）信息的完全性程度。

3. 市场结构类型

在经济分析中，根据不同的市场结构特征，一般把市场划分为完全竞争市场、垄断竞争市场、寡头市场和完全垄断市场四种类型（见表3-1）。

表 3-1 市场类型的划分及其特征

市场类型	厂商数目	产品差别程度	对价格控制的程度	进出一个行业的难易程度	商品市场
完全竞争市场	很多	完全无差别	没有	很容易	一些农业品
垄断竞争市场	很多	有差别	有一些	比较容易	一些轻工产品、零售业
寡头市场	几个	有差别或无差别	相当程度	比较困难	钢、汽车、石油
完全垄断市场	唯一	唯一的产品，且无相近的替代品	很大程度，但经常受到管制	很困难，几乎不可能	公用事业，如水、电、天然气等

资料来源：高鸿业，主编.西方经济学[M].北京：中国人民大学出版社.

4. 市场结构定量描述：市场集中度

在实践中如何测度市场类型及厂商对市场的控制力，一般采用市场集中度和市场势力两个概念予以测度。

（1）市场集中度。在市场结构划分中，厂商的数量及其规模决定了它属于哪种类型的市场。在实践中利用市场集中度能够比较好地进行测度。市场集中度（market concentration）是指在一个市场中各家厂商的市场份额的集中程度，通常由以下公式测量：

$$C_n = \sum_{i=1}^{n} S_i \tag{3-1}$$

式中　S_i——第 i 家厂商的市场份额。

按照市场份额的大小排列，假定 $S_1 > S_2 > S_3 > \cdots > S_n$。市场集中度的直观意义在于市场中占据最大份额的 n 家厂商的市场份额之和，通常用 C 表示，C_3 表示市场中占市场份额前三位的厂商市场份额之和接近于 100%，表明这个市场的集中度越高，这些厂商的市场势力最大。

（2）市场势力。市场势力指一家厂商在市场中拥有的势力，它主要通过厂商对产品价格的控制力来反映。如果一家厂商对其商品价格的控制力越强，其盈利能力也就越强，即一家厂商的市场势力越强，其获得利润的能力越强。一家厂商的市场势力可以用相对的加价幅度来反映，一般由勒纳指数（lerner index）来表示，其计算公式为：

$$L = \frac{P - MC}{P} \tag{3-2}$$

式中　L——勒纳指数，它的值位于 0～1；

　　　P——商品的价格；

　　　MC——该厂商的边际成本。

如果 $P = MC$，则 $L = 0$，表示厂商无市场势力，厂商是商品价格的接受者，这个市场属于典型的完全竞争市场；如果 $P > MC$，则 $L > 0$，表示厂商有市场势力，L 值越接近于 1，表示该厂商的市场势力越强；如果 $L = 1$，这个市场就越接近于完全垄断市场，厂商每增加一个单位产品生产，其边际成本几乎接近于 0，而商品按照厂商定价销售，厂商获得垄断利润。

（二）完全竞争市场：市场参与者自由竞争

🎬 完全竞争故事

美国唐人街上华商的自由竞争

唐人街也被称为华埠或中国城（Chinatown），是华人在其他国家城市聚居的地区。唐人街的形成，是因为华人移居海外，成为当地的少数族群，在面对新环境时需要同舟共济，便群居在一个地带，故此，多数唐人街是华侨历史的一种见证。

美国的各大城市几乎都有唐人街，最负盛名就属纽约唐人街了。纽约唐人街上的商铺近 1/3 为餐馆。餐馆的老板们为争夺消费者使出浑身解数，职业经理人穿梭于各大餐馆寻找就业机会，餐馆的服务员流动性也很大，哪家生意好就到哪家工作服务，餐饮行业竞争异常激励。

美国唐人街华商竞争的故事有如下特点：华商都集中在一条街上，华商经营的产品都是同质产品；任何华商都可自由进入或退出唐人街；华商都拥有丰富的华商经营管理知识。总之，在唐人街上，华商自由出入不成任何障碍。

名家生产与论述

富兰克·奈特生平

富兰克·奈特（Frank Hyneman Knight，1885—1972），芝加哥学派（经济）创始人、芝加哥大学教授，20世纪最有影响的经济学家之一，也是西方最伟大的思想家之一。其代表著作是《风险、不确定性和利润》。

1930年，奈特获得美国著名的古根海姆奖，1950年他被推选为美国经济学会会长，1957年获弗朗西斯·沃尔克奖章（Francis Volcker Medal）。此外，《竞争的伦理学及其他文论》（1935）、《论经济学的历史与方法》（1956）等著作具有较广泛的影响力。

他在芝加哥大学培养出了像弗里德曼、斯蒂格勒和詹姆斯·布坎南这些著名的经济学家、诺贝尔经济学奖得主。

资料来源：http://baike.baidu.com/link?url=4oaE8T73CmgfAWy-vPwpdkYpCLZ-uaC3DIbneL0RMMOoHBN0u1SlF0rjRTrCvouQ4fXhE65w_28HtFzCQupUV。

奈特论完全竞争

完全竞争的基本性知识不存在利润或亏损，商品的价值与成本完全相等，即产品机制被全部分配给各生产要素的所有者，没有剩余。但是，在现实社会中，成本和价值仅仅是"趋于"相等，即只是偶然完全相等。在一般情况下，它们之间一定存在一个正的或负的"利润"。

资料来源：弗兰克·奈特.风险、不确定性和利润[M].王宇，王文玉，译.北京：中国人民大学出版社，2005.

亚当·斯密论自由竞争

一切有所偏爱或限制的制度完全废除后，明白简单的自然自由制度就会自行建立起来。任何人，只要他不违反公正的法律，都有充分的自由，以自己的方式追求自己的利益，以其劳动和资本与任何其他人或其他阶层竞争。按照自然自由制度，君主只有三种应尽的职责：第一，保护社会不受其他独立社会的侵犯；第二，尽可能保护社会中的成员不受其他成员的侵害和压迫，这就是说，要设立公正的司法机构；第三，建设和维护某些公共事业和公共设施。

资料来源：亚当·斯密.国富论[M].孙善春，李春长，译.北京：中国华侨出版社，2011:292.

1. 完全竞争市场的特点

斯密和奈特的论述表明，完全竞争市场具有如下特点：

（1）市场有大量的买主与卖主。任何买主或卖主都只能是价格接受者，没有任何买主或卖主能改变市场价格或影响市场价格。

（2）产品同质化。任何厂商生产或售出的产品和其他厂商的产品都是相同的、无差别的。

（3）不存在进入或退出市场障碍，即一切资源，包括劳动力、原材料、资本、信息、知识等所有生产要素都具有充分流动性、能够零成本地进入或退出某一市场，能够从一种用途转为另一种用途。

（4）实际的或潜在的市场参与者都有充分的市场知识，即信息完全对称。

2．完全竞争市场图解

（1）完全竞争需求曲线（见图3-5）。在图3-5a中，市场的需求曲线 D 和供给曲线 S 相交的均衡点 E 决定的市场均衡价格为 P_e，相应地，在图3-5b中，由给定的价格水平 P_e 出发的水平线 d 就是厂商的需求曲线。水平的需求曲线意味着：厂商只能被动地接受给定的市场价格，且厂商既不会也没有必要去改变这一价格水平。

完全竞争厂商的需求曲线是变动的。需要注意的是，在完全竞争市场中，单个消费者和单个厂商无力影响市场价格，他们中的每一个人都是被动地接受既定的市场价格，但这并不意味着完全竞争市场的价格是固定不变的。在其他一些因素（如消费者收入水平的普遍提高、先进技术的推广，或者政府有关政策的作用，等等）的影响下，众多消费者的需求量和众多生产者的供给量发生变化时，供求曲线的位置就有可能发生移动，从而形成市场的新的均衡价格。如图3-6所示。

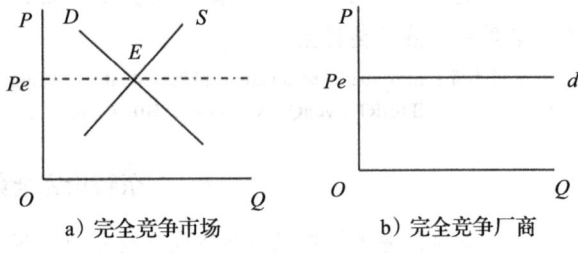

图3-5 完全竞争需求曲线

在图3-6中，开始时市场的需求曲线为 D_1，供给曲线为 S_1，市场的均衡价格为 P_1，相应的厂商的需求曲线是由价格水平 P_1 出发的一条水平线 d_1。以后，当市场的需求曲线的位置由 D_1 移至 D_2，供给曲线的位置由 S_1 移至 S_2 时，市场均衡价格上升为 P_2，于是相应的厂商的需求曲线是由新的价格水平 P_2 出发的另一条水平线 d_2。不难看出，厂商的需求曲线可以出自各个不同的市场的均衡价格水平，但它们总是呈水平线的形状。

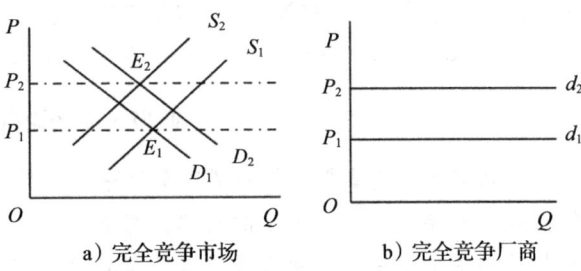

图3-6 完全竞争市场价格的变动和厂商的需求曲线

（2）完全竞争厂商的供给曲线。完全竞争厂商供给取决于成本，如图3-7所示。

图3-7中某完全竞争厂商的一条短期生产的边际成本 SMC 曲线和一条由既

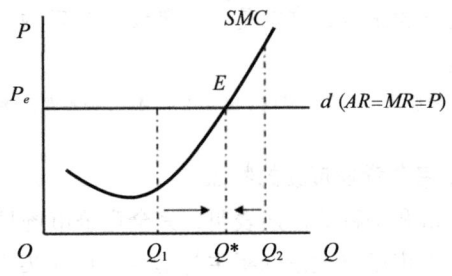

图3-7 完全竞争市场上厂商的利润最大化

定价格水平 P_e 出发的水平的需求曲线 d，这两条线相交于 E 点。我们说，E 点就是厂商实现最大利润的生产均衡点，相应的产量 Q^* 就是厂商实现最大利润时的均衡产量。这是因为，当产量小于均衡产量 Q^*（例如为 Q_1）时，厂商的边际收益大于边际成本，即 $MR > SMC$。这表明厂商增加一单位产量带来的总收益的增加量大于付出的总成本的增加量，即厂商增加产量是有利的，这样可以使利润得到增加。所以，如图中指向右方的箭头所示，只要 $MR > SMC$，厂商就会增加产量。同时，随着产量的增加，厂商的边际收益 MR 保持不变而厂商的边际成本 SMC 是逐步增加的，最后，$MR > SMC$ 的状况会逐步变化成 $MR < SMC$ 的状况。在这一过程中，厂商得到了扩大产量带来的全部好处，获得了它能得到的最大利润。相反，当产量大于均衡产量 Q^*（例如为 Q_2）时，厂商的边际收益小于边际成本，即 $MR < SMC$。这表明厂商增加一单位产量带来的总收益的增加量小于付出的总成本的增加量，即厂商增加产量是不利的，这样会使利润减少。所以，如图中指向左方的箭头所示，只要 $MR < SMC$，厂商就会减少产量。同时，随着产量的减少，厂商的边际收益仍保持不变，而厂商的边际成本 SMC 是逐步下降的，最后 $MR < SMC$ 的状况会逐步变成为 $MR = SMC$ 的状况。在这一过程中，厂商所获得的利润逐步达到最高水平。

（3）完全竞争均衡。完全竞争均衡有短期均衡和长期均衡之分。这里不展开论述了。

3. 完全竞争市场是可竞争市场

（1）可竞争市场是指来自潜在进入者的竞争压力对市场供给者的行为产生很大约束的市场。一个市场是可竞争的，就必定保证市场效率。

（2）市场的"可竞争性"是有条件的。一般来说，可竞争市场应满足以下假设条件：自由进入和退出；潜在进入者能够采取"打了就跑"（hit-and-run）的策略；潜在进入者自由进入为同一市场提供服务。

（3）可竞争市场的两个基本特征：第一，在可竞争市场上不存在超额利润；第二，在可竞争市场上不存在任何形式的生产低效率和管理上的 X 低效率（X-inefficiency）。

名家论述

威廉·鲍莫尔与可竞争市场理论

1981 年 12 月，美国著名新福利经济学家威廉·鲍莫尔（William Baumol）在美国经济学会年会上做了题为"可竞争市场：产业结构理论的一次革命"的发言。1982 年，鲍莫尔与美国西北大学教授潘扎尔（Panzar）、普林斯顿大学教授威利格（Willig）一起出版了《可竞争市场与产业结构理论》一书，标志着系统化的可竞争性理论的形成。

第二节 不完全竞争市场

不完全竞争市场是相对于完全竞争市场而言的，除完全竞争市场以外所有的或多或少带有一定垄断因素的市场都被称为不完全竞争市场。不完全竞争市场分为三个类型，它们分别是垄断市场、寡头市场和垄断竞争市场。其中，垄断市场的垄断程度最高；寡头市场居中；垄断竞争市场最低。下面重点介绍垄断市场。

一、完全垄断或独占

垄断是某个厂商产品和服务供给的市场占有率很高的情形

垄断故事 1

中国中车是完全垄断厂商吗

2015年6月1日，由中国北车、中国南车合并组建的中国中车股份有限公司（中文简称"中国中车"，英文缩写"CRRC"）正式注册成立。2015年6月8日，中国中车在上海证券交易所和香港联交所成功上市，公司拥有46家全资及控股子公司，员工17万余人。

中国中车承继了中国北车、中国南车的全部业务和资产，是全球规模最大、品种最全、技术领先的轨道交通装备供应商。其业务范围主要包括铁路机车车辆、动车组、城市轨道交通车辆、工程机械、各类机电设备、电子设备及零部件、电子电器及环保设备产品的研发、设计、制造、修理、销售、租赁与技术服务；信息咨询；实业投资与管理；资产管理；进出口业务等业务。

中国中车建设了世界领先的轨道交通装备产品技术平台和制造基地，以高速动车组、大功率机车、铁路货车、城市轨道车辆为代表的系列产品，已经全面达到世界先进水平，能够适应各种复杂的地理环境，满足多样化的市场需求。中国中车制造的高速动车组系列产品，已经成为中国向世界展示发展成就的重要名片。产品现已出口全球六大洲近百个国家和地区，并逐步从产品出口向技术输出、资本输出和全球化经营转变。

资料来源：中国中车官网，http://www.crrcgc.cc/。

问题1：中国中车是完全垄断厂商吗？为什么？
问题2：从经济学角度解释中国政府把南车、北车合并组建中国中车的利与弊。

中国中车的故事表明：在中国轨道交通产品市场上，中国中车是轨道交通产品和服务的唯一供应商。在最近几年，它的产品和服务的中国市场占有率高达100%。那么，中国中车是垄断厂商吗？

垄断故事 2

一波三折的微软拆分事件

1955年出生的比尔·盖茨与保罗·艾伦于1975年创办了影响世界科技发展的微软公司，1995年比尔·盖茨成功问鼎《福布斯》美国富翁榜首，连续20多年无人超越。同时，他在全球财富排行榜上几乎一直位列榜首。不过微软公司发展历程也并非一帆风顺，当年美国政府拆分微软的事件一波三折，最终留下了一个整体的微软。1999年11月，美国法官通过调查发现微软公司把IE浏览器与windows操作系统捆绑销售涉嫌侵害消费者、计算机制造商和其他公司的利益，微软有违反《反托拉斯法》的行为。2000年4月，美国司法部以微软公司违反美国《反托拉斯法》，要求其一分为二，这是美国继1982年因违反《反托拉斯法》对美国电话电报公司（AT&T）拆分以来最严重的反垄断调查。2000年6月，美国哥伦比亚特区联邦地方法院判决微软公司违反美国《反托拉斯法》，必须一分为二，一个公司经营 windows 操作系统软件，另一个公司经营 IE 浏览器、Office 等软件业务；2001 年 1 月小布什接任极力主张拆分微软的克林顿总统，他任命了新的司法部长来处理此事，6 月美国哥伦比亚特区联邦上诉法院法官驳回了 2000 年 6 月的判决，9 月美国司法部通知微软公司，微软公司不必一分为二，美国政府同时也放弃追究微软将 IE 浏览器与 Windows 操作系统捆绑销售的责任。

一波三折的微软事件提出了值得我们深思的问题：
（1）美国的《反托拉斯法》中对垄断是怎么定义的？微软构成垄断了吗？
（2）为何美国司法部的决定出尔反尔？其背后的经济学逻辑什么？

名家生平与论述

琼·罗宾逊夫人生平

琼·罗宾逊（Joan Robinson）（1903—1983），英国著名经济学家，新剑桥学派最著名的代表人物和实际领袖，她是世界级经济学家当中的一个女性，而且是有史以来最著名的女性经济学家，被经济学界认为是应该获得而未能获得诺贝尔经济学奖的少数几个经济学家之一。

琼·罗宾逊夫人对马克思列宁主义经济理论也做过比较深入的研究，提出了"向马克思学习"的口号。但她对马克思经济理论也做了不少歪曲或曲解。1973 年她与约翰·伊特韦尔合写的《现代经济学导论》被认为是按照新剑桥学派理论观点阐述经济问题的一本入门书。

琼·罗宾逊夫人论垄断竞争

如果两个企业碰巧都从事这样一种工业，则它们或者是彼此竞争以战胜对方，因而都不能收回成本，而经不起竞争考验的就被淘汰；或者是它们进行合并。如个别企业的平均成本随着产量的增加而下降，就不可能有长期竞争均衡。在这种类型的垄断市场下，不能和竞争产量进行比较，因为它的情况使竞争成为不可能。

资料来源：琼·罗宾逊．不完全竞争经济学［M］．王翼龙，译．北京：商务印书馆，1961．

1. 垄断的定义及其基本特征

垄断是指整个行业中只有唯一的一个厂商的市场组织；厂商为实现垄断市场意图的行为称为垄断行为；厂商为实现市场垄断意图而制定的价格称为垄断价格。具体地说，垄断具有以下基本特征：

（1）市场上只有唯一的一个厂商生产和销售商品；
（2）该厂商生产和销售的商品没有任何相近的替代品；
（3）其他任何厂商进入该行业都极为困难或不可能；
（4）垄断厂商决定价格，垄断有卖方垄断、买方垄断。卖方垄断描述了制造业的垄断现象，买方垄断描述了商业服务领域的垄断现象。

2. 垄断厂商行为：追求利润最大化

（1）垄断厂商的需求曲线。由于垄断市场中只有一个厂商，所以市场的需求曲线就是垄断厂商所面临的需求曲线，它是一条向右下方倾斜的曲线。假定厂商的销售量等于市场的需求量，于是向右下方倾斜的垄断厂商的需求曲线表示：垄断厂商可以通过减少销售量的办法来提高市场价格，也可以通过增加销售量的办法来压低市场价格，即垄断厂商可以通过改变销售量来控制市场价格，而且垄断厂商的销售量与市场价格呈反方向的变动。

（2）垄断厂商的收益曲线。厂商面临的需求状况直接影响厂商的收益，这便意味着厂商的需求曲线的特征将决定厂商的收益曲线的特征。垄断厂商的需求曲线是向右下方倾斜的，其相应的平均收益（AR）曲线、边际收益（MR）曲线和总收益（TR）曲线的一般特征如图 3-8 所示。第一，由于厂商的平均收益总是等于商品的价格，所以，图中，垄断厂商的 AR 曲线和需求曲线 d 重合，为同一条向右下方倾斜的曲线。第二，由于 AR 曲线是向右下方倾斜的，则根据平均产量和边际产量之间的相互关系可以推知，垄断厂商的边际收益总是小于平均收益。因此，图中 MR 曲线位于 AR 曲线的左下方，且 MR 曲线也向右下方倾斜。第三，由于每一销售量上的边际收益值就是相应的总收益曲线的斜率，所以在图中，当 $MR > 0$ 时，TR 曲线的斜率为正；当 $MR < 0$ 时，TR 曲线的斜率为负；当 $MR = 0$ 时，TR 曲线达到最大值点。

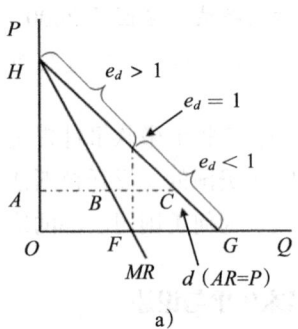

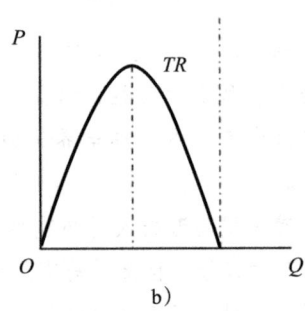

图 3-8　垄断厂商的需求曲线、平均收益、边际收益和总收益曲线

在垄断市场上，垄断厂商为了获得最大利润，也必须遵循 $MR = MC$ 的原则。在短期内，垄断厂商无法改变固定要素投入量，垄断厂商在既定的生产规模下通过对产量和价格的调整，来实现 $MR = SMC$ 的利润最大化的原则。这可用图 3-9 来说明。

图中的 SMC 曲线和 SAC 曲线代表垄断厂商的既定的生产规模，d 曲线和 MR 曲线代表垄断厂商的需求和边际收益状况。垄断厂商根据 $MR = SMC$ 的利润最大化

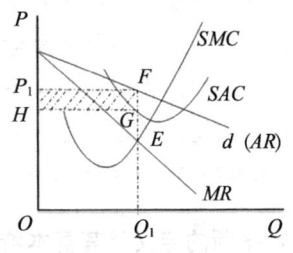

图 3-9　垄断厂商利润最大化

的均衡条件，将产量和价格分别调整到 Q_1 和 P_1 的水平。在短期均衡点 E 上，垄断厂商的平均收益为 $FQ_1 \cdot OQ_1$，平均成本为 $GQ_1 \cdot OQ_1$，平均收益大于平均成本，垄断厂商获得利润。单位产品的平均利润为 FG，总利润量相当于图中阴影部分的矩形面积。

为什么垄断厂商只有在 $MR = SMC$ 的均衡点上，才能获得最大的利润呢？

这是因为，只要 $MR > SMC$，垄断厂商增加一单位产量得到的收益增量就会大于付出的成本增量。这时，厂商增加产量是有利的。随着产量的增加，如图 3-9 所示，MR 会下降，而 SMC 会上升，两者之间的差额会逐步缩小，最后达到 $MR = SMC$ 的均衡点，厂商也由此得增加产量的全部好处。而 $MR < SMC$ 时，情况正好与上面相反。所以，垄断厂商的利润在 $MR = SMC$ 处达到最大值。

如果认为垄断厂商在短期内总能获得利润，你就错了。垄断厂商在 $MR = SMC$ 的短期均衡点上，可以获得最大的利润，也可能是亏损的（尽管亏损额是最小的）。造成垄断厂商短期亏损的原因，可能是既定的生产规模的成本过高（表现为相应的成本曲线的位置过高），也可能是垄断厂商面临的市场需求过小（表现为相应的需求曲线的位置过低）。垄断厂商短期均衡时的亏损情况如图 3-10 所示

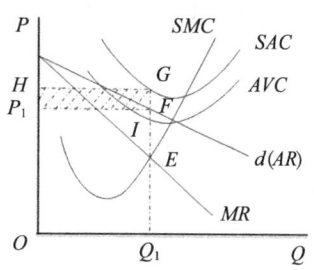

图 3-10 垄断厂商短期均衡时的亏损情况

在图 3-10 中，垄断厂商遵循 $MR = SMC$ 的原则，将产量和价格分别调整到 Q_1 和 P_1 的水平。在短期均衡点 E，垄断厂商是亏损的，单位产品的平均亏损额为 GF，总亏损额等于图中矩形（阴影部分）$HGFP_1$ 或 $HG \cdot FG$ 的面积。与完全竞争厂商相同，在短期生产亏损的情况下，若 $AR > AVC$，垄断厂商就继续生产；若 $AR < AVC$，垄断厂商就停止生产；若 $AR = AVC$，垄断厂商则认为生产和不生产都一样。在图 3-10 中，平均收益 FQ_1 大于平均可变成本 IQ_1，所以垄断厂商会继续生产。至于在垄断厂商短期亏损时还可能选择退出或生产与不生产都一样的另外两种状态，读者可以自己作图予以分析。由此可以得到垄断厂商短期均衡条件为：

$$MR = SMC \quad (3\text{-}3)$$

垄断厂商在短期均衡点上可以获得最大利润，可以利润为零，也可以蒙受最小亏损。

3. 垄断厂商价格歧视策略

🎬 价格歧视故事

为何同一个航班上乘客的机票价格相差这么大

这是大家都有的生活常识，在出行时每个人都会选择不同的交通方式到达目的地。例如从成都到西安，你可以选择乘坐大巴客车到达，也可以乘坐火车到达，或者坐飞机到达。在三种运输方式中，前面两种运输方式的价格一年四季几乎保持不变，但如果你乘坐的是飞机，你的票价和你的邻座的可能就完全不同，也许你买到的是全价机票，而你的邻座购买的是四折机票，在同一航班上的其他乘客的机票价格也可能是完全不同的价格，同样的运输距离、同样的航空服务，却支付不同的价格，这是为什么？航空公司的机票定价策略是什么？

上述案例讲的就是典型的价格歧视现象，航空公司出售机票往往会根据公司的运营成本、运输能力、同一航空线路上的竞争对手的机票定价、乘客出行的可替代运输方式的价格、出行人数的多少、航空公司提供的服务的多少等因素来制定价格。

垄断厂商的价格歧视一般分为一级、二级和三级价格歧视。

一级价格歧视又称完全价格歧视，厂商按照消费者的保留价格（保留价格是指卖方或买方能够接受的最高价格）出售每个单位产品。

二级价格歧视即所谓的"非线性定价"。在这类价格歧视中，企业通过提供不同的"价

格-产量"或"价格-质量"组合,让消费者自行选择,例如中国移动等公司提供的不同话费的套餐服务,肯德基等公司提供的各类套餐服务。二级价格歧视特点是根据不同的消费数量或质量区间制定不同的价格,例如当消费者购买6个单位产品时,其价格为6元;当消费者再购买4个单位产品时,这新增的4个单位产品购买量的价格便下降为5元,如此等等。实行二级价格歧视的垄断厂商的收益(或利润)会增加,部分消费者剩余被垄断者占有。

三级价格歧视是指垄断厂商对同一种产品在不同的市场上(或对不同的消费群)根据消费者的收入水平、消费偏好等因素制定不同的价格,例如苹果公司推出的iPhone手机,在中国市场的定价和在美国的定价就有很大差异;同样的电影票,可以给学生们打折购买,但对其他消费者却不打折。在我们的日常经济生活中三级价格歧视的现象非常多。

二、垄断竞争市场

垄断竞争故事

格力掌握核心科技

"格力掌握核心科技""让世界爱上中国造",这是近几年风靡全国各大媒体的经典广告词。从成龙代言格力,到格力电器掌门人董明珠亲自代言格力,并与中国首富王健林一起宣传格力空调。格力电器既是"中国制造"的靓丽名片,也是中国企业自主创新的优秀代表。据《2015年全球主要商品与服务市场份额调查》显示,中国家用空调品牌2015年总共向全世界出货7.4亿台,其中格力电器以占有率23.1%的绝对优势位列第一,出货量超过1.7亿台,超过第二名近6个百分点。除此之外,据中国标准化研究院顾客满意度测评中心发布的《2014年中国顾客满意指数调查》,格力以81.6分的成绩获空调品牌顾客满意度最高分。调查显示,格力空调在"顾客满意度""品牌形象""预期质量""感知价值""忠诚度"这五项指标上均为行业第一,且2011~2014年累计市场保有率排名第一。据上市公司年报显示,2015年格力空调实现营收837.18亿元,美的集团以645亿位居第二。此外,据媒体报道,美的集团空调品类毛利率为28.25%,而格力的产品毛利率却高达36%,说明格力盈利能力仍然强劲。

问题1:格力空调赢得消费者的主要核心竞争力是什么?

问题2:为什么价格比格力空调低很多的其他知名品牌无法赢得更多的消费者?

上述案例中所述的空调行业属于典型的垄断竞争市场,厂商数量较多,厂商生产的产品在品质上有差异,市场竞争激烈,那么,什么是垄断竞争市场,它有哪些特点呢?

名家生平与论述

张伯伦生平

爱德华·哈斯丁·张伯伦(E.H.Chamberlin,1899—1967),美国著名经济学家。张伯伦出生在美国华盛顿，1920年毕业于美国艾奥瓦大学，而后进入美国密歇根大学任讲师，1922年获该大学硕士学位，1924年又获哈佛大学硕士学位，1927年获哈佛大学博士学位。1929年起任哈佛大学副教授，1934年以后一直任哈佛大学教授。

张伯伦论垄断竞争市场

垄断竞争显然既不同于纯粹的垄断又不同于纯粹的竞争。至于垄断，就像普通设想的和定义的，垄断竞争包含了垄断，并将它作为起点。这样做是有可能的，而将竞争作为起点却是没有可能的。其中的理由详细阐明如下：垄断理论至少承认问题中的两个方面因素，而竞争理论则将垄断因素视为"不完全"，从而去掉了垄断因素。

资料来源：张伯伦. 垄断竞争理论［M］. 周文，译. 华夏出版社，2009.

1. 垄断竞争市场的概念

垄断竞争市场具有如下含义。

（1）某一个行业或市场有多家厂商。这些厂商都有规模经济效应或范围经济效益。

（2）厂商规模大到足以影响市场价格。

（3）厂商进入或退出某行业存在障碍。

（4）信息不完全、不对称，知识不完整是所有厂商共性。

2. 垄断竞争厂商的行为特征

（1）垄断厂商需求曲线比较平坦。由于垄断竞争厂商可以在一定程度上控制自己产品的价格，即通过改变自己生产的有差别的产品的销售量来影响商品的价格，所以如同垄断厂商一样，垄断竞争厂商面临的需求曲线也是向右下方倾斜的。所不同的是，由于各垄断竞争厂商的产品相互之间都是很接近的替代品，市场中的竞争因素又使得垄断竞争厂商的需求曲线具有较大的弹性。因此，垄断竞争厂商向右下方倾斜的需求曲线是比较平坦的，相对地比较接近完全竞争厂商的水平形状的需求曲线。

（2）垄断竞争厂商均衡特点。西方经济学家通常以垄断竞争生产集团内的代表性企业来分析垄断竞争厂商的短期均衡和长期均衡。在短期均衡的产量上，由于存在竞争，市场上的供求是相等的，由于垄断竞争厂商的产品定价的不确定性，所以厂商可能获得最大利润，可能利润为零，也可能蒙受最小亏损。但从长期来看，垄断竞争厂商不仅可以调整生产规模，还可以加入或退出生产集团。这就意味着，垄断竞争厂商在长期均衡时的利润必定为零。

（3）非价格竞争。非价格竞争是垄断竞争厂商的基本策略。在垄断竞争市场上，由于每一个厂商生产的产品都是有差别的，所以垄断竞争厂商往往通过改进产品品质、精心设计商标和包装、改善售后服务以及广告宣传等手段，来扩大自己产品的市场销售份额，这就是非价格竞争。进行非价格竞争是需要花费成本的，例如改进产品性能会增加生产成本，增设售后服务网点需要增加投入，广告宣传的费用也是相当可观的。厂商进行非价格竞争花费的总成本必须小于由此增加的总收益，否则，厂商是不会进行非价格竞争的。很显然，边际收益等于边际成本的利润最大化原则，对于非价格竞争仍然是适用的。

三、寡头竞争市场

1. 寡头竞争的概念

▶ 寡头竞争故事

工信部鼓励电信市场竞争，推动电信市场资费方案简化

2016年第一季度工业通信业发展情况发布会，工业和信息化部通信发展司表示，工信部将进一步促进电信市场的竞争，推动电信企业简化资费方案。

工信部通信发展司官员指出，工信部将不断推动企业出台各种有效资费，进一步促进市场的竞争。一方面鼓励三家基础电信企业在全业务领域竞争，在固网方面，鼓励中国移动加快固网的发展，特别是在大城市的固网网络覆盖；在移动网络领域，充分利用铁塔公司的优势，最大限度地应用现在已经有的这些基站，支持电信、联通发展4G，提升共建共享的水平，缩小与移动的差距。另一方面，鼓励民间资本进入电信领域参与竞争，继续推动移动通信转售的业务，进一步扩大宽带接入网的试点范围，充分发挥民间资本的活力，释放鲶鱼效应。此外，工信部将加强市场行为监管，切实提升用户服务体验，推动企业进一步简化资费方案，优化套餐设计，通过加强资费信息公开、账单展示和流量消费提醒，提供多样的消费查询途径，提高用户消费的透明度，让用户看得明白、用得舒心。

资料来源：中国网财经，http://finance.china.com.cn/news/20160428/3699846.shtml。

中国电信资费改革表明，中国电信竞争市场有中国移动、中国电信、联通三家竞争厂商。它们在中国电话通信市场、固定宽带市场和移动互联等电信业务市场上具有绝对市场控制能力，是典型的寡头垄断企业。那么，什么是寡头市场，有哪些主要类型，它们各自有何特点？

▶ 名家生平与论述

安东尼·奥古斯丁·古诺生平

安东尼·奥古斯丁·古诺（Antoine Augustin Cournot，1801—1877），法国数学家、经济学家和哲学家，数理统计学的奠基人。古诺出生于法国格雷，最先尝试用数学方法解决经济问题，是数理经济学的创始人之一。

古诺受教于巴黎高等师范学校，获巴黎大学博士学位。他曾在巴黎大学和里昂大学任教，担任格勒诺布尔学院院长，成为法国勋级会荣誉军团成员，并被任命为巴黎的教育巡视员。他在数学、科学哲学和历史哲学、经济学方面都有较高造诣。他在今天的名声主要来自经济学。

古诺指出统计学的目的是协调各项观察，以确定除去偶然因素的影响之外的数字关系和显示出正常原因的作用。古诺的代表作有《关于财富理论之数学原则的研究》(1838)、《财富理论原理》(1863)、《经济学说概要评论》(1877)。

古诺论寡头竞争

寡头市场又称为寡头垄断市场,它是指少数几家厂商控制整个市场的产品的生产和销售的这样一种市场组织。

资料来源:高鸿业.西方经济学[M].中国人民大学出版社,2011.

古诺有关寡头竞争的论述表明,寡头竞争指少数几家厂商控制整个市场的产品生产和销售的这样一种市场组织。寡头市场被认为是一种较为普遍的市场组织。西方国家中不少行业都表现出寡头垄断的特点,例如美国的汽车业,中国的牛奶、手机、电视机、洗衣机、电冰箱等行业,都被少数几家企业控制。

寡头行业可按不同方式分类。根据产品特征,可以分为纯粹寡头行业和差别寡头行业两类。在纯粹寡头行业中,厂商之间生产的产品没有差别,例如可以将钢铁、水泥等行业看成纯粹寡头行业。在差别寡头行业中,厂商之间生产的产品是有差别的,例如可以将汽车、冰箱等行业看成差别寡头行业。

2. 寡头竞争模型

寡头竞争行为分为有勾结行为的(合作型)和独立行动的(不合作型)两种不同类型。描述这种行为的数量关系称为寡头竞争模型。经典的寡头竞争模型有古诺竞争模型(Cournot duopoly model)、伯特兰德竞争模型(Bertrand model)和斯塔克尔伯格竞争模型等。

(1)古诺模型。古诺模型是早期的寡头模型,它是由法国经济学家古诺于1838年提出的。古诺模型通常被作为寡头理论分析的出发点,也是纳什均衡应用的最早版本。由于在古诺模型中,只有两个寡头厂商,该模型也被称为"双头模型"。古诺模型的结论可以很容易地推广到三个或三个以上的寡头厂商的情况中去。

在古诺模型中,假定其他企业的产量或价格不随寡头企业的改变而改变。为了分析问题的方便,假定分析的两个厂家的生产成本均为零,且面临的都是线性的需求函数,每个企业对对方的情况了如指掌,并总是把对方的产量看成固定不变的情况下决定自己利润最大化的产量。通过理论推导,我们可以求出寡头垄断市场上两个厂家的产量之和小于完全竞争市场上的产量之和,但大于垄断市场上的产量之和。

(2)伯特兰德模型。伯特兰德模型是由法国经济学家约瑟夫·伯特兰德于1883年建立的。古诺模型和斯塔克尔伯格模型都把厂商的产量作为竞争手段,是一种产量竞争模型,而伯特兰德模型是价格竞争模型。伯特兰德模型的假设条件为:各寡头厂商通过选择价格作为竞争手段;各寡头厂商生产或出售的产品是同质的;各寡头厂商有相同的成本结构;寡头厂商之间也没有正式或非正式的串谋行为。

伯特兰德模型假定当企业制定其价格时,认为其他企业的价格不会因它的决策而改变,并且 n 个(为简化,取 $n=2$)寡头企业的产品是完全替代品。A,B 两个企业的价格分别为 P_1,P_2,边际成本都等于 C。根据模型的假定,A,B 两个企业的产品之间有很强的替代性(完全可替代,即价格不同时,价格较高的会完全销不出去),所以消费者的选择就是价格较低的企业的产品;如果 A,B 的价格相等,则两个企业平分需求。因此,两个企业会竞相削价以争取更多的顾客。当价格降到 $P_1=P_2=MC$ 时,达到均衡,即伯特兰德均衡。由此可见,只要有一个竞争对手存在,企业追求利润最大化的行为同完全竞争市场中一样,必须满足价格等于边际成本这一基本条件。

根据伯特兰德模型,只要在市场上有两家进行价格竞争的厂商就能够达到和完全竞争市场一样的价格水平,即 $MC = P$,两个企业的利润都为零。这个结论与人们的经济学直觉是相悖的,这一现象被称之为伯特兰德模型悖论(Bertrand paradox)。

(3)斯塔克尔伯格模型(Stackelberg model)。斯塔克尔伯格模型由德国学者斯塔克尔伯格于1934年提出。在此模型中,寡头厂商的角色定位为"领导者"和"追随者"。在古诺模型中两个厂商是势均力敌、实力相当的平等竞争主体,但在斯塔克尔伯格模型中,两个寡头厂商在市场上的竞争地位不平等,一个厂商是实力相对雄厚而处于支配地位的领导者(譬如低生产成本的厂商),而另一个则为追随者(譬如高生产成本的厂商)。与古诺模型一样,每个厂商的决策变量都产量,即每个厂商都通过选择自己的最优产量来实现各自的最大利润。

由于领导型厂商具有先行一步的优势,即先动优势。由于领导型厂商能首先决定自己的产量,所以他一定会事先考虑到追随型厂商对自己选择的产量的反应。换言之,领导型厂商是在了解并考虑到追随型厂商对自己选择的产量的反应方式的基础上来决定自己的利润最大化行为决策的。这就是说,领导型厂商是在追随型厂商反应函数约束下来决定自己的利润最大化产量,而不用考虑自身的反应函数。追随型厂商则是在给定领导型厂商产量选择的前提下来做出自己的利润最大化的产量决策的。

(4)斯威齐模型(Sweezy model)。斯威齐模型也被称为弯折的需求曲线模型。该模型由美国经济学家斯威齐于1939年提出。这一模型被用来解释一些寡头市场上的价格刚性现象。该模型的基本假设条件是:如果一个寡头厂商提高价格,行业中的其他寡头厂商都不会跟着改变自己的价格,因而提价的寡头厂商的销售量会大幅降低;如果一个寡头厂商降低价格,行业中的其他寡头厂商为了维持市场份额也会选择价格下降到相同的水平,以避免销售份额的减少,因而该寡头厂商的销售量的增加是很有限的。在斯威齐模型中,因为寡头厂商的需求曲线是弯折的,所以其边际收益曲线是间断的,故只要边际成本曲线的位置变动不超过边际收益曲线的垂直间断范围,就仍然可以在同样的产量水平上与边际收益相等,即保持均衡数量和均衡价格不变,所以可以保持价格不变。斯威齐模型虽然对价格刚性现象提供了一种解释,但是该模型并没有说明价格刚性本身是如何形成的,所以不能真正解释寡头垄断的定价问题,对价格刚性的解释来自厂商避免相互毁灭性的价格竞争的愿望。

(5)卡特尔模型(Cartel model)。上述四个模型中我们都假定寡头垄断厂商之间不存在相互勾结或串通共谋等情况,各个寡头市场都独立地决定自己的产量或价格。但在现实经济生活中,人们总是可以看到一些寡头垄断企业公开或秘密地勾结在一起,制定共同价格,约定市场份额,一起瓜分垄断利润。相互勾结的好处是明显的,联合行动可以排除寡头企业之间的相互竞争,从而获得垄断利润。当若干企业达成公开或不开的协议,并试图控制整个市场利润最大化的产量和价格时,所有这些企业就形成了"卡特尔"组织。卡特尔是一种把寡头市场中的竞争主体通过串谋行为,把一个竞争性市场变成一个垄断市场,追求整体利润最大化的组织。

第三节　博弈论与竞争策略

一、博弈论

博弈概念

🎬 博弈故事

囚徒困境

有一天，一位富翁在家中被杀，财物被盗。警方抓到两个犯罪嫌疑人——斯卡菲尔斯和那库尔斯，但他们否认杀过人，辩称是先发现富翁被杀，然后只是顺手牵羊偷了点东西。于是警方将两人隔离，以防止他们串供或结成攻守同盟，并分别跟他们讲清了他们的处境和面临的选择：如果他们两人中有一人认罪，则坦白者立即释放而另一人将判八年徒刑；如果两人都坦白认罪，则他们讲被各判五年监禁；当然，若两人都拒不认罪，因警察手上缺乏证据，则他们会被处以较轻的妨碍公务罪，各判一年徒刑。

两个囚徒应该选择哪一项策略，才能将自己个人的刑期缩至最短？就个人理性的选择而言，检举背叛对方所判刑期，总比沉默要来得短。试设想困境中两名理性囚徒会如何做出选择：若对方沉默，背叛会让我获释，所以会选择背叛；若对方背叛指控我，我也要指控对方才能判较短的刑期，所以也会选择背叛。

两人面对的情况一样，所以二人的理性思考都会得出相同的结论——选择背叛。

囚徒面临少判刑的诱惑，选择合作或不合作，面临着艰难的决策。一个囚徒总是根据另一个囚徒的行为选择对自己最有利的行为。这种现象就是博弈。

🎬 名家生平与论述

约翰·福布斯·纳什生平

约翰·福布斯·纳什（John Forbes Nash，1928—2015），美国普林斯顿大学数学系教授，著名经济学家、数学家，博弈论的主要奠基人之一。1994年，因其在非合作博弈均衡分析和其他博弈论研究方面的贡献，他与约翰·海萨尼（John Harsanyi）和莱因哈德·泽尔腾（Reinhard Selten）一起获得了诺贝尔经济学奖。

纳什论囚徒困境

"囚徒困境"模式是博弈论中最出名的一个模式。两人之所以陷入困境，是因为他们没有选择对两个人来说最优的决策，也就是同时不坦白。而根本原因则是两人被隔离审讯，无法掌握对方的信息。所以，看似每个人都做出了对自己最有利的策略，结果却是两败俱伤。

资料来源：刘庆财.博弈论［M］.中国华侨出版社，2012.

1. 博弈概念

根据纳什关于博弈的论述，博弈就是参与人在策略性环境中如何进行策略性决策和采取策略性行动。博弈构成要素是任何一个博弈都具有三个基本的要素，即参与人、参与人的策略和参与人的支付。所谓参与人（或称局中人），就是在博弈中进行决策的主体，如个人、企业甚至国家。参与人通过在博弈中选择最优的决策和行动来使自己的目标函数（如效用或利润）达到最大。在任何一个博弈中都至少有两个参与人。有时我们也可以引入一个虚拟的参与人（如"自然"），虚拟参与人通常以一种纯机械的方式采取行动（如"自然"在特定的时点上以特定的概率随机选择行动）。

2. 纳什博弈

对于两个参与人、每个参与人只有两个策略的完全信息博弈可以用简单的平面矩阵来描述和分析。下面，我们利用矩阵对上述案例中的囚徒困境情形予以分析。矩阵的左边表示斯卡菲尔斯的策略，即沉默或背叛；上边表示那库尔斯的策略，也是沉默或背叛。矩阵中四个单元格里的数字组合分别表示博弈的四个结果即支付，其中每一个数字组合的第一个数字是斯卡菲尔斯得到的支付，第二个数字是那库尔斯得到的支付，例如当斯卡菲尔斯选择沉默、那库尔斯也选择沉默时，结果得到矩阵左上角单元格里的数字组合（-1，-1），其中第一个数字 -1 是斯卡菲尔斯的支付，第二个数字 -1 是那库尔斯的支付；当斯卡菲尔斯选择沉默、那库尔斯选择背叛时，结果是矩阵右上角单元格里的数字组合（-8，0），其中第一个数字 -8 是斯卡菲尔斯的支付，第二个数字 0 是那库尔斯的支付，如此等等（见图 3-11）。

如果存在一个与竞争对手可能采取的决策无关的最优选择，则称其为占优策略。我们从图 3-11 中分析斯卡菲尔斯的支付，如果那库尔斯选择沉默，则斯卡菲尔斯选择背叛就可以无罪释放；同样如果那库尔斯选择背叛，则斯卡菲尔斯选择背叛只会受到相对 8 年刑期较轻的 5 年刑期，即背叛是斯卡菲尔斯的占优策略。那库尔斯的策略和前者相同，即存在一个均衡的情况——（背叛，背叛），两人都受到 5 年刑罚。同时，双方都没有动机单方面改变自己的决策，这样的均衡情况我们称之为纳什均衡。

策略 支付		那库尔斯	
		沉默	背叛
斯卡菲尔斯	沉默	(-1，-1)	(-8,0)
	背叛	(0,-8)	(-5,-5)

图 3-11　囚徒困境：沉默与背叛

二、博弈论的应用：战略性贸易政策

🎬 战略性贸易政策案例

波音与空客补贴诉讼之争

美国与欧盟围绕各自向波音和空客提供补贴的争端由来已久。1992 年双方曾就大飞机贸易和补贴达成协议，同意将政府补贴限制在研发成本的 1/3，当时空客市场占有率远低于波音。但随后，空客的出货量迅速上升，并于 2003 年超过波音。2004 年 10 月 6 日，美国单方面撕毁协议向世贸组织提起诉讼，指责自 1968 年起，欧盟及其四个成员国（法国、德国、英国[一]和西班牙）向空客提供非法补贴。随后欧盟以牙还牙，反诉美国对波音提供非法补贴，从

[一] 2017 年 3 月 16 日，英国女王伊丽莎白二世批准"脱欧"法案，授权英国首相特雷莎·梅正式启动脱欧程序。

而拉开了 12 年马拉松式诉讼战的序幕。2006 年，欧盟就请求世贸组织调查美国政府对波音提供补贴一事。随后，美国也就欧盟补贴空客向世贸组织提起反制措施。双方的争端在 2010 年和 2011 年达到高潮。

2010 年 6 月和 9 月，世贸组织先后做出空客和波音政府补贴案的初步裁决，分别认定欧盟向空客、美国向波音提供了非法补贴。2011 年 1 月 31 日，世贸组织向美国和欧盟正式提交最终裁决。世贸组织裁决书认为，波音和空客都收取了数十亿美元的非法援助。波音通过军工和航天业务合约获得政府资金，而空客公司获得援助研发新型飞机，在飞机交付时才偿还贷款。2011 年 6 月 1 日，世贸组织争端解决机构通过了对美国诉空客非法补贴案的最终裁决，美国称裁决报告确认了欧盟提供的违规补贴金额高达 180 亿美元。根据相关规定，欧盟应在 6 个月内撤销补贴或采取适当措施消除补贴的负面影响。2011 年 12 月 1 日，欧盟向争端解决机构和美国通报其已按照裁决全部执行，但并未获得美国认同。2012 年 3 月，美国请求世贸组织成立争端解决专家组，以迫使欧盟执行世贸组织先前做出的裁决，终止对空客公司的补贴行为。

由于波音和空客是全球最大的两家民航客机供应商，波音和空客的补贴诉讼案背后是美国与欧盟的角力，注定是一场没有终点的马拉松式的诉讼案。

问题：既然两个公司都有接受政府补贴的行为，都已经违反了世界贸易组织公平竞争原则，为何又要诉讼对手？其背后的经济学逻辑是什么？

20 世纪 80 年代以来，以詹姆斯·布朗德、巴巴拉·斯宾塞等人为代表的西方经济学家提出了战略性贸易政策理论。所谓战略性贸易政策，是指在不完全竞争市场中，政府积极运用补贴或出口鼓励等措施对那些被认为存在着规模经济、外部经济或大量"租"（某种要素得到的高于该要素用于其他用途获得的收益）的产业予以扶持，扩大本国厂商在国际市场上所占的市场份额，把超额利润从外国厂商转移给本国厂商，以增加本国经济福利和加强在有外国竞争对手的国际市场上的战略地位。

上述案例就是战略性贸易政策的具体表现。下面我们用博弈论的思想解释为何美国和欧盟都要补贴各自的公司。我们假定美国和欧盟都不分别对波音和空客进行任何补贴，由于大型客机（波音 787 客机和空客 A380 客机）的研发需要大量的资金投入，两个公司都会面临亏损，假定都为 5 个单位；同时假定如果竞争对手不生产同类产品，则可获得 100 个单位的利益。如果美国政府认为补贴波音公司会增强其国家竞争力和国民福利，则对波音公司大型飞机研发补贴 25 个单位，则波音公司不但不会亏损反而有 20 个单位的利润，而空客公司将不仅面临 5 个单位的亏损，在大型飞机的竞争中肯定败北；反之，如果欧盟政府认为补贴空客公司会增强其地区竞争力和相关国家的国民福利，欧盟对空客公司补贴 25 个单位，而美国没有对波音补贴，则空客公司不但不会亏损反而有 20 个单位的利润，波音公司将在竞争中败北。如果美国和欧盟政府都认识到如果不补贴肯定会输掉市场，损失国家或地区利益，于是都采取补贴方式处理，假设都补贴 25 个单位，则两个公司都不会亏损，都不能被对方击败，双方都获得额外利益（见图 3-12～图 3-15）。

策略\支付		波音公司 生产	波音公司 不生产
空客公司	生产	(−5, −5)	(100, 0)
	不生产	(0, 100)	(0, 0)

图 3-12　美国和欧盟都不补贴的情形

策略\支付		波音公司 生产	波音公司 不生产
空客公司	生产	(−5, 20)	(100, 0)
	不生产	(0, 120)	(0, 0)

图 3-13　美国对波音公司补贴的情形

策略\支付		波音公司 生产	波音公司 不生产
空客公司	生产	(5, 20)	(125, 0)
	不生产	(0, 100)	(0, 0)

图 3-14　欧盟对空客公司补贴的情形

策略\支付		波音公司 生产	波音公司 不生产
空客公司	生产	(5, 5)	(125, 0)
	不生产	(0, 125)	(0, 0)

图 3-15　美国、欧盟对各自公司都补贴的情形

由此可见，为了国家的战略性贸易利益，有效避免和降低具有高生产率、高附加值的战略型产业因外部经济存在而产生的市场失败问题，一国政府有必要对这些战略产业予以补贴。政府补贴并促进能够显著产生外部经济的产业发展，能够提高国家的国际竞争力，同时又对国外相关产业和企业具有经济外溢效应，不是"零和博弈"，而是贸易双方的一种双赢。

现代国际贸易政策理论认为，一个国家应该在不完全竞争的市场中，通过政府干预使本国获取最大限度的贸易利益。这种理论强调，在现代市场经济条件下，企业追求的不仅是正常利润，更重要的是通过控制市场销售量或市场价格，获取最大限度的垄断利润或超额利润。战略性贸易政策的基本含义就是在不完全竞争的市场条件下，政府通过干预，改变不完全竞争企业的战略性行为，使国际贸易朝着有利于本国企业获取最大限度利润的方向发展。

第四节　案例

一、中国网上外卖市场竞争与规制

1. 网上外卖行业兴起与发展

网上外卖行业是传统外卖行业在互联网技术飞速发展、个人电脑或智能手机快速普及和都市生活节奏加快等因素共同作用下产生的新业态。截至 2021 年 12 月，我国网民规模达 10.32 亿，网上外卖用户规模达 5.44 亿[①]，渗透率达 52%，与 2015 年我国网上外卖用户 1.14 亿相比，年均增速超过 60%。面对庞大的中国"懒人经济"市场，饿了么、零号线、美食会、点我吧、大众点评、百度外卖、美团外卖等众多外卖平台服务供应商惨烈拼杀，经过多轮竞争，目前基本形成了美团外卖与饿了么两家外卖平台的双寡头垄断模式。

[①] 资料来源：中国互联网络信息中心（CNNIC）发布的第 47 次《中国互联网络发展状况统计报告》。

2. 饿了么与美团外卖双寡头

饿了么是国内领先的本地生活服务平台，成立于2008年，主营业务是线上外卖、新零售、即时配送和餐饮供应链等。2018年10月，饿了么和阿里巴巴旗下的口碑外卖平台合并。2021年，有114万骑士在饿了么平台获得稳定收入①。

美团是一家吃、喝、行、游、购、娱一站式的生活服务电子商务服务平台。2010年团购网站美团网创立，2013年11月，美团外卖正式上线，2015年10月，美团与大众点评网（2003年大众点评网创立）合并，大众点评更名为美团点评。2018年9月，美团点评在港交所上市。2021年美团业务营收1 791.28亿元，其中餐饮外卖业务交易额7 021亿元，营业收入达963.12亿元，同比增长45.3%，餐饮外卖业务盈利62亿元。截至2021年12月31日，在美团平台获得收入的骑手约为527万人②。

根据Trustdata发布的网上外卖数据（见图3-16），2015—2020年美团外卖占比不断扩大。2020年占比约为70%，饿了么占比约26%，其他平台占比约4%。依据《反垄断法》第24条规定，美团外卖和饿了么都具有市场支配地位，外卖市场因此形成了双寡头竞争市场格局。

图3-16　2015—2020年中国外卖行业市场份额分布情况

资料来源：Trustdata、智研咨询整理和产业经济网智研咨询报告。

3. 饿了么状告美团"二选一"不正当竞争行为

"二选一"是互联网平台企业凭借其市场地位要求入驻商家选择与其签订独家合作协议，并通过收取独家合作保证金和利用大数据、算法等技术手段对不遵守协议的商家采取多种惩罚性措施的行为，惩罚性措施包括实施差别费率、拖延商家上线、强制关停商家等方式。

2021年2月，浙江省金华市中级人民法院公布的民事判决书③表明：美团金华分公司的"商户入驻服务合同"和"合作承诺书"中均存在独家条款。如果美团外卖商户与美团外卖的

---

① 《2022蓝骑士发展与保障报告》。
② 美团2021年年报。
③ 浙江省金华市中级人民法院民事判决书（2019）浙07民初402号。

竞争对手饿了么或百度外卖合作，会被强制关停商户在美团外卖上的网店。美团外卖的独家协议以及强制下架构成不正当竞争，这种不正当竞争行为不仅破坏了公平、有序、开放、包容的互联网竞争秩序，且严重损害了饿了么的正当权益、商户的合法权益，侵蚀了消费者权益。

4. 网上外卖市场竞争治理与规制

为了适应互联网经济时代出现的新情况、新问题，促进我国社会主义市场经济健康发展，鼓励创新和保护公平竞争，制止不正当竞争行为和垄断行为，保护经营者和消费者的合法权益，新修订实施的《中华人民共和国反不正当竞争法》（2018年1月1日实施）和《中华人民共和国反垄断法》（2022年8月1日实施）构成了市场治理的基本框架，规范了市场势力行为，奠定了公平、公正、公开和有序竞争的制度基础。

美团外卖和饿了么的"二选一"商业策略是典型的滥用市场支配地位行为。

2021年3—4月，外卖平台美团和饿了么分别受到法院判赔。其中，3月15日，美团被淮安市中级人民法院判决赔偿饿了么经济损失35.2万元；4月7日，饿了么被温州市中级人民法院判决赔偿美团8万元。随后，国家市场监管总局等部门依法加大了市场治理力度。

2021年10月8日，国家市场监管总局对美团依法作出行政处罚决定，责令美团停止违法行为，全额退还独家合作保证金12.89亿元，并处以其2020年中国境内销售额1147.48亿元3%的罚款，计34.42亿。

2022年1月13日，最高人民法院印发《最高人民法院关于充分发挥司法职能作用 助力中小微企业发展的指导意见》（法发〔2022〕2号）提出，依法公正高效审理反垄断、反不正当竞争案件，严惩强制"二选一"、低价倾销、强制搭售、屏蔽封锁、刷单炒信等违法行为。防止资本无序扩张，保护中小微企业生存发展空间。

二、讨论题

（1）网上外卖市场竞争与传统外卖市场竞争有何异同。
（2）美团外卖与饿了么等网络经济平台的垄断行为特点是什么？
（3）美团外卖的"二选一"商业策略行为是否构成不正当竞争或垄断行为？为什么？
（4）美团的"二选一"商业行为对入驻商家、同行和消费者利益有何影响？
（5）什么是规制？国家如何治理互联网平台的不正当竞争行为？

○延伸阅读

1. 中华人民共和国反不正当竞争法。
2. 中华人民共和国反垄断法。
3. 浙江省金华市中级人民法院民事判决书（2019）浙07民初402号。
4. 美团2021年年报。
5. 阿里巴巴2021年年报。
6. 产业信息网，网址 https://www.chyxx.com/。
7. Trustdata 官网，网址 http://www.itrustdata.com/。

第四章

收入分配：效率与公平

学习要点

- 学习掌握国民收入的概念与国民收入的分配过程
- 学习掌握收入分配差距的概念与衡量方法
- 学习掌握效率与公平的概念以及效率与公平的关系
- 学习掌握国民收入分配政策的概念、特征与主要内容

收入是老百姓最为关心的大事。谁多分一点，谁少得一点，都应于理有据。企业的高管团队收入与普通员工的收入应如何分配，企业所有员工都十分关注。居民收入应当如何分配，所有国民都高度关注。经济学家离不开的话题就是国民收入的决定。

我们干活了，必得工资；我们交易股票，必得资本收入；我们卖出自己的不动产，必得不动产收入。股票交易所得＋不动产收入＋……这些收入统称为资产性收入。工资＋资产性收入＋……就是全部的居民收入。

目前，委内瑞拉通货膨胀，国民的收入快速缩水。最近，人民币对美元贬值，出国旅游者和出国求学者都要增加人民币支出。收入与通胀的故事、李嘉图有关收入的论述，带着学习者了解什么是收入，收入受哪些因素影响。各国各地区都存在收入分配差距，古今中外概莫能外。收入分配差距大了行不行？收入分配无差距行不行？邓小平的论述给你一个答案。这就是第一节的学习内容。

20世纪80年代深圳蛇口效率的故事告诉人们，多劳多得。Q公司的收入分配公平问题导致公司员工工作消极不为。在收入分配中，效率重要还是公平重要？如何处理效率与公平的关系？经济学家、政治家的论述给这些问题一个解答。读完第二节，读者自知。

收入分配政策历来是政府调节国民收入的重要政策。税收是调节国民收入的常用政策工具。收入与税收的故事通过讲述我国30年来的收入分配政策变迁，引领学习者了解更多有关收入分配政策的内容。这就是第三节的安排。

最后一节安排了一个有趣的故事。读者在阅读这个故事后会有一个有趣的发现：高收入

激发员工努力工作这个常识失灵。为什么？只有读完这个故事的读者才会知晓答案。

第一节 收入分配差距

一、收入分配

收入分配是日常生活中非常普遍的事情，在国家层面，存在着对财政收入的分配；在企业层面，存在企业收入的分配；在家庭层面，存在家庭收入在各成员间的分配等。收入分配不仅仅关注分配的过程、分配的方式，还需要关注分配的结果，从而使分配流程和机制更加科学和合理。

收入故事

收入与通胀

1935年，国民党政府实行"法币改革"，规定中央、中国、交通三行（后加中国农民银行）所发行的钞票为"法币"，同时禁止银元在市面的流通，并强制将白银收归国有。在抗日战争和解放战争时期，由于国民党政府的通货膨胀政策，法币急剧贬值。1937年抗战前夕，法币发行总额不超过14亿元，到日本投降前夕，法币发行额已达到5 000亿元。到1947年4月，发行额又增至16万亿元以上。1948年，法币发行额竟达到660万亿元以上，相当于抗战前的47万倍，物价上涨3 492万倍，法币彻底崩溃。因为法币恶性通胀，国民经济面临崩溃之势，国民党政府于1948年8月19日再次进行币制改革。规定金元为本位，开始发行"金圆券"（每金元含纯金0.222 17克），以1∶300 000的比率，收兑急剧贬值的法币，然而金圆券却以更快的速度膨胀，前后不到10个月，发行总额达到130 046亿元，比原定发行额20亿元增加了65 000余倍。

货币增发如此之快，那它的购买力变化如何呢？

国民党政府发行的法币，1937年100元能够买到两头牛，1938年变为一头牛，1939年可买一头猪，1941年能买到一袋面粉，1943年能买到一只鸡，1945年能买到一个煤球，1948年就只能买到几粒大米。

长沙《小春秋》晚报记载，新中国成立前夕，工人上午领到一个月的薪水可以买到5斗米，到下午就只能买两斗米了。浏阳东乡的一位农民在长沙太平街一盐号买20斤皮棉，装袋时他发现棉花里有一捆钞票，就一声不响把钞票装进了麻袋，自以为发了一点小财。满心欢喜的回家一称，那捆钞票的面值还抵不上棉花重量的价值，令人哭笑不得。

当时还流传着这样一首歌谣："大街过三道，物价跳三跳；工资像雪团，放会儿就化掉。"

资料来源：中国人民银行. 中国历代货币[M]. 北京：新华出版社，1988年.

上述故事反映的是收入分配在结果上的一种表现，即收入水平受到通货膨胀的影响状况，据此可以让人们思考的问题是，收入分配如何界定？从动态角度看，通货膨胀如何对前者产生影响？这些问题将作为众多问题中的一部分在本部分中予以讨论。

📽 名家生平与论述

大卫·李嘉图生平

大卫·李嘉图（David Ricardo, 1772—1823），英国古典政治经济学的代表人物，古典经济学理论的完成者。李嘉图早期是交易所的证券经纪人，后受到亚当·斯密《国民财富的性质和原因的研究》一书的影响，他开始了对经济学的研究，主要包括货币、价格和税收领域。李嘉图的代表作是1817年完成的《政治经济学及赋税原理》，书中详细阐述了他的税收理论。李嘉图继承并且发展了斯密的自由经济理论，认为限制国家活动、减轻赋税是经济增长的好办法。

大卫·李嘉图论收入

"劳动力的自然价格取决于劳动力维持其自身与其家庭所需的食物、必需品和享用品的价格。"

"地租是为使用土地原有的和不可摧毁的生产力而付给地主的那一部分报酬。"

"社会每一改进，其资本每有增加时，劳动力的市场工资就会上升。"

"当我们判断地租、利润、工资时，所根据的是一个国家的土地与劳动的全部产品在地主、资本家和劳动者之间的分配情况，而不是这种产品按公认为可变的媒介计算的价值。"

资料来源：大卫·李嘉图，彼罗·斯拉法，主编.李嘉图著作和通信集（第一卷）[M].蔡受白，译.北京：商务出版社，1962:77-81.

大卫·李嘉图关于收入的论述包含了居民工资收入、资本利润收入和土地租金收入。在本部分，我们将在讨论居民收入和国民收入的基础上，讨论国民收入分配问题。

（一）收入分配相关概念

在中国传统经济思想的解释中，收入指"收获""取得的钱物"等。克利斯托夫·帕斯等编著的《科林斯经济学辞典》（2008）中解释道，收入（income）是个人或厂商以工资、薪水、利息、利润等形式获得的货币，还包括获得的养老金、失业救济金等。

所以，在通常情形下，收入是某种付出的回报，但根据人们的习惯，获得的所有钱物都可以算作收入。

1. 居民收入

居民收入包括工资收入、奖金、津贴、资产收入。由于通货膨胀、扣除社会保障因素等后，居民收入分为名义收入与可支配收入。

所谓名义收入，是指以货币形式取得的收入总量。在通常情形下，在个人收入账户中反映的未进行各种税费扣除的收入都是名义收入（见图4-1）。

对居民来说，并不是所有取得的收入都能完全自由支配，只有那些扣除各种税费后拿到手的收入才是可自由支配的收入，即可支配收入（见图4-2）。需要扣除哪些税费呢？

（1）应缴纳的所得税。

（2）应缴纳的社会保障性支出，包括基本养老保险、基本医疗保险、工伤保险、失业保险、生育保险、公积金等，俗称"五险一金"①。

图 4-1　名义收入

图 4-2　可支配收入

物价对居民收入影响很大，尤其是在通货膨胀②严重时，居民收入将严重缩水，从而使居民生活水平显著下降。前述"收入"和"可支配收入"都未考虑物价影响，可称为"名义收入"，而实际收入则是指名义收入的实际购买力。

实际收入的计算如下：

$$实际收入 = \frac{名义收入}{CPI} \times 100\% \tag{4-1}$$

式中　CPI——消费物价指数（consumer price index），主要用以衡量一个国家特定时期的通货膨胀水平。从理论上看，货币流通总量应当与当期平均物价水平下的实物总价值相当，一旦货币供应超过实物价值总量，货币将面临贬值，物价面临上涨。一般而言，6%以内的温和性通货膨胀对人们的影响并不明显，但超过6%甚至超过10%的严重通货膨胀对人们的收入影响，以及对社会生产的冲击较大，不利于国民经济的稳定。

2. 国民收入

国民收入（national income）是一个国家获得的总收入，是一定时期内物质生产部门新创造的价值总和。从生产角度讲，是国家一定时期内生产出的所有产品扣除消耗掉的产品的剩余部分。如果用货币来计算，国民收入就是社会总产出的价值扣除消耗产品价值的剩余价值。

名家生平与论述

魁奈生平

弗朗斯瓦·魁奈（Francois Quesnay，1694—1774），古典政治经济学奠基人之一，法国重农学派的创始人和重要代表。在1756年出版的《百科全书》第六卷中发表了《证明论》与《租地农场主论》，并在之后发表了《谷物论》。1758年年末，他的著作《经济表》出版，对后世产生深远的影响。

---

① 2016年3月23日出台的"十三五"规划纲要中，将基本医疗保险与生育保险合并，"五险一金"由此变为"四险一金"。
② 通俗讲，通货膨胀是指在一段时期内，给定经济体中物价水平普遍持续上涨，造成货币购买力持续下降。

魁奈论国民收入

国民的消费是君主收入的源泉，对国外贩卖剩余生产物，增加了国民的财富。国家的繁荣，则依靠于这两种因素的结合。但是由奢侈所维持的消费是非常有限的，只能够由富裕来支持。

那些比较明智的大臣知道，能够给君主大额收入，给国民幸福的消费，是满足生活必需的一般消费。

那么，国民收入如何进行核算呢？

常用的核算国民收入的指标包括 GNP（gross national product，国民生产总值）和 GDP（gross domestic product，国内生产总值）两个指标。目前，我国与多数国家的统计、研究与报告，将 GDP 作为国民收入核算与比较的通用指标。

GDP 核算主要运用两种方法，即支出法和收入法。

按支出法计算 GDP，就是通过对一定时期内购买整个社会最终产品的支出总额来核算。社会最终产品的物质形态包括产品和劳务，它们被国内的居民、企业、政府和国外使用者所耗费，因此，计算的公式如下：

$$GDP = C + I + G + (X - M) \tag{4-2}$$

式中　C——居民消费；

I——企业投资；

G——政府购买；

X——出口；

M——进口；

$(X - M)$——净出口。

按收入法核算 GDP，就是根据要素收入，即企业的生产成本来核算 GDP 总额。具体计算如下：

$$GDP = 工资 + 利息 + 租金 + 利润 + 间接税和企业转移支付 + 折旧 \tag{4-3}$$

从理论上看，按支出法和按收入法计算的 GDP 在量上是相等的，但在实际核算中，二者间通常存在一定误差。

（二）收入分配

收入分配是社会经济生产与再生产中最基本的问题，是经济社会发展基本动力的源泉，同时也是各类经济社会问题产生的重要根源。因此，如何科学制定收入分配机制和政策就成为整个国家和社会的基础工作。

收入分配故事

王二的烦恼

王二是村里唯一的有钱人，靠祖上传下来的大量家产，王二家过着很好的生活，而村里剩下的人都穷得很。王二以爱大碗喝酒、大块吃肉闻名乡里，村里的张屠户每次杀猪，一大半都被王二家买去。村里其他的人穷，平时也舍不得吃肉，只有谁家来客人或者要办事才会买上一点肉，因此也没有谁介意肉大多被王二家买走。事实上，多亏有了爱吃肉的王二，村里张屠户隔三岔五就能宰杀一头猪。然而在其他村，屠户杀的猪要少很多，因为村里买的人少。

但到了过年，情况就会有点变化。过年的时候，谁家都想包顿有肉馅的饺子，吃两顿带点荤腥的好饭。而且王二家通常也会在过年的时候大宴宾客，每次都要买很多肉。虽然张屠户临近年关也会多杀两头猪，但经常还是人多肉少。张屠户也没别的办法，卖给谁不卖给谁都不好，干脆决定价高者得。可是村里的穷人哪里出得起王家的价钱，王家有时会以平时几倍的价钱把肉全部买走，留下整个村子过一个没肉的节。

村里的人很愤怒，就去找王二理论，王二觉得村民在无理取闹；村民们于是就去找张屠户，张屠户觉得自己很无辜。

村民们可以大骂王二为富不仁，大骂张屠户是奸商，但这些都改变不了全村只有王家一家过年有肉吃的现实。更何况，王二和张屠户说得也不是没有道理。张屠户没有理由不把肉卖给王二，有钱挣为什么不挣？这可是光明正大地挣钱。王二有钱，就是爱吃肉，只要他买得起，买多少肉也是他的自由，似乎也没什么不可以的。

资料来源：郭凯. 王二的经济学故事 [M]. 浙江：浙江人民出版社，2012:10.

村民、张屠户和王二在村子收入分配比例是，村民分得份额最少，张屠户较多，王二最多。在这个分配过程中，猪肉分配机制是市场价格机制。

前述的魁奈收入分配表列出了国民收入实际分配过程。对一个国家来说，收入在居民、企业、政府之间的分配就是国民收入分配。

名家生平与论述

威廉·配第生平

威廉·配第（William Petty，1623—1687），英国古典政治经济学创始人、统计学家。一生著作颇丰，主要有《赋税论》（写于1662年，全名《关于税收与捐献的论文》）、《献给英明人士》（1664）、《政治算术》（1672）、《爱尔兰政治剖析》（1674）、《货币略论》等。威廉·配第的主要贡献是最先提出了劳动决定价值的基本原理，并在劳动价值论的基础上考察了工资、地租、利息等范畴，他把地租看作剩余价值的基本形态，区分了自然价格和市场价格。配第认为生产商品所耗费的劳动时间决定商品的价值，提出了商品的价值和劳动生产率呈反比例并系，提出了"劳动是财富之父""土地是财富之母"的观点。

威廉·配第论收入分配

"法律应该使劳动者只能得到适当的生存资料，因为如果你使劳动者获得双倍的工资，那么劳动者实际所做的工作就只等于他实际所能做和在工资不加倍情况下所做的一半。对社会来说，就损失了同等数量劳动所创造的产品。"

"假定一个人能用自己的双手在一块土地上培植谷物，即假定他能够做耕种这片土地所需要的种种工作。这个人从他的收获中扣除自己的，并扣除自己食用及为换衣服和其他必需品而给予别人的部分之后，剩下的谷物相当于这块土地当然而正当的地租。"

资料来源：威廉·配第.配第经济著作选集［M］.陈冬野，等译.北京：商务印书馆，1983:85.

马克思论收入分配

"资本在两个方面同时起作用。它的积累一方面扩大劳动的需求，另一方面又通过"游离"工人来扩大工人的供给，与此同时，失业工人的压力又迫使就业工人付出更多的劳动，从而在一定程度上使劳动的供给不依赖于工人的供给。"

资料来源：马克思.资本论（第一卷）［M］.中共中央马克思恩格斯列宁斯大林著作编译局，译.北京：人民出版社，2004:737.

概括起来，所谓收入分配，是指对一定时期内取得的经济活动成果在特定经济主体间按某种原则分配的过程。根据分配涉及的对象范围与意义，一般又可将收入分配分为个人收入分配和国民收入分配两种类型。

1. 个人收入分配

个人收入分配是指从个人收益角度考察，社会成员参与国民收入分配的经济活动。个人收入的高低、收入水平的横向与纵向比较直接影响个人参与社会生产活动的积极性，同时也影响他们对社会公平性和幸福感的评价，这就是个人分配中存在的效率与公平问题。

个人收入的来源，根据各国分配方式可概括为三类：一是劳动收入；二是要素收入；三是政府转移性收入。

（1）劳动收入，主要包括工资收入和薪金收入。劳动收入是社会居民在实现就业的前提下获得的主要收入形式，占个人收入的绝大部分（一般在60%左右）。

（2）要素收入，是指个人通过在市场上让渡其拥有的生产要素所获得的收入，这些收入包括资金收入（如股利、利息等）、知识产权收入（如技术咨询收入、技术转让收入等）和租金收入三种类型。

（3）政府转移性收入，是指政府在国民收入再分配过程中向个人转移的各类收入。主要包括政府救济性收入、政府奖励性收入、政府资助性收入（如国家资助学生国外公费留学所负担的生活、交通补贴等）等。

图4-3 收入分配类型

2. 国民收入分配及其过程

国民收入分配，是指从宏观上将社会经济成果在经济主体间进行分割，力图实现分配过程和分配结果的合理性。国民收入分配包括两个过程，即初次分配和再分配。

（1）**国民收入初次分配**，是经济成果首先在物质生产领域进行的分割。分割的收入形式如下。

1）国家：税收、利润（国企上缴）。

2）企业：主要为税后利润或利润留成（国企）等。

3）个人：工资、薪金、福利费用，同时包括农民和其他个体劳动者收入。

（2）**国民收入再分配**，指社会经济成果在物质生产领域进行初次分配后，进一步在全社会进行二次分配，其目的在于解决非物质领域的收入问题、初次分配中的效率和公平问题，从而在客观上促进国民经济持续健康发展。

图 4-4 收入分配过程

在国民收入初次分配的基础上，各市场主体通过多种形式与环节从国民收入初次分配中获得转移性收入，再通过国民收入再分配，以所得税支出、社会保险税支出、社会福利收等方式完成国民收入再分配。

二、收入分配差距

收入分配差距是各国国民收入分配中存在的普遍现象，它反映了国民收入分配在结果上的不公平程度。由于国民收入分配过程的高度复杂性，收入差距在客观上很难避免，收入分配在结果上做到完全公平也不现实。从社会激励角度看，一定收入差距的存在，可以鼓励社会竞争，从而提高经济效率。因此，国家制定收入分配政策的一个重要目标在于，防止收入差距过大，即将社会不公平水平限定在一个合理范围内，尽可能保持效率与公平互相兼顾。

收入分配差距故事

乾隆盛世：贫富差距世所罕见

18世纪末，国势蒸蒸日上的英国人认为他们有充分的底气来与东方巨人中国握握手了，于是，他们派出一个以著名外交家马戛尔尼勋爵为团长的、成员多达700人的庞大使团，浩浩荡荡来到中国。

使团一路上享受的是乾隆皇帝最慷慨的礼遇。过于丰盛的礼物似乎证明了马可·波罗笔下中国的超级富庶。然而，运送食物的中国船只刚刚离开，一个意想不到的场面出现了：因为中国人送来的食物过多，有些猪和家禽已经在路上碰撞而死，所以英国人把一些死猪、死鸡扔下了大海。岸上看热闹的中国人一见，争先恐后跳下海，去捞英国人的弃物。事实上，在登陆中国后，英国使团一再震惊的，是中国繁华表象下的贫穷。

土地的唯一使命就是生产粮食

英国人完全没有预料到,这个东方大国的人口压力已经大到了难以承受的地步。中国的全部土地,主要是种植粮食。除了皇帝的御花园外,全国的公园和其他公共娱乐游玩地带很少。所有的耕地从不休耕。

与底层的普遍贫困强烈对照的,则是上层社会生活的豪奢。英国人注意到:"中国官员对于吃饭真是过于奢侈了。他们每天吃几顿饭,每顿都有许多道荤菜。"副使斯当东说,他在中国所见到的房子,只有两种,一种是大富之家,一种是贫寒人家,"所经过的地方以及河的两岸,大多数房子都是土墙草顶的草舍。也有很少一些高大、油漆装饰的房子,可能是富有者的住所。很少看到中等人家的房子"。

斯当东得出的结论是,中国的贫富差距之大,是他们见过的国家中最厉害的。

资料来源:http://www.sina.com.cn/bk/mqs/2015-11-20/0947128628.shtml。

名家生平与论述

邓小平生平

邓小平(1904—1997),四川广安人,中国共产党第二代领导核心领导者,中国社会主义改革开放和现代化建设的总设计师,邓小平理论的创立者。

邓小平早期赴欧洲勤工俭学。回国后,他全身心投入到党领导的争取民族独立和人民解放的革命斗争当中,为新民主主义革命的胜利与中华人民共和国的成立做出了巨大贡献。他倡导的"改革开放"以及"一国两制",改变了20世纪后期的中国,也影响了世界。

邓小平论收入分配差距

"如果搞资本主义,可能有少数人富裕起来,但大量的人会长期处于贫困状态,中国就会发生闹革命的问题。中国搞现代化,只能靠社会主义,不能靠资本主义,历史上有人想在中国搞资本主义总是行不通。我们搞社会主义虽然犯过错误,但总的说来,改变了中国的面貌。"

"如果搞两极分化,情况就不同了,民族矛盾、区域间矛盾、阶级矛盾都会发展,相应地中央与地方的矛盾会发展,就可能出乱子。"

"如果富的愈来愈富,穷的愈来愈穷,两极分化就会产生,而社会主义制度就应该而且能够避免两极分化。解决的办法之一,就是使富起来的地区多交利税,支持贫困地区发展。"

资料来源:邓小平.邓小平文选(第三卷)[M].北京:人民出版社,1993:229-374.

(一)收入分配差距的概念

邓小平在改革开放初期就明确地指出了社会主义收入分配政策是:允许一部分人先富裕起来,一部分地区先富裕起来。就是说,在国民收入分配中有收入分配差距是合理的。但是,两极分化是不允许的。什么是收入分配差距呢?

收入分配差距指的是在一定社会经济条件下,居民之间按照统一货币或者一定实物单位表示的收入水平的差别,以及居民收入在社会总收入中占比的差别。收入分配差距是在国民收入初次分配和再分配过程中形成的,是特定个人收入相对于其他个人收入相比较的结果表现,或者是特定群体和地区的平均收入与其他群体和地区的平均收入相比较的结果表现。因此,收入分配差距便表现为个人收入差距、部门(行业)收入差距、社会阶层收入差距、地区收入差距等。

收入分配差距是各个国家社会经济发展健康与否的重要指标,反映了社会分配的公平程度,或者是克服社会不平等的程度。国民收入分配政策的重要目标之一在于,将收入分配差距控制在社会可接受的合理水平上。

(二)基尼系数:收入分配差距的度量

国民收入分配的一项重要工作是评估收入分配差距的程度,以此为依据制定收入分配政策。目前,在理论与实践中,度量收入分配差距的主要工具是基尼系数。

基尼系数是1943年美国经济学家阿尔伯特·赫希曼(Albert Otto Hirschman)根据洛伦兹曲线所定义的判断收入分配公平程度的指标。

洛伦兹曲线是美国统计学家洛伦兹(M.O. Lorenz)于1905年提出的,用以描述收入分配状况(平等或不平等)的曲线。他将一国人口按收入从低到高排列,形成的收入累计百分比列为纵坐标,总人口的累计百分比作为横坐标,将得到的人口累计百分比与收入累计百分比的数据投影到坐标轴上得到的一系列点连接成平滑的曲线便是洛伦兹曲线,即图 4-5 中的 ODL 曲线。如果收入是平等分配的,收入百分比就等于人口百分比,这样的情况下得到的洛伦兹曲线便是一条斜率为1的直线,即平均分配线[○]。

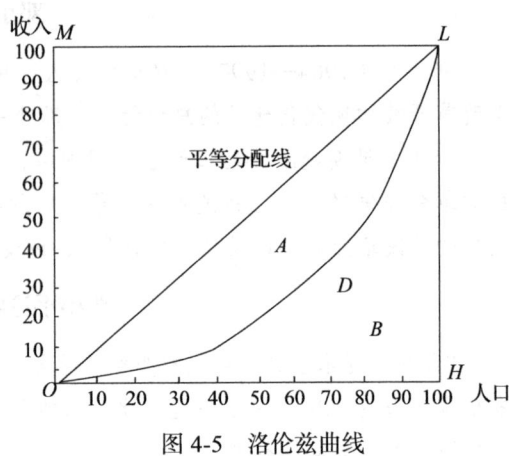

图 4-5 洛伦兹曲线

从数值上看,基尼系数介于 0~1,越接近于 0 表示越公平,相反,越接近于 1 表示越不公平。

基尼系数公式可由洛伦兹曲线推导。图 4-5 中洛伦兹曲线与平等分配线之间的面积 A 称为"不平等面积",当收入分配达到完全不平等洛伦兹曲线便成为折线 OHL,而 OHL 与平等分配线之间的面积 A+B 便是"完全不平等面积"。不平等面积与完全不平等面积的比值即基尼系数。若设 G 为基尼系数,则:

$$G=\frac{A}{A+B}, \ 0 \leq G \leq 1 \tag{4-4}$$

如果基尼系数接近于 1,就说明收入分配趋于不平等;如果基尼系数接近于 0,说明收入分配趋于合理。国际上通常将 0.4 作为警戒线。

$G<0.2$ 收入分配很公平

[○] 高鸿业.西方经济学(微观部分)[M].6 版.北京:中国人民大学出版社,2014:249-250.

$0.2 \leqslant G < 0.3$ 收入分配较公平
$0.3 \leqslant G < 0.4$ 收入分配不太公平
$G \geqslant 0.4$ 收入分配不公平

显然，基尼系数处于 0.4 以上，表明收入不平等程度明显，且系数不断变大则不平等程度不断加剧。

（三）中国收入分配差距状况

数据显示，"十二五"期间我国收入分配总体趋势向好。居民人均可支配收入由 2010 年的 12 520 元增加至 2015 年的 21 996 元，年均实际增长 8.9%，高于同期国内生产总值增速。

与此同时，居民收入差距呈现出日益缩小的趋势。"十二五"期间，全国居民收入基尼系数从 0.481 下降至 0.462。城乡居民收入倍差由 2.99 倍下降至 2.73 倍。国民收入分配格局有所优化，居民可支配收入在国民可支配收入中占比提升，劳动报酬在初次分配中的占比有所提高。[⊖] 但目前我国收入差距仍然存在以下问题。

1. 东西部居民收入差距较大

根据《中国统计年鉴（2015）》，2014 年东部地区城镇居民人均可支配收入达到 33 866 元，中部地区为 24 838 元，西部地区为 23 694 元，东北地区则为 24 969 元。东部地区城镇居民人均可支配收入是最少的西部地区的 1.42 倍。在国家针对西部地区的优惠政策的支持下，东西部居民收入倍差相比 2010 年的 1.47 倍有了明显的缩小，但差距仍然十分明显。

表 4-1 2010～2014 年东中西部及东北地区人均可支配收入

年份	东部地区	中部地区	西部地区	东北地区
2010	23 273	15 962	15 806	15 941
2011	26 406	18 323	18 159	18 301
2012	29 622	20 697	20 600	20 759
2013	32 472	22 736	22 710	22 875
2014	33 866	24 838	23 694	24 969

资料来源：中华人民共和国国家统计局年度统计数据。

2. 城乡收入差距问题尤为突出

我国城乡居民收入差距，从 20 世纪 90 年代起就呈现出明显的波浪式上升的趋势，到 2009 年城乡居民收入差距更是达到了惊人的 3.33 倍（国际劳工组织的数据显示，绝大多数国家的城乡人均收入比都小于 1.6，只有三个国家超过了 2，中国名列其中。而美、英等西方发达国家的城乡收入差距一般是在 1.5 左右），而后国家出台的一系列惠农政策发挥出明显的效果，促进了农民收入快速增加。2010 年开始，我国的城乡居民收入倍差开始减小，2015 年已缩小至 2.73 倍，但仍然处于很高的水平。

⊖ 发改委：部分领域收入分配不公问题仍然存在，http://www.ce.cn/xwzx/gnsz/gdxw/201602/26/t20160226_9114231.shtml。

3. 社会各行业间的收入差距较大

根据国家统计局公布的 2015 年平均工资的调查数据，我国城镇单位人员平均工资为 53 615 元，其中非私营单位年平均工资为 62 029 元，私营单位为 39 589 元。在非私营单位中，金融业工资与信息传输、软件和信息技术服务业的平均工资突破 11 万元，分别达到了 114 777 元与 112 042 元，而平均工资水平最低的农、林、牧、渔业仅为 31 947 元，最高平均工资与最低平均工资比例为 3.59∶1。

4. 企业不同岗位间平均工资差异明显

国家统计局对 16 个行业门类 93 万多家企业法人单位进行的调查显示，被调查单位就业人员年平均工资为 53 615 元，其中中层以上管理人员 115 474 元，是全部就业人员平均水平的 2.15 倍；商业、服务业人员平均工资水平最低，仅有全部就业人员平均工资的 83%，岗位平均工资最高与最低之比达到了 2.61[一]。

第二节　效率与公平

一、效率

效率与公平问题是社会经济生活中常见的问题，同时也是影响社会经济发展最基本的问题之一。因此，如何处理效率与公平的关系，是国家制定国家基本分配政策，以及各社会经济主体制定绩效方案需要考虑的重要内容，同时也是调动社会生产积极性与维持社会和谐稳定的基本前提。

效率小故事

深圳蛇口效率

在蛇口工业区微波山下，一块上书"时间就是金钱，效率就是生命"的标语牌矗立了几十载。这句著名的口号是 1982 年矗立在蛇口的，其"版权"属于蛇口工业区的负责人袁庚。

1979 年 8 月，蛇口工业区 600 米长的顺岸码头工程动工。为加快工程进度，承建商从 10 月份起开始实行奖励制度，即完成定额者每车奖励 2 分钱，超过定额者每车奖励 4 分钱。这样一来，工人生产情绪高涨，劳动效率明显提高，提前 1 个月完成了既定任务。但这一既受工人拥护又使国家获益的奖励制度，却被上级有关部门勒令停止，理由是"滥发奖金"。工人的积极性顿时受挫，工程进度明显缓慢下来。这时，一份"关于蛇口码头延误工程"的内参送到了中央领导同志的案头，当时的中央领导看了之后，做了批示，说发奖金的办法可行。至此，"蛇口效率"成为外商来此投资的一个先决条件。

袁庚和管委会一班人决定提出一个响亮的口号，以此进一步激发人们开发建设蛇口的热情。于是，1982 年年初，"时间就是金钱，效率就是生命"的标语牌，第一次出现在

[一] 资料来源：http://www.stats.gov.cn/tjsj/zxfb/201605/t20160513_1356094.html。

蛇口人面前。

1984年，邓小平视察深圳时，看到了这句口号，留下深刻的印象。回京后，他在一次中央负责人的会上说："这次我到深圳一看，给我的印象是一片兴旺发达。深圳的建设速度相当快……蛇口工业区更快，他们的口号是'时间就是金钱，效率就是生命'。"

资料来源：http://www.china.com.cn/economic/zhuanti/ggkf30/2008-10/16/content_16621796.html。

蛇口效率故事表明，蛇口效率是，运输工人从每人每天运泥20～30车，提升到每人每天运泥80～90车。什么是劳动效率呢？

（一）效率与经济效率的概念

从马克思的论述看，效率是指劳动生产效率；从帕累托的论述看，效率是指经济资源配置效率。

1. 劳动效率是指单位时间生产的劳动产品

设劳动效率为E，时间为T，劳动产出量为Q。则劳动效率可用公式表示：

$$E = Q/T \tag{4-5}$$

劳动效率包括个别劳动效率和社会劳动效率。个别劳动效率是指个人或个体企业的劳动生产率，社会劳动效率是指全社会劳动生产率。衡量社会劳动生产率，马克思用社会必要劳动时间。西方经济学家克拉克用每增加单位要素投入量衡量劳动效率，称为劳动边际效率。

2. 帕累托效率

帕累托效率是对于某种既定的资源配置状态，任意改变都不可能使至少有一个人的状况变好，又不使任何人的状况变坏。萨缪尔森对经济效率或帕累托效率进行了简化，即在给定投入和技术条件下，经济资源没有浪费，或者对经济资源做了能带来最大满足程度的利用，以最小的投入得到了最大化的产出。

帕累托效率可用公式表示：

$$MRS_{xy} = MRT_{xy} \tag{4-6}$$

这个条件要求在资源一定的条件下，生产出使消费者获得最大满足的产品，要求被生产出来的产品的数量组合相等。

名家生平与论述

马克思论劳动效率

"生产力当然始终是有用的、具体的劳动生产力，它实际上只决定有目的的生产活动在一定时间内的效率。"

"不是用生产者在个别场合生产它所实际花费的劳动时间来计量，而是用生产它所必需的社会劳动时间计量。"

"结合工作日的特殊生产力都是社会的劳动生产力或社会劳动的生产力。这种生产力是由协作本身产生的。劳动者在有计划地同别人共同工作中，摆脱了他的个人局限，并发挥出他的种属能力。"

资料来源：卡尔·马克思.资本论（第一卷）[M].中共中央马克思恩格斯列宁斯大林著作编译局，译.北京：人民出版社，2004:59-366.

维弗雷多·帕累托及其效率论述

维弗雷多·帕累托（Vilfredo Pareto，1848—1923），意大利经济学家、社会学家，洛桑学派的主要代表之一。1893年成为洛桑大学的政治经济学教授。1896年用法文发表了《政治经济学讲义》。进入20世纪后，先后出版了《普通社会学》《事实与理论》《民主制的变革》等著作。

帕累托在经济学界的著名影响来自对最优效率标准的定义。他认为，如果社会资源的配置已经达到这样一种状态：如果想让某个社会成员变得更好，就只能让其他某个成员的状况变得比现在差，即如果不让某个人变差就不能让任何人变得更好，人尽其才、物尽其用，那么，这种资源配置的状况就是最佳的，就是最有效率的。如果达不到这种状态，即任何重新调整而使某人境况变好的，而不使其他任何一个人情况变坏，那么说明这种资源配置的状况不是最佳的，是缺乏效率的。这就是著名的"帕累托效率"准则。

资料来源：http://baike.baidu.com/link?url=l7zEy09GFns0pNFDGg9cTZo9TAql156EUYNotciEKQSrrioHZVKiT3lqBUnGJnezeL-naN2Sacu5hlyHMmPx5ecRt4sgkRSP1V-7kpgIQOFb7tlQT11ZUrSgTORE3IE。

（二）经济效率的影响因素

蛇口效率的故事表明，劳动分配制度是影响效率的基本因素。在劳动过程中，多劳多得、少劳少得、不劳不得的分配原则可激发劳动者生产积极性，可提升劳动生产率。

除收入分配制度因素外，影响经济效率的因素还有资源配置体制和机制，如经济体制改革、金融创新、人口素质等。

（三）收入分配应坚持效率原则

▶ 平均主义分配故事

工分制（大锅饭）故事

在挣工分的年代，大家干的是集体活，吃的是大锅饭，挣的是工分。那时每个生产队里的树上都吊有一口生铁钟，队长每天分三个时段（早晨、上午和下午）按时敲钟催人们下地干活。每个生产队都有一个固定的集合地点，队长敲完钟后就蹲在那里，等人们到齐后一一安排农活，按照不同的劳力分配不同的农活。由各小组长带领手下那些人去地里干活。人们来到地头先要歇会儿，抽烟的抽烟，方便的方便，然后才开始干活。中间人们累了还要休息一段时间，人们利用这段时间做点私事，给家里的家禽和牲畜挖些野菜或割些草。那时人们上坡干活都各自带着一个篮子，收工时都有额外的小收入。

"包工紧，日工磨，自留地里干好活"。这就是挣工分年代的真实写照。那时，人们出工不出力，尽管领工不时催促絮叨，可还是拿不住人们的手，人们挣的是工分，全靠自觉。干的是良心活,这就是日工活的特点,靠的是时间,要的不是效益,就突出了一个"磨"字。后来生产队长实行包工活,就是把这项农活包给几个人去做,工分给定,干完后平均分摊工分,所以就出现了包工紧的说法。那时,每家每户都按人分有极少量的自留地,人们起早贪黑经营,就有自留地里干好活这一说。

资料来源:http://blog.sina.com.cn/s/blog_1504321930102wdh8.html。

工分制故事表明,收入分配按劳动人口劳动时间记工分,出一个劳动人口记一个工分。无论成人或是小孩,男劳动力还是女劳动力,都无例外。根据工分分配劳动成果,这就是平均主义劳动分配收入原则。

工分制故事表明,平均分配的结果是,劳动者出工不出力,劳动生产率显著下降。

蛇口效率故事表明,效率原则调动了劳动者积极性,劳动生产率显著提高。

二、公平

公平相对于效率而言,也是收入分配过程中十分重要的概念和原则。在分配过程中强调效率原则有利于提高经济产出,并对高效率贡献者给予高回报。但同时也要看到经济生产的复杂性,高效率和高投入的生产未必一定意味着高产出,劳动付出与劳动收入也未必完全体现匹配原则,这与生产体制、劳动者能力、劳动者所处部门,以及其他众多因素相关。其中一个重要方面在于,所有收入分配在考虑效率原则的同时,必须考虑公平问题。

公平小故事

Q 公司的分配公平问题

Q 公司是 T 公司下属的一个分公司,主要从事电子产品的开发与成品的生产。Q 公司是由 T 集团原来的子公司 A 与子公司 B 组建而成,组建时员工主要来自于这两个子公司,为了满足公司的生产,也从社会上招聘了一些员工。

公司运营后,来自 A 公司的员工小陈工资发放仍然采用 A 公司原来的标准,来自 B 公司的小王也按照原来的薪酬标准发放,而外部招聘的小张按市场标准发放工资,且 Q 公司采取密薪制度,员工仅知晓自己签订合同的工资水平。3 个员工均在研发岗位,工作相同但是小张工资远低于小王和小陈。

Q 公司成立之初就有领导承诺,公司盈利之后将会逐步提高员工的工资待遇,因此员工们都有很强的工作积极性,在很短时间内研发多项产品并投入市场,公司逐步开始盈利,然而承诺的薪酬制度并没有实施,只是在年末的时候以非公开的方式发放了一定的年终奖,这引发了部分员工的不满。

此后,公司里关于薪酬收入的小道消息满天飞,小张、小王与小陈也通过一些非正式的渠道得知了各自的工资和年终奖数量。这使得与小张相同的外部招聘的员工十分不满,工作的积极性开始下降,出现了陆续有人跳槽的情况,效率也随之大跌。与此同时,竞争对手推出了同质的产品，已经极大威胁了 Q 公司的市场地位。

资料来源：http://wenku.baidu.com/link?url=B6Y0vKpX1lnSZ8KhO1_。

上述故事表明，在一个团队中，劳动收入分配使团队成员体验到分配公正公平性就可以促进所有团队成员努力工作，Q 公司的遭遇也从反面向我们证明了收入分配公平在公司运营中的重要性。事实上，整个国民分配过程中公平问题都显得十分重要。

（一）公平的概念

美国经济学家保罗·萨缪尔森认为，公平有三种公平：机会公平、规则公平、结果公平。公平是指按照一定社会标准、正当秩序合理地待人处事，是制度、系统、大型活动的重要道德品质。公平包含公民参与经济、政治和社会其他生活的机会公平、规则公平和结果公平。

（1）机会公平，是让所有人能够公平的享有机会。相对于实质公平而言，机会公平属于形式公平，是构成正义的第一道防线。

（2）规则公平，又称为程序公平，指的是所有人在法律、规则面前平等，没有人享有特权。

（3）结果公平，指的是人在参与相应的活动后获得的成果如待遇、分配等具有公正性，即享有与自己付出等价的收入。

在本节中，"公平"被理解为收入更加公平的分配，具体体现在政府应当运用更为有效的财政、税收等手段调节我国各个方面现已存在的贫富差距，在二次分配时注重于维护公平，逐步向经济学意义的公平靠近。

🎬 名家生平与论述

董辅礽生平与论述公平

董辅礽（1927—2004），中国著名经济学家，有"一代经济学大师"之称。他的代表作品主要有《社会主义再生产与国民收入问题》《经济体制改革研究》《经济发展研究》等，这些著作都从理论和实践为推动中国市场经济改革与经济发展做出了先驱性贡献。他是所有制改革的先行提出者，更是少数能够影响中国政府重大决策的学者之一。

关于公平，董辅礽先生曾经这样写道："所谓社会主义市场经济，我理解社会主义意味着社会公平。"如果社会分配严重不公，就会引发社会动乱，结果就会削弱市场效率，因此，"社会主义本质的内涵是实现社会公平，市场经济则在于通过市场促进资源配置优化，以达到高的经济效率。因此，社会主义市场经济概括地说，就是社会公平加市场效率。"用数学的语言来表达就是

$$社会主义市场经济 = 社会主义 + 市场经济$$

或者说，

$$社会主义市场经济 = 社会公平 + 市场效率$$

资料来源：董辅礽.经济体制改革研究（上卷）[M].北京：经济科学出版社，1994:370-386.

保罗·萨缪尔森及其公平论述

保罗·萨缪尔森（Paul A.Samuelson，1915—2009），1935 年毕业于芝加哥大学，随后获得大学的硕士学位和博士学位。萨缪尔森的巨著《经济学》流传颇广，许多国家的高等学校将《经济学》作为专业教材。1947 年他成为约翰·贝茨·克拉克奖的首位获得者，并于 1970 年获得诺贝尔经济学奖。他是当代凯恩斯主义的集大成者，经济学的最后一个通才，美国诺贝尔经济学奖第一人。

萨缪尔森认为，市场并不必然能够带来公平的收入分配。市场经济可能会产生令人难以接受的收入水平和消费水准的巨大差异。其中一个原因在于收入决定于一系列的因素，包括努力程度、教育、继承权、要素价格和运气。另外，物品追随的是货币选票而非最大满足，富人家猫喝的牛奶，也许正是穷人家孩子维持身体健康所必需的东西。因为市场机制的作用将物品交给了那些有货币选票的人，即使是最有效率的市场体系，也有可能产生极大的不公平。

（二）影响收入分配公平的因素

公平问题是一个普遍的社会问题，因而其影响因素也主要体现于社会层面。具体而言，我们可以从四方面来考虑影响社会公平的因素。

一是生产资料所有制。依据马克思主义理论，生产资料所有制分为私有制和公有制两种形式。在私有制制度下，基于拥有生产资料多寡的不同，在国民收入中的分配所得不仅表现为资本所有者与无产者之间的差别，在资本家群体内部也存在巨大差异，从而在长期的经济社会发展中，社会不公平现象将不断积累和扩大。在前一节中介绍的基尼系数，就是用以观察这种不平等程度的重要指标。在以社会主义为典型的生产资料公有制制度下，因为国家具有更高的资本控制力，政府在国民收入分配过程中有意识地从制度上限制了收入差距的扩大，从而尽可能将不公平问题控制在相对合理的程度上，以实现相对公平。

二是经济运行体制。通常意义下，经济运行体制可分为市场经济体制和计划经济体制。在市场经济体制下，强调市场对资源配置的基础作用，在这种资源配置方式中，利用经济主体对经济利益追求的基本动力，强化了经济效率的原则和社会竞争的机制，从而易于产生强者越强、弱者越弱的两极分化现象，使不公平问题积极积累和扩大；在计划经济体制下，不仅社会生产过程受计划控制，社会成果分配也按计划进行，从而在制度上制约了不公平现象的扩大，容易实现横向标准上的公平。总之，从理论上看，市场经济体制下容易提升效率而强化不公平问题；计划经济体制下容易实现公平而出现明显的效率损失。

三是国家分配制度。国家分配制度由一系列法律和政策等组成，主要功能之一在于弥补市场的不足，尤其是解决因为经济运行体制带来的公平损失问题。但国家收入分配政策并不能解决所有的不公平问题，同时也需要因为维持效率和经济增长而容许竞争的存在，这样在分配原则上将有所侧重，从而导致收入分配结果在部门间、阶层间、地区间产生差异，即所谓的部门收入差异、社会阶层收入差异和地区收入差异等。上述差异或不公平程度的大小，取决于国家政府对国民收入初次分配和再分配过程的控制意愿、控制能力和控制方式。

四是劳动者自身素质的差异。一般而言，劳动者素质会存在一定差异。这些差异主要表现在体力、智力和社会道德（职业精神）等方面。除体力差别会导致劳动者收入差异外，主要的收入差异来自劳动者受教育程度。因此，大力发展教育，给予劳动者公平接受教育的机会，便是世界各国解决不公平问题的重要途径。

（三）坚持公平分配原则

在国民收入分配中，坚持公平原则至关重要，为此必须充分重视对弱势群体的保护。以我国扶贫工作为例，精准扶贫便是对市场经济框架下弱势群体的特殊保护政策，从而促进社会的公平。

公平分配故事

精准扶贫故事

张恩炎是宁化县石壁镇小吴村人，目前在镇里的现代农业观光园里工作。老张家的困难在村里人人皆知，夫妻俩年老多病，儿子除智障外脚还有残疾，儿媳妇是聋哑人，孙女也有智障。家里的开销全靠年迈的夫妻俩种烤烟、烟后稻以及享受的低保。

"地少又缺乏劳动力，除了7 000多元的低保，张恩炎全家几乎没有其他收入，日子太艰难了"，该村干部石壁镇党委副书记吴荣煌这样感叹着。

2014年，宁化开始实施精准扶贫后，老张家的情况开始有了好转。在当地干部挂钩帮扶下，张恩炎以一亩土地入股了石壁现代农业观光园，每年分红就有1 500元，此外，在观光园用工期间，优先安排像老张这样的贫困户打零工，一年下来就有近5 000元的收入，残疾的儿子、儿媳也被安排在邻近的豆腐皮厂打零工，加上7 000余元的低保，去年老张家的总收入有1.6万多元。

几年来，三明市不断增加扶贫资金的投入，2015年共安排扶贫补助资金4.34亿元。同时，省财政从2015～2020年每年安排3 000万元、市本级筹集3 000万元用于扶贫改革试验区建设。2014～2015年，全市有5万农村贫困人口实现脱贫，占建档立卡贫困人口的47.5%。

下一步，三明市将以国家扶贫改革试验区建设为载体，拓展提升精准扶贫工作机制，全力实施精准扶贫、精准脱贫，坚决打赢脱贫攻坚战，确保到2018年现行国定扶贫标准的农村贫困人口全部脱贫，到2020年省定贫困线标准的农村贫困人口全部脱贫，5个省级扶贫开发工作重点县、20个市级扶贫开发工作重点乡、380个建档立卡贫困村和247个空壳贫困村全部脱帽。

资料来源：http://news.gmw.cn/newspaper/2016-09/11/content_116086535.htm。

精准扶贫故事表明，每个村民、市民都应当共享改革发展成果。每个贫困地区都应当走上共同富裕道路。实现全面脱贫就是实现社会收入分配公平。

权威论述

邓小平论共同富裕

走社会主义道路，就是要逐步实现共同富裕。共同富裕的构想是这样提出的：一部分地区有条件先发展起来，一部分地区发展慢点，先发展起来的地区带动后发展的地区，最终达到共同富裕。如果富的愈来愈富，穷的愈来愈穷，两极分化就会产生，而社会主义制度就应该而且能够避免两极分化。

资料来源：邓小平.邓小平文选［M］.北京：人民出版社，1993:374.

习近平论精准扶贫

精准扶贫，一定要精准施策。要坚持因人因地施策、因贫困原因施策、因贫困类型施策，区别不同情况，做到对症下药、精准滴灌、靶向治疗，不搞大水漫灌、走马观花、大而化之。各地要通过深入调查研究，尽快搞清楚现有贫困人口中，哪些是有劳动能力、可以通过生产扶持和就业帮助实现脱贫的，哪些是居住在"一方水土养不起一方人"的地方、需要通过易地搬迁实现脱贫的，哪些是丧失了劳动能力、需要通过社会保障实施兜底扶贫的，哪些是因病致贫、需要实施医疗求助帮扶的，等等。国务院扶贫办要在各地调查的基础上，汇总出全国情况，提出分类施策的具体办法。

资料来源：《在部分省区市扶贫攻坚与"十三五"时期经济社会发展座谈会上的讲话》（2015年6月18日）。

邓小平的共同富裕思想和习近平的精准扶贫思想的核心是，社会分配公平。分配公平缩减社会差距，弱化和延缓两极分化。分配公平是社会主义本质内容之一。

为了限制收入分配过程中不公平水平的扩大的进程中，政府发挥着极端重要的作用，其作用过程可以包括如下几个方面。

（1）政府通过税收等手段在制度上对国民收入初次分配进行调控，缩小初次分配差距。

（2）政府通过再分配手段，对社会弱势群体进行补偿和扶助，从而在分配结果上缩小不公平程度，并在思想上缓解社会成员对不公平的感受。

（3）政府大力发展教育，尽可能为全民提供平等的受教育机会，以消减机会不公平程度。

图4-6 大力发展教育

（4）政府通过宏观经济政策的实施，大力增加工作岗位，以增加社会成员通过自身努力消除不公平的机会。

📽 小阅读

如何看待欧洲和美国的不平等水平

在市场经济里，实际上政府在某种程度上控制不了不平等。总会有几个业绩非常好的人，大量人居中，少量业绩很差的人，很难改变这个分布状况。

虽然控制不平等的手段有限，但可以用教育去影响不平等。如果教育不能广泛地提供给人们，一个国家就很难在市场上获得成功。最好能让每个人都接受教育，这不仅是因为政府承诺机会均等，不仅是因为教育减少贫困，也是因为美国与欧洲的经济依赖于受过高等教育的劳动大军。

即使教育机会均等了，也未必意味着收入均等。一定程度的不平等是必要的，这是因为需要激励人们去创新和努力工作。确切地说，钱并非是唯一能够激励人们创造业绩的因素，其他激励因素包括：成功的愿望、友情、团队、想展示自己的欲望。但是，钱很明显是驱动人们努力工作获得成功的主要因素。所以，这意味着一定程度的不平等是必要的，特别是当我们需要良好的业绩的时候。

与此同时，金融危机使我们有足够的理由怀疑那个不平等肯定是能够导致良好业绩的假设。有些人仔细研究了高管的薪酬，他们质疑为什么那些犯错的高管似乎仍然拿走大量的钱，为什么公司的业绩不好，他们却能够获得良好的报酬。

资料来源：罗兰·贝格，等.破解收入分配难题[M].何卫宁，译.北京：新华出版社，1991:138.

三、效率与公平的关系

效率与公平的关系是复杂的。一方面公平与效率是相互促进、相辅相成的。效率是保障公平的物质基础与根本途径，公平是效率的必要途径与力量源泉。另一方面，公平与效率又是自相矛盾的。效率原则不会自动实现公平，公平原则也不一定会促使效率的提升。片面地讲求效率可能会导致收入差距的扩大，从而威胁社会的公平，不公平的社会环境终将阻碍效率的提升；片面的公平原则会挫伤劳动者的积极性，抑制效率的提高。

对于如何解决效率与公平的矛盾问题，至今还没有形成一个统一的方法。但是，在大体上分为"效率优先，兼顾公平""公平优先，兼顾效率""公平与效率并重"这三种，最为普遍的思路是"效率优先，兼顾公平"。

1. 效率优先，兼顾公平

效率优先，指的是在进行分配时首先考虑效率，将效率看成决定收入的首要因素。效率越高收入越高，效率低则收入低。相比于按照权力分配、按照工龄分配、按照种族分配等方法，按效率分配显然更加公平。要做到效率优先，就必须让市场机制在收入分配中发挥其应有的作用，用供求调整市场中生产要素的价格，进而决定收入的分配。

兼顾公平，指的是在收入分配中，政府要通过一系列手段（包括税收调节、政府转移支付等手段），使得最终收入差距控制在社会成员能够承受的范围之内。在此过程中，政府要做好如下几方面的工作：①减少和消除不合理的收入；②促进机会均等；③限制某些行业、某些个人的垄断性收入；④实现生存权利与消除贫困。

2. 公平优先，兼顾效率

"公平优先，兼顾效率"的收入分配原则指的是在处理公平与效率的关系时，以是否公平作为判断的优先标准，一旦效率与公平两者之间发生矛盾时，首先考虑公平原则。目前这种思路主要运用于社会保障领域。

3. 公平与效率并重

所谓"公平与效率并重"是指在收入分配中，既要重视维护公平，又要重视提高效率，并使得两者真正实现互利共赢、相互促进。

在现实情形下，在国民收入分配的各个环节和方面，公平与效率的衡量很难有统一标准，在各种分配中也很难评价和比较公平与效率的绩效。但可以达成共识的是，无论是宏观经济社会领域，还是微观的组织管理过程，将公平与效率纳入一个统一的分配标准体系，必将更有利于实现社会的和谐和经济的持续增长。

小阅读

改革只有进行时，没有完成时

胡鞍钢

我们把改革过程看作"改革版本"的升级换代，如同开发和设计"软件版本"一样，总会因为改革信息和改革知识的有限性、不确定性、不完全性以及与实际情况的某种不适应性、不协调性，需要在改革实践中不断改进，不断打补丁，又不断升级换代。换言之，前一个改革版本是后一个改革版本的基础，后一个改革版本是前一个版本的修正和升级，由此形成中国特色的"改革版本"。邓小平同志的伟大功绩在于开创了 1.0 改革版本，江泽民同志、胡锦涛同志都大大丰富了这一版本，使中国仅花了 30 多年的时间，就从世界极低收入、庞大数量的绝对贫困人口的国家，跨越式地进入世界中等收入、小康社会的国家。

1978 年以来的中国经济改革 1.0 版本，是以"先富论"为主题，以建立竞争性市场为目标，以"效率优先、兼顾公平"为基本原则，以加快发展为手段的。1978 年 12 月，邓小平在中央工作会议闭幕会上明确提出"先富论"，而后，党中央关于中国经济改革做出了三次重大决定：第一次是 1984 年党的十二届三中全会《关于经济体制改革的决定》，明确提出"鼓励一部分人先富裕起来的政策，是符合社会主义发展规律的，是整个社会走向富裕的必由之路"；第二次是 1993 年党的十四届三中全会《关于建立社会主义市场经济体制若干问题的决定》，首次确立了"效率优先，兼顾公平"的改革原则，提出了"提倡先富带动和帮助后富，逐步实现共同富裕"；第三次是 2003 年党的十六届三中全会《关于完善社会主义市场经济体制若干问题的决定》，重申了"效率优先、兼顾公平"的原则，也提出了"以共同富裕为目标"的思路，这是对 1.0 版本的升级。

从改革实践看，中国的发展差距也经历了相当复杂的过程。城乡居民收入相对差距先缩小（1978～1984 年）、后扩大（1985～2009 年）、再缩小（2010 年之后）；各国人均 GDP 相对差距也是先缩小（1978～1990 年）、后扩大（1991～2004 年）、再缩小（2005 年之后）；全国居民收入基尼系数则一直扩大，2009 年之后才开始略有缩小。这也反映了中国的确经历了两个不同的改革阶段：第一个是"先富论"阶段，大约用了一代人的时间；第二个是"共同富裕"阶段，还需要用一代人的时间，才有可能逐步实现"大多数人民共同富裕"，进而最终实现"全体人民共同富裕"。

中国正处在第二个改革阶段，需要明确提出2.0版本的改革，它以"共同富裕"为主题，以"构建和谐社会"为目标，以"维护社会公平"为基本原则，使改革开放成果更多更公平地惠及全体人民。2.0改革版本要同时追求三大目标和进行三大改革。

问题：改革开放至今，中国对待效率与公平的关系发生了怎样的变化？

第三节　收入分配政策

为了有效实现收入分配过程中的公平与效率，政府干预必不可少，而政府干预的主要方式是制定收入分配政策。

一、收入分配政策概述

（一）收入分配政策概念与特征

收入分配政策

中央完善收入分配制度，你的收入步入快车道

中共中央总书记习近平（2016年）5月16日上午主持召开中央财经领导小组第十三次会议，分别研究落实供给侧结构性改革、扩大中等收入群体工作。习近平发表重要讲话强调，推进供给侧结构性改革，是综合研判世界经济形势和我国经济发展新常态做出的重大决策，各地区各部门要把思想和行动统一到党中央决策部署上来，重点推进"三去一降一补"，不能因为包袱重而等待、困难多而不作为、有风险而躲避、有阵痛而不前，要树立必胜信念，坚定不移地把这项工作向前推进。要坚持以人民为中心的发展思想，在全社会大力弘扬勤劳致富、艰苦奋斗精神，激励人们通过劳动创造美好生活，不断提高生活水平。

会议提出了六个"必须"，为扩大中等收入群体指明了方向。我国高度重视扩大中等收入群体。十八届三中全会提出，规范收入分配秩序，完善收入分配调控体制机制和政策体系，增加低收入者收入，扩大中等收入者比重，努力缩小城乡、区域、行业收入分配差距，逐步形成橄榄型分配格局。形成橄榄型分配格局，关键是让中等收入群体持续扩大。中国（海南）改革发展研究院院长迟福林认为，中等收入群体持续扩大，是释放消费潜力、扩大内需，建设"橄榄型"社会的重要基础。此前，迟福林提出建议，应当把中等收入群体倍增作为国家战略，在收入分配改革总体方案基础上，制定专项国家规划。

中央明确六个方向。扩大中等收入群体要加强研究论证和顶层设计，此次会议听取了国家发展改革委、财政部、人力资源社会保障部的汇报。值得注意的是，会议明确了扩大中等收入群体的六个方向：①必须坚持有质量有效益的发展，保持宏观经济稳定，为人民群众生活改善打下更为雄厚的基础；②必须弘扬勤劳致富精神，激励人们通过劳动创造美好生活；③必须完善收入分配制度，坚持按劳分配为主体、多种分配方式并存的制度，把按劳分配和按生产要素分配结合起来，处理好政府、企业、居民三者分配关系；④必须强化人力资本，加大人力资本投入力度，着力把教育质量搞上去，建设现代职业教育体系；⑤必须发挥好企业家作用，帮助企业解决困难、化解困惑，保障各种要素投入获得回报；⑥必须加强产权保护，健全现代产权制度，加强对国有资产所有权、经营权、企业法人财产权保护，加强对非公有制经济产权保护，加强知识产权保护，增强人民群众财产安全感。

何谓中等收入群体？有些人认为自己属于中等收入者，也有些人常抱怨自己"被中产"。那么，"中等收入"的标准是什么？目前我国究竟有多少"中等收入者"？中国劳动学会副会长苏海南认为，近年来可考虑将中等收入标准界定在年收入6万～12万元，家庭有一定数量的储蓄和其他货币性资产，家庭人均居住面积稍高于全国平均水平，家庭恩格尔系数为30%～34%。按照上述标准，全国中等收入者约占25%左右。

专家："扩中"正逢其时。"扩大中等收入者比重，既是收入分配改革的量化目标，也是路径选择。"中国（海南）改革发展研究院院长迟福林提出，中等收入群体不仅是维护社会稳定的中坚力量，也是释放消费红利的主力军。"扩中"不仅必要，而且正逢其时。迟福林认为，与人均收入水平倍增这一目标相比，我们更应强调中等收入群体的倍增。"应争取到2020年将中等收入人群占比提升至40%，达到6亿人左右。这更能体现'不让平均数掩盖大多数'原则，呈现改革的实效。"

中等收入群体的扩大将步入"快车道"。明确方向，自然事半功倍。专家认为，在中央部署下，收入分配制度改革、人力资本培育、知识产权保护等关键工程将全面推进，中等收入群体的扩大和"橄榄型"分配结构的构建将步入"快车道"。

资料来源：http://mt.sohu.com/20160517/n449949692.shtml。

以上案例表明，我国正通过国民收入分配政策扩大中等收入群体，这不仅对缩小我国收入差距有着重大现实意义，同时对破解"中等收入陷阱"具有重大意义。然而，中等收入群体只是社会成员中的一部分，该政策也仅是整个收入分配政策的一部分，国家收入分配政策在对象范围上应当覆盖所有社会群体。

收入分配政策小故事

"万元户"称谓由来

1980年4月18日，新华社播发通讯《雁滩的春天》中提到：1979年年末，兰州市雁滩公社滩尖子大队一队社员李德祥家里有6个壮劳力，从队里分了1万元，社员们把他家叫"万元户"。从此，"万元户"的叫法在全国流行开来。

1981年，中央明确提出"国营经济和集体经济是我国的基本经济形式，一定范围的劳动者个体经济是公有制经济的必要补充"。随后，国务院颁布《关于城镇非农业个体经济若干政策性规定》，对个体经济重新定位，个体经济逐步得到恢复和发展。

1982年12月4日，在第五届全国人大第五次会议上通过的《中华人民共和国宪法》中规定："在法律规定范围内的城乡劳动者个体经济，是社会主义公有制经济的补充。国家保护个体经济的合法的权利和权益。"从此，个体经济的地位正式得到了认可。部分个体经营者通过勤劳致富，率先成为"万元户"，他们当初的创业很是艰辛，他们用辛勤和汗水，为成为第一批"万元户"奠定了基础。

资料来源：http://business.sohu.com/20080916/n259576958.shtml。

"万元户"政策是20世纪80年代让一部分人一部分地区先富裕起来的收入分配政策。该政策的重点是鼓励农村、乡镇党员领导干部带头致富，促进农村经济发展和乡镇经济发展。"万元户"政策的核心是收入按效率原则分配，打破平均主义"大锅饭"的收入分配政策。

权威论述

邓小平论收入分配政策

我们一定要坚持按劳分配的社会主义原则。按劳分配就是按劳动的数量和质量进行分配。根据这个原则，评定职工工资级别时，主要是看他的劳动好坏、技术高低、贡献大小。政治态度也要看，但要讲清楚，政治态度好主要应该表现在为社会主义劳动得好，做出的贡献大。处理分配问题如果主要不是看劳动，而是看政治，那就不是按劳分配，而是按政分配了。总之，只能是按劳，不能是按政，也不能是按资格。

资料来源：邓小平. 邓小平文选（第二卷）[M]. 北京：人民出版社，2002:101.

邓小平有关收入分配政策的论述表达了按效率分配收入的原则和政策。那么，什么是收入分配政策呢？收入分配政策有何特征？收入分配政策包括哪些主要内容？我国收入分配政策是如何演变的？

1. 收入分配政策概念

所谓收入分配政策，也称为国民收入分配政策，主要是指在一定时期内，国家调节收入分配关系的各种措施的总和。

2. 国民收入分配政策的特征

（1）收入分配政策的阶段性，即收入分配政策是针对特定时期国民收入结构和存在的主要问题制定的各类措施的总和，因此，不同时期，尤其是具有重大变化的时期之间，收入分配政策可能存在差异。

（2）收入分配政策的目标指向性，即收入分配政策一定是围绕效率与公平两大目标与原则来制定的，由于不同政策实施对象对政策目标的敏感性不同，各种政策的功能与实施的效果可能存在差异。

（3）收入分配政策功能的聚合性，即不同收入分配政策在作用于同一对象时，其目标指向应当具有一致性，从而实现协同效应，如对精准扶贫政策，其核心内容在于提升贫困者的收入水平，为此包括财政支出政策、税收政策、投资政策、社会保障政策、文化教育政策等各方面的政策都需要对贫困者收入具有促进作用。

（4）收入分配政策的国别性，即不同的国家根据本国的具体国情，有着不同的收入分配政策。

（5）收入分配政策的制度差异性，不同国家可能存在不同的社会发展理念，以及坚持不同的制度框架，导致其分配的基本原则存在差异。当前最典型的分配原则差异是资本主义分配制度与社会主义分配制度之间存在的差异。

（二）收入分配政策类型

收入分配政策按不同标准分类有多种类型。比如，按收入分配政策制定主体分类就有国民收入分配政策、企业收入分配政策、乡村收入分配政策等。经济学讨论的收入分配政策通常是国民收入分配政策，管理学讨论企业收入分配政策。按收入分配政策目标分类就有效率型收入分配政策、公平型收入分配政策及效率与收入并重的收入分配政策。按收入分配政策措施分类就有税收、财政转移支付、奖金、股权、期权等多种形式的收入分配政策。

二、工资政策与税收政策

工资政策与税收政策是国民收入政策体系中非常重要的组成部分，同时也是社会各个阶层最为关注的两类收入政策。工资政策在功能上直接影响社会成员的账面收入或名义收入，而税收政策不仅影响社会成员的名义收入，而且还影响社会成员的实际收入。因此，工资政策与税收政策的制定与完善对社会生产效率提升，以及维持社会公平都具有十分重大的作用。另外，由于社会成员收入受市场波动影响较大，对物价波动也十分敏感，因此，要制定科学合理，促进效率与公平的工资、税收政策又会面临巨大的挑战。

（一）工资政策

工资政策是指国家对特定时期制定社会成员收入工资收入进行规范的政府措施的总称。工资政策作用的对象主要是工薪阶层，即通过聘用关系获取稳定约定或规定收入的社会成员。由于工薪阶层是社会的主体，他们广泛分布于政府、事业单位，以及各类企业单位，因此，工资政策对国民收入分配的整体影响非常大。

由于工作性质不同，工资政策在类型上存在较大差异。具体讲，根据工资政策引导的分配过程与水平，可以将工资政策分为四类：一是地区性工资政策；二是行业性工资政策；三是部门性工资政策；四是最低工资政策等。

其中，最低工资政策是国家为保护劳动者基本权益与收入水平而制定的保护性收入政策，其具体做法是制定最低工资线。最低工资线是目前各国普遍使用的工资政策工具，我国也根据地区差异制定了相应的最低工资线（见表4-2）。

表4-2 2016年我国各地区最低工资线

序号	省，自治区，直辖市	月最低工资标准（元）	序号	省，自治区，直辖市	月最低工资标准（元）
1	上海	2 190	5	江苏	1 770
2	天津	1 950	6	北京	1 720
3	广东	1 895	7	山东	1 710
4	浙江	1 860	8	新疆维吾尔自治区	1 670

(续)

序号	省，自治区，直辖市	月最低工资标准（元）	序号	省，自治区，直辖市	月最低工资标准（元）
9	内蒙古自治区	1 640	21	河北	1 480
10	山西	1 620	22	吉林	1 480
11	河南	1 600	23	黑龙江	1 480
12	贵州	1 600	24	陕西	1 480
13	云南	1 570	25	宁夏回族自治区	1 470
14	湖北	1 550	26	甘肃	1 470
15	辽宁	1 530	27	海南	1 430
16	江西	1 530	28	广西壮族自治区	1 400
17	安徽	1 520	29	西藏自治区	1 400
18	福建	1 500	30	湖南	1 390
19	重庆	1 500	31	青海	1 270
20	四川	1 500			

（注：数据统计未包含港澳台地区）

（二）税收政策

所谓税收，是指以实现国家公共财政为目的，基于政治权力与法律规定，由政府专门机构向居民和非居民就其财产或特定行为实施强制、非罚与不直接偿还的金钱或实物课征，是国家最主要的一种财政收入形式。税收与其他分配方式相比，具有强制性、无偿性和固定性三大特征。涉及个人收入的税收政策也称为个人所得税政策，包括对三类收入的规范，第一类为工资、薪金收入；第二类为经营性收入（包括个体工商户生产经营所得、企业承包经营与租赁经营所得等）；第三类为偶然所得性收入（包括劳务报酬、稿酬、财产转让、股息红利利息等所得）。其中，第一类与第二类均按累进所得税进行计征，第三类按一次性所得计征，一般为20%的固定税率。显然，税收政策是调整个人收入高低的一个重要手段，同时也是国家财政重要的收入来源，对个人实际收入分配影响十分明显。

收入与税收小故事

年薪12万元是高收入吗

"年收入12万元"在我国是否属于高收入？按国家统计局公布的数据，2015年全国居民人均可支配收入21 966元，其中城镇居民31 195元，农村居民11 422元。笔者了解到，居民人均可支配收入的计算方法为家庭总收入扣除交纳的所得税、个人缴纳的社会保障费以及调查户的记账补贴后除以家庭人口（包括没有收入的老人与青少年）。因此，工作人口的年收入会略高于此，约为该数值的1.5倍，即城镇居民46 792.5元，乡村居民17 133元。可见，即便如此，年收入12万元按明面数据仍属于高收入。

然而，从网上一片"哀号"和抱怨声中可初步判断，年收入12万元属高收入显然与社会现实和民众感受不符。中国社会科学院财经战略研究院研究员杨志勇表示，大城市生活成本高，年收入12万元在一、二线城市肯定不属于高收入者。对此，有论者指出，收入透明的群体贡献了个人所得税的主要部分，而不少收入不透明的应纳税者却并没有缴纳足额的税款。除个体工商户、企业主可能出现瞒报收入的情况，普通居民出租房产收入，业余兼职开网店、开网约车的收入，也多少存在不上报、不缴税的现象。此外，不合法经营、贪腐等非法收入，更难以统计。因此，明面上的统计数字并不能真实反映我国居民的收入情况。

要真正解决网友对收入分配改革的"哀号"和隐忧，关键在于修复现行税法的漏洞，有效遏制偷税漏税的普遍现象。同时，对于高收入者，国家可根据利息、股息、保险信托等收益，适当提高其个税交纳比例；对于中低收入者，降低其税负水平，合理调整一些扣除项目，从而真正发挥税收"增低、扩中、调高"的杠杆作用，减少贫富悬殊。唯其如此，方能不致误伤那些不小心被"高收入"的群体。

资料来源：http://www.jyb.cn/opinion/pgypl/201611/t20161103_680786.html。

（三）我国收入分配政策的演进

中华人民共和国成立以来，我国的收入分配政策随着社会经济的发展发生了数次转变，政策的演变大致可以分为三个时期：一是从建国至十一届三中全会前，这一时期主要表现出平均主义的分配特点；二是十一届三中全会至中共十八大期间，分配政策具体表现出让一部分人先富裕起来，先富带动后富的特点；三是十八大至今，进入全面建成小康社会的决胜时期分配政策，主要目标是更公平的分配，实现共同富裕。

1. 从新中国成立到十一届三中全会（1949～1978年）期间收入分配政策

1949年中华人民共和国成立后，我国先后完成了"没收官僚资本"和"土地改革"。在多种经济成分仍然并存的情况下，三大改造完成之前，我国实行的是"公私兼顾、劳资两利""低工资、多就业"的分配制度。[一]完成三大改造之后至十一届三中全会的22年里，我国仍旧长期处于生产力发展水平低下，物质财富严重匮乏的国情之中，加上对马克思"社会主义的分配制度必须是纯粹地按劳分配"的片面过分解读，我国的收入分配制度呈现出生产资料公有化与生产资料占有平均化的平均主义分配特点。

（1）城市居民的收入分配。由于至1956年年底，我国已经转变为单一的公有制经济体制，按劳分配已经基本成为当时唯一的收入分配方式，确立了以技术、职务、行业、地区四个基本因素为参照标准的"按劳分配"制度，便于实行计件工资的部门实现计件工资。在这样的分配制度下，城市居民的分配结构与水平基本固定且平均化。

（2）农村居民的收入分配。相比于城市居民收入分配政策，农村居民的分配政策在改革开放之前的29年里发生了四次巨大变化。第一次是在土地改革之后，农村居民成为清一色的个体经济，并在"相互合作，抑制富农"的政策引导下，农民的生活质量大大改善，农村内部差距与城乡收入差距大幅度减小。第二次转变发生在农业社会主义改造时期，农民又由个体经济转变为生产资料公有、实行按劳分配的高级生产合作社。第三次变化是1958年的人民公社运动，全中国迅速完成了高级社向人民公社的转变，不仅生产资料实现公有制，部分生活资料也实现了公有制，不少地区还进行了"按需分配"的尝试。第四次是在

[一] 高爱娣. 建国初期刘少奇对"发展生产、繁荣经济、公私兼顾、劳资两利"方针的重要贡献[J]. 中国劳动关系学院学报，1998（6）：27-29.

1961～1962年的人民公社体制调整，开始了持续至改革开放的集体生产经营、按劳分配的人民公社体制，并与户籍制度、统购统销制度配合，通过对工农产品的价格控制，掌控了农民收入与消费。相比城市居民而言，农村居民基本无法享受到生活补贴与福利保障，生活仍然仅维持在勉强解决"温饱"这一水平。

2. 改革开放至中共十八大期间的收入分配政策（1978～2012年）

这一时期，随着我国经济体制改革的不断推进，收入分配制度的改革也在逐步深入。这一阶段，我国的收入分配大体确立了以按劳分配为主体、多种分配方式并存的制度。其发展过程大体经历了以下几个阶段。

（1）第一阶段（1978～1987年）：破除平均主义，确立按劳分配的阶段。"克服平均主义"在十一届三中全会上被提及。在此之前，由于"左倾"思想长期占领统治地位，我国的分配制度也呈现出平均主义的特征。"干好干坏一个样，干与不干一个样，出工不出力"成为当时中国社会的普遍现象，严重挫伤了劳动的积极性，生产力遭到了极大地破坏。十一届三中全会之后，农村成为改革的突破口，家庭联产承包责任制开始在全国范围内推行，打破了农村的平均主义分配方式。顺应农村改革初显成效的浪潮，1984年中共十二届三中全会通过《中共中央关于经济体制改革的决定》，提出要让一部分人先富起来，用先富带动后富，最终实现共同富裕，同时指出平均主义与是贯彻马克思按劳分配原则的一大障碍，我国的收入分配政策发展又向前迈出了坚实的一步。

（2）第二阶段（1987～1992年）：这一阶段，我国分配制度处于向多元分配方式探索的阶段。1987年中共十三届代表大会在收入分配领域首次提出了实行"按劳分配为主体、其他分配方式为补充"的制度，社会主义的分配政策"既要有利于善于经营的企业和城市劳动的个人先富起来，合理拉开收入差距，又要防止贫富过于悬殊，坚持共同富裕的方向，在促进效率的前提下体现公平。"由此形成了效率优先兼顾公平的分配政策的雏形。1992年，中共十四届三中全会形成并通过了《中共中央关于建立社会主义市场经济体制若干问题的决定》，决定指明了收入分配政策的改革方向，即"个人收入分配要坚持以按劳分配为主体、多种分配方式并存的制度，体现效率优先，兼顾公平的原则。劳动者的个人报酬要引入竞争机制，打破平均主义，实行多劳多得，合理拉开差距"。

（3）第三阶段（1992～2007年）：这一阶段，我国的收入分配制度改革主要是对"按劳分配为主体，多种分配方式并存"的补充与完善。十一届三中全会以来，我国的所有制结构发生了一系列的深刻变化，出现了个体经济、港澳台经济、外商经济等非公有制经济与股份制等多种经济类型。到20世纪90年代中后期，各种非公有制成分在国民经济中的也占了不小的份额。经济结构的改变要求分配制度随之改变，生产要素也应当参与分配。因此在中共十五大中提出："继续坚持按劳分配为主体，多种分配方式并存的制度；把按劳分配和按生产要素分配结合起来；坚持效率优先，兼顾公平；要依法保护合法收入，允许和鼓励一部分人通过诚实劳动和合法经营先富起来，允许和鼓励资本、技术等生产要素产于收益分配。"

（4）第四阶段（2007～2012年）：这一发展阶段，我国的收入分配制度发展趋势是加大了对收入分配中公平问题的重视。自改革开放起经过了近30年的发展，我国城乡居民收入有了大幅度的增加，生活质量得到了巨大的提升。但是在此过程中，出现了收入分配差距不断扩大的情况。为了缓解这一问题，促进社会公平与稳定，中共十七大中提出在初次分配与再分配过程中都要处理好效率与公平的关系，再分配更加注重公平，逐步提高居民收入在国民收入中的比重，提高劳动报酬在初次分配中的比重。保护合法收入，调节过高收入，取缔非法收入。扩大转移支付，强化税收调节，打破经营垄断，创造机会公平，整顿分配秩序，逐步扭转收入分配差距扩大的趋势。

3. 中共十八大以来的收入分配政策

"十三五"时期是我国全面建成小康社会的决胜阶段，十八大报告也指出，全面建成小康社会的重要目标之一是收入分配差距减小，中等收入人群持续扩大，扶贫对象大幅减少。千方百计增加居民收入，实现发展成果由人民共享，必须深化收入分配制度改革，努力实现居民收入增长和经济发展同步、劳动报酬增长和劳动生产率提高同步，提高居民收入在国民收入分配中的比重，提高劳动报酬在初次分配中的比重。初次分配和再分配都要兼顾效率和公平，再分配更加注重公平。完善劳动、资本、技术、管理等要素按贡献参与分配的初次分配机制，加快健全以税收、社会保障、转移支付为主要手段的再分配调节机制。深化企业和机关事业单位工资制度改革，推行企业工资集体协商制度，保护劳动所得。多渠道增加居民财产性收入。规范收入分配秩序，保护合法收入，增加低收入者收入，调节过高收入，取缔非法收入。[①]

第四节　案例

一、案例：不起作用的高薪

G公司是一家小规模的科技创新公司。在创业初期，凭借着老总吴明对商机的敏锐嗅觉以及一群干劲十足的员工，大家不怕苦不怕累，日夜忙碌，公司得到了长足的发展。几年之后，员工由原来的十几人发展到上百人，业务收入也从原来的每月几万元上升到每月上百万元。公司大了，人也多了，但是吴明明显感觉到大家的工作积极性越来越低，对事情也愈加斤斤计较。

吴明是一个善于观察与深入思考的人，此时他想起了在一本企业经营管理方面的书籍中曾经看到："经营的原则自然是希望能够做到'高效率、高薪资'。效率提高了，公司才能够支付高额的薪资。但是松下先生在提倡'高薪资、高效率'时，却不把高效率放在第一位，而是借着提高薪资，来提高员工的工作意愿，然后再达到高效率。"他在心里想："公司发展了，的确要考虑提高员工的待遇，一方面对老员工努力付出的回报，同时也能够吸引高素质人才加入公司。"于是，他大规模地提升了员工的工资与福利待遇，同时对公司进行装修，改善了办公环境。

这些措施的效果是立竿见影的，很快地，公司招募到一大批有能力的新人，老员工也更加热爱工作，整个公司工作热情空前高涨，公司上下精神面貌焕然一新。可是这样的好势头

---

① 资料来源：http://www.xj.xinhuanet.com/2012-11/19/c_113722546.htm。

不到两个月，大家又开始回到原来的状态，公司领导陷入了两难的尴尬境地，高薪资并没有换来员工的高效率。

二、讨论题

（1）为何吴明公司的高薪没有换来高的效率？
（2）如何才能提高吴明公司员工工作的效率？
（3）这个案例对收入分配有何启示？

○本章要点

1. 国民收入（national income）是一个国家获得的总收入，是一定时期内物质生产部门新创造的价值总和。从生产角度讲，是国家一定时期生产出的所有产品扣除消耗掉的产品的剩余部分。如果用货币来计算，就是社会总产出的价值扣除消耗产品价值的剩余价值。

2. 国民收入分配是指从宏观上将社会经济成果在经济主体间进行分割，力图实现分配过程和分配结果的合理性。国民收入分配包括两个过程，即初次分配和再分配。国民收入初次分配指的是经济成果首先在物质生产领域进行的分割；国民收入再分配指的是社会经济成果在物质生产领域进行初次分配后，进一步在全社会进行二次分配，其目的在于解决非物质领域的收入问题、初次分配中的效率和公平问题，从而客观上促进国民经济持续健康发展。

3. GDP 的核算方法：收入法下，$GDP = 工资 + 利息 + 租金 + 利润 + 间接税和政府转移支付 + 折旧$；支出法下，$GDP = C + I + G + (X - M)$。

4. 收入分配差距指的是在一定社会经济条件下，居民之间按照统一货币或者一定实物单位表示的收入水平的差别，以及居民收入在社会总收入中占比的差别，国际上主要用基尼系数进行衡量。

5. 从马克思的论述看，效率是指劳动生产效率；从帕累托的论述看，效率是指经济资源配置效率。公平是指按照一定社会标准、正当秩序合理地待人处事，是制度、系统、大型活动的重要道德品质。公平包含公民参与经济、政治和社会其他生活的机会公平、规则公平和结果公平。一方面公平与效率是相互促进、相辅相成的。效率是保障公平的物质基础与根本途径，公平是效率的必要途径与力量源泉。另一方面，公平与效率又是自相矛盾的。效率原则不会自动实现公平，公平原则也不一定会促使效率的提升。

6. 收入分配政策，也称为国民收入分配政策，主要是指在一定时期内，国家调节收入分配关系的各种措施的总和。收入分配政策具有收入分配政策国别性、收入分配政策的阶段性、收入分配政策的制度差异性、收入分配政策的均衡性等特点。

○关键术语

国民收入　GDP　GNP　　　国民收入分配　收入分配差距　洛伦兹曲线
基尼系数　效率　帕累托效率　公平　　　　收入分配政策

○延伸阅读

1. 大卫·李嘉图.李嘉图著作和通信集[M].郭大力,王亚南,译.北京:商务出版社,1962.
2. 弗朗斯瓦·魁奈.魁奈经济著作选集[M].吴斐丹,张草纫,译.北京:商务印书馆,1987.
3. 邓小平.邓小平文选[M].北京:人民出版社,1993.
4. 董辅礽.经济体制改革研究(上卷)[M].北京:经济科学出版社,1994.
5. 安体富.中国税收负担与税收政策研究[M].北京:中国税务出版社,2004.

第五章

经济周期、增长与发展

学习要点

- 学习和掌握经济周期的概念
- 学习和掌握经济周期的阶段与类型
- 学习和掌握经济增长的概念与内涵
- 学习和掌握经济发展的概念与内涵

经济生活总是在重复昨天的故事。19世纪有经济危机,20世纪经济危机也从未断过,危机时间有短有长,烈度强弱有别。2008年9月,以雷曼兄弟倒下为标志的美国次贷危机是最新的危机。本次危机看似已经结束,影响却仍在继续——全球经济复苏缓慢,增长乏力。这次危机继续折磨着当代经济学家。回溯过往,经济危机总是经济学家笔下的主题。对这些危机的研究,形成了丰富多彩的经济周期理论。介绍经济周期就是第一节的主题。在第一节,读者可以读到耳熟能详的经济危机故事,还能领略经济学大师关于经济周期的精彩论述。

经济增长是人类永恒的主题。邓小平同志说过,发展是硬道理。发展是中国共产党执政兴国的第一要务。中国地大物博,地区经济发展水平参差不齐,东部地区比中西部地区经济水平高出很多。国内生产总值即GDP常常是报纸、电视台、杂志等媒体报道的主题。国务院新闻办公室、国家统计局常在每月12日定期公布月度经济增长率。经济增长就是GDP增长吗?这些问题就是第二节要讨论的经济增长问题。在第二节有很多有趣的经济增长故事和大师们对经济增长的精辟论述。

习近平总书记说,绿水青山就是金山银山。保护环境,保护生态系统就是发展。中国发展要有可持续性。有了GDP增长,就有了经济可持续性吗? APEC蓝仍是稀缺资源。20世纪70年代,经济学家们就注意到了经济增长不等于发展。什么是经济发展?第三节给出了解读。

最后,给读者一个轻松有趣的故事。读后,或许你会莞尔一笑,或许你会双眉紧锁。前者给你带来学习快乐,后者引发你思考。这就是最后一节的目的。

第一节 经济周期

一、经济周期的概念

🎬 大萧条的故事

　　1929年10月24日,美国迎来了它的"黑色星期四"(美国华尔街股市的突然暴跌事件)。1929年10月29日,纽约证券交易所股指从之前的363最高点骤然下跌了平均40个百分点,成千上万的美国人眼睁睁看着他们一生的积蓄在几天内烟消云散。此后,美国和全球进入了长达10年的经济大萧条时期。因此,这一天被视作大萧条时期开启的标志性事件,由于正值星期二,被称为"黑色星期二"。从1929年10月29日到11月13日短短的两个星期内,共有300亿美元的财富消失,相当于美国在第一次世界大战中的总开支。但美国股票市场崩溃不过是一场灾难深重的经济危机爆发的火山口。

　　当时纽约流行一首儿歌:"梅隆拉响汽笛,胡佛敲起钟。华尔街发出信号,美国往地狱里冲!"(Mellon pulled the whistle, Hoover rang the bell, Wall Street gave the signal and the country went to hell.)随着股票市场的崩溃,美国经济随即全面陷入毁灭性的灾难中,可怕的连锁反应很快发生:疯狂挤兑、银行倒闭、工厂关门、工人失业、贫困来临、有组织地抵抗、内战边缘。农业资本家和大农场主大量销毁"过剩"的产品,用小麦和玉米替煤炭做燃料,把牛奶倒进密西西比河。城市中的无家可归者用木板、旧铁皮、油布甚至牛皮纸搭起了简陋的栖身之所,这些小屋聚集的村落被称为"胡佛村",流浪汉的要饭袋被叫作"胡佛袋",由于无力购买燃油而改由畜力拉动的汽车叫作"胡佛车",甚至露宿街头长椅上的流浪汉上盖着的报纸也被叫作"胡佛毯"。这次经济危机很快从美国蔓延到其他工业国家,各国加强了贸易保护的措施和手段,世界经济形势进一步恶化,这是第二次世界大战爆发的一个重要根源。

图 5-1　黑色星期四,人流攒动的华尔街(1929年)

资料来源:根据百度百科,大萧条,整理改编。

　　我们不禁想知道,经济周期是造成大萧条的原因吗?经济周期的内涵是什么?经济周期分阶段吗?经济周期有哪些类型?经济周期的经典理论有哪些?

名家论述

伯恩斯与米契尔论经济周期

经济周期"是在主要按商业企业来组织活动的国家的总体经济活动中所看到的一种波动:一个周期由几乎同时在许多经济活动中所发生的扩张,随之而来的同样普遍的衰退、收缩和下一个周期的扩张阶段相连接的复苏所组成;这种变化反复出现,但并不是定时的;经济周期的持续时间在一年以上到十年或十二年;它们不再分为具有接近自己的振幅的类似特征的更短周期"。

资料来源:Burns Arthur F. Wesley Mitchell C: Measuring Business Cycles, NBER Book Series Studies in Business Cycles, 1946。

伯恩斯与米契尔有关经济周期的论述表明,经济波动性是经济周期的特征,经济周期持续时间短则一年,长则数十年。

1. 经济周期

经济周期(business cycle):又称商业周期或商业循环,是指经济活动沿着经济发展的总体趋势所经历的有规律的扩张和收缩,表现为国民总产出、总收入和总就业的波动,是国民收入或总体经济活动扩张与紧缩的交替或周期性波动变化。

现代宏观经济学认为,可以用国内生产总值(GDP)的波动或其增长率的波动来描述经济周期过程,国内生产总值波动的中轴线是经济长期稳定的增长趋势,表现为潜在的国内生产总值水平,也称为经济活动的正常水平。经济周期是发生在实际国内生产总值相对潜在国内生产总值表现出的阶段性偏离。

2. 经济周期特征

在现代宏观经济学中,经济周期发生在实际 GDP 相对于潜在 GDP 上升(扩张)或下降(收缩或衰退)的时候。尽管各国的经济周期所经历的时间长度与波动的幅度迥然有异,经济波动以经济中的许多成分普遍而同期地扩张和收缩为特征,持续时间通常为 2~10 年,但每一个经济周期大致可以分为两个阶段四个小阶段:一是收缩阶段,包括衰退、萧条两个小阶段,是总体经济活动的下降阶段;二是扩张阶段,包括复苏与繁荣两个小阶段,是总体经济活动的上升阶段。由于经济在总体上保持着或多或少的增长,所以经济增长的长期趋势线是正斜率的。如图 5-2 所示,图中从左下方向右上方延伸的射线为潜在 GDP 水平或正常 GDP 水平,围绕射线波动的曲线为实际 GDP 水平。

(1)衰退阶段。衰退阶段为图中的 $A \sim B$ 段,是经济从繁荣到萧条的过渡阶段,A 为经济周期的顶峰,在此阶段,经济增长速度开始从顶峰 A 下降,直到 B 点之前,经济增长水平仍然高于潜在 GDP 水平或正常 GDP 水平。

经济衰退,是指经济出现停滞或负增长的时期。不同的国家对衰退有不同的定义,但美国以经济连续两个季度出现负增长为衰退的定义被人们广泛使用。而在宏观经济学上通常定义为"在一年中,一个国家的国内生产总值增长连续两个或两个以上季度出现下跌"。但是这个定义并未被全世界各国广泛接受。比如,美国国家经济研究局就将经济衰退定义成更为模糊的"大多数经济领域内的经济活动连续几个月出现下滑"。

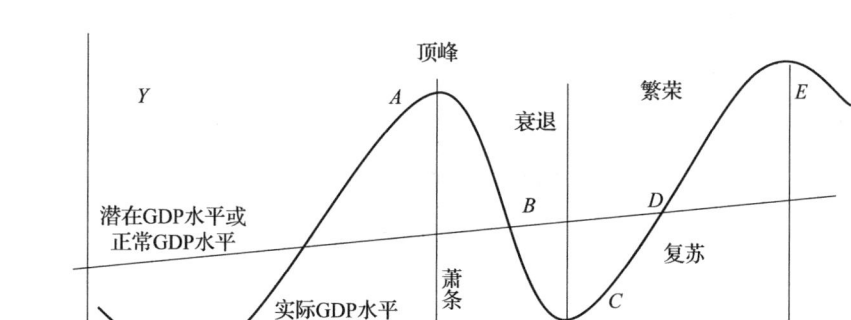

图 5-2 经济周期阶段

经济衰退的普遍特征：金融市场发生系统性风险，生产过剩，消费者需求与投资急剧下降；对劳动的需求下降，产出下降，企业利润急剧下滑，股票价格和利率一般也会下降；公众对未来的预期开始由乐观转向悲观。

（2）萧条阶段。萧条阶段为图中的 $B\sim C$ 段，B 为经济周期的潜在或正常 GDP 水平，C 为经济周期的谷底，在此阶段，经济增长速度进一步下降，经济环境持续恶化，直到 C 点之前，经济增长水平持续恶化并低于潜在 GDP 水平或正常 GDP 水平。

经济萧条的主要特征：金融市场风险进一步释放，投资与消费需求严重不足，生产相对严重过剩，产品滞销，价格下跌，企业盈利水平极低，信用萎缩，生产减少，出现大量破产倒闭，失业率增大，公众对未来持悲观态度。

（3）复苏阶段。复苏阶段为图中的 $C\sim D$ 段，是经济从萧条到繁荣的过渡阶段，C 为经济周期的谷底，在此阶段，经济增长速度开始从谷底 C 上升，直到 D 点之前，经济增长水平仍然低于潜在 GDP 水平或正常 GDP 水平。

经济复苏的主要特征：金融市场逐步稳定，生产与投资开始增加，物价水平开始提高，就业机会增加，产出水平逐渐接近潜在 GDP 水平或正常 GDP 水平。当到达萧条阶段的最低点 C 时，就业与产出水平跌至最低，进入萧条的最严重时期，但股票与商品的价格开始回升，存货减少，经济由萧条转向复苏，公众的对未来的预期开始由悲观转向乐观。

（4）繁荣阶段。繁荣阶段为图中的 $D\sim E$ 段，是国民收入与经济活动高于正常水平的一个阶段。D 为经济周期的潜在或正常 GDP 水平，E 为经济周期的顶峰，在此阶段，经济增长速度进一步加速上升，向顶峰 F 挺进，经济增长水平逐渐高于潜在 GDP 水平或正常 GDP 水平，直到 E 点，达到顶峰，这时就业与产出水平达到最高，但股票与商品的价格开始下跌，存货增加，这是繁荣的极盛时期，也是经济由繁荣转向衰退的开始。

经济繁荣的主要特征：信用逐步扩张，金融市场膨胀，投资增加，生产迅速增加，就业增加，物价水平逐步上升，公众对未来持乐观态度。

二、经济周期类型

1. 基钦周期

短周期故事

1973 年石油危机故事

石油危机是指世界经济或各国经济受到石油价格变化时所产生的经济危机。1960 年 12 月石油输出国组织（OPEC）成立，主要成员包括伊朗、伊拉克、科威特、沙特阿拉伯和南美洲的委内瑞拉等国，而石油输出国组织也成为世界上控制石油价格的关键组织。1973 年 10 月第四次中东战争爆发，为打击以色列及其支持者，石油输出国组织的阿拉伯成员国当年 12 月宣布收回石油标价权，宣布石油禁运，暂停出口，并将原油价格从每桶 3.011 美元提高到 10.651 美元，使油价猛然上涨了两倍多，从而触发了第二次世界大战之后最严重的全球经济危机。持续 3 年的石油危机对发达国家的经济造成了严重的冲击。在这场危机中，美国的工业生产下降了 14%，日本的工业生产下降了 20% 以上；美国 GDP 增长下降了 4.7%，欧洲整体的增长下降了 2.5%，日本下降了 7%。所有的工业化国家的经济增长都明显放慢。这次危机史称 1973 年石油危机，又称第一次石油危机。

资料来源：根据百度百科，石油危机整理改编。

1973 年石油危机持续 3 年，1975 年结束。这个周期的显著特点是衰退时间短，然后迅速复苏。什么是短周期？其特征是什么？

名家论述

基钦论经济周期特征

美国经济学家家约瑟夫·基钦（Joseph Kitchin）在 1923 年发表的《经济因素中的周期与倾向》论文中提出，经济周期有大周期与小周期两种，小周期平均长度约为 40 个月，大周期是小周期的综合，一个大周期可包括两三个小周期。他根据美国和英国 1890～1922 年的利率、物价、生产和就业等统计资料，从厂商生产过多时就会形成存货、从而减少生产的现象出发，把这种 2～4 年的短期调整称为"存货"周期，在 40 个月中出现了有规则的上下波动，发现了这种短周期。基钦认为，这种小周期是心理原因引起的有节奏的运动的结果，而这种心理原因又是农业丰歉影响食物价格造成的。基钦周期又称"短波理论"。

资料来源：根据百度百科，约瑟夫·基钦整理改编。

约瑟夫·基钦关于经济周期特征的论述告诉我们，短周期，就是指 2～4 年或 40 个月左右的短期"存货-投资"调整周期，表现为存货投资的周期时间并有规则的上下波动以及很快生产出来设备的创新的小起伏，体现出经济循环的短周期性。短周期的基本特征是，时间跨度短，存货转化为投资与创新的时间短，经济波动的幅度小，衰退时间短，恢复较快。

2. 朱格拉周期

🎬 **中周期故事**

亚洲金融危机

1997年7月2日,泰国宣布放弃固定汇率制,实行浮动汇率制。当天,泰铢兑换美元的汇率下降了17%,外汇及其他金融市场一片混乱,进而引发一场遍及东南亚的金融风暴。不久,这场风暴扫过了马来西亚、新加坡、日本和韩国、中国的香港与台湾等国家和地区。在泰铢波动的影响下,菲律宾比索、印度尼西亚盾、马来西亚林吉特相继成为国际炒家的攻击对象。

1997年10月下旬,国际炒家移师国际金融中心中国香港,矛头直指香港联系汇率制。台湾当局突然弃守新台币汇率,新台币一天贬值3.46%,加大了对港币和香港股市的压力。1997年10月23日,香港恒生指数大跌1 211.47点;28日,下跌1 621.80点,跌破9 000点大关。

1997年11月17日,韩元对美元的汇率跌至创纪录的1 008:1。但到了12月13日,韩元对美元的汇率又降至1 737.60:1,电视上韩国老太太将自己的金银首饰嫁妆奉献给韩国政府以帮助国家摆脱危机的画面让人动容。韩元危机也冲击了在韩国有大量投资的日本金融业,1997年下半年日本的一系列银行和证券公司相继破产。东南亚金融风暴演变为亚洲金融危机。

1998年2月16日,印尼盾同美元比价跌破10 000:1,印尼陷入政治经济大危机。受其影响,东南亚汇市再起波澜,新元、马来西亚林吉特、泰铢、菲律宾比索、日元等纷纷下跌。1998年9月2日,卢布贬值70%,俄罗斯汇率政策的突变,带动了美欧国家股市与汇市的全面剧烈波动。1999年,金融危机结束。

这次金融危机影响极其深远,它暴露了亚洲国家和地区经济高速发展的背后的一些深层次问题,也为推动亚洲国家和地区深化改革,调整产业结构,健全宏观管理提供了反思。10年后的2007年,美国次贷危机爆发,进而引发全球金融危机。

资料来源:根据百度百科,亚洲金融危机,整理改编。

亚洲金融危机故事表明,这次危机持续三年时间,2000年后开始经济复苏,之后迅速扩张,信用扩张,股市与楼市欣欣向荣,整个世界经济一派繁荣。那么,亚洲金融危机引致的经济周期是什么经济周期?

🎬 **名家生平与论述**

克里门特·朱格拉生平

克里门特·朱格拉(Clèment Juglar),1819出生,1905年逝世。

原职业为医生,后成为经济学家,主要研究经济周期。其代表著作是在1862年发表的

《论德、英、美三国经济危机及其发展周期》，书中指出平均9～11年发生一次经济周期。

这个周期被熊彼特命名为朱格拉周期，并指出这是一种中周期。

后来英国专家汉森用朱格拉的计算方法，使用英国1795～1937年的统计数据，计算出了平均周期长度为8.35年，从而把朱格拉周期的时间跨度变更为8～11年。

克里门特·朱格拉论经济周期

朱格拉在研究人口、结婚、出生、死亡等统计时，开始注意到经济事物存在着有规则的波动现象。

他认为，存在着危机或恐慌并不是一种孤立的现象，而是社会经济运动三个阶段中的一个，这三个阶段是繁荣、危机与萧条，三个阶段的反复出现就形成了周期现象。

他又指出，危机好像疫病一样，是已发达的工商业中的一种社会现象，在某种程度内这种周期波动是可以被预见或采取某种措施缓和的，但并非可以完全抑制。

他认为，政治、战争、农业歉收以及气候恶化等因素并非周期波动的主要根源，它们只能加重经济恶化的趋势。周期波动是经济自动发生的现象，与人民的行为、储蓄习惯以及他们对可利用的资本与信用的运用方式有直接联系。

朱格拉周期一般从设备投资占GDP的比例看出。对设备投资占GDP的名义上的比例，以及两年后的投资收益先行指数（投资收益指总资本付息前利润率，简单地说就是从企业的收益率减掉有利息负债利息率或金融成本）进行比较，可以看出投资收益的走势预示着设备投资占GDP的比例。

资料来源：根据百度百科，克里门特·朱格拉整理，改编。

克里门特·朱格拉关于经济周期的论述表明，经济周期的衰退期较长，失业率较高，企业投资意愿低迷。朱格拉周期是一个包括繁荣、危机与萧条三个阶段的中周期，其时间跨度为8～11年。

3. 长波周期

自19世纪中叶以来，不同的经济学家在探索经济周期问题时，根据各自掌握的资料，提出了不同的经济周期理论与不同长度和类型的经济周期。其中，最为著名的是全球经济长周期背后的决定力量：长波周期，又称康德拉季耶夫周期（长周期）。

名家生平与论述

尼古拉·康德拉季耶夫生平

尼古拉·康德拉季耶夫（1892—1938），俄国经济学家及统计学家，提出康德拉季耶夫长波理论，以康德拉季耶夫周期闻名于西方经济学界。

他早年在圣彼得堡大学就读。1917～1919年为俄罗斯社会主义革命党党员。但因反对农业全盘集体化，并批评斯大林新经济计划后来所实行的工业、农业不均衡发展的政策，1928年被解除研究所的职务，两年后遭逮捕，1931年受审，判八年徒刑。1938年重审，被判死刑。死亡时地不详。1987年同许多遭诬告的人士一起获平反。

尼古拉·康德拉季耶夫论经济周期

康德拉季耶夫的长波理论最早见于1919~1920年完成（1922年出版）的《战时及战后时期世界经济及其波动》一书，此后，关于长波理论他又先后发表了《经济生活中的长波》（1925）和《大经济周期》（1928）等论著。

他在1925年的《经济生活中的长波》一文中运用英国、法国、美国和德国等主要资本主义国家的时间序列统计资料对经济发展的长波进行了实证研究。康德拉季耶夫发现资本主义经济发展过程中存在着长度为48~60年、平均为50年的长期波动。他将其研究的1780~1920年这140年中资本主义经济运动划分为两个半长周期波动。

在50年左右的周期中，一般说头15年是衰退期；接着20年是大量再投资期，在此期间新技术不断采用，经济发展快，显示出一派兴旺景象；其后10年是过渡建设期，过渡建设的结果是5~10年的混乱期，从而导致下一次大衰退的出现。

康德拉季耶夫系统、明确地提出长波理论之后，许多经济学家即对长波产生的动因进行了定性分析并对长波的存在进行了实证检验和统计证明。

资料来源：根据百度百科，尼古拉·康德拉季耶夫，整理改编。

康德拉季耶夫描述了经济周期收缩与扩张的技术动因，经济收缩特点，经济扩张特点。

概括起来，康德拉季耶夫提出的为期50~60年的经济周期理论认为，生产技术的变革、战争和革命、新市场的开发、金矿的发现、黄金产量和储量的增加等因素都不是导致长波运动的根本原因，长波产生的根源与资本积累密切相关，他将经济长波归因于主要固定资本产品的更新换代引起的经济平衡的破坏与恢复。

表 5-1 全球长波周期划分

	繁 荣	衰 退	萧 条	回 升	标志创新技术
第一波	1782~1802	1815~1825	1825~1836	1838~1845	纺织机、蒸汽机
第二波	1845~1866	1866~1873	1873~1883	1883~1892	钢铁、铁路
第三波	1892~1913	1920~1929	1929~1937	1937~1948	电气、化学、汽车
第四波	1948~1966	1966~1973	1973~1982	1982~1991	汽车、计算机
第五波	1991~2007	2007~			信息技术

资料来源：Wind、平安期货研究所。

第二节 经济增长

一、经济增长的概念与特征

（一）经济增长的概念

经济增长故事

经济学家与偏僻小镇的经济增长

年初，一位经济学家到偏僻山区小镇调研。该小镇以自给自足的自然经济为主，但因地处偏僻，经济非常落后，GDP增长缓慢，常受上级责备。该经济学家对该镇长说："很简单，发个红头文件，规定本镇居民一律不得自产自销，不得自给自足，必须采用市场交易方式，向外人购买。"众人疑惑不解，经济学家笑而不言。镇政府经过研究后，决定颁布规定并严格执行。年底，该镇的GDP增长爆棚。因经过市场交易，镇政府税收收入也大幅度增长。镇领导喜笑颜开，至于镇民的实际收入，呵呵！呵呵！

一年多后，该经济学家再次来到该镇。镇长又向该经济学家诉苦，除第一年GDP等经济指标大幅增长外，没有可持续性，且因强制市场交易，尽管出现了不少专业户，如种粮、制衣等，但禁止本镇居民自给自足，特别像不允许镇民自己做饭自己吃等，既不方便也不合情理，政策执行难度大，执行成本高。镇民不断上访闹事，多次受到上级领导点名批评，而且大家的生活质量没有实质改善。该经济学家说："那就废除该规定。"众人愕然。但镇政府再次集体研究决定，废除本镇强制市场交易规定，允许本镇居民自由选择自己的经济生活。年底，该镇进行工作总结，发现GDP竟然又有可观的增长，财政收入也有了增长，而且全年未发生因经济制度造成的群体性上访事件。更惊奇的是，镇民实际收入竟也有了大幅增长。怪哉！怪哉！

几年后，虽然该镇居民相对周边其他镇而言，已算富裕，但经济又遇到低增长瓶颈。因周边乡镇仍以自然经济为主，本镇市场容量有限，生产规模不能扩大，无法发挥规模经济效应。作为镇长，期望本镇能保持可持续经济增长，迫切希望能有新的思路。镇长就主动电话求教经济学家，该经济学家说："宣传本镇成功经验，引导其他镇也实行市场经济；用本镇财政收入为周边其他镇修路。"在该镇的宣传引导与帮助下，其他镇也相继走向市场经济。在其他乡镇走向市场经济的过程中，该镇的经济再次取得持续性的高增长。奇迹！奇迹！

经深入调查了解，原来该镇居民并没有回到先前的自然经济状态。经过一段时间的强制市场交易后，居民发现了市场交易的好处，市场形成的专业化分工的效率更高、效益更好。在没有镇政府的强制干预下，居民可以自由并充分发挥自己的优势，从而享受到市场专业分工带来的好处。自由市场经济促进了专业分工，提高了经济效率，推进了该镇的经济增长；随着本镇经验的推广与修路，其他乡镇走向市场经济，各种产品和服务的需求快速增长，市场容量迅速扩大。由于该镇居民较早进入市场经济，具有市场经济经验与生产技术先进性，利用其先行优势，抓住了周边乡镇走向市场经济的市场容量放大时机，充分发挥了规模经济效应；通过为其他乡镇修筑道路，节约了该镇到其他乡镇的交通成本，从而该镇产品和服务业迅速占领了周边乡镇市场。从而，该镇经济再次取得高增长。

资料来源：根据David瑞江南在百度上传的《经济增长的故事》改编。

从上面的故事可以看出，该镇自然经济经过强制的市场改革，经历了强制改革的阵痛和纠结，然后通过自发的市场经济引导、开放，带动周边发展，成就了该镇经济的持续高增长。由此，我们需要了解什么是经济增长，影响经济增长的因素有哪些，经济增长理论研究情况如何等。

名家生平与论述

西蒙·史密斯·库兹涅茨生平

西蒙·史密斯·库兹涅茨（1901—1985），俄裔美国著名经济学家，1971年诺贝尔经济学奖金获得者。他在经济周期研究中提出的为期20年的经济周期，被西方经济学界称为"库兹涅茨周期"。他在国民收入核算研究中提出了国民收入及其组成部分的定义和计算方法，被经济学家们誉为"美国的GNP之父"。他对经济增长的分析，被西方经济学界认为揭示了各发达国家一个多世纪的经济增长过程，并提出了许多深刻的见解。学术贡献是：周期理论、国民收入核算理论、经济增长理论。

库兹涅茨论经济增长

"一国的经济增长，可以定义为给居民提供种类日益繁多的经济产品的能力长期上升，这种不断增长的能力是建立在先进技术以及所需要的制度和思想意识相应调整的基础上的"。由此可以看出：经济增长主要表现为经济实力的增长，而这种实力的增长体现为商品与劳务总量的增加，即GDP的增加；科学技术是第一生产力，技术进步是经济增长的必要条件；制度安排和思想意识调整是经济增长的充分条件，只有社会制度与思想意识适应经济增长的需要，技术进步才能发挥作用，经济增长可能才能变成现实。

资料来源：外国经济学说研究会，编.现代国外经济学论文选（第二集）[M].北京：商务印书馆，1981.

经济增长（economic growth）：狭义指GDP增长，增长属于宏观经济范畴。经济增长是指在一个较长的时间跨度上（季度、半年度、年度），一个国家或地区GDP总量的持续增加，也可用人均GDP来表示，是一个量的概念。

国民生产总值（gross national product，GNP）也是经济增长中的重要指标。GDP是指一个国家（国界范围内）所有常驻单位在一定时期内（季度、半年度、年度）生产的所有最终产品和劳务的市场价值。GDP是按市场价格计算的一个国家（或地区）所有常住单位在一定时期内生产活动的最终成果。

经济增长率的高低体现了一个国家或地区在一定时期内经济总量的增长速度，也是衡量一个国家或地区总体经济实力增长速度的标志。

（二）经济增长率

度量经济增长速度快慢的指标是经济增长率。经济增长率的高低是经济运行状况最基本的标志，邓小平同志指出，发展才是硬道理。经济增长的核算通常依靠GDP统计数据。基本方法一般以本年度的GDP总量对比往年的GDP总量，得出经济增长的百分比。

设 ΔY_t 为本年度经济总量的增量，Y_{t-1} 为上年所实现的经济总量，则经济增长率（G）就可以用下面公式来表示：

$$G = \Delta Y_t / Y_{t-1} \tag{5-1}$$

由于 GDP 中包含了产品或服务的价格因素,所以在计算 GDP 时,就可以分为,用现价计算的 GDP 和用不变价格计算的 GDP。用现价计算的 GDP 可以反映一个国家或地区的经济发展规模,用不变价计算的 GDP 可以用来计算经济增长的速度。

(三) 经济增长的基本特征

(1) 数量特征。按人均计算的产量、人口以及资本形成的高增长率;生产率本身的迅速增长。

(2) 结构特征。经济结构的快速变革 (包括产业结构、产品结构、就业结构、消费结构、进出口结构的变革);社会结构与思想意识的迅速改变 (城市化、教育等)。

(3) 国际扩散特征。经济增长在世界范围内的迅速扩大 (运输与通信);世界各国经济增长是不平衡的。目前全球 75% 的国家处于落后状态,发达国家与发展中国家之间的人均 GDP 差距很大,全球贫富差距继续不断扩大。

二、要素驱动经济增长

生产要素,指进行生产经营活动时需要的各种经济资源,是推进国民经济运行及市场主体生产经营过程中必须具备的基本因素。生产要素是经济学中的一个基本范畴。生产要素包括劳动力、土地、资本、企业家才能四种。

(一) 劳动力要素

劳动力要素包括劳动力数量和劳动力质量。劳动力的数量增加包括三个方面:一是人口增加,二是人口就业率提高,三是劳动时间的增加。劳动力质量具体表现为劳动者的品德素质、文化素质、专业素质与健康状况。

在经济发展历程看,在经济发展初期阶段,经济增长主要依靠劳动力数量的增加来实现,当经济发展到一定阶段之后,经济增长将主要依赖于劳动力质量的显著提升。

(二) 资本要素

资本可以表示为实物形态和货币形态,在经济增长分析中,实物形态又被称为投资品或资本品,如厂房、机器设备、动力燃料、存货等;资本的货币形态通常称之为货币资本。资本积累是经济增长的基础,亚当·斯密认为资本的增加是国民财富增加的源泉。资本积累的增加,使人均资本量提高,每个劳动力使用的生产工具越先进,其产出就越高。许多经济学家都将资本积累占国民收入的 10%~15% 作为经济起飞的先决条件,把增加资本积累作为实现经济增长的首要任务。

(三) 土地要素

土地作为生产要素范畴,是未经人类劳动改造过的各种自然资源的统称,既包括一般的可耕地和建筑用地,也包括森林、矿藏、水面、天空等。土地是任何经济活动都必须依赖和利用的经济资源,相对于其他经济资源,其重要特征在于它的位置不动性和持久性,以及丰度和位置优劣的差异性。在气候变暖的背景下，土地的稀缺性比其他生产要素更显著。

（四）企业家才能

企业家才能是指企业家经营企业的组织能力、管理能力与创新能力。企业家是创新的主体，企业家创新是转型发展的推动力。企业家才能具体体现在以下这些方面：首先，需要企业家将土地、劳动力和资本进行整合，传统生产要素才能用于生产商品或服务；其次，企业的各种创新需要企业家，企业家通常会设计或规划新产品、新技术，甚至是新经济组织；再次，企业发展需要企业家做出战略管理与决策；最后，作为微观经济主体，企业家必须承担自然与市场风险。

三、技术驱动经济增长

（一）科学技术是第一生产力

科学技术故事

火药的发展与应用

在中国古代辉煌的技术成就中，对世界科技发展和历史进程影响最大的莫过于东汉时期的造纸术、隋唐时期的印刷术、唐宋时期的火药与宋代后期的指南针这四大发明。

火药是在炼丹过程中被发明的。早在公元8～9世纪，唐代的炼丹家就已经知道硫黄、硝石与木炭混合燃烧时，会发生剧烈的反应，同时发明了以这三种物质为原料的黑色火药。到宋元时期，各种药物成分有了较合理的定量配比，并且先在军事上得到使用，出现了最早的火炮、火枪、火箭、地雷、炸弹等火药武器。火药对我国唐宋时期的经济、军事、文化等方面起到过较大的作用，成就了唐宋辉煌。早在唐代，我国与阿拉伯、印度、波斯等国通过海上的贸易，往来很频繁，硝随同医药和炼丹术传出。起初，阿拉伯人和波斯人用硝来炼金、治病和做玻璃。14世纪以后，我国制造火药武器的技术经阿拉伯传到欧洲，西欧直到文艺复兴后，英国人才从阿拉伯人那里得到了火药的配方。火药、火药武器传入欧洲，不仅对欧洲各国之间领土之争的作战方法本身，而且对统治和奴役的政治关系起了变革的作用。火药和火器的采用，是一种工业的也是经济的进步。

火药被发明之后，很快发挥了它的积极作用，特别是在军事上的运用和发展，对于促进社会的进步有着深远的意义。火药和用火药制作的大炮，轰开了人类通向文明之路。

资料来源：根据百度百科，四大发明整理改编。

古代中国引领世界经济增长长达2 000年多年，直到17世纪止。中国经济学家蔡昉，在其著作《破解中国经济发展之谜》中用世界银行的最新数据，补充安格斯·麦迪森的历史数据，清晰地显示中国经济发展在数千年中的兴衰更替，指出在公元1000～1600年之间，中国的人均收入大体上处于世界平均水平；至于经济规模（GDP总量），1820年时竟占到世界的 1/3。

名家生平与论述

李约瑟生平

李约瑟（Joseph Terence Montgomery Needham，1900—1995），英国著名科学家、英国皇家学会（FRS）会员、英国学术院（FBA）院士、中国科技史大师，当代杰出的人文主义者。他关于中国科技停滞的李约瑟难题也引起各界关注和讨论。1954 年，李约瑟出版的《中国科学技术史》第一卷，轰动西方汉学界，对现代中西文化交流影响深远。他在这部计有三十四分册的系列巨著中，以浩瀚的史料、确凿的证据向世界表明，中国文明在科学技术史上曾起过从来没有被认识到的巨大作用，在现代科学技术登场前十多个世纪，中国在科技和知识方面的积累远胜于西方。李约瑟被誉为"20 世纪的伟大学者""百科全书式的人物"。

李约瑟之谜

英国学者李约瑟在其编著的 15 卷《中国科学技术史》中提出："尽管中国古代对人类科技发展做出了很多重要贡献，但为什么科学和工业革命没有在近代的中国发生？"1976 年，美国经济学家肯尼思·博尔丁称之为李约瑟之谜。很多人把李约瑟之谜进一步推广，出现"中国近代科学为什么落后""中国为什么在近代落后了"等问题。国内外学者对李约瑟之谜进行了广泛的讨论。

李约瑟的解释为：一是中国人没有具备宜于科学成长的自然观；二是中国人太讲究实用，很多发现滞留在了经验阶段；三是中国的科举制度扼杀了人们对自然规律探索的兴趣，思想被束缚在古书和名利上，"学而优则仕"成了读书人的第一追求。李约瑟还特别提出了中国人不懂得用数字进行管理，这对中国儒家学术传统只注重道德而不注重定量经济管理是很好的批评。李约瑟个人见解还认为中国科学技术难以得到发展，还是因为缺乏科学技术发展的竞争环境。

中国著名科学泰斗钱学森曾提出著名的"钱学森之问"，与李约瑟之谜同是对中国科学技术的关怀。

资料来源：根据百度百科，李约瑟整理改编。

1988 年，中国改革开放总设计师邓小平提出科学技术是第一生产力的论断，具有深刻的、丰富的内涵。首先，现代科学技术已经成为经济发展和生产力的增长的第一位因素；其次，现代科学技术可以加速转化为现实生产力，使科学、技术、生产一体化，并起至关重要的先导作用；再次，科学技术是生产力诸要素中的主要推动力量；最后，掌握现代科学技术的知识分子的作用不断增强，已经成为生产力发展的第一位的人力资源。邓小平提

㊀ 蔡昉：破解"李约瑟之谜"，http://www.cssn.cn/ts/ts_jpsz/201401/t20140103_935482.shtml。

出的科学技术是第一生产力的论断，丰富并发展了马克思主义生产力学说，是对当代世界社会经济发展规律和趋势的崭新概括，同时也是对我国改革开放和现代化建设实践的深刻总结。

（二）技术进步驱动经济增长

技术驱动经济增长故事

杂交水稻之父袁隆平：一粒种子改变世界

袁隆平，中国工程院院士，长期从事杂交水稻育种理论研究和制种技术实践，被同行们誉为"杂交水稻之父"。1964年，他首先提出培育"不育系、保持系、恢复系"三系法利用水稻杂种优势的设想并进行科学实验，着手研究杂交水稻技术。1970年，他与助手在海南发现一株花粉败育的雄性不育野生稻，成为突破"三系"配套的关键。1973年，他育成中国第一个大面积应用的水稻雄性不育系"二九南一号a"和相应的保持系"二九南一号b"。1974年，他育成了第一个大面积推广的强优组合"南优二号"，并研究出整套制种技术。1979年，杂交水稻作为我国第一个农业技术专利转让美国。1985年，他提出杂交水稻育种的战略设想，为杂交水稻的进一步发展指明了方向。1986年，他提出杂交水稻育种分为"三系法品种间杂种优势利用、两系法亚种间杂种优势利用到一系法远缘杂种优势利用"的战略设想。1976~1987年间，我国杂交水稻种植面积达到11亿亩，增产稻谷1 000亿公斤。1995年，他研制成功两系杂交水稻。1997年提出超级杂交稻育种技术路线。2000年实现了农业部制定的中国超级稻育种的第一期目标。2004年提前一年实现了超级稻第二期目标。

2005年年底，联合国世界粮食计划署正式宣布停止对华粮食援助，这标志着中国的粮食受捐赠历史终结，并开始成为世界一个重要的援助捐赠国。中国以占世界不到10%的耕地养活了占世界20%多的人口，圆满回答了"谁来养活中国"的问题，其中杂交水稻立下了汗马功劳，同时也为解决世界粮食短缺做出了重大贡献。

资料来源：根据百度百科，袁隆平整理改编。

从狭义上看，技术进步主要是指生产工艺、中间投入品以及制造技能等方面的革新和改进，具体表现为对旧设备的改造和采用新设备改进旧工艺，采用新工艺、使用新的原材料和能源对原有产品进行改进，研发新产品，提高工人的劳动技能等。从广义上讲，技术进步是指技术涵盖的各种形式知识的积累与改进，它能够改善资源配置，促进规模经济与知识经济的发展。

在经济增长的过程中，技术进步的功能体现为提高生产要素的生产效率，使同样的要素投入量能够生产出数量更多或质量更好的商品与服务；从人类发展历史演进看，技术进步不仅极大地提高了生产效率，而且改变了人们的生产生活方式，是人类经济发展与社会进步的源泉。

四、制度驱动经济增长

(一)制度重于技术

🎬 中国农村体制改革故事

中国小岗村的"大包干"

1978年冬,安徽凤阳县小岗村18位农民以"托孤"的方式,冒着极大的风险,立下生死状,以艰苦奋斗的精神,在土地承包责任书按下鲜红手印,实施了"大包干"。这一"按"竟成了中国农村改革的第一份宣言,小岗村在全国率先实施农业"大包干",从而拉开了中国农村改革的序幕,它改变了中国农村经济的发展史,并掀开了中国改革开放的序幕。自此,小岗村由普通的小村庄变为中国农村改革第一村。小岗村一场包产到户的冒险,掀起了波及全中国的农村产权制度变革,造就了我国当代改革的大趋势,为包括城市经济在内的整个经济体制改革提供了借鉴。包干到户是中国农村家庭联产承包责任制的主要形式。农民享有对土地的经营管理权,但所有权仍归国家所有,根据双方签订的有关权利、责任和利益的承包合同,由农户自行安排各项生产活动,产品除向国家交纳农业税、向集体交纳积累和其他提留外,完全归承包者所有。农户承包集体的基本生产资料(主要是土地)自主经营,包交国家和集体应得的各项费款,其余产品或收入归承包户所有。在安徽省凤阳县小岗村实施的收效很大,进而随着改革开放的春风,飘向全国各地。这一制度的目的在于改变农民生产积极性低下状态,结束农村集体耕作的弊端。

资料来源:根据百度百科,小岗村整理改编。

中国小岗村故事要点是:小岗村实行大包干分配制度变革激发了农民积极性,解决了该村农民吃饱穿暖的问题。这是中国制度创新驱动经济增长的故事。现代深圳与北京中关村等都是制度创新驱动经济增长的典型。

🎬 名家生平与论述

道格拉斯 C. 诺斯生平

道格拉斯 C. 诺斯(Douglass C.North,1920—2015),美国著名经济学家、历史学家,1993年诺贝尔经济学奖获得者。道格拉斯 C. 诺斯是新经济史的先驱者、开拓者。主要学术著作包括:《1790~1860年的美国经济增长》《美国过去的增长与福利:新经济史》《制度变化与美国的经济增长》(与戴维斯合著)、《西方世界的兴起:新经济史》(与托马斯合著)、《经济史中的结构与变迁》与《制度、制度变迁与经济绩效》等。

道格拉斯 C. 诺斯论制度与制度变迁

道格拉斯 C. 诺斯在其制度变迁理论模型中指出"制度是一系列被制定出来的规则、守法程序和行为的道德伦理规范,它旨在约束追求主体福利或效用最大化利益的个人行为。"⊖ 他在《制度、意识形态和经济绩效》中对制度进一步界定,"制度是一个社会中的游戏规则,

---

⊖ 道格拉斯C诺斯.经济史中的结构与变迁[M].陈郁,罗华平,等译.上海:上海三联书店,上海人民出版社,1994:225-226.

更规范地说，制度是为决定人们的相互作用而人为设定的一些制约"。㊀"制度提供了人类相互影响的框架，它们建立了构成一个社会，或更确切地说一种经济秩序的合作与竞争关系，当经济学家们谈论他们的选择理论法则及由机会和偏好决定的选择次序时，他们简单地略去了制度框架，而正是这种制度框架约束着人们的选择集"。㊁

道格拉斯 C.诺斯因其理论贡献（形成了包括政治、经济和社会因素在内的广泛分析框架，构造了一个以制度、制度结构、制度变迁与创新为主轴的新经济史学理论体系）而成为新经济史学派的代表人物并于 1993 年荣膺诺贝尔经济学奖。在 1968 年发表的《1600～1850 年海洋运输生产率变化的原因》中，诺斯的制度变迁理论初露端倪；在与戴维斯合著并于 1971 年出版的《制度变迁与美国经济增长》中，诺斯构建了一个比较完整的制度变迁理论框架；在与托马斯合著并于 1973 年出版的《西方世界的兴起》中，诺斯提出了较为成熟的制度变迁理论体系；于 1981 年出版的《经济史中的结构与变迁》标志着诺斯制度变迁理论的形成；诺斯于 1990 年出版的《制度、制度变迁和经济绩效》与在 1992 年出版的《交易费用》《制度和经济绩效》两部专著则进一步完善了其制度变迁理论，并最终形成了包括产权理论、国家理论和意识形态理论在内的制度变迁理论框架。

根据诺斯的制度变迁理论，"制度变迁"一词指制度创立、变更及随着时间变化而被打破的方式；在弗农·拉坦的理论中，制度概念包括组织的含义，制度创新或制度发展用于①指一种特定组织的行为的变化；②这一组织与其环境之间的相互关系的变化；③在一种组织的环境中支配行为与相互关系的规则的变化。㊂也就是说，在现实经济生活中存在着的许多外在性变化影响着外部收益的形成，但由于规模经济、外部性（外部成本与收益的变化）、克服对风险的厌恶以及市场失败和不完善市场的发展等因素的作用，使这些潜在的外部收益无法在现有的制度环境与制度安排结构内得以实现，从而诱致一种新的制度安排的形成，并最终出现制度变迁。正如诺斯指出，"有效率的经济组织是经济增长的关键；一个有效率的经济组织在西欧的发展正是西方世界兴起的原因所在"。㊃

道格拉斯 C.诺斯关于制度变迁在西方世界崛起中作用的论述告诉我们，制度是解释经济增长的基本因素。什么是制度呢？林毅夫将制度定义为"一系列人为设定的行为规则。这种规则能约束、规范人们的相互行为，帮助他们形成对别人行动的预期。在约束人的行为时，制度表现为一定的行为规则和准则"㊄。新制度主义者认为，制度有两层基本含义：其一，制度是行为规则，它决定着人们在经济发展过程中能够与不能够做什么事；其二，制度是人们结成的各种经济、社会、政治等组织或体制，它决定着一切经济发展活动和各种经济关系展开的框架。㊅

㊀ 詹姆斯 A 道，史迪夫 H 汉科，阿兰 A 瓦尔特斯，编著.发展经济学的革命[M].黄祖辉，蒋文华，主译.上海：格致出版社，上海三联书店，上海人民出版社，2000:110.

㊁ 道格拉斯 C 诺斯.经济史中的结构与变迁[M].上海：上海三联书店，上海人民出版社，1994:225.

㊂ 弗农·拉坦："诱致性制度变迁理论"，载 R·科斯 A·阿尔钦，D·诺斯.财产权利与制度变迁[M].上海：上海三联书店，上海人民出版社，1994:329.

㊃ 道格拉斯 C 诺斯，罗伯特·托马斯.西方世界的兴起[M].北京：华夏出版社，1989:1.

㊄ 林毅夫.再论制度、技术与中国农业发展[M].北京：北京大学出版社，2000:16.

㊅ 邹薇.经济发展理论中的新古典政治经济学[M].武汉：武汉大学出版社，2000:3.

（二）制度变迁驱动经济增长

制度变迁故事

深圳土地拍卖"第一槌"促成宪法修改

1982 年版的《中华人民共和国宪法》第十条第四款明文规定："任何组织或者个人不得侵占、买卖、出租或者以其他形式非法转让土地。"

1987 年 12 月 1 日下午，深圳会堂内座无虚席。新中国成立以来首次土地拍卖会在这里举行。敢闯敢试的深圳人迈出了中国城市土地管理制度改革的关键一步。下午四时许，能容纳 1 000 多人的会场连过道都站满了人。西装革履的房地产公司老板们正在摩拳擦掌；来自北京、香港地区、台湾地区和新加坡以及深圳本地媒体的 60 余名记者也早已拉开了阵势。台上，两名拍卖师刘佳胜、廖永鉴正在做拍卖前的最后准备——对拍卖程序进行最后一次彩排。时任中共中央政治局委员、国家体改委主任的李铁映，时任中国人民银行副行长的刘鸿儒，来自全国各地的 17 个城市的市长莅临拍卖会现场观摩。

下午 4:30，拍卖会正式开始。刘佳胜宣布："本地块面积 8 588 平方米，拍卖底价 200 万元人民币，现在，拍卖开始。"话音未落，会场上纷纷亮起了竞价牌。"200 万、210 万……"突然有人高喊："250 万！"转瞬之间，竞价飙升至 390 万。会场内突然出奇地安静了起来，大家都屏住了呼吸，期待更高的报价出现。"400 万！"哗！场内掌声雷动。"420 万！"深圳经济特区房地产公司经理骆锦星的报价再次引起了场内的一片惊呼。此时，竞价者只剩下了三家。数轮之后，报价定格在了 525 万元。刘佳胜喊道："525 万第一次，525 万第二次，525 万第三次！成交！""深圳经济特区房地产公司以 525 万购得这幅土地的使用权。"

1988 年 4 月 12 日，由第七届全国人民代表大会第一次会议通过的《中华人民共和国宪法修正案》第二条写道："宪法第十条第四款：'任何组织或者个人不得侵占、买卖、出租或者以其他形式非法转让土地。'修改为：'任何组织或者个人不得侵占、买卖或者以其他形式非法转让土地。土地的使用权可以依照法律的规定转让。'"

深圳的改革直接促成了宪法的修改，这一修改也以国家根本大法的形式肯定了深圳土地管理体制改革的做法，为全面实行国有土地使用权有偿让渡提供了根本的法律依据和保障。深圳的这"一槌"奠定了中国城市土地管理制度改革的基石。

这一槌，被称为土地拍卖"第一槌"，也叫"动地一槌"。

资料来源：冯杰. 土地拍卖"第一槌"促成宪法修改 [OL]. http://www.gd.xinhuanet.com/newscenter/ztbd/2008-12/08/content_15134710.htm.

经济增长是一个伴随制度变迁的过程，经济增长会因制度供求变动而废弃现行的某些制度安排，新的制度安排将因此而创立以抓住随经济增长而来的获利机会，因而在经济增长过程中，制度变迁是不可避免的。按照道格拉斯 C. 诺斯的理论，制度变迁是用一种效率更高的制度模式来替代现有制度模式的实践进程，因而需要借助具体的形式来完成。事实上，在促进制度变迁的路径问题上，行为主体面对的不一定是非此即彼的选择，而是一个具有多种选择可能的可行性区域。从理论上讲，制度变迁路径取决于人们对新制度安排运行所带来的预期成本收益与人们对新旧制度的偏好。

第三节　经济发展

一、经济发展概念

（一）什么是经济发展

经济发展故事

"霾"与"APEC 蓝"

霾是指原因不明的大量烟、尘等微粒悬浮而形成的浑浊现象，霾的核心物质是空气中悬浮的灰尘颗粒。致霾因子是指自然界或人类行为对自然环境、生物体、植物体等产生不利、出现病态的元素、因素与成分，如生产与使用"不清洁"能源过多等，常用 PM2.5(细颗粒物)指标衡量，指标越高，污染越重，对人体健康和大气环境质量的负面影响越大。随着经济增长与社会发展，霾所引致的健康与社会问题已经引起世界各国政府与人民的广泛关注。

"APEC 蓝"特指 2014 年 11 月 12 日 9:00 中国环境监测总站检测北京水立方附近天空的三基色数据：R=50，G=100，B=180。2014 年 11 月 3 日上午 8 点，北京市城区 PM2.5 浓度为 37 微克每立方米，接近世界卫生组织《空气质量标准》的一级优水平。2014 年 11 月 7 日至 2014 年 11 月 12 日正值 APEC 会期，网络上热议北京的空气质量，将北京这样的蓝天称为"APEC 蓝"。

尽管"APEC 蓝"是我国政府用超常规手段治理出来的，而所有保障措施并非都能长效化，但只要各级政府下定决心，逐步调整区域产业结构，加大治污力度，再加上老百姓的响应配合，美丽的"APEC 蓝"一定会在中国成为"新常态"。

<small>资料来源：根据百度百科，"霾""APEC 蓝"整理改编。</small>

"APEC 蓝"与北京"霾"说明经济增长了，但环境却不适宜于人的生活，身体不健康了。这是经济发展吗？

权威论述

党的十八大以来，习近平总书记在国际国内很多场合，都以"金山银山"与"绿水青山"的"两座山论"来阐明生态文明建设的重要性，为美丽中国指引方向。"两座山论"已经成为习总书记治国理政思想的重要组成部分，也正在被海内外越来越多的人所知晓和接受。

一、既要绿水青山，也要金山银山：遵循辩证逻辑

2005 年 8 月 24 日，在《浙江日报》头版特色栏目"之江新语"中，习近平写道："我们追求人与自然的和谐，经济与社会的和谐，通俗地讲，就是既要绿水青山，也要金山银山。我省'七山一水两分田'，许多地方'绿水逶迤去，青山相向开'，拥有良好的生态优势。如

果能够把这些生态环境优势转化为生态农业、生态工业、生态旅游等生态经济的优势,那么绿水青山也就变成了金山银山。绿水青山可带来金山银山,但金山银山却买不到绿水青山。绿水青山与金山银山既会产生矛盾,又可辩证统一。"

习近平在2006年时指出,在实践中对绿水青山和金山银山这"两座山"之间关系的认识经过了三个阶段:第一个阶段是用绿水青山去换金山银山,不考虑或者很少考虑环境的承载能力,一味索取资源。第二个阶段是既要金山银山,但是也要保住绿水青山,这时候经济发展和资源匮乏、环境恶化之间的矛盾开始凸显出来,人们意识到环境是我们生存发展的根本,要留得青山在,才能有柴烧。第三个阶段是认识到绿水青山可以源源不断地带来金山银山,绿水青山本身就是金山银山,我们种的常青树就是摇钱树,生态优势变成经济优势,形成了浑然一体、和谐统一的关系,这一阶段是一种更高的境界。"

二、宁要绿水青山,不要金山银山:体现历史担当

2013年5月24日,习近平主持十八届中央政治局第六次集体学习时强调:"要正确处理好经济发展同生态环境保护的关系,牢固树立保护生态环境就是保护生产力、改善生态环境就是发展生产力的理念,更加自觉地推动绿色发展、循环发展、低碳发展,绝不以牺牲环境为代价去换取一时的经济增长。"

2013年9月7日,习近平主席在哈萨克斯坦纳扎尔巴耶夫大学发表演讲时提出,"我们既要绿水青山,也要金山银山。宁要绿水青山,不要金山银山,而且绿水青山就是金山银山"。他的这一论断,在公开报道中尚属首次。这清楚地表明,在习近平看来,一旦经济发展与生态保护发生冲突矛盾,必须毫不犹豫地把保护生态放在首位,而绝不可再走用绿水青山去换金山银山的老路。生态环境保护已经成为一条不能逾越的底线,任何再以绿水青山去换金山银山的做法,都是不被允许,也不能原谅的。

2015年两会期间,在参加十二届全国人大三次会议江西代表团审议时,习近平对"两座山论"的内涵又做了进一步阐发。"环境就是生命、青山就是美丽、蓝天也是幸福。要像保护眼睛一样保护生态环境,像对待生命一样对待生态环境,把不损害生态环境作为发展的底线。"他严肃指出:"生态等到污染了、破坏了再来建设,那就迟了。对于那些破坏生态环境的行为,绝不能手软,不能搞下不为例,要防止形成破窗效应。"有学者指出,习近平把生态与生命等量齐观,在处理人与自然关系的问题上表现出高度觉醒和深谋远虑,这在世界各国的领导人中是不多见的。

三、绿水青山就是金山银山:来自实践自信

2005~2015年间,浙江干部群众把美丽浙江作为可持续发展的最大本钱,保护绿水青山、做大金山银山,在实践中将"绿水青山就是金山银山"化为生动的现实,成为千万群众的自觉行动。老百姓的形象说法,"把树叶子变成了钞票子",正是对"绿水青山就是金山银山"最好的诠释。2014年3月7日,习近平在参加十二届全国人大二次会议贵州代表团审议时强调:①"正确处理好生态环境保护和发展的关系,是实现可持续发展的内在要求,也是推进现代化建设的重大原则。"②"绿水青山和金山银山绝不是对立的,关键在人,关键在

思路。"③"保护生态环境就是保护生产力，改善生态环境就是发展生产力。让绿水青山充分发挥经济社会效益，不是要把它破坏了，而是要把它保护得更好。"

环境如水，发展似舟。水能载舟，亦能覆舟。

习近平总书记关于"绿水青山"与"金山银山"辩证关系的三句话，是立足中国特色社会主义事业"五位一体"总体布局，是着眼党和国家事业发展全局做出的一项具有重大战略意义的科学论断。深入学习、准确把握"两座山论"的科学内涵与精神实质，有利于我们进一步增强"美丽中国建设"的使命感与自觉性。

正如习近平总书记所说，生态环境问题是利国利民利子孙后代的一项重要工作，决不能说起来重要、喊起来响亮、做起来挂空挡。

资料来源：http://news.xinhuanet.com/politics/2015-08/06/c_128099340.htm，http://news.xinhuanet.com/video/sjxw/2015-08/06/c_1116158786.htm。

习近平提出"两座山论"从不同角度阐明了发展经济与保护生态二者之间的辩证统一关系，既有侧重又不可分割，它们构成有机整体，指出了中国生态文明建设的方向。习近平在2014年5月考察河南的行程中指出："中国发展仍处于重要战略机遇期，我们要增强信心，从当前中国经济发展的阶段性特征出发，适应新常态，保持战略上的平常心态。"

当前，中国已经成为世界第二大经济体，经济总量庞大，人均GDP已经超过8 000美元，人民的获得感与幸福感进一步增强。在新的形势下，我们需要加强对经济发展的认识，比如，经济发展的内涵是什么？如何度量经济发展？经济增长与经济发展的关系是什么？何谓经济发展方式？什么是可持续发展？中国的经济发展理念是什么？

经济发展（economic development）是一个国家或者地区经济的整体进步与演进。经济发展不仅是国民经济量的增加与规模的扩张，更意味着国民经济和社会生活水平的提升。

经济发展的内涵包括三个方面：①经济总量的增加，即一个国家或地区的商品量与劳务量的增加，形成经济发展的物质基础；②经济结构的协调与优化，即一个国家或地区的投入产出结构、分配消费结构、人口数量与质量结构以及对外经济贸易结构等的协调与优化，形成经济发展的动力基础；③社会与经济效益的改善与提高，即一个国家或地区的社会与经济效益的提高、社会与个人福利水平的提高、居民生活质量的提升、经济稳定程度的加强、自然生态环境的改善与政治、文化和人的思想、观念以及行为的现代化，形成经济发展的终极目标。简而言之，经济发展就是在经济增长的基础上，一个国家或地区经济结构和社会结构持续高级化的进步与演进过程。

在谈论经济发展问题时，需要把握场合与范围，否则就会被这个概念弄糊涂。

（1）最狭窄的角度看，经济发展就是指经济增长，这两个概念可以是同义词。

（2）较宽泛的角度看，经济发展指经济结构转变，最重要的经济结构就是产业结构，即三次产业结构。在工业化时代，工业部门不断扩张，在经济中所占比重不断上升，从这个角度理解经济发展，与工业化是近义词。

（3）最宽泛的角度看，经济发展既包括经济结构变化，也包括贫困的减轻，收入分配不公的减少，文化、教育、体育与卫生事业的进步，生态环境的改善等。

(二) 经济发展的度量

经济发展水平的度量主要包括三个方面：经济效益的度量；社会效益的度量；环境效益的度量。

1. 经济效益的度量

经济效益的度量采用复合指标（如 GDP，GNI），主要观测的是经济发展过程中投入产出的状况，即如何以既定的投入获得最大的产出，或者在产出既定的情况下投入如何最小化，关注如何提高经济要素利用率的问题。

2. 社会效益的度量

社会效益的度量 [如采用物质生活质量指数（PQLT）、人类发展指数（HDI）、恩格尔系数、基尼系数和购买力平价（PPP）等]，主要观测的是经济发展过程中社会福利的改进与提升情况，即如何在实现经济增长的同时，实现全体社会成员福利的改进与提升（如改善社会成员的健康状况、增强社会成员的获得感与幸福感等）。

恩格尔系数

恩格尔系数（Engel's Coefficient）是指食品支出总额占个人消费支出总额的比重。19世纪德国统计学家恩格尔对消费结构的变化得出一个规律：一个家庭收入越少，家庭收入中（或总支出中）用来购买食物的支出所占的比例就越大，随着家庭收入的增加，家庭收入中（或总支出中）用来购买食物的支出比例则会下降。推而广之，一个国家越穷，每个国民的平均收入中（或平均支出中）用于购买食物的支出所占比例就越大，随着国家的富裕，这个比例呈下降趋势。联合国根据恩格尔系数的大小，对世界各国的生活水平有一个划分标准，即一个国家平均家庭恩格尔系数大于60%为贫穷；50%～60%为温饱；40%～50%为小康；30%～40%属于相对富裕；20%～30%为富足；20%以下为极其富裕。中国2013～2015年恩格尔系数分别为31.2%、31.0%与30.6%，呈现下降趋势。

资料来源：时文.6.9%的经济增速怎么看 [J].时事报告，2016（2）.

3. 环境效益的度量

环境效益的度量（采用生态经济指标如空气污染指数、水污染指标等），主要观测的是经济发展过程中对自然环境的影响程度，即如何将经济发展对自然环境的不利影响降到最低，实现生态平衡与自然环境的可持续发展。

(三) 经济发展方式

经济发展方式，是实现经济发展的方法、手段和模式，其中不仅包含经济增长方式，而且还包括结构（经济结构、产业结构、城乡结构、地区结构等）、运行质量、经济效益、收入分配、环境保护、城市化程度、工业化与信息化水平以及现代化进程等诸多方面的内容。

根据经济发展方式内涵的演变，可以将经济发展方式区分为传统发展方式与现代发展方式。传统经济发展方式主要是指仅仅追求经济效益最大化的发展方式，更加注重经济效益总量的"高"，更加追求经济发展速度的"快"，对经济发展过程中的社会问题、环境问题等其他方面关注甚少；现代经济发展方式是指在实现经济效益最大化的同时，需要实现社会效益与自然生态环境效益最大化、人与自然协调的发展方式，更加关注被传统的追求单一经济效益的经济发展方式所忽略的社会与自然生态环境等问题，追求的是一种更加全面协调的发展，即在追求经济发展总量的"高"与速度的"快"的同时，更加注重追求经济发展质量的"好"，即力争实现经济"又好又快"的发展。

中共"十七大"报告明确提出要转变经济发展方式。转变经济发展方式不仅要突出经济领域中"数量"的变化，更要强调和追求经济运行中"质量"的提升和"结构"的优化。其鲜明特征在于：坚持可持续性，追求经济结构调整、优化和产业升级，促进就业、消费、分配等一系列社会发展需要等。

转变经济发展方式，是经济的数量型扩张向质量型发展的理念升华。实现这一理念，需要进一步在完善市场经济体制基础上转变政府职能，建立与这种新的经济发展理念相匹配的考核指标体系，为此，需要做好四方面的转变：①从侧重于考核物质指标，转向注重考核以人为本指标；②从侧重于考核经济数量指标，转向注重考核经济运行质量和效益指标；③从侧重于考核经济发展速度指标，转向注重考核经济社会事业协调发展指标；④从侧重于考核短期利益指标，转向注重考核可持续发展指标。

二、经济增长与经济发展的关系

经济增长与经济发展，有些时候可以替代，但具体含义又有所差异。一般而言，经济增长强调的是量的增加与规模的扩大，而经济发展则更多强调经济的质的提升与效益的增加。经济增长是经济发展的必要条件，没有经济增长就不会有经济发展；但经济增长不是经济发展的充分条件，经济增长不一定带来经济发展。

（一）经济增长与经济发展的区别

首先，二者的内涵重点不同。经济增长是一个偏重于数量的概念，通常使用国内生产总值（GDP）以及国民总收入（GNI）来加以度量，强调社会财富的增长、生产或收入的增长；经济发展则是一个既包括数量又包括质量的概念，采用多元指标来度量经济效益、社会效益与环境效益，在质与量的统一中更注重经济质的升级与优化，强调以增长为核心的经济和社会的全面进步。

其次，二者的内容重点不同。经济增长的内容重点在于物质方面的进步、生活水平的提高；经济发展的内容重点在于国民生产总值的增长、经济发展各种结构的优化，以及社会制度、经济制度、价值判断等。

（二）经济增长与经济发展的联系

1. 经济增长是经济发展的基础与前提

经济增长是一个量变的过程，而经济发展则是在经济增长量变基础上实现的质变过程。经济增长是实现经济发展的手段与基础，离开经济增长就不会有经济发展，尽管有经济增长未必就一定有经济发展。如果单一追求经济增长的指标，忽略增长的内容与结构，将无法保证经济的持续增长，更谈不上发展。

2. 经济发展是经济增长的最终目标

为了实现经济发展目标，就需要转变经济增长方式，即由粗放型的传统经济增长方式向集约型的现代经济增长方式转变。由此，经济增长与经济发展是相互依存、相互影响、相互促进的。在现实的经济生活中，经济增长是经济发展的前提、手段和条件，没有经济增长就一定没有经济发展，但更重要的是经济增长必须更加注重其内容、质量发展过程中的比例与结构的协调。○

如果经济增长有如下表现，就不会带来真正的经济发展。

（1）生产方式与生产技术仍然以传统为主。
（2）产业结构仍然以传统农业为主，二元结构没有明显改善。
（3）产品大量积压，缺乏有效需求。
（4）生态环境遭到破坏、土地沙漠化与石漠化、自然资源枯竭、污染严重，导致人民生活质量下降和健康受损。
（5）收入和财富分配差距过大，贫困人口没有减少，甚至增加。

"有增长无发展"的五大表现

联合国开发计划署1996年发表《人类发展报告》，列举了五类有增长无发展的情况：①"无工作的增长"（jobless growth），出现严重失业的经济增长，即与经济增长与失业增加并存；②"无声的增长"（voiceless growth），失去民主与自由的经济增长，即民众不能参与和管理公共事务，不能自由表达自己的意见何观点；③"无情的增长"（ruthless growth），贫困与收入分配严重不公的经济增长，即经济增长成果大部分由富人占有，穷人的生活状况没有得到有效改善；④"无未来的增长"（futureless growth），造成资源枯竭、环境污染和生态环境破坏的增长，即不能持续的经济增长等；⑤"无根的增长"（rootless growth），毁灭文化，降低了人们生活质量的经济增长。

资料来源：联合国开发计划署：《人类发展报告》(1996)。

三、可持续发展

（一）可持续发展定义

1972年，联合国人类环境研讨会出现了可持续发展的思想，发达国家主要关心污染、人口过剩与自然保护问题，发展中国家则关心饥饿、疾病、文盲与失业等涉及贫困的问题，但形成可持续发展共识，即认为环境与发展之间存在着基本的联系，要在不妨碍发展的条件下保护环境。1987年，联合国世界环境与发展委员会出版《我们共同的未来》，将可持续发展定义为："既能满足当代人的需求，又不对后代人满足其需要的能力构成危害的发展"。○ 1992年6月，联合国里约热内卢环境与发展大会通过了《里约宣言》，制定了《21

○ 白永秀，任保平. 现代政治经济学［M］. 北京：高等教育出版社，2008:290-295.
○ WCED, *Our Common Future*, Oxford University Press, 1987, p43.

世纪议程》，明确指出，把可持续发展作为人类迈向21世纪的共同发展战略。1994年3月25日，中国制定了《中国21世纪议程》，内容主要包括四个部分（可持续发展总体战略与政策、社会可持续发展、经济可持续发展与资源的合理利用与环境保护）。

可持续发展（sustainable development），是指经济、社会、资源和环境保护协调发展，它们是一个密不可分的系统，既要达到发展经济的目的，又要保护好人类赖以生存的大气、淡水、海洋、土地和森林等自然资源和环境，使子孙后代能够永续发展和安居乐业。

总的来讲，可持续发展已经成为当代经济社会发展与生态环境保护的主导潮流，是人类未来发展道路的唯一选择。

（二）可持续发展的基本内涵

1. 可持续发展的核心思想

（1）健康的经济发展，应建立在生态可持续能力、社会公正和人民积极参与自身发展决策的基础上。

（2）可持续发展追求的目标是，即使人类的各种需要得到满足，个人得到充分发展，又要保护资源和生态环境，不对后代人的生存和发展构成威胁。

（3）衡量可持续发展的指标主要包括经济、环境和社会三个方面，缺一不可。

2. 可持续发展并不否定经济增长

因为经济增长是经济发展的前提，是经济发展、社会物质财富丰富、人类文化与技能提高的原动力，但需要重新审视实现经济增长的方式与目的。可持续发展反对以追求最大利润或利益为取向、以贫富悬殊和资源掠夺性开发及环境污染为代价的经济增长，它提倡的经济增长应该是适度的、高质量的经济增长；它以不损害生态环境为前提、以可持续性为特征、以改善人民生活水平为目的，通过资源替代、技术进步、结构变革和制度创新，从总体成本收益分析的角度出发，使有限的各种资源得到公平、合理、有效、综合和循环利用，进而转变经济增长方式，形成可持续发展模式。

3. 可持续发展强调以自然资源为基础，同环境能力相协调

在发展过程中，必须保护环境，改变以牺牲环境为代价的生产与消费方式，控制污染，感受环境质量，使人类发展保持在地球承载能力之内。

可持续发展强调以提高生活质量为目标，同社会进步相适应。经济发展不只意味着GDP的增长，还包括贫困、失业、收入差距等社会结构的改善。[⊖]

早期的可持续发展模式被认为是一种注重长远发展的经济增长模式，但随着发展过程中问题的进一步暴露以及认识的加深，人们对可持续发展的认识已经不仅仅局限于经济的发展（更不是经济增长的意思），提出可持续发展的三大支柱是经济、社会和环境，只有三个方面协调发展，才能实现可持续发展。可持续发展与环境保护既有联系，又不等同。环境保护是可持续发展的重要方面。可持续发展的核心是发展，但要求在严格控制人口、提高人口素质和保护环境、资源永续利用的前提下进行经济和社会的发展。

⊖ 谭崇台，等. 发展经济学的新发展［M］. 武汉：武汉大学出版社，2000:625-626.

(三）可持续发展的原则

1. 公平性原则

可持续发展需要坚持公平原则，这里的公平包括当代人之间的公平、代际的公平和资源分配与利用的公平。可持续发展应该是一种机会、利益均等的发展，它既包括同代人的区域之间的均衡发展（一个地区的发展不应以损害其他地区的发展为代价，如中国的西部大开发与西部再开发、振兴东北老工业基地、"一带一路"战略等）；也包括代际的均衡发展，即既满足当代人的需要，又不损害后代的发展能力。该原则认为人类各代都处在同一生存空间，他们对这一空间中的自然资源和社会财富拥有同等享用权，他们应该拥有同等的生存权，要予以优先解决贫困问题，给各国、各地区的人、世世代代的人以平等的发展权。

2. 持续性原则

可持续发展需要坚持持续性原则，即人类经济和社会的发展不能超越资源和环境的承载能力。在"发展"的概念中存在着资源与环境的制约因素：主要包括人口数量、环境、资源，以及技术状况和社会组织对环境满足眼前和将来需要能力施加的限制，其中最主要的限制因素是人类赖以生存的物质基础——自然资源与环境。因此，持续性原则的核心是人类的经济和社会发展不能超越资源与环境的承载能力，从而真正将人类的当前利益与长远利益有机结合，坚持生态持续性、经济持续性与社会持续性的统一。

3. 共同性原则

可持续发展需要坚持共同性原则，各国可持续发展的模式虽然不同，但公平性和持续性原则是共同的。我们只有一个地球，地球的整体性、资源的有限性和相互依存性要求我们必须采取共同的、联合的行动，将人类的局部利益与整体利益结合起来，在全球范围内实现可持续发展目标。

4. 系统性原则

可持续发展需要坚持系统性原则，可持续发展把人类及其赖以生存的地球看成一个以人为中心、以自然环境为基础的系统，系统内自然、经济、社会和政治因素相互联系，寻求整体的协调发展。

同时，在中共第十八届五中全会上提出中国的"五大发展理念"，实现"十三五"时期发展目标，破解发展难题，厚植发展优势，必须牢固树立并切实贯彻创新、协调、绿色、开放、共享的发展理念。

第四节　案例

一、经济发展案例

本案例根据 2016 年 7 月 23 日凤凰财经"1+6"圆桌对话会联合新闻稿改编。㊀

㊀ http://finance.ifeng.com/a/20160723/14630742_0.shtml。

1. 案例事件

2016年7月22日，中国国务院总理李克强在北京与世界银行行长金墉、国际货币基金组织总裁拉加德、世界贸易组织总干事阿泽维多、国际劳工组织总干事赖德、经济合作与发展组织秘书长古里亚和金融稳定理事会主席卡尼共同举行"1+6"圆桌对话会。

2. "1+6"圆桌对话会的各方判断

近年来，全球经济复苏艰难，面临下行风险和不确定性。近期，国际货币基金组织（IMF）略微下调了全球经济增长预测，指出经济和政治不确定性上升和部分市场波动性加剧导致下行风险加大。世界银行（WB）下调了2016年全球经济增长预测，强调为应对加剧的经济下行风险，实施结构性改革的紧迫性更加突出。世界贸易组织（WTO）认为，尽管出现了一些积极动向，但国际贸易前景仍不明朗，贸易保护主义措施不断增多，给国际贸易政策环境带来挑战。国际劳工组织（ILO）预计，当前疲弱的全球经济增长难以弥合国际金融危机带来的就业和社会差距。经济合作与发展组织（OECD）认为，劳动生产率存在下滑趋势，未来全球经济增长依然存在不确定性。金融稳定理事会（FSB）认为，全球经济和金融面临的困难增多，结构性挑战突出。在此形势下，加强国际经济政策协调的重要性凸显。中国将致力于培育壮大包括创新在内的新的经济增长点、深化结构性改革尤其是供给侧结构性改革、促进投资和基础设施建设、落实金融改革、促进贸易增长、增加更多更高质量的就业机会、落实《2030年可持续发展议程》、应对其他全球性挑战，促进全球经济强劲、可持续和平衡增长。在此过程中，中国期待与WBG，IMF，WTO，ILO，OECD和FSB在相关领域加强政策沟通并开展合作。

3. "1+6"圆桌对话会达成的共识

共识1 宏观经济领域短期内总需求将继续疲弱，需要采用有力的、综合的、协调的，包括货币、财政和结构性改革在内的各种政策工具，以应对全球经济面临的风险和不确定性，维护金融稳定，促进经济增长。货币政策应继续支持经济活动，保持价格稳定。财政政策应保持灵活性，以促进增长、创造就业和提振信心，并确保可持续性。

共识2 结构性改革领域。推进结构性改革对于应对全球生产率增长放缓，推动世界经济稳定、持续和包容复苏具有重要意义。尽管各国国情不同，但总的改革方向是放松管制，促进竞争，支持创新，推进财政改革，促进贸易和投资，强化金融体系，推动劳动力市场改革，改善基础设施，增强环境可持续性，促进包容性增长。

共识3 创新领域。须积极培育包括创新、新工业革命和数字经济在内的新的经济增长点，培育世界经济增长新动能。

共识4 贸易投资领域。贸易能够进一步增强就业、经济增长与繁荣。呼吁WTO成员保持区域贸易协定的透明度和包容性，并确保其向其他成员开放。区域贸易协定不仅应符合WTO规则，还应有助于加强全球贸易体系。WTO具有推动全球体系一致的作用，多边贸易体制仍是贸易自由化、便利化的主渠道。

共识5 劳动就业领域。当前，世界的就业状况和经济增长趋缓，许多国家的就业和工资增长前景黯淡，不平等现象更为严重，全球都存在减贫动力受挫的风险，这使得增加体面劳动机会的政策选择成为一项优先重点。《2030年可持续发展议程》给予体面劳动和包容性增长突出作用，这意味着多边体系必须进一步加强就业和增长政策的协调性，实现可持续发展目标。随着经济发展进入新常态，中国需要化解结构性就业矛盾。中国政府愿与包括ILO在内的国际社会加强合作，为实现包容性增长、人人享有体面劳动发挥更大作用。

共识6 金融监管改革领域。尽管国际金融危机后金融改革提高了全球金融体系的抗风险能力，但仍面临较大风险，并会在全球经济增速放缓的情况下放大。当前，蓬勃发展的市场化融资和数字经济具有提升生产率、促进国际融合、推动经济增长的潜力。

共识7 可持续发展领域。经济增长是消除贫困和饥饿的基础。实现经济增长可持续，就必须让发展成果由所有社会成员共享。确保经济快速增长需要具备以下要素：促进经济转型升级，保持宏观经济政策稳定，合理有效的基础设施投资，优化营商环境助推民营企业健康有序发展、吸纳就业。为实现可持续发展目标，各方需要立即采取行动，应对日益突出的全球性挑战，包括流行性疾病和其他全球性公共健康风险（如寨卡病毒、埃博拉病毒、抗生素耐药性等），武装冲突和强制性移民，以及气候变化和气象灾害等。

共识8 国际经济治理领域。有必要根据世界经济发展形势不断完善和改革国际经济治理体系，提高新兴经济体和发展中国家的发言权和代表性。

二、讨论题

（1）世界经济所处的是哪个经济周期阶段？
（2）全球经济复苏艰难，面临下行风险和不确定性的原因何在？
（3）贸易保护主义措施不断增多，给国际贸易政策环境带来哪些挑战？
（4）何为包容性增长？
（5）确保经济快速增长需要具备哪些要素？
（6）如何提高以中国为代表的新兴经济体的发言权和代表性？

○本章要点

1. 经济周期是指经济活动沿着经济发展的总体趋势经历的有规律的扩张和收缩，表现为国民总产出、总收入和总就业的波动，是国民收入或总体经济活动扩张与紧缩的交替或周期性波动变化；一个经济周期大致可以分为两个阶段四个小阶段；经济周期类型主要包括基钦周期（短周期）、朱格拉周期（中周期）、康德拉季耶夫周期（长周期）与熊彼特周期（综合周期）。

2. 经济周期的成因，大致可以分为内因论（认为经济周期的根源在于经济体系的内部因素变动）与外因论（认为经济周期的根源在于经济体系的外部因素变动）两类。

3. 经济增长是指在一个较长的时间跨度上一个国家GDP或地区总量的持续增加，也可用人均GDP来表示。经济增长率的高低是一个国家或地区总体经济实力增长速度的标志。

经济增长的因素主要包括：生产要素因素、技术进步因素与体制变迁因素。

4. 经济发展一个国家或者地区经济的整体进步与演进。经济发展不仅是国民经济量的增加与规模的扩张，更意味着国民经济和社会生活水平质的提升。内涵包括：经济总量的增加、经济结构的协调与优化及社会和经济效益的改善与提高。

5. 经济增长强调的是量的增加与规模的扩大，而经济发展则更多强调经济的质的提升与效益的增加。经济增长是经济发展的必要条件，没有经济增长就不会有经济发展；但经济增长不是经济发展的充分条件，经济增长不一定带来经济发展。

关键术语

经济周期　　　　GDP　　　　经济增长　　　　经济发展　　　　可持续发展

延伸阅读

1. 约瑟夫·熊彼特. 经济发展理论［M］. 何畏，等译. 北京：商务印书馆，2000.
2. 梅纳德·凯恩斯. 就业、利息和货币通论［M］. 徐毓，木丹，译. 北京：商务印书馆，1977.
3. 罗伯特·索洛，等. 经济增长因素分析［M］. 史清琪，等译. 北京：商务印书馆，1999.
4. 查尔斯 I 琼斯. 经济增长导论［M］. 舒元，等译. 北京：北京大学出版社，2002.
5. E.J 米香. 经济增长的代价［M］. 任保平，等译. 北京：机械工业出版社，2011.
6. 谭崇台，等. 发展经济学的新发展［M］. 武汉：武汉大学出版社，2000.
7. 蒋自强. 当代西方经济学流派［M］. 2版. 上海：复旦大学出版社，2001.
8. 道格拉斯 C 诺斯. 经济史中的结构与变迁［M］. 陈郁，罗华平，等译. 上海：上海三联书店，上海人民出版社，1994.
9. 詹姆斯 A 道，史迪夫 H 汉斯，阿兰 A 瓦尔特斯，编著. 发展经济学的革命［M］. 黄祖文，蒋文华，主译. 上海：格致出版社，上海三联书店，上海人民出版社，2000.
10. R 科斯，A 阿尔钦，D 诺斯，等. 财产权利与制度变迁［M］. 上海：上海三联书店，上海人民出版社，1994.
11. 道格拉斯 C. 诺斯，罗伯特·托马斯. 西方世界的兴起［M］. 历以平，蔡磊，译. 北京：华夏出版社，1989.
12. WCED, Our Common Future, Oxford University Press, p43，1987.
13. 林毅夫. 再论制度、技术与中国农业发展［M］. 北京：北京大学出版社，2000.
14. 邹薇. 经济发展理论中的新古典政治经济学［M］. 武汉：武汉大学出版社，2000.
15. 白永秀，任保平. 现代政治经济学［M］. 北京：高等教育出版社，2008.

相关网址

1. http://finance.ifeng.com/

2. http://www.drcnet.com.cn
3. 《中共中央国务院关于加快推进生态文明建设的意见》, http://www.scio.gov.cn/xwfbh/xwbfbh/yg/2/Document/1436286/1436286.htm
4. 蔡昉：破解"李约瑟之谜", http://www.cssn.cn/ts/ts_jpsz/201401/t20140103_935482.shtml
5. http://finance.ifeng.com/a/20160723/14630742_0.shtml
6. 冯杰：土地拍卖"第一槌"促成宪法修改, http://www.gd.xinhuanet.com/newscenter/ztbd/2008-12/08/content_15134710

第六章

管理思想

> **学习要点**
> - 学习和掌握科学管理理论思想
> - 学习和掌握人本管理思想的演变过程
> - 学习和掌握组织管理思想的演变过程
> - 学习和掌握战略管理、知识管理的基本思想

在人类社会的管理活动实践中,人类在不同时期面临着不同的管理问题和矛盾,理论研究者和社会实践者对此提出了自己的解决办法和主张,逐渐形成了不同时期的管理思想。从这一点来看,管理思想源于管理实践,体现了特定时期人们的社会价值和理念。

自泰勒科学管理思想诞生以来,管理思想十分丰富。科学管理、人本管理、权变管理等管理思想深刻地影响着当代企业管理实践。

19世纪是一个企业管理兴起的伟大时代,丰富的企业管理实践孕育了丰富的管理经验。这些管理经验成为那个年代管理者的圣经。企业家们遵循着各自的管理圣经战斗于商海,有的出师未捷身先死,有的倒在了半途,有的登上了时代的巅峰。登上时代巅峰的成功者或被称为钢铁大王,或被称为石油大王。敏锐的实践者、思索者总能说出这些成功者背后的故事。弗雷德里克·温斯洛·泰勒(Frederick Winslow Taylor)就是这些探索者和思考者中的杰出代表,他被喻为"科学管理之父"。第一节就讲他的故事和思想。

20世纪大工业规模化时代,物质财富就像哈利·波特的魔法棒,点石成金。但是,高效率的流水线令人十分厌恶。福特T型车流水线上的生产工人不断离职,逃离那该死的机器;逃不掉的人就恶意破坏。这些都严重地影响了生产效率。管理者不会视而不见,学者们投入更多的精力研究这些管理现象和挑战。乔治·梅奥(George Elton Mayo)就是这群管理学者的代表,他提出了人际管理思想。这就是第二节要讲述的故事和管理理论。

20世纪70年代,管理越来越复杂,科学技术进步和竞争给管理者带来了更多的挑战。企业家们不断寻求应对挑战的办法。一些先行者的行动引起了不受束缚的学者关注。杰

伊·洛希（Jay W.Lorsch）等人提出了权变理论总结了这些先行者实践经验。其他学者提出了流程再造思想。

实践之树常青并且五彩缤纷，管理思想发展亦是如此。组织管理理论是不可忽视的管理理论。马克斯·韦伯（Max Weber）、赫伯特·西蒙（Herbert A.Simon）等组织管理大师对管理的影响更加深远。第三节将讲述组织管理思想流变。

思想史的学习是枯燥无味的。最后一节会给大家讲一个思想故事，希望读者能喜欢这个故事。

第一节 科学管理思想

一、泰勒与科学管理思想的产生

（一）泰勒科学管理的内容

▶ **科学管理故事**

联合邮包服务公司（UPS）的管理与效率

联合邮包服务公司（united parcel service，UPS）是世界上最大的快递承运商与包裹递送公司，1907年成立于美国。作为世界上最大的快递承运商与包裹递送公司，联合邮包服务公司也是专业的运输、物流、资本与电子商务服务的提供者，每天都在世界上200多个国家和地区管理着物流、资金流与信息流。联合邮包服务公司在全球雇用了15万员工，平均每天将900万个包裹发送到美国各地和180个国家。为了实现他们的宗旨——"在邮运业中办理最快捷的运送"，联合邮包服务公司系统地培训了他们的员工，使他们以尽可能高的效率从事工作。工业工程师们对每一位司机的行驶路线都进行了时间研究，并对每种送货、暂停和取货活动都设立了标准。工程师们记录了红灯、通行、按门铃、穿过院子、上楼梯、中间休息喝咖啡的时间，甚至上厕所的时间，将这些数据输入计算机中，从而给出每位司机每天工作的详细时间标准。为了完成每天取送130件包裹的目标，司机们严格遵循了工程师设定的程序。当他们接近发送站时，他松开安全带，按喇叭，关发动机，拉起紧急制动，为送货完毕的启动离开做好准备，这一系列动作严丝合缝。然后，司机从驾驶室来到地面上，右臂夹着文件夹，左手拿着包裹，右手拿着车钥匙。他们看一眼包裹上的地址把它记在脑子里，然后以每秒钟3英尺⊖的速度快步走到顾客的门前，先敲一下门以免浪费时间找门铃。送货完毕后，他们在回到卡车上的路途中完成登录工作。相比于竞争对手——联邦快运公司（Federal Express）平均每人每天不过取送80件包裹，联合邮包服务公司的效率具有明显的优势。

资料来源：http://baike.so.com/doc/3741256-3930622.html。

UPS科学管理的要点是：工业工程师们对每一位司机的行驶路线都进行了时间研究，并对每种送货、暂停和取货活动都设立了标准。司机行车路线标准化，下车卸货标准化，送货标准化。标准管理就是科学管理的核心思想。

⊖ 1英尺 = 0.304 8米。

大机器工业革命后,机器替代人的劳动成为一种较为普遍的现象和趋势,这导致了西方工业国家的资本家和工人之间的对立和矛盾日益尖锐,工人有意或无意地低效率工作已成为企业管理面临的一个突出问题。结合自身的管理实践,古典管理学大师泰勒沿着伽利略、牛顿等创立的实验科学道路,告别了单纯的经验总结和智慧技巧,于1911年出版了著作《科学管理原理》,全面阐述了科学管理理论,使管理学成为一门科学。随后,以亨利·甘特(Henry Laurence Gantt)、亨利·福特(Henry Ford)等为代表的理论研究者和实践者进一步发展了科学管理理论,极大地推动了这一时期企业经营管理效率的提高。

名家生平与论述

弗雷德里克·温斯洛·泰勒生平

弗雷德里克·温斯洛·泰勒(1856—1915),美国古典管理学家,被后人尊称为"科学管理之父"。1881年,年仅25岁的泰勒开始进行工人劳动时间和工作方法的研究。1898~1901年他受雇于宾夕法尼亚某钢铁厂进行咨询工作,主要完成了著名的搬运生铁实验和铁铲实验,这为科学管理理论的创立提供了坚实的实践基础。1911年,正式出版著作《科学管理原理》[一]。

泰勒倡导的科学管理制度被称为"泰勒制",激发了当时人们研究和发展科学管理方法的热情,许多人成了泰勒的追随者并为科学管理理论的完善与发展做出了卓越的贡献。在管理理论发展史中,《科学管理原理》被公认为是一个最重要的里程碑,它标志着一个全新管理时代的来临,掀起了一场企业管理的变革,使得西方19世纪末20世纪初的早期工厂管理实践向科学管理迈进了一大步。时至今日,《科学管理原理》仍被奉为管理人不可不知的经典著作。

资料来源:http://baike.so.com/doc/247199-261620.html。

泰勒论科学管理

在各行各业,即使在那些微不足道的细节上,用科学的方法代替单凭经验行事的方法,也将带来巨大的收益……而这种最好的方法和工具只有通过所有正在采用的方法和工具进行系统科学的研究和分析,同时结合准确、精密的动作和时间研究才能发现和形成。

科学管理原理有四个基本组成要素:第一,形成一门真正的科学;第二,科学地选择工人;第三,对工人进行教育和培养;第四,管理者和工人间亲密友好地合作。

几乎所有工人的操作都应有一个或多个管理人员准备的操作要领作为引导,以确保他们可以比现行方法更好、更快地完成任务。

管理人员和工人间亲密无间的、个人之间的协作,是现代科学或任务管理的精髓。

资料来源:弗雷德里克·泰勒.科学管理原理[M].马风才,译.北京:机械工业出版社,2007.

泰勒搬运生铁实验可以继续告诉读者UPS故事和泰勒科学管理论述中没有谈及的细节。

泰勒搬运生铁实验

泰勒被津津乐道的工时研究实例,就是他在伯利恒进行的搬运生铁实验。当时,伯利恒

[一] 本书中文版机械工业出版社已出版。

有一个 75 人的生铁搬运小组，每人每天装货约 12.5 吨。泰罗通过工时研究，计算出每个生铁搬运工每天能够搬运的定额为 47～48 吨。要提高定额，而且要使工人不致因任务过重而罢工，做到管理人员不同工人发生任何争吵，使工人们感到更为高兴和更为满足，这就是泰勒想要达到的目的。

泰勒的具体方法如下：首先，他安排一位聪明的、受过大学教育的管理人员来跟踪搬运生铁的具体过程，在一个"头等工人"以最快速度进行工作时，用秒表准确记录一天的工作过程。在准确测时的基础上，把工作分解成小的基本动作，研究这些动作的最合理、最省力的具体做法，再把各个基本动作耗费的时间联系起来，求出正常工作的速率，进而计算出标准定额。其次，还要估算出一天中休息时间应占的百分比，以及为意外情况或不可避免的迟延而留出相应的时间。再次，在工时研究的基础上，对工人的操作动作进行设计，用科学的方法合理安排工作程序、操作技巧以及进展速度，减少不必要的体力消耗，省略多余的动作，节约工人的劳动。最后，恰当地挑选实验对象，他挑选了一位人称"斯密特"的外籍移民工人，让他严格按照管理人员的指示进行工作，由一名拿着秒表的管理者掌握斯密特工作中的动作、程序和间隔休息时间。这样，斯密特在一天之内完成了 47.5 吨生铁的搬运工作。

在搬运生铁实验中，泰勒发现了一个重要的现象，就是工人干活时的疲劳程度与他完成的工作量不成正比。人们一般会想当然地认为干活越多，疲劳程度越高。但泰罗却在实地测量中发现，并不是干活越多就越累，有的工人可能只搬了 10 吨生铁就精疲力竭，而有的工人可能搬了 20 吨还精力充沛。为了弄清其中的奥妙，泰勒的助手把工作中所有可能导致疲劳的影响因素都汇出曲线图，用数学方法寻找答案。最后的结论是：工人的疲劳程度与负载的间歇频率相关，而不与负荷重量相关。由此，泰勒发现了一个合理安排工人负载的新思路，可以在不增加疲劳程度的前提下大大提高工作量。他强调，"在这些实验中，我们并不想去探索一个人在一次短促突击或三两天中最多能干多少活，我们研究的是在一个整劳动日里，一个头等工人活计的实际构成是什么；一个工人能年复一年地正常地完成一个劳动日的最佳工作量，下班后仍然精神旺盛。"

泰勒在生铁搬运实验中发现：只有用科学化、标准化的管理替代传统的经验管理，才能实现最高工作效率。泰勒把生铁搬运实验方法提炼为科学管理程序，形成科学管理理论，其主要包括⊖以下内容。

（1）制定科学的作业方法，即实现工作的标准化。

（2）科学地选择和培训工人，提高工人的作业技能。

（3）实行有差别的计件工资制，激励工人通过高效率工作以获得更多物质报酬。

（4）将计划职能与执行职能分开。其中，计划职能实际上就是管理职能，执行职能则是工人的劳动职能。这意味着管理工作和具体劳动工作需要分离。

（5）实行职能工长制，即将整个管理工作划分为许多较小的管理职能，使所有的管理人员尽量分担较少的管理职能。这种思想为以后的职能部门的建立和管理专业化提供了基础。

（6）在管理上实行例外原则，即企业的高级管理人员把处理一般事物的权限下放给下级

⊖ 熊勇清. 管理学原理、方法与案例［M］. 上海：复旦大学出版社，2011:25-27.

管理人员，自己只保留对例外事项的决策权和监督权。

（二）对泰勒的科学管理理论的历史进步评价

泰勒的科学管理理论从满足人的经济需求出发，设计了一整套激发工人劳动积极性的管理方法和制度。在他看来，工人和雇主双方都必须来一次心理革命，转变态度，以科学方法取代传统经验，以合作协调代替对抗冲突，通过效率的提高达到"互利"。

二、科学管理理论的进一步发展及其不足

泰勒创立了科学管理理论体系，再经过以亨利·甘特、哈林顿·埃默森（Harrington Emerson）、亨利·福特（Henry Ford）等为代表的一群理论研究者和实践者的努力，到 20 世纪 20 年代，科学管理理论得到了进一步发展。

（一）计划作业图：甘特图

计划作业故事

电影拍摄现场的管理

一位资深影视业界内人士分析了香港和美国好莱坞电影拍摄现场管理的差异。在香港的电影圈工作时，印象中现场操作喊声四起，胡乱催促，表面上看好像气氛热烈、紧张，实际上是一片混乱。而在美国的电影工业，现场工作的流程与气氛与港式做法大相径庭，现场气氛相对安静，工作人员各司其职，有条不紊。事实上，电影拍摄现场运作流畅离不开精密的筹备工作，而有效的筹备工作离不开完整的剧本。有了完整的剧本，制片部门可以与副导演紧密合作做周详的计划。考虑到演员的服装、化妆变换所需时间和其他大量因素后，再征询导演意见，订出具体的拍摄计划，基于这个拍摄计划（包括镜头朝向、景别等），首先定好各部门摆放器材对象的位置，临时化妆、服装间所在（如果用实景，没有化妆车的话），尽可能争取这些位置是整天拍摄镜头都看不到的地方。如果中途要移位，也应该有序地、合理地把移动次数降到最低。在美国的电影拍摄现场管理中，副导演向制片人负责，在整个拍摄过程中有相对的权威，现场的管理安排都得听副导演的，副导演重大责任之一是按计划完成当天的拍摄内容。然而，副导演的推动、催促并不是毫无根据地喊叫，盲目地让各部门尽快进行，而是具体了解各部门要准备好拍摄每一个镜头所需的条件和实际时间，尽量协调部门与部门之间的工作，力求大家在差不多的时间点完成准备，可以开机拍摄。

计划作业故事提出了科学计划作业流程，那么计划作业流程的科学特点是什么？

名家生平与论述

亨利·甘特生平

亨利·甘特出生于马里兰州的一个农民家庭，南北战争防止了美国分裂，却导致了甘特家庭的贫穷。1884 年，他成为一名机械工程师，在麦克多纳从事自然科学和机械技术教学的

经历，对他日后的职业生涯有着重大影响。1887 年，甘特来到米德维尔钢铁厂任助理工程师，在这里，他结识了泰勒，并在后来和泰勒一起去了西蒙德公司和伯利恒公司。此后，甘特同泰勒密切合作，共同研究科学管理问题，直到离开伯利恒。1902 年以后，甘特离开了泰勒，独立创业当咨询工程师，并先后在哥伦比亚、哈佛、耶鲁等大学任教。第一次世界大战期间，甘特放弃了赚钱的企业咨询，转而为政府和军队充当顾问，对造船厂、兵工厂的管理进行了深入的研究。甘特去世后，他的思想价值日益显现。1929 年，美国机械工程师协会和美国管理学会决定设立亨利·甘特金质奖章，授予那些"在工业管理方面对社会做出优异成绩的人"，并把第一枚金质奖章授予了已故的甘特本人，理由是"由于他在工业管理方面的人道主义影响以及甘特图的发明"。

亨利·甘特论计划作业程序

"工作控制中的关键因素是时间，时间应当是制定任何计划的基础。"

亨利·甘特计划作业图的要点如下。

（1）明确项目牵涉到的各项活动、项目。其内容包括项目名称（包括顺序）、开始时间、工期、任务类型（依赖/决定性）和依赖于哪一项任务。

（2）创建甘特图草图。将所有的项目按照开始时间、工期标注到甘特图上。

（3）确定项目活动依赖关系及时序进度。使用草图，并且按照项目的类型将项目联系起来，并且安排。

（二）组织理论：直线 – 参谋职能制

直线 – 参谋职能制的故事

为什么厂长的"命令"得不到执行

王华明近来感到十分沮丧。一年半前，他获得某名牌大学工商管理硕士学位后，在毕业生人才交流会上，凭着他满腹经纶和出众的口才，他力挫群雄，荣幸地成为某大公司的高级管理职员。由于其卓越的管理才华，一年后，他又被公司委以重任，出任该公司下属的一家面临困境的企业的厂长。当时，公司总经理及董事会希望王华明能重新整顿企业，使其扭亏为盈，并保证王华明拥有完成这些工作所需的权力。考虑到王华明年轻，且肩负重任，公司还为他配备了一名高级顾问严高工（原厂主管生产的副厂长），为其出谋划策。

然而，在担任厂长半年后，王华明开始怀疑自己能否控制住局势。他向办公室高主任抱怨道："在我执行厂管理改革方案时，我要各部门制定明确的工作职责、目标和工作程序，而严高工却认为，管理固然重要，但眼下第一位的还是抓生产、开拓市场。更糟糕的是他原来手下的主管人员居然也持有类似的想法，结果这些经集体讨论的管理措施执行受阻。倒是那些生产方面的事情推行起来十分顺利。有时我感到在厂里发布的一些命令，就像石头扔进了水里，我只看见了波纹，随后过不了多久，所有的事情又回到了发布命令以前的状态，什么都没改变。"

资料来源：http://www.chinadmd.com/file/ues6ete6otwxzuuueaozivrp_1.html。

直线－参谋职能制的故事表明，在企业的组织结构中，若存在着纵向的上下级关系，也存在着横向的参谋关系，二者关系的不当处理可能会导致企业管理效率的下降。

名家生平与论述

哈林顿·埃默森生平

哈林顿·埃默森（1853—1931），"科学管理"理论的奠基人之一，西方管理学界公认的传播效率主义的一位先驱者。1910年，他在州际商务委员会为反对美国东北部铁路公司提高货运费作证时，声称铁路公司只要采用泰勒的"科学管理"的方法，每天就可以节省100万美元。埃默森对"科学管理"的推广，起到了积极的作用。1911年，他在《效率是经营和工资的基础》一书中针对当时整个美国工业体系中普遍存在的浪费和效率低这两大弊病提出了自己的看法。他认为，一个国家的生产率主要不取决于它的自然资源的状况，而取决于"雄心壮志、争取成功和获得财富的愿望"。1912年，他发表了《十二个效率原则》一书，积极宣传效率观念，成为管理思想史上的又一个里程碑。

埃默森论直线－参谋职能制

各级直接组织都可以听到参谋的意见，而参谋人员则不必去完成具体工作，而是制定标准和确定目标，以保证直线组织可以更有效地工作。

哈林顿·埃默森在批评泰勒职能工长制的基础上，提出了直线－参谋职能制的构想，埃默森观察到了直线组织由于无人协助而存在着的严重缺陷，努力想将上述的参谋原则应用到工业活动中，以便使直线组织和参谋组织能处于完全平等的地位，并使直线组织的每一个成员随时都能从参谋组织的知识那里得到裨益。

埃默森关于直线－参谋职能制的论述，归结起来，直线－参谋职能制的要点是：
（1）厂长是直线－参谋职能制的最高领导者。
（2）参谋职能制度旨在执行厂长的指令。
（3）制定标准和确定目标是参谋的基本职能。

（三）科学管理思想的不足

流水生产线故事

福特 T 型车流水生产线故事

1897年，34岁的福特在底特律和别人合伙创立了汽车公司。在他创建汽车流水线之前，汽车生产是手工作坊型的，每装配一辆汽车要728个工时。这一生产速度远不能满足巨大的消费市场的需求，汽车成为那个时代富人的象征。福特的梦想是让汽车成为大众化的交通工具。

1913年，福特提出在汽车组装中，汽车底盘在传送带上以一定速度从一端向另一端前行。前行中，逐步装上汽车的发动机、操控系统、车厢、方向盘、仪表、车灯、车窗玻璃、车轮等。流水线是把一个重复的过程分为若干个子过程,每个子过程可以和其他子过程并行运作。福特的流水线不仅把汽车放在流水线上组装,也花费大量精力研究提高每个环节的生产率,如把装配汽车的零件装在敞口箱里,放在输送带上,送到技工面前,工人只须站在输送带两边,节省了来往取零件的时间;在装配底盘时,让工人拖着底盘通过预先排列好的一堆零件,负责装配的工人只须安装。当新的生产方式运转后,整个生产环境显得紧张有序,车间内的每一个零件都在动,各种加工设备则分秒不停地在动,没有一分钟时间、没有一个劳力被浪费掉。随着生产装配线的不断改进,生产一台车体由12.5个工时减少为5小时50分钟,进而减为93分钟。流水线生产给福特厂带来了奇迹般的飞跃,福特公司由原来年产7 800辆,第一年便跃升到17万辆,第二年25万辆,第三年73万辆。最终,经过多年努力,福特公司的流水线使每辆T型汽车的组装时间由原来的12小时28分钟缩短至10秒钟,生产效率提高了4 488倍!同时,T型汽车价格也降为240美元左右,一个工人工作不到4个月就可以买一辆。但另一方面,自动化生产线工作岗位枯燥乏味,不停运转的传送带迫使工人们成天处于高度紧张状态,工人与公司离异的心态日益强烈。早在1910年就有大批工人辞职而去。1913年,工人的变动率更高达380%。不断变换的工人队伍给流水线作业带来很大的损失。现实的压力迫使福特公司的高层主管人员要考虑工人待遇问题。1914年,福特公司公布了提薪计划,决定规定凡是22岁以上的职工,最低日薪为5元,22岁以下成了家的,也比照这个数字。同时工作时间由过去的九小时两班制,改为八小时三班制,公司因此而增加了4 000个工作岗位。

福特T型车流水生产线上的工人们难以忍受枯燥、紧张的工作状态。这种情形暴露了科学管理的缺陷,即非人性管理缺陷。管理学大师彼得·德鲁克(Peter F.Drucker)对科学管理思想评价更是入骨三分,十分深刻。

名家生平与论述

彼得·德鲁克生平

彼得·德鲁克(1909—2005),1909年生于维也纳,祖籍为荷兰,后移居美国。德鲁克曾在贝宁顿学院任哲学教授和政治学教授,并在纽约大学研究生院担任了20多年的管理学教授。尽管被称为"现代管理学之父",但德鲁克一直认为自己首先是一名作家和老师。德鲁克至今已出版超过30本书籍,被翻译成30多种文字,传播到130多个国家,甚至在苏联、波兰、南斯拉夫[一]、捷克等国也极为畅销。

彼得·德鲁克论科学管理思想的进步与不足

"科学管理不过是一种关于工人和工作系统的哲学,总的来说它可能是自联邦文献以后,美国对西方思想做出的最杰出的贡献。"

"科学(管理)尽管取得了世界性的成功,但仍然没有成功地解决管理工人和工作的问题。"

[一] 南斯拉夫已分裂为几个国家。

福特 T 型车流水生产线故事和专家论述表明，泰勒科学管理思想存在如下缺陷：①科学管理理论关注的问题主要集中于如何提高工人与自然物质资本的结合效率上，过于注重物质激励对企业员工工作积极性刺激，将员工视为"经济人"；②忽视了企业中人与人之间的关系对企业经营管理效率的影响。

第二节　人本管理思想

20 世纪 20 年代起，美国管理学者梅奥和他的同事通过著名的"霍桑实验"，开启了管理学理论发展新的篇章，其核心价值和理念就是管理活动要重视人的社会属性，要关注员工的全面发展需求。

一、梅奥人际管理思想

富士康公司员工连续自杀事件

富士康公司员工连续自杀事件

富士康科技集团，1974 年创办于中国台湾地区，是一家专业从事电脑、通讯、消费电子、数位内容、汽车零组件、通路 6C 产业的高新科技企业，是全球最大的电子产业专业制造商，《财富》2009 年全球企业 500 强第 109 位。富士康作为全球最大的代工企业，自 1988 年在深圳建厂以来，员工人数从 1996 年的 9 000 人，增加到 2009 年 74.8 万人，2010 年更是达到了 80 万人的从业大军。作为全球代工之王，从 2010 年 3 月到 2011 年 7 月短短 1 年多的时间里，富士康发生了 13 起员工跳楼自杀事件。一时间，这家公司被推到了舆论的风口浪尖。接二连三的坠楼事件已引起深圳市委、深圳市政府、舆论，甚至是中央政府的高度关注。平时沉着应战的富士康大老板、台湾富商郭台铭终于"被逼"亲自到富士康深圳厂区了解情况，同时安抚员工，并向随行的大批中外媒体做出解释。在"十三连跳"的大背景下，也有一大批富士康员工选择了辞职，一名已辞职的前员工受访表示，"我已经在这里做了有 5 年多了，每天都重复着枯燥的操作。到现在虽然工资涨了一些，却总是感觉没有出头之日，看不到希望，这样下去终究不是办法""工作感觉就像是一个机器，流水线上单调枯燥的动作要反复不停地重复着""很多同事都做得很郁闷！但是没想到跳楼这么密集"。另外，面对外界的质疑，富士康新闻发言人此前表示，"如果我们是血汗工厂，为什么每天会有这么多人排着队要进来？"2015 年 5 月，一封郭台铭署名的"致全体同仁的一封信"在富士康内部转发。郭台铭在信中表示，最近集团公司发生了多起坠楼事件，给大家增加了许多压力与影响，他本人也感到非常意外、震惊、惋惜和痛心。富士康员工连续自杀事件引起了社会各界的思考，导致事件的原因究竟是什么？

资料来源：http://baike.so.com/doc/3843171-4035380.html。

富士康员工连续自杀事件提出的问题是，一个现代大工业生产车间管理按自动化、标准化管理是否有着不可避免的缺陷？

20世纪30年代，管理学家就开始关注标准管理的缺陷。乔治·埃尔顿·梅奥就是杰出代表。他的著名实验——"霍桑实验"揭示了解决科学管理缺陷的方法。

名家生平与论述

乔治·埃尔顿·梅奥生平

乔治·埃尔顿·梅奥（1880—1949），美国管理学家，原籍澳大利亚。1922年在洛克菲勒基金会的资助下，梅奥移居美国，在宾夕法尼亚大学沃顿管理学院任教。1926年，他进入哈佛大学工商管理学院从事工业研究。1927年冬，梅奥应邀参加了开始于1924年但中途遇到困难的霍桑实验，1927～1936年断断续续进行了历时9年的实验研究。霍桑实验揭示出工业生产中的个体具有社会属性，生产率不仅同物质实体条件有关，而且同工人的心理、态度、动机，同群体中的人际关系以及领导者与被领导集体的关系密切相关。梅奥对霍桑实验结果的分析对西方管理理论的发展产生了重大而久远的影响，开创了人际关系行为学派，使西方管理思想进入到行为科学管理理论阶段。

梅奥论管理中的人际关系

任何一个机构里，在正式的法定关系掩盖下都存在着大量的非正式群体，非正式群体可以分为感情型、兴趣型、利益型等不同类型，企业管理者必须了解非正式群体中关键领导人物。

刺激员工的最好办法是对他们进行表扬，并且提高他们的生活水准。

管理人员必须首先善于帮助和启发他人表达出自己的思想和感情，而不是高谈阔论，教训别人，以自我为中心。作为管理者，倾听别人的意见比展露自己的知识重要得多。这是成熟、判断力和智慧的标志。

资料来源：乔治·埃尔顿·梅奥.工业文明中的社会问题[M].时勘，译.北京：机械工业出版社，2016.

1. 霍桑实验过程

（1）霍桑工厂。霍桑工厂是美国一家制造电话交换机的工厂，具有较完善的娱乐设施、医疗制度和养老金制度，但工人们仍愤愤不平，生产效率不高。

（2）霍桑实验初始阶段（1924.11～1924.4）。为找出原因，美国国家研究委员会组织研究小组从1924年11月起，对霍桑现象开展了长期的实验研究。在早期阶段（1924.11～1927.4），结合当时关于生产效率的理论中占统治地位的是劳动医学的观点，主要进行了照明实验，但结果发现，照明度的改变对生产效率并无影响。研究人员对于这一结果感到茫然无措，实验陷入困境。

（3）梅奥组织霍桑实验阶段。从1927年起，以哈佛大学梅奥教授为首的一批心理学工作者接管了实验工作，一直到1936年，历时9年，先后开展了福利实验、访谈实验和群体实验，得出了一些令人耳目一新的结论。

2. 霍桑实验结论

（1）福利实验的目的主要是探讨福利待遇的变换与生产效率的关系。结果发现，不管福利待遇如何改变，都不影响产量的持续上升，甚至工人自己对生产效率提高的原因也说不清楚。经过对参加实验员工的进一步分析，发现参加实验的光荣感和成员间良好的相互关系是导致实验组生产效率提高的原因。

（2）访谈实验最初只是想了解工人就管理当局的规划和政策、工头的态度和工作条件等问题做出回答，结果发现，工人们长期以来对工厂的各项管理制度和方法存在许多不满，访谈实验正好为他们提供了发泄机会。而且，经过发泄过后的员工心情舒畅，士气提高，使产量得到提高。

（3）群体实验发现生产班组中存在着"非正式群体"，为了维护班组内部的团结，群体成员可以放弃物质利益的引诱。非正式群体有自己的特殊的行为规范，对人的行为起着调节和控制作用。

3. 人际关系管理要点

1933年起，梅奥先后出版了著作《工业文明中的人类问题》《工业文明中的社会问题》，对霍桑实验进行了总结，强调了对企业员工社会需求的重视，开创了人际关系行为学派理论，其基本原理和观点包括[⊖]：

（1）人是"社会人"而不是"经济人"；

（2）工人的满意感等心理需要的满足才是提高工作效率的基础，工作方法、工作条件等只是第二位的因素；

（3）在企业正式工作群体之中还存在着员工自发产生的非正式群体，非正式群体有着自己的规范和维持规范的方法，对成员的影响远较正式群体更大；

（4）企业需要人际关系型的领导者，他们善于倾听意见和进行交流，并借此来理解工人的感情，使员工愿意为达到组织目标而协作和贡献力量。

二、人际关系行为管理理论的发展与不足

（一）马斯洛的需求层次理论

企业员工需求故事

"90后"员工离职故事

"90后"员工的高离职率引起了社会各界的广泛关注。杭州某互联网公司一位刚工作一年多的"90后"选择了离开公司，他认为自己所在的公司"培训机会太少，不利于个人的中长期发展"。同为"90后"的阿哲甚至在年前炒了老板的鱿鱼。一次线下活动执行会，阿哲与公司副总起了争执，他站起身狠狠拍了桌子，尽管事后副总并未责咎，但他感觉到"理念不同"难待下去。智联招聘市场部负责人员分析认为，"90后"伴随着互联网时代成长，讲求自由，敢于冒险，乐于尝试新事物、新岗位，加上他们生存压力不大，又比较有主见，因此在工作遇到不"顺心"时往往不会将就。调查显示，"薪酬福利"与"职业成长空间"，是大部分职场人权衡去留的关键因素。然而，对"90后"员工而言，"对工作内容不满""与企

⊖ 张康之，李传军. 一般管理学原理 [M]. 北京：中国人民大学出版社，2010:33-34.

业文化理念不同""人际交往不畅"等因素，有时比"薪酬福利缺乏竞争力"更能影响到他们的去留。

资料来源：http://www.toutiao.com/i6252897654708109826/。

"90后"员工离职故事说明，在企业中，员工不仅需要满意的工资，还需要受到尊重，需要个人发展和实现自我价值等。员工需要受到马斯洛关注。

▶ 名家生平与论述

亚伯拉罕·马斯洛生平

亚伯拉罕·马斯洛（Abraham Harold Maslow，1908—1970），美国著名社会心理学家，提出了融合精神分析心理学和行为主义心理学的人本主义心理学。马斯洛出生于美国纽约市布鲁克林区的一个犹太家庭，父母是从前苏联移民到美国的犹太人，他的童年生活痛苦，从未得到过母亲的关爱。不仅如此，作为犹太人，他们住在一个非犹太人的街区，上学后又是学校少有的几个犹太人之一，这一切使马斯洛成为一个害羞、敏感并且神经质的孩子，为了寻求安慰，他把书籍当成避难所。马斯洛从五岁起就是一个读书迷，他经常到街区图书馆浏览书籍，当他在低年级学习美国历史时，托马斯·杰斐逊和亚伯拉罕·林肯就成了他心中的英雄。几十年以后，当他开始发展自我实现理论时，这些人则成了他研究的自我实现者的基本范例。青少年时期他曾因体弱貌丑（鼻子太大）而极度自卑，借锻炼身体冀求得到补偿。进入大学后读到 A.阿德勒著作中自卑与超越的概念，得到启示，从此改变了他的一生。1930 年，马斯洛获威斯康星大学心理学学士学位，次年获得心理学硕士学位，1934 年获心理学哲学博士学位。1937 年，马斯洛到纽约市布鲁克林学院任教。他的主要代表作品有《人的动机理论》《动机和人格》《存在心理学探索》《人性能达到的境界》等。马斯洛的心理学理论核心观点是人通过"自我实现"，满足多层次的需要，达到"高峰体验"，以重新找回被技术排斥的人的价值，实现完美人格。

亚伯拉罕·马斯洛论人的需要

"人类有一个有层次的、发展着的、综合的相互联系的价值体系。自我实现是人最终追求的最高价值。"

"追求自我实现的人主要不是受到基本需要激励的；他们主要是受到超越性需要——存在价值的超越性激励。"

"人的需求的满足是企业人本管理的关键，不管是企业管理的主体和客体，人在管理中都是处于一个核心地位。"

马斯洛提出的需要层次理论主要观点包括：

（1）人类需求像阶梯一样从低到高按层次分为生理需求、安全需求、社交需求、尊重需求和自我实现需求；

（2）同一时期，一个人可能有几种需求，但每一时期总有一种需求占支配地位，对行为起决定作用；

（3）任何一种需求都不会因为更高层次需求的发展而消失；

（4）各层次的需求相互依赖和重叠，高层次的需求发展后，低层次的需求仍然存在，只是对行为影响的程度大大减小。

（二）赫茨伯格的双因素理论

▶ 双因素激励故事

华为公司的激励故事

华为公司作为我国当今高科技企业的佼佼者，其员工的薪资一般要高于同行业平均水平。所需人才一旦被聘用，就会享受优于同行业外资企业提供的薪资待遇，这与华为高效率、高压力、高工资的一致性。华为总裁任正非深信，高工资是第一推动力。华为公司的实物收入分配和奖励形式有：工资、奖金、安全退休金、医疗保障、股权、红利。其中工资是职能工资制；奖金的提取与利润挂钩，其分配根据贡献与责任；退休金按工作态度；医疗保险按贡献大小；股金按贡献、责任和时间。同时，华为采取按劳分配与按资分配相结合的分配方式，始终认为劳动、知识、企业家和资本共同创造公司的全部价值。

另外，华为公司非常注重对员工的长期激励，其推行的员工持股制是公司价值分配体制中最核心、最具有激励作用的制度。在股权上实行员工持股，但要向有才能和责任心的人倾斜，以利益形成中坚力量。华为的员工普遍持有公司股份。每一个年度，员工可根据对其评定的结果，认购一定数量公司的股份。股金的评定以责任心、敬业精神、发展潜力、做出贡献为主要的标准。

华为公司对员工进行物质激励的同时，也注重对员工的精神激励，如公司为员工提供了大量的培训、参观和学习的机会，华为公司的员工不再被看成雇员，不是用过后就可以被丢弃的对象，而是公司的主人，随公司的成长而发展。作为主人，员工在企业内享有建议权、质疑权和获得帮助等系列的权力，能够获得公司开放的资源。另外，华为还专门设立一些如荣誉奖、职权等多种形式的精神激励。

华为公司的激励故事说明，员工的基本工资薪酬使得员工体验到工作有一份保障，员工持股以及华为公司的精神激励使得员工体验到了追求进取、公平合理、受到尊重的企业文化氛围。

▶ 名家生平与论述

弗雷德里克·赫茨伯格生平

弗雷德里克·赫茨伯格（Frederick Herzberg，1923—2000），美国心理学家、管理理论家、行为科学家，双因素理论的创始人。20世纪50年代末期，赫茨伯格和同事们对匹兹堡附近一些工商业机构的约200位专业人士做了一次调查，结果发现，使职工感到满意的都是属于工作本身或工作内容方面的；使职工感到不满的，都是属于工作环境或工作关系方面的。他将这两类因素分别称为激励因素、保健因素，提出了著名的双因素理论，这也是赫茨伯格最主要的理论成就。1968年,赫茨伯格在《哈佛商业评论》杂志上发表了《再论如何激励员工》这一成果,再次回顾了双因素理论出现的背景和该理论的内容,分析比较了在这个问题上各种理论学派的观点及他本人理论所处的地位,并由此引出了职务丰富化的论题。

赫茨伯格论双因素激励因素

工资上涨能激励人吗?是的,它能够激励人们期待下一次加薪。

人们现在工作时间比以前短了,挣的钱和获得的保障却多了,这种趋势不可能逆转。这些福利不再被认为是报酬,而是权力。一周6天的工作制是不人道的,一天工作10小时就是剥削,扩大医疗保险范围是基本要求,股票期权成了拯救美国人进取精神的救星。

资料来源:弗雷德里克·赫茨伯格,《再论如何激励员工》。

赫茨伯格的双因素激励理论要点包括:

(1)影响员工对工作的满意度的因素可分为激励因素和保健因素两大类;

(2)员工激励因素,是指能够导致员工对工作满意的因素,一般包括成就、赏识、具有挑战性的工作、晋升、工作中的成长等;

(3)员工保健因素,是指起不到激励员工的作用的因素,如公司的政策和管理、工作条件、人际关系、薪金、地位、职业安定及个人生活之类,但这类因素必须处理好,否则会导致员工不满。

(三)麦格雷戈的Y理论

欧莱雅中国公司故事

以人为本的欧莱雅中国公司

在欧莱雅中国公司,法国文化中对人的关怀、对生活的重视、富有创意等特点都被发扬光大。它相信员工对工作的态度,员工上下班不必打卡;它鼓励员工内部流动,帮助员工找到最好的发展机会;它关心员工的生活,每两个月发一次产品作为福利;它提供各种培训,并帮助员工建立起内部的工作网络;它营造国际化的工作环境,激发员工的创造力。

人总是有性善的一面,人也总是有性恶的一面。以人为本的欧莱雅中国公司的做法表明,企业完全可以从人性善的一面设计自己的管理制度,建设企业特有的文化。道格拉斯·麦格雷戈以人性善为基础设计了Y理论。

名家生平与论述

道格拉斯·麦格雷戈生平

道格拉斯·麦格雷戈(Douglas McGregor,1906—1964),美国著名的行为科学家,人际关系学派的中心人物之一,人性假设理论创始人。1957年11月,他在美国《管理评论》杂志上发表了《企业的人性方面》一文,提出了著名的"X-Y理论"。其代表作主要有:《管理的哲学》(1954)、《企业的人性方面》(1960)、《经理人员在技术爆炸时期的责任》(1961)等。

道格拉斯·麦格雷戈论员工及其管理

员工并非生性喜欢抵抗组织的需求。他们之所以如此，完全是组织的环境使然。

自我激励、自我发展、主动承担责任、自觉主动地向组织目标努力等都是人们主观表现出来的行为，而不是管理强制设置的。

X 理论往往是从外部对人的行为进行控制，Y 理论则主要依赖个人自我控制和自我指挥。

资料来源：道格拉斯·麦格雷戈. 企业的人性方面［M］. 李宙，章雅倩，译. 长春：北方妇女儿童出版社，2017.

道格拉斯·麦格雷戈有关人性善的论述称为 Y 理论，其主要观点包括：人们有积极的工作原动力，人是"自我实现人"。企业应扩大员工的工作范围，应尽可能把员工工作安排得富有意义和具有挑战性，使职工实现自我控制和自我指导。

（四）人际关系行为管理理论的缺陷

（1）该理论仍然将人看作提高劳动效率、实现组织目标的工具，因而终究只是一种管理手段的创新。

（2）"社会人"的假设只是强调了人的社会需求的重要性，这对于"人性"的理解和人的发展也同样具有片面性和局限性。

三、20 世纪 70 年代后人本管理思想的新发展

（一）权变管理思想

权变管理故事

Google 公司的员工互赠假期故事

Google 公司的福利制度一直为人称道，休假制度更一直是硅谷的标准。在 Google 工作三年的员工每年有 15 天的假期，工作四年的员工每年有 20 天假期，而工作超过六年的员工甚至可以有 25 天的休假。

不过 Google 的休假制度还有一个特别之处，就是员工之间可以相互赠送休假的时间。这一做法源于几年前，当时一位 Google 的员工父母生病，不得不回家照顾家人，但是当他假期结束的时候，家人的病情并没有好转，这名员工不得不选择无薪休假，或者回到公司上班。该员工团队中的另一位同事听说后，发起了一项提议，希望其他有假期的同事把假期捐献给这位同事。

Google 的人力主管 Bock 在 Google 的第三个"带父母来上班日"讲述了这一故事。"带父母来上班日"是 Google 在山景城举办的一个庆祝活动，希望员工的父母从世界各地来到 Google，了解 Google。"从那件事之后，我们就允许在员工有需要的情况下，由其他员工为其捐献休假时间，"Bock 对父母们说道，"最关键的是，这一规定并非来自行政部门，而是来自您的亲人，他们认为这很重要，我们就把它添加到公司的管理制度中，以便所有的人都可以受益。"Google 的一个管理原则，就是允许和鼓励有创造力的员工来推动公司的变革。

Google 公司员工互赠假期故事说明，员工生活与工作相互交织，复杂多样，管理者面对迅速变化的员工思想和多样行为，应当采用灵活多样的管理方法、制定灵活多样的管理机制。Google 公司的做法，早在 20 世纪 70 年代就有学者研究类似的现象。约翰·莫尔斯和杰伊·洛希就是杰出代表。

🎬 名家生平与论述

约翰·莫尔斯和杰伊·洛希生平

约翰·莫尔斯和杰伊·洛希均为美国著名的管理心理学家。根据对 X 理论和 Y 理论进行的试验分析研究，提出了将工作、组织、个人三者做最佳的配合的新理论。1970 年，莫尔斯和洛希在 1970 年《哈佛商业评论》杂志上发表《超 Y 理论》一文，提出这一理论，强调人的复杂性，因此管理方式应当因人、因时、因事、因组织环境而不同。1974 年，他们在《组织及其他成员：权变法》一书中进一步阐释了这一主张权宜应变的经营管理理论。超 Y 理论很受西方一些管理学者的推崇，评价很高。它虽然含有辩证法的因素，但是只强调特殊性而忽视普遍性，就难以摆脱形而上学和历史唯心主义的观点。

约翰·莫尔斯和杰伊·洛希论权变管理

人们是怀着不同的需要而参加工作的，有的人需要正规化机构和条例，不需要决策和承担责任；有的人则需要自治，需要创造性机会，需要实现胜任感。

当一个目标达到后，就可以激起员工的胜任感，使之为达到新的更高的目标而努力。

约翰·莫尔斯和杰伊·洛希的权变管理思想要点如下：
（1）人们带着不同的需要和动机加入组织，但最主要的是实现其胜任感；
（2）当工作任务的性质与组织结构相适合时，员工的胜任感最容易得到满足；
（3）人们的胜任感可以持续不断地被激励；
（4）由于人的需要不同，能力各异，对不同的管理方式会有不同的反应，因此并没有一套适合于任何时代、任何组织和任何个人的普遍行之有效的管理方法。

（二）企业流程再造管理思想

🎬 流程再造故事

海尔流程再造故事

20 世纪 90 年代末，尽管海尔已经跨出国门走向世界，但客户满意度、速度以及差错率三项指标与国际化大公司仍有较大距离。究其根源在于企业产品多元化后的海尔内部组织结构设置不合理，市场信息不能迅速有效地传递，造成与市场对接效率低，从而引发库存和不良资产增加，用户需求不能得到极大的满足。摆在海尔面前的是对其业务流程进行根本性的再思考与设计，让所有的环节都能够有效运作。为此，海尔首先精简了企业的组织机构，将原来各自分散的部门进行整合，实施统一对外原则，如对外洽谈销售、账款以及零部件采购等。整合后海尔统一向市场客户开发产品、生产、采购零部件。其次，整合外部资源。海尔原有供货商质量参差不齐，公司为此借助网络力量在全球范围内进行优化淘汰。最后，也是最为关键的一步，让所有的环节流动起来，如企业原来的职能管理部门不再是传统意义上的管理职能，更是一种支持流程的搭建；推动企业整个流程旋转运作的不再是行政指令，而是相互间平等的买卖关系、服务关系和契约关系等。经过流程再造后，海尔从接到客户订单到采购、制造、配送的全过程，只需行业内一般企业的1/3时间。

海尔流程再造故事告诉我们，现代企业流程要适应市场需求发展变化的环境，企业的流程再造改变了传统的组织管理方式，以工作任务来管理、考核、激励员工已成为一种"守旧"的思维，企业的流程再造需要考虑顾客、市场竞争和员工自我发展的需求。

西方国家企业流程再造故事早在20世纪70年代就有出现。迈克尔·汉默（Michael Hammer）研究了企业流程再造。

名家生平与论述

迈克尔·汉默生平

迈克尔·汉默（1948—2008），美国著名的管理学家，出生于1948年，先后在麻省理工学院获得学士、硕士和博士学位。曾在IBM担任软件工程师，麻省理工学院计算机专业教授。1990年，汉默在《哈佛商业评论》上发表了一篇名为《再造：不是自动化，而是重新开始》的文章，率先提出企业再造的思想。1993年，他和詹姆斯·钱皮（James A.Champy）合著的《再造企业：经营革命宣言》出版。凭借其再造理论及对美国企业的贡献，《商业周刊》称誉汉默博士为"20世纪90年代四位最杰出的管理思想家之一"，1996年《时代》杂志又将汉默列入"美国25位最具影响力的人"的首选名单。

迈克尔·汉默和詹姆斯·钱皮论企业再造

在同这个流程有关的众多人员中，没有一个人能向客户讲清楚：购货订单现在在哪个部门，什么时候能把它转交到某个部门？执行订单涉及的人很多，但没有一个人，也没有一个职能部门对整个流程负责。

公司以任务为导向安排工作岗位的做法已属过时，取而代之的是以流程为中心去安排工作。

现在，做出决定成了操作的组成部分，过去由管理人员干的一部分工作，现在由工作人员自己来做。

资料来源：迈克尔·汉默，詹姆斯·钱皮.企业再造：企业革命的宣言书［M］.王珊珊，等译.上海：上海译文出版社，2007.

迈克尔·汉默、詹姆斯·钱皮的论述简明地解释了流程再造思想。其要点如下：

传统的企业结构实行专业分工并把整个流程分割得十分零碎，这种结构由于遏制了企业内的革新和创造而使自身不断趋于僵化。为此，企业必须从根本上重新思考已形成的信念，企业再造要从流程着手，要彻底改变"人去适应分工、适应流程"的物本管理思想，重新奠定"流程或作业适应于人""管理服务于人"的人本管理思想。

同期,彼得·圣吉(Peter M.Senge)出版的《第五项修炼——学习型组织的艺术与实务》一书提出了类似观点。彼得·圣吉认为,"真正的学习,涉及人之所以为人这一意义的核心。透过学习,我们重新创造自我,透过学习,我们能够做到从未能做到的事情,重新认识这个世界及我们跟它的关系,以及扩展创造未来的能量。"

第三节 组织管理思想

一、马克斯·韦伯的行政组织理论

(一)科层制组织理论

科层制组织管理故事

王石的万科公司组织管理故事

"当你仰视着我,你看到的王石只是一个符号,这个符号充斥着被世俗反复夸耀的成功,却跟我毫无关系。"在最新拍摄的广告片中,王石以平缓的语气讲述着一个被世人误解的自己。不管是 2008 年汶川地震中当中的"捐款门",还是留学海外之后关于其与万科总裁郁亮之间的分歧传闻,作为房地产行业明星人物的王石,总是容易被动地陷入各种各样的传闻中。王石有微博,但他只关注了 65 个人,而且其微博的内容也大多只关乎自己生活的足迹,似乎与其在万科董事长的角色毫无关系。2010 年之后,即王石留学海外的第一年,万科一改以往专注住宅地产的发展模式,开始涉足商业地产领域。尽管万科管理层解释,万科的商业是为了住宅而商业,跟其他开发商是完全不同的取向,但如此重大的转型在"王石时代"显然是不可想象的事情,坊间为此流传着王石董事长与管理团队之间存在分歧的各种传闻。对于这些似真似假的传闻,王石的回应简洁而明确,在他看来,问题不在于有没有分歧,而在于如何对待这些分歧,"只要不是致命的,即使你认为这个决定不是你的意图,你也要尊重,这样对万科下一代管理团队的成熟、成长才有帮助。"作为万科的董事长,王石认为董事长最重要的是把握什么样的事情。"第一个是战略上的把握,这更多是董事会层面的;第二个要把握的是,确定了事情之后让谁去做,这是用人方面的选择;第三个是,公司出了问题要承担责任"。在管理放权方面,王石也提出了三个逻辑:第一个是要允许部下犯错,你如果死死管着他,他就始终不能成长;第二个是部下要比你还专业,每一次交换意见时,你被他启发,你就会感到幸福;第三个是要让自己"从超人变成普通人"。

资料来源:中国经营报,2012 年 4 月 5 日。

王石的万科公司组织管理故事体现了科层制组织管理思想。王石,万科公司董事长。他与管理团队有分歧,但这并不重要。重要的是,管理团队应各司其职。万科公司科层制组织是现代企业基础的组织制度。20 世纪初期,马克斯·韦伯就对科层组织结构做了深入系统研究。

名家生平与论述

马克斯·韦伯的生平

马克斯·韦伯（1864—1920），德国著名政治经济学家、社会学家，出生于德国图林根的埃尔富特市。1882年，马克斯·韦伯考入海德堡大学；1889年在柏林获法学博士学位。1894年，韦伯在柏林洪堡大学开始教职生涯，并随后于维也纳大学、慕尼黑大学等大学任教。马克斯·韦伯是现代社会学的重要奠基人之一，他在组织管理方面有关行政组织的观点对社会学家和政治学家都有着深远的影响。他不仅考察了组织的行政管理，而且广泛地分析了社会、经济和政治结构，深入地研究了工业化对组织结构的影响。马克斯·韦伯著述领域甚广，包括了社会学、哲学、政治学、经济学、法学、管理学、历史学，乃至宗教与艺术等多个领域。其代表作品有《社会和经济组织理论》《新教伦理与资本主义精神》《经济与社会》等。

马克斯·韦伯论科层制

官僚制结构不过是家长制之理性转化的对照版，它是基于理性律则的体系，是致力于以通常的手段来满足可预算的持续性需求的一个结构体。

在一个现代的国家里，真正的统治既非在议会的演说中，也非在君主的告示里，而是在日常生活中行政管理的处置上，发挥作用，它必然地和不可避免地掌握在官员的手中。

马克斯·韦伯的科层制组织理论要点如下所示。

（1）任何组织都必须以某种形式的权力作为基础，没有某种形式的权力，任何组织都不能达到自己的目标。而人类社会一般存在着传统权力、超凡权利和法定权力三种为社会所接受的权力。

（2）只有法定权力才能作为行政组织体系的基础，其原因在于：管理的连续性使管理活动必须要有秩序地进行；以"能"为本的择人方式为法定权力的行使提供了理性基础；组织中领导者的权力应受到约束。

（3）理想的组织体系应具有明确的分工、自上而下的等级、职业的管理人员、对规则和纪律的遵守以及成员之间非人格化关系等突出特征。这些特征可以使得组织表现出高度的理性化，其成员的工作行为也能达到预期的效果，组织目标也能顺利达成。

（二）马克斯·韦伯科层制组织管理思想评论

马克斯·韦伯对理想的官僚组织的描绘，为组织建立和运行指明了一条制度化的准则，这是他在管理思想上的最大贡献。但如同所有古典管理学理论家一样，在马克斯·韦伯的组织管理理论中，人在管理活动中的作用仍然处于从属和被动地位，人成为组织制度和规则的附属物，生产中的人的创造性和主观能动性被压制。而且随着企业规模的日益庞大和员工需求的多方面发展，僵化的官僚体系和严格的等级制度也对组织效率的提高形成了障碍。

二、切斯特·巴纳德的社会系统理论

(一) 巴纳德的组织系统思想

🎬 **组织系统故事**

华为公司创业时期的军事化管理

在华为公司的创业初期,华为管理的军事化色彩异常突出。据说每个员工的桌子下都放有一张垫子,就像部队的行军床,供员工午休和晚上加班时睡觉用,这种做法后来被华为人称作"垫子文化"。华为还以严明的纪律著称。有一次华为在深圳体育馆召开一个6 000人参加的大会,要求保持会场安静和整洁。历时4个小时,呼机或手机没有响一声。散会后,会场的地上没有留下一片垃圾。华为的军事化管理还反映在其对于外界和传媒的刻意低调。刻意的低调使华为的员工精神高度紧张,不敢向外界透露任何信息。华为的军事化管理,使整个企业充满危机感和防范心理,员工的精神状态处于高度紧张之中。为了维护企业自身文化,华为还采用了"文化洗脑"的方式,总裁任正非的解释是,华为大部分员工受过高等教育,容易形成自己的思想和见解,如果认识不统一,就可能产生许多错误的导向,产生管理上的矛盾。靠着这种管理风格,华为赢得了创业期的辉煌,甚至还被一度推崇为中国企业文化的典范。然而,2006年,华为年轻员工胡新宇的猝死,让华为的组织管理备受质疑。《2008华为社会责任报告》中指出,2008年首次设立首席员工健康与安全官,目的是进一步完善员工保障与职业健康计划。在设立首席员工健康与安全官之前,总裁任正非也曾在公司内部多个场合发表演讲,帮助员工解决各种精神压力和思想困惑,并坦言自己在1999～2007年间曾经有很痛苦、很抑郁的经历,但最终通过多与外界交流、多交朋友等方式把自己解放了出来。

华为公司创业时期的军事化管理故事告诉我们,在创业时期,企业应当是一个严密的、系统的、有理想、有目标的、高度集中的组织。什么是组织呢?组织系统的含义是什么呢?切斯特·巴纳德(Chester Barnard)从20世纪30年代开始关注和研究组织问题。其独特的视角是社会生态系统。

🎬 **名家生平与论述**

切斯特·巴纳德生平

切斯特·巴纳德(1886—1961),出生于美国一个平民家庭,15岁成绩优异的他辍学,并从事钢琴调音师的工作,其间自学希腊语。1906年考入哈佛大学,攻读经济学,掌握了德语、法语和意大利语。1909年从哈佛毕业,由于无法参加学校要求的自然科学考试,没有拿到学士学位。1909年进入美国电话电报公司工作。1927年,巴纳德任新泽西贝尔公司总裁。1938年,巴纳德出版了著作《经理人员的职能》○,奠定了他在管理学理论发展史上的地位。然而,巴纳德在贝尔公司的经营上却并不如意。当其他电话公司都已经广泛使用自动拨号电话时,他通过精确的计算,认为只有在大型城市,自动交换机才能够产生经济效益。1947年,

---

○ 本书中文版机械工业出版社已出版。

公司接线员的一次罢工使他付出了巨大的代价,公司的财务状况开始不断恶化,巴纳德不得不离开了贝尔公司,到洛克菲勒基金会工作。1948年,巴纳德又出版了另一重要的管理学著作《组织与管理》[⊖]。由于巴纳德在组织理论方面的杰出贡献和巨大影响,他被后人尊称为"现代管理理论之父"。

切斯特·巴纳德论组织

我们的时代迎来了现代公司和劳动力组织的大潮,它们都强调个体间相互依赖、合作、管辖是社会生活的主要层面。最终,形成了个体屈从于国家、社会和经济机器的认识。这种思想已成为人们习惯性的思维,人们很少去考虑个人。

组织不过就是合作行为的集合。

当两个或两个以上的个人进行合作,即系统地协调彼此间的行为时,在我看来就形成了一个组织。

组织的每个行为同时也是某个个人的行为和他对组织所做的贡献。

资料来源:切斯特·巴纳德.组织与管理[M].詹正茂,译.北京:机械工业出版社,2016.

巴纳德有关组织的主要观点如下:

(1)组织是一个有意识地对人的活动或力量进行协调的体系。

(2)好的组织是一个协作系统,组织成员有协作的意愿意味着个人要克制自己,交出自己的控制权、个人行为和非个人化等。没有这种意愿,就不可能将不同组织成员的行为有机地结合起来,协调一致地活动。

(3)任何组织系统都包含着三种普遍的要素:协作的意愿、共同的目标和信息沟通。

(4)在组织中并存着正式组织和非正式组织,其中,非正式组织没有正式的结构,成员之间的联系非常松散,往往不能自觉地意识到共同的目的,而是要通过同工作有关的接触或者是共同的兴趣爱好产生共同目的,因而确立了一定的习惯和规范。非正式组织在信息沟通、协作意愿维持和员工个人品德以及自尊方面具有不可替代的作用。

(5)组织是一个社会有机系统。组织成员分为内部成员和外部成员。对组织做出贡献的人,都应视作组织的构成部分,因而组织成员既包括为组织"交出"了时间和劳动的雇员,又包括为组织"交出"了金钱和物资的投资者、供货者和顾客。所以,组织不仅需要进行内部协调与平衡,还要进行有效的外部协调与平衡,即企业是一个社会有机系统。

(二)巴纳德的经理人员理论

经理人员故事

"打工皇帝"唐骏的故事

1994年,唐骏进入微软总部,被分派到Windows NT开发组当了一名程序员,和微软上万名工程师一样,年薪数万美元。当时的微软,正在全球范围内推广Windows操作系统,各国语言不同,许多源代码都需要在英文版的基础上重新改写,微软为此组建了300多人的

⊖ 本书中文版机械工业出版社已出版。

开发团队。即便如此，其中文版的产品依然要在英文版之后推迟大半年才能上市。进入微软几个月的唐骏，暗自决定改变这种事倍功半的状态，于是利用业余时间在家里重新设计软件架构，编写了几万行代码，自己检验成功之后，拿到了老板面前。3个月后，唐骏的方案被微软总部接纳，300多人的开发团队压缩成数十人，唐骏本人也在进入微软一年之后快速升迁为"开发经理"。

1997年年底，微软开始将发展的眼光投向了中国，已经任微软Windows NT开发部门高级经理的唐骏主动请缨，回到中国创办大中国区技术支持中心。3个月后，技术中心开始运转。6个月后，技术中心各项运营指标已位居微软全球五大技术支持中心之首，唐骏荣获比尔·盖茨总裁杰出奖，这是微软公司内部的最高荣誉。一年之后的1999年7月，中国区中心正式被提升为亚洲技术中心。2001年10月，亚洲技术中心升级为微软全球技术中心。4年时间里，唐骏顺利完成了"三级跳"。2002年3月，唐骏出任微软中国总裁，年薪上千万人民币。

2004年2月，唐骏受邀担任盛大公司总裁。此前，唐骏以名誉总裁的身份从微软中国"退休"。上任当天，微软全球副总裁陈永正、盛大董事长陈天桥双双出面，隆重举办了一场皆大欢喜的"跳槽仪式"。这样的待遇，在国内经理人圈内绝无仅有。在出任盛大总裁几个月之后，唐骏便一手负责盛大这个全球最大网游运营商的全程上市路演，根据和盛大的合约，唐骏拥有260多万股的盛大股票期权，执行价格为发行价11美元。短短半年时间，盛大股价居然一路飙升至40美元上下，按此计算，唐骏拥有的期权潜在价值高达数亿人民币。因为这个，唐骏被大家称为"中国第一职业经理人""打工皇帝"，没见过一个打工者，能像他挣得这么多！

资料来源：http://www.qncye.com/2010/0712/52343.html。

唐骏为什么能够在不到10年的时间内成为微软中国总裁？为什么盛大公司会高薪引进唐骏？为什么会有一场针对唐骏皆大欢喜的"跳槽仪式"？巴纳德的解释非常有趣。

名家生平与论述

巴纳德论经理人员

从人事的角度来看，实现组织目标只能排在第二位，不过它和发展个人这个目标同样重要。这两个目标结合在一起才是整个经理和人事的合理目标。

主管人员是组织体系或协作体系中最关键的因素。主管人员的三项职能：①提供信息交流的体系；②促成个人付出必要的努力；③提出和制定目的。

资料来源：切斯特·巴纳德. 经理人员的职能 [M]. 王永贵，译. 北京：机械工业出版社，2013.

巴纳德关于经理人员的理论观点主要包括如下内容。

（1）只有当组织给个人的报酬大于或等于个人为组织做出的贡献时，个人才可能愿意为组织目标的实现做出个人的努力和贡献。

（2）经理人员的核心职责就是协调个人目标与组织目标之间的矛盾。在一个企业中，经理人员的作用就是作为一个信息相互联系的中心，并对组织中的各个成员的活动进行协调，以便使组织正常运转，实现组织的目标。因此，企业经理人员的基本职能包括：提出和制定组织目标、建立和维持信息交流系统、促成组织员工付出必要的努力，而且三项职能之间相互支持和影响。

（3）巴纳德权威观。权威由作为下级的个人来决定，给予了一种自下而上的解释。如果经理人员的指示得到执行，那么执行人身上就体现了权威的建立，如果没有执行则说明他否定了这种权威。组织中经理人员的权威分为"地位权威"和"领袖权威"，前者指权威来自正式组织的法定授权，而后者则指权威来自对指令发出者个人能力的尊重和信任。

（4）组织协调十分重要。员工接受经理人员指令的条件包括：员工能够并真正理解指令；员工相信指令与组织的宗旨相一致；员工认为指令与他的个人利益不矛盾；员工在体力和精神上是胜任的。

（5）巴纳德的领导行为观。首先，领导力是领导者、服从者以及环境条件三者变量的函数，因此没有任何一个领导者能适合所有的管理情景；其次，领导者应具备包括活力和忍耐力、决断力、说服力、责任感、智力水平在内的五大重要素质；再次，领导工作的本质就是要务实，能看到行动的必要性，即使行动的结果不可预见；最后，领导者要有理想，能够为组织设定一个高远、长期、可行的目标。

三、组织管理思想的进一步发展

组织决策故事

海尔公司的"人人创客"战略

在中国，"无人工厂"概念被提及了十多年，然而真正付诸实践的企业却并不多。在海尔公司总裁张瑞敏看来，互联网时代并不是"我做什么、怎么让顾客来了解和接受"，而是用户和企业必须融为一体，所以互联网最重要的是零距离、去中心化、分布式。企业必须和用户融为一体，满足用户的最佳体验。先了解用户需求，制作出模型再交互，了解用户痛点再进行迭代升级，让用户真正参与到产品的研发和升级迭代中，提升用户认知度及产品口碑。为了方便交互，海尔前期储备了大量的客户资源，公司可以通过海尔商城、销售渠道、设计师团队、QQ群和微信公众号等平台与用户交互。海尔公司的"帝樽"空调是一款典型的互联网交互产品，或者说，是一款团队与用户"共创"的产品。海尔创客雷永锋及其研究团队，在海尔"帝樽"空调的设计、研发、制造和更新换代等全生命周期中，以一种开放交互的姿态，让消费者全程参与，既在网上与用户互动产品创意和用户体验，又在用户一线面对面摸清消费者需求，然后，全力整合一流供应商、全球合作方等内外部生态圈资源，一举创造出了超越用户期待的"帝樽"空调等产品解决方案。这一系列产品，颠覆性地刷新了消费体验，而又迭代性地成为新的行业标杆。雷永锋仅仅是个普通的海尔员工，但他身上早已没有了传统管控型企业状态下，被管理、被驱动的影子。他是创客，在海尔开放的平台上，他体现着真正的企业家精神——人人成为自己的CEO。

资料来源：http://www.rmlt.com.cn/2015/0729/396777.shtml。

从海尔公司的"人人创客"战略故事中看出，在面临着信息的海量化和碎片化，消费者需求个性化和多元化的情形下，企业需要调动内外部的多个主体的积极性，企业内部人人都可能是管理者，他们的决策行为直接影响着企业经营管理目标的实现。组织如何做出决策？决策者是谁？赫伯特·西蒙给出了有趣的解读。

名家生平与论述

赫伯特·西蒙生平

赫伯特·亚历山大·西蒙（1916—2001），美国心理学家，卡内基-梅隆大学知名教授。1916年出生于美国威斯康星州密尔沃基市的一个犹太家庭。1942年，西蒙担任了伊利诺斯理工学院政治系教师，并于1943年获得芝加哥大学的哲学博士学位。1949年，西蒙应邀来到卡内基-梅隆大学，先是任行政学与心理学教授（1949～1955年），后来任计算机科学与心理学教授终生。西蒙作为该大学工业管理研究生院的创办人之一，开创了组织行为和管理科学两大学术领域的研究，承担了组织理论家、管理科学家和商学院行政管理者的工作，他指导并帮助该研究生院成为美国最好的商学院之一。西蒙的博学足以让世人折服，他获得过9个博士头衔。西蒙因其在学术上的贡献和影响获得了多项顶级荣誉，如1975年的图灵奖、1978年的诺贝尔经济学奖、1986年的美国国家科学奖章和1993年美国心理协会的终身成就奖。

赫伯特·西蒙论组织决策

决策制定者是在关键抉择时刻，在十字路口选定最佳路线的人。

程序化决策和非程序化决策并非截然不同的两类决策，而是一个像光谱一样的连续统一体。

一个组织的三层结构，最下层：基本工作过程；中层：程序化决策制定过程；上层：非程序化决策制定过程。自动化通过对整个系统进行较为清晰而正规的说明，将使各层次间的关系更清楚、更明确。

资料来源：赫伯特·西蒙.管理决策新科学［M］.北京：中国社会科学出版社，1960.

赫伯特·西蒙的论述表明，组织决策理论要点如下所示。

（1）西蒙认为，在传统管理理论中，"经济人"拥有完全的理性，时刻在追求自己利益的最大化。在决策过程中，"经济人"能够通过理性找到所有的可选方案，同时也能考察到每一决策可能导致的全部复杂后果，而且还有一套前后一致的价值体系作为备选方案的选择准则。事实上，知识的无限性和变动性决定了决策者不可能具有完备的知识，而且决策者的偏好也会发生变化，因而人是有限理性的。基于此，针对决策过程中经济人假设提出的"最优化"选择，西蒙提出了"满意决策"的概念作为决策原则。

（2）在"有限理性"的基础上，西蒙提出，组织是具有某种决策能力的人类有机体，是人们一连串决策功能活动的分化与组合。组织的所有阶层都有决策行为，组织成员都是"决策人"。进一步地，组织本身的结构等因素成为组织中个体成员的认知对象，进而影响到经理和管理人员以及他们群体行为的选择。

（3）组织是组织成员之间信息沟通与整体相互关系的复杂模式。组织向每个成员提供决策所需要的大量信息和决策前提、目标及态度，向每个成员提供一些稳定的可以理解的预见，使他们能预料到其他成员将会做哪些事，其他人对自己的言行将会做出什么反应。

第四节 案例

一、台塑集团的经营管理

台塑集团是台湾地区最大的民营制造业集团之一，为台湾地区第二大民营企业，在台湾石化界及整个企业界具有举足轻重的地位。台塑集团经营范围十分广泛，包括炼油、石化原料、塑料加工、纤维、纺织、电子材料、半导体、汽车、发电、机械、运输、生物科技、教育与医疗事业等。尤其是在石化工业领域，建立起从原油进口、运输、冶炼、裂解、加工制造到成品油零售等一体化的完整产业链。台塑集团目前旗下辖南亚、台塑石化、塑胶工业、南亚科技、华亚科技等十多家核心二级企业集团，分别进行独立核算。其中台塑石化跻身进入世界500强企业。2011年，台塑集团营业额合计2 2632亿新台币（约800亿美元），营业利润约2 500亿新台币（约90亿美元）。台塑集团经营稳健，持续几十年保持了高额利润与效益。

1954年，创始人王永庆先生和商人赵廷箴合作，筹措了50万美元的资金，创办了台湾岛上第一家塑胶公司。3年以后建成投产，但果然如人们所预料的，企业立刻就遇到了销售问题。首批产品100吨，在台湾只销出了20吨，明显地供大于求。按照生意场上的常规，供过于求时就应该减少生产。可王永庆却反其道而行之，下令扩大生产。这一来，连他当初争取到的合伙人，也不敢再跟着他冒险了，纷纷要求退出。精明过人的王永庆，竟敢背水一战，变卖了自己的全部财产，买下了公司的全部产权，使台塑公司成为他独资经营的产业。与很多人的判断不同，王永庆认为产品滞销的原因是因成本导致的价格过高，因而如何降低产品的成本是关键。第二年，王永庆又投资成立了塑胶产品加工厂——南亚塑胶工厂，直接将一部分塑胶原料生产出成品供应市场。事情的发展，证明了王永庆的计算是正确的，随着产品价格的降低，销路自然打开了。自那以后，王永庆塑胶粉的产量持续上升，从最初的年产1 200吨，发展到100万吨，使台塑集团成了世界上最大的PVC塑胶粉粒生产企业。

在60多年的经营管理过程中，台塑集团形成了具有鲜明特色的经营管理理念和方式。首先是利润中心的管理模式。台塑集团主张给予下属充分的自主权，使其能够承担该单位经营绩效的责任，使管理者摒弃官僚作风并确保以企业家精神做事，同时也十分强调员工自主管理，以期透过个人能力的发挥来提高集团整体绩效。在台塑，产销活动基本上是以事业部为单位展开的。事业部以事业部经理为中心，独立运作，自主经营，独立核算，自负盈亏。随着各事业部规模的不断壮大，产品种类越来越多，为使其经营责任更加明确、合理，王永庆遂下令将在各事业部内，以厂别或产品类别再划分为若干个"利润中心"，独立核算其损益，衡量其经营绩效，以便各单位甄别各自的责任归属。随着利润中心过大的产销范围不利于计算并降低成本，王永庆又将利润中心再调整细分为针对直接生产部门的"成本中心"和非直接生产部门的"费用中心"。台塑集团有上千个利润中心、上万个成本核算中心。

其次，一日一结算的财务核算管理制度。台塑实行一日结算制度，得益于30年前台塑开始的电算化财务核算管理系统，与统筹性经营管理体制，确保了王永庆"一日结算制度"得以贯彻，公司报表第二天早上就会摆在王永庆桌上，以便他能时刻掌握企业经营的实际状况。自 2000 年 5 月开始，台塑推行一日结算，并一直沿用至今。它对企业管理层及时准确地掌控台塑集团旗下企业的经营状况与动态信息，起到了至关重要的作用。一日结算的本质，不仅在于计算机的速度和财务人员的努力，更是涉及了整个企业的流程改善、表单简化、电脑作业处理和作业的合理优化。也就是说，它是整个企业管理综合水平的一个体现。王永庆曾这样描述："每月的 1 日上午 9 点，我的桌上必然会端端正正地摆放着上个月所有公司的营业额、盈利状况与即时库存等财务图表。"很多企业家听完之后觉得简直难以想象，国内几乎没有一家大型企业能够做到这样。

再次，"以心为本"的经营管理理念。王永庆先生认为，台塑集团的永续经营的基础是"人心永续"，而又是以"责任永续"为根基的。在台塑，王永庆把关注员工放在第一位，把经营责任（自主经营，释放员工智慧）的落实放在第一位。他认为：①员工的能力和努力是台塑赖以生存的基础。王永庆主张激发员工的切身感，并由员工自己主动去实现集团所提供的各种机遇和目标，并常鼓励员工要更加理智地，而不是更加辛苦地去把每一项工作做得更好。②台塑建立的一整套制度是劳资和谐的保证。王永庆一向主张提高员工福利，并注重透过与实现目标有关的效能和与投入产出有关的效率来制造一种氛围，有秩序地增加员工的满足感。他认为确保员工的满足感，是管理富有成效的一个组成部分，员工要有足够的满足感才能留在台塑集团继续工作。"勤则寿，逸则夭"，王永庆说："当企业发展至某一规模时，其领导层因为有所成就而趋于安逸，上行下效，于是大家一齐放松。如果你心不在焉，企业就会垮掉。"王永庆认为承受适度的压力，甚至主动迎接挑战，更能充分体现出一个人的旺盛生命力，因此无论对人还是对己，王永庆都提倡严格要求。据说，台塑集团的主管人员最怕"午餐汇报"。王永庆每天中午都在公司里吃一顿便饭，用餐后便在会议室里召见各单位主管，先听他们的报告，然后提出很多犀利而又细微的问题。主管人员为应付这个"午餐汇报"，每周工作时间不少于 70 小时，他们必须对自己所管辖部门的大事小事十分清楚，对出现的问题做过真正的分析研究，才能顺利"过堂"。王永庆本人每周工作 100 小时以上。由于坚持事无巨细的工作态度，再加上习惯于刨根问底，庞大的台塑集团完全在王永庆的掌握之中，他对企业运作过程的每一个细节都能了如指掌。

最后，经营理念是企业真正长盛不衰的灵魂。王永庆先生认为，企业没有理念，制度就没有灵魂；没有制度，责任心就没有根基；没有责任心，管理就没有效率。台塑集团的经营理念，归纳起来就是："以勤奋、严谨、务实的态度，针对企业经营涉及的各个环节，都能追根究底，点点滴滴追求一切事务的合理化，并且以'止于至善'作为最终的努力目标。"他还在一次演讲中这样说道："经营理念和企业之间的关系就像是人的心灵与肌肤一样，只有在彻底地融为一体之后，人才是一个有生命力的人。"⊖

二、讨论题

（1）结合案例，你认为企业管理的核心问题是什么？
（2）你认为台塑集团经营管理的成功之道是什么？

⊖ 根据 http://blog.sina.com.cn/s/blog_4a59cec40102dzhn.html，http://baike.baidu.com/ 整理。

○ 本章要点

1. 科学管理理论认为，只有用科学化、标准化的管理替代传统的经验管理，才能实现最高工作效率。但科学管理理论关注的问题主要集中于如何提高工人与自然物质资本的结合效率，过于注重物质激励对企业员工工作积极性刺激，将员工视为"经济人"，忽视了企业中人与人之间的关系对企业经营管理效率的影响。

2. "霍桑实验"开启了管理学理论发展新的篇章，其核心价值和理念就是管理活动要重视人的社会属性，要关注员工的全面发展需求。人际关系学派强调了对员工社会需要的重视。从需要层次理论、双因素理论、超Y理论到企业流程再造、学习型组织理论，无一不体现了管理活动对人的重视，人本管理的思想源远流长。

3. 马克斯·韦伯为组织建立和运行指明了一条制度化的准则，但在他的组织管理理论中，人在管理活动中的作用仍然处于从属和被动地位，人成为组织制度和规则的附属物，生产中的人的创造性和主观能动性被压制。巴纳德认为组织是一个协作系统，经理人员的职责十分重要。西蒙在有限理性和满意原则下讨论了组织决策，提出了管理即决策的著名论断。

○ 关键术语

科学管理　　行为关系学说　　需要层次理论　　双因素理论　　超Y理论
科层制　　组织系统　　有限理性　　满意原则

○ 延伸阅读

1. 弗雷德里克·泰勒.科学管理原理[M].马风才, 译.北京：机械工业出版社, 2007.
2. 切斯特·巴纳德.组织与管理[M].詹正茂, 译.北京：中国人民大学出版社, 2009.
3. 赫伯特·西蒙.管理行为[M].詹正茂, 译.北京：机械工业出版社, 2014.
4. 威廉·大内.Z理论[M].朱雁斌, 译.北京：机械工业出版社, 2013.
5. 彼得·德鲁克.卓有成效的管理者[M].许是祥, 译.北京：机械工业出版社, 2009.
6. 迈克尔·波特.竞争战略[M].郭武军, 刘亮, 译.北京：华夏出版社, 2012.
7. 彼德·圣吉.第五项修炼：学习型组织的艺术与实务[M].郭进隆, 译.上海：上海三联书店, 2003.
8. 大前研一.无国界的世界[M].凌定胜, 张瑜华, 译.北京：中信出版社, 2015.
9. 斯蒂芬妮·巴恩斯, 尼克·米尔顿.知识管理战略制胜[M].曹丽蓉, 等译.北京：电子工业出版社, 2016.

○ 相关网址

1. 中国管理科学研究院, http://www.zhongguanyuan.org.cn/
2. 中国管理现代化研究会, http://www.mrscn.com/

第七章

领导者、战略与管理职能

学习要点

- 学习和理解领导的概念和领导者的概念
- 学习和理解战略的概念、特征
- 学习和理解战略类型
- 学习和理解管理职能

管理是经济社会发展活动的常态。每个人、每个家庭、每个企业或其他组织都有管理问题。有管理问题就有如下问题：谁来管理？谁被管理？用什么方法管理？哪些管理方法更有效？等。管理过程包括领导、战略、决策、计划、组织、控制。

领导者是管理过程的发起者、指挥者、策划者、组织者、计划制订者、控制者。企业家故事、管理大师的论述常常刻画着领导者的领导行为，领导者的素质。读者通过阅读通用电气首席执行官（CEO）韦尔奇、阿里巴巴公司创始人马云的故事，管理大师孔茨的论述，就会感知到企业领导者的意蕴、素质。近二百年来，层出不穷、各行各业、不同时代的企业家群体书写着领导行为图谱，讲述着领导多样性、领导规则、领导能力、领导方式。这就是第一节讨论的问题。

战略是最高领导者的基本职责和日常行为。战略事关全局、组织发展方向、核心业务等事务的理念、使命、谋划和实施。美国著名汽车制造商福特公司的战略故事首先带你体验一下战略的意涵；战略大师安索夫的论述使你豁然开朗。跨国公司500强的战略多姿多彩，战略理论大师提出的低成本战略、差异化战略、多元化战略等各种理论引领每一位读者领略战略理论的丰富性。这就是第二节的内容。

除了领导职能外，管理还有决策、计划、组织、控制等基本职能。三峡大坝决策故事、印尼阿斯拉特国际公司的决策故事讲述了不同决策者的决策故事。企业管理决策层级、企业管理决策方式、决策影响因素等都是决策理论要研究的问题。赫伯特·西蒙关于决策的著述颇丰。读者在第三节可领略一二。计划是让管理行为有序的必要行动。一个伟大的职业经理人都是计划制订、执行的高手。计划制订、计划执行、计划执行评估等都是企业管理者要掌握的管理技巧。读者可在第三节阅读这些内容。

第三节还讨论了组织理论的问题。组织的故事，尤其是组织理论大师西蒙的论述，会使每个读者体会组织的意涵。

第四节是一个案例。授课的老师和读者可直奔此节，阅读这个案例。

第一节 领导者

一、什么是领导和领导者

(一) 什么是领导

领导故事

这个先例能不能开

凤凰印染厂一向以纪律严明而远近闻名，该厂对规章制度的执行和考核一丝不苟，对领导和群众一视同仁，真正体现出了制度面前人人平等。但是，最近发生的一件事，却使一向执"法"如山的厂领导犯了难。

事情是这样的，该厂整理车间有一名叫石秀兰的青年女工，姊妹五人，她排行老大，下面还有四个未成年的弟妹，母亲不久前不幸病故，父亲瘫痪在床已经好几年了，生活不能自理，而石秀兰本人的工作是三班倒，她常因家务拖累迟到、早退，按照厂里的规定，她每月的奖金都没拿全过，有几个月甚至被扣发了部分工资，这更使经济拮据的石家雪上加霜。生活、工作两副重担压在这个年轻姑娘的肩上。石秀兰所在车间的工会小组把她的情况向厂领导做了反映，要求厂里对石秀兰区别对待，对她迟到、早退的行为免扣奖金。厂长孙志才把这件事拿到厂务会上讨论，征求其他领导同志的意见。这不，孙厂长刚把事情原委介绍完，大家就议论开了……究竟这个先例能不能开，大家众说纷纭。

有人对石秀兰的行为表示不满，因为她不遵守工厂的纪律，影响工作进度；有人表示理解，因为一家人的生活重担都压在她身上，希望厂里能够原谅她的迟到、早退行为，给她一些照顾。大家各执己见，在自己的立场上都有充分的理由，于是大家都把最终的决定权交给厂长孙志才。

<small>资料来源：根据《凤凰印染厂案例集》改编。</small>

思考：根据这个先例能不能开的案例，试概括出领导是什么？

名家生平论述

杰克·韦尔奇生平

杰克·韦尔奇（Jack Welch），1935年11月19日出生于马萨诸塞州塞勒姆市，在伊利诺伊大学获得化学博士学位，45岁时成为通用电气历史上最年轻的董事长和CEO，被誉为"最受尊敬的 CEO""全球第一 CEO""美国当代最成功最伟大的企业家"。在他的领导下，通用电气的市值由他上任时的 130 亿美元上升到了 4 800 亿美元，也从全美上市公司盈利能力排名第十位发展成位列全球第一的世界级大公司。

杰克·韦尔奇论领导

杰克·韦尔奇说："从监视者、检查者、乱出主意者和审批者，转变为提供方便者、建议者、业务操作的合作者。"

文献来源：杰克·韦尔奇，约翰·拜恩. 杰克·韦尔奇自传［M］. 曹彦博，孙立明，丁浩，译. 北京：中信出版社，2010 年.

由韦尔奇的论述来看：领导，是指在社会管理活动中具有影响力的个人或集体，在特定的组织结构中，通过示范、说服、命令等途径，动员组织成员以实现组织目标的过程。领导的内涵有：

（1）领导就是指挥。指挥就是在团体活动中帮助组织成员认清所处的环境与形势，指明活动的目标和实现的途径，从而最大限度地实现组织的目标。

（2）领导就是激励。激励就是引导组织成员满腔热情地为实现组织目标而努力，实现组织目标与个人目标相结合，这就需要领导者最大限度地调动成员的积极性，激发他们的工作热情，鼓舞他们的斗志，充分发掘他们的工作动力。

（3）领导就是协调。组织活动是一个集体活动，在集体活动中存在着各种复杂的关系，人与人之间、部门与部门之间会不可避免地产生各种矛盾冲突，影响着组织目标的实现，这就需要领导者协调各方面的关系，解决各方面的矛盾冲突，领导成员团结一致地实现组织目标。

（二）什么是领导者

领导者故事

我们身边的领导者——走进红杉

风险投资家通常在企业遭遇困难的时候过于苛刻，在进展顺利的时候又过于匆忙地套现退出，但红杉资本反其道而行之，这也许是它备受创业者追捧的原因。

作为风投公司红杉资本（Sequoia Capital）的管理合伙人，道格拉斯·莱昂内（Doug Leone）在第一次来到纽约州弗农山时，感到茫然无措。几年后，莱昂内开始找到人生的方向。"十几岁时，我在船上打暑期工，挥汗如雨地埋头苦干。"莱昂内回忆说，"我可以看到对岸乡村俱乐部游泳池里的孩子们。年轻的男孩与女孩聊天谈心。我对自己说，'我迫不及待想和你们在商业世界里相见。你们刚刚犯下了大错，那就是让我进来了。'"

自从 1972 年创立以来，红杉资本投资了很多创业公司，现在市值之和达到惊人的 1.4 万亿美元，相当于纳斯达克总市值的 22%。其中的大牌公司从 1980 年上市的苹果（Apple）开始，包括了甲骨文（Oracle）、思科（Cisco）、雅虎（Yahoo）、谷歌（Google）和 LinkedIn 等巨头。

在红杉资本的办公室，具有历史意义的 IPO 文件被塞进外观乏味、质量普通的裱框。红杉资本合伙人并不喜欢奢华的私人办公室，而是喜欢在宽敞的开放式大厅里，在站立式办公桌上埋头苦干。廉价的塑料垃圾桶装点着会议室。仿佛红杉资本的合伙人们没有充分意识到他们很有钱。

在红杉资本里面,并不只有一个道格拉斯·莱昂内这样不断奋斗的领导者,还有很多出色的领导者不断推动创新企业的发展,最终取得自己的成功。事实上,每一个成功的领导者的成功都不是偶然的,在他们身上,我们总会找到属于领导者的特质。

案例来源:根据http://wenku.baidu.com/view/7ec110650b4e767f5bcfce05.html 改编。

思考:红杉资本的故事描述了红杉资本公司的领导者是一个奋斗者,还是一个开放者。那么领导者是什么?领导者有哪些素质?领导者有哪些特征?

名家生平与论述

哈罗德·孔茨生平

哈罗德·孔茨(Harold Koontz,1908—1984),美国管理学家,管理过程学派的主要代表人物之一,1935 年获得耶鲁大学哲学博士学位。他兼任过加利福尼亚大学洛杉矶分校管理学院的管理学教授、美国管理科学院院长、行政管理研究所所长、行政管理研究公司总裁、捷尼斯科公司董事会主席等职务。

孔茨的著作《管理学》是西方企业管理过程学派的代表作之一。孔茨很强调管理的概念、理论、原理和方法,认为管理工作是一种艺术,它的各项职能可以分成五类,即计划、组织、人事、指挥和控制,组织的协调是五种职能有效应用的结果。

资料来源:傅夏仙.管理学[M].杭州:浙江大学出版社,2009.

孔茨论领导者

孔茨认为,领导是领导者促使其下属充满信心、满怀热情地完成他们的任务的艺术。

资料来源:哈罗德·孔茨.管理理论的丛林[M].北京:中国对外翻译出版公司,1988:373.

由孔茨的论述可以看出:领导者指居于某一领导职位,拥有一定领导职权,承担一定领导责任,实施一定领导职能的人。其内涵是:

(1)领导者是创业家或企业家;
(2)领导者是伟大的学习者;
(3)领导者是值得信任的人;
(4)领导者是伟大的演说家;
(5)领导者是具有高超协调技巧和能力的人;
(6)领导者是集职务、权力、责任和利益于一身的人。

(三)领导方式

领导方式故事

保罗的民主型管理

保罗在 1971 年从美国的一所名牌大学拿到会计专业的学士学位后,到一家大型的会计师事务所的芝加哥办事处工作，由此开始了他的职业生涯。9 年后，他成了该公司的一名最年轻的合伙人。公司执行委员会发现了他的领导潜能和进取心，遂在 1983 年指派他到纽约的郊区开办了一个新的办事处，其工作最主要的是审计，这要求有关人员具有高程度的判断力和自我控制力。尽管保罗以任务为导向，但他采取了一种民主的领导方式，他主张工作人员间要以名字直接称呼，并鼓励下属人员参与决策制定。对长期的目标和指标，每个人都很了解，但他们对如何实现这些目标的方法却不明确。

办事处发展得很迅速。到 1988 年，专业人员达到了 30 名。保罗被认为是一位很成功的领导者和管理人员。保罗在 1989 年初被提升为达拉斯的经营合伙人。他继续采用了帮助他在纽约工作时取得显著成效的同种富有进取心的管理方式。他马上更换了几乎全部的 25 名专业人员，并制定了短期和长期的客户开发计划。职员人数增加得相当快，为的是确保有足够数量的员工来处理预期扩增的业务。很快，办事处有了约 40 名专业人员。

但在纽约成功的管理方式并没有在达拉斯取得成效。办事处在一年时间内就丢掉了最好的两名客户。保罗马上认识到办事处的人员过多了，因此决定解雇前一年刚招进来的 12 名员工，以减少开支。

保罗相信挫折只是暂时性的，因而仍继续采取他的策略。在此后的几个月时间里他又增雇了 6 名专业人员以适应预期增加的工作量，但预期中的新业务并没有接来。所以又重新缩减了员工队伍。在 1991 年夏天的那个"黑暗的星期二"，13 名专业人员被解雇了。

伴随着这两次裁员，留下来的员工感到工作没有保障，并开始怀疑保罗的领导能力。公司的执行委员会在了解问题后将保罗调到了新泽西的一个办事处，在那里他的领导方式又显示出很好的效果。

资料来源：《组织行为学》，清华大学出版社，2006.

思考：保罗采取的领导方式为什么在纽约取得了成功，在达拉斯却行不通？其影响因素有哪些？试思考归纳其他的领导方式。

名家生平论述

勒温生平

库尔特·勒温（Kurt Lewin，1890.09.09—1947.02.12），德裔美国心理学家，拓扑心理学的创始人，实验社会心理学的先驱，格式塔心理学的后期代表人，传播学的奠基人之一。他是现代社会心理学、组织心理学和应用心理学的创始人，常被称为"社会心理学之父"，最早研究群体动力学和组织发展。

勒温论领导

勒温认为，不同的领导风格，会造成不同的团体氛围和工作效率。专制型的领导者只注重工作的目标，仅仅关心工作的任务和工作的效率。但他们对团队的成员不够关心，被领导者与领导者之间的社会心理距离比较大，领导者对被领导者缺乏敏感性；被领导者对领导者存有戒心和敌意，容易使群体成员产生挫折感和机械化的行为倾向。民主型的领导者注重对团体成员的工作加以鼓励和协助，关心并满足团体成员的需要，营造一种民主与平等的氛围，领导者与被领导者之间的社会心理距离比较近。在民主型的领导风格下，团体成员有较强的工作动机，责任心也比较强，团体成员自己决定工作的方式和进度，工作效率比较高。放任型的领导者采用的是无政府主义的领导方式，对工作和团体成员的需要都不重视，无规章、无要求、无评估，工作效率低，人际关系淡薄。

勒温等人试图通过实验决定哪种领导风格是最有效的领导风格。结果发现，放任型领导者领导的群体的绩效低于专制型和民主型领导者领导的群体；专制型领导者领导的群体与民主型领导者领导的群体工作数量大体相当；民主型领导者领导的群体的工作质量与工作满意度更高。

事实上，在实际的组织与企业管理中，很少有极端型的领导，大多数领导者都是界于专制型、民主型和放任型之间的混合型。

资料来源：库尔特·勒温. 人格的动力理论［M］. 王思鸣，叶鸣铉，译. 北京：北京理工大学出版社，2014.

亨利·艾利斯说："当今领导，集中到一点，就是他有能力使他的下属信服而不是简单地控制他们。"

马雅弗里将领导者分为四个类型，第一等领导：先想后听，之后又听又想，然后不听只想；第二等领导：以想为主、调查为辅，不大注意听；第三等领导：只重视听，自己缺乏思考；第四等领导：只是说，到处去说，却也不听也不想。

二、领导能力与领导方式

（一）领导能力是什么

🎬 领导者能力故事

富贵园项目的销售操盘

2013 年，盖洛普咨询公司基于全球 190 多个企业的数据，得出了一项"荟萃分析"。该分析发现了一个企业发展的链条，即"发现优势——因才适用——优秀经理——敬业员工——忠实客户——持续发展——利润增长——股票增值"。从表面上看，"优秀经理"环节最能体现领导力，但实际上从"发现优势"环节开始，领导力就已经是至关重要的因素了。

陈南苹在接手富贵园项目之前，曾担任董事长的私人助理，细心好学的她对北京、对房地产、对富贵园已经有过深入的调查研究。因此，2003 年年底，陈南苹接手富贵园后就向公司董事会提出"涨价"要求，但当时被一向求稳的董事们拒绝了。两天后，执着的陈南苹给董事会拿出了一份 20 多页的市场研究报告，在会上用了近一个小时的时间，对周边六个项目的现状、产品和价格进行了对比分析。最细致和详尽的要数产品的对比，其中涉及建筑形式、建筑高度、主力户型、房间进深、园林设计、内部配套、楼内设施、楼间距、物业费等十几个方面，用事实告诉董事会——富贵园卖低了！董事们终于被陈南苹说服了。

第二天，富贵园的单价调高了 200 元，果不其然，销售速度不但没有降反而加快了。随后的几天里，陈南苹再次把价格拉高，销售速度依旧没有受影响。就这样，富贵园在 3 个月里涨了 1 500 元／平方米，最后一次涨了 500 元／平方米。这次成功的营销策划，不仅让担心盲目涨价会影响销售速度的高层松了口气，使公司上上下下认可了陈南苹，北京的同行也因此对这个来自香港的"小女生"刮目相看。毕竟，这是陈南苹第一次操盘。

从陈南苹的故事来看，每个人都有自己的优势。作为领导者，需要有发现员工潜力的能力，领导力强的优秀管理者善于发现企业、员工及其他管理者的优势，并将其优势发挥到极致，从而推动企业的发展

资料来源：帕利普，等.企业分析与评估［M］.大连：东北财经大学出版社，1998.

思考：根据陈南苹故事指出领导者能力是什么，领导者应该具有哪些能力？

名家生平与论述

约翰·麦克斯维尔生平

约翰·麦克斯维尔（John C.Maxwell）是享誉美国的领导力和人际关系大师，是全球杰出的领导力专家、思想家，深具活力的激励演讲家，其著作创下全球超越 13 000 000 册的销售神话。

约翰·麦克斯维尔论领导能力

约翰·麦克斯维尔认为：改变组织原有领导者的思维与价值观。应该树立"以人为优先，人是你最宝贵的资产"的价值观，但现实往往是老板会要求部属"我是老板，你不听话我就开除你"。因此首先要改变的，是那些经常使用地位权威的领导人。他们要学会如何和部属产生联系、改善关系、落实真正的领导价值，而非仅仅权威与命令。

约翰·麦克斯维尔认为领导能力应该包括以下四个方面：

一是能力。这是所有领袖的基础。没有能力，不论你是多么善良的好人，还是没有人会追随你。但能力不是说你要有博士学位或担任要职，而是在你所擅长的事务中发挥你最大的潜能，因此每个人只要如此，都会有领导潜能。

二是品格。有品格不见得能成为领袖，但是没有正直的品德绝对不能成为领袖。

三是一致性。人们会追随有一贯性的领袖，他们会十分信赖他。如果一个人不一致，很多价值、信念逐渐松懈，追随者就会对领导者失望，信任瓦解。

四是激情。激情是人们维持前进的力量也是克服困难的力量，历史上许多领导者的内心有着超乎常人的激情，像甘地、德雷莎修女、曼德拉……这些领导者看似做傻事，但却有着深度的信念与价值支持，引导其向目标，向心中愿景迈进。

资料来源：约翰C麦克斯维尔.领导力21法则［M］.路本福，路卫军，译.中国青年出版社，2012.亚历山大·格罗斯.360度领导力［M］.贡晓丰，孔婧倩，译.电子工业出版社，2011.

从约翰·麦克斯维尔的论述可以做如下概括。

（1）领导能力（leadership challenge）是指一系列行为的组合，而这些行为将会激励人们

跟随领导去要去的地方，不是简单的服从。

（2）领导能力包括前瞻性洞察能力、战略方向与发展目标定位能力、管理管理者的能力、战略执行能力、组织控制能力等。

（二）领导方式

领导方式故事

克罗克的走动管理

麦当劳快餐店的创始人是克罗克，他不喜欢坐在办公室里，大部分的工作时间都用在走动管理上，即到下属各公司、部门走走、看看、听听、问问。麦当劳公司曾有一段时间面临严重亏损的危机，克罗克发现其中一个重要原因是公司各职能部门经理有严重的官僚主义，习惯躺在舒适的椅背上指手画脚、抽烟和闲聊。于是，克罗克想出一个奇招，将所有经理椅子的靠背锯掉，开始很多人骂克罗克是一个疯子，但不久大家开始悟出他的一番"苦心"，他们纷纷走出办公室，深入基层，开展"走动管理"及时了解情况，现场解决问题，终于使公司扭亏为盈。

克罗克在领导麦当劳的过程中，主要是从以下三个方面发挥作用：一是克罗克成功的应用改进领导作风的方法取得管理上的成功。

二是领导活动实践是不断变化的，原有的领导作风可能变得与环境不相适应；反之，领导作风本身也会因各种原因而发生变化，而与领导活动实践不相适应。所以，领导者应该经常地、积极主动地培养优良的领导作风，坚决、及时、不断地纠正各种不正之风。领导者应投身实践、从严要求、从我做起、改革创新、开拓进取、脚踏实地、真抓实干，反对官僚主义和形式主义，深入实际，具体指导。

三是克罗克以身作则，带动管理干部，运用"走动管理"打击官僚主义，及时了解情况，现场解决问题。

资料来源：克罗克．克罗克自传［M］．长春：时代文艺出版社，2002．

思考：克罗克作为一个领导者，采用了什么领导方式成功的领导了麦当劳的发展？试思考归纳其他的领导方式。

名家生平与论述

罗伯特·坦南鲍姆与沃伦·施密特生平

罗伯特·坦南鲍姆（Robert Tannenbaum）美国著名企业管理学家，毕业于美国芝加哥大学并获得博士学位，长期在洛杉矶加利福尼亚大学工商管理学院执教，担任人才系统开发教授，从事"人事制度的发展"研究。沃伦·施密特（Warren H.Schmidt）是加州大学洛杉矶分校的高级讲师，他辗转多个学校，先后在圣路易斯华盛顿大学、密苏里大学、斯普林菲尔德学院、尤宁学院、南加州大学等校任教。

罗伯特·坦南鲍姆和沃伦·施密特于1958年提出了领导行为连续体理论。他们认为，经理在决定何种行为（领导作风）最适合处理某一问题时常常产生困难。他们不知道是应该自己做出决定还是授权给下属做决策。为了使人们从决策的角度深刻认识领导作风的意义，他们提出了下面这个连续体模型。

领导风格与领导者运用权威的程度和下属在做决策时享有的自由度有关。连续体的最左端表示的领导行为是专制的领导；连续体的最右端表示的是将决策权授予下属的民主型的领导。在管理工作中，领导者使用的权威和下属拥有的自由度之间是一方扩大另一方缩小的关系。一个专制的领导掌握完全的权威，自己决定一切，他不会授权下属；而一位民主的领导在指定决策过程中，会给予下属很大的权力，民主与独裁仅是两个极端的情况，这两者中间还存在着许多种领导行为。

罗伯特·坦南鲍姆与沃伦·施密特论领导方式

在高度专制和高度民主的领导风格之间，坦南鲍姆和施密特提出七种主要的领导方式：领导做出决策并宣布实施；领导者说服下属执行决策；领导者提出计划并征求下属的意见；领导者提出可修改的计划；领导者提出问题征求意见后做出决策；领导者界定问题范围，下属集体做出决策；领导者允许下属在上司规定的范围内发挥作用。

资料来源：罗伯特·坦南鲍姆，沃伦·施密特．如何选择领导模式［M］．中国社会科学出版社，1958．

从美国学者坦南鲍姆和施密特的论述可以看出，领导方式是多种多样的，从专权型到放任型，存在着多种过渡类型（见图 7-1）。

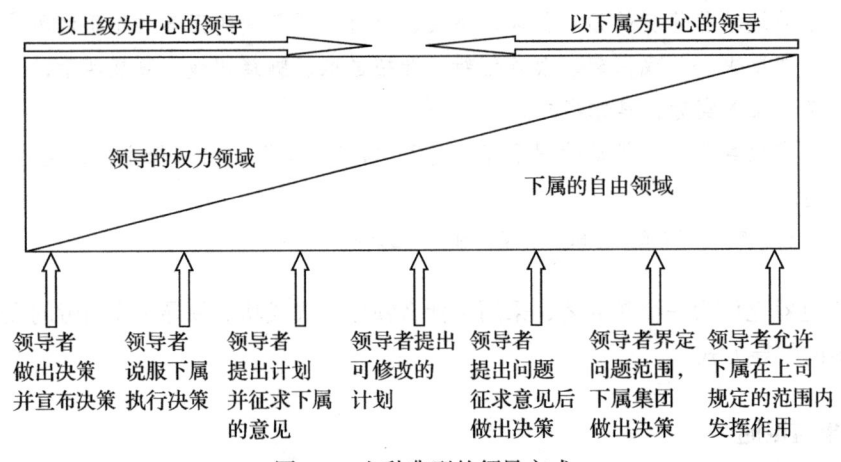

图 7-1 七种典型的领导方式

领导方式大体上有三种类型：专权型领导、民主型领导和放任型领导。

专权型领导是指领导者个人决定一切，布置下属执行。这种领导者要求下属绝对服从，并认为决策是自己一个人的事情。

民主型领导是指领导者发动下属讨论，共同商量、集思广益，然后决策，要求上下融洽、合作一致地工作。

放任型领导是指领导者放手不管，下属愿意怎样做就怎样做，完全自由。

三、领导环境

领导环境故事

战火丰隆

新加坡丰隆集团创立于1963年,是新加坡最大的房地产和酒店业投资发展商和标杆企业,也是世界跨国性的集房地产、银行与金融服务、酒店等于一体的综合类的企业集团,集团股票已在美国、英国和新加坡等多国上市。

在丰隆创建初期,适逢第二次世界大战炮火正隆。丰隆的创始人郭芳枫预感到,在此环境下,物资必然会出现短缺。于是他投入大笔资金,囤积了大量军需剩余物资。很快,这些物资就"身价飞涨",郭芳枫因此赚到数额不菲的第一桶金。

此后,随着战争接近尾声,世界经济开始复苏,各国的五金、建材开始供不应求,价格持续上涨,而借此起家的丰隆,凭借前期积累下来的过硬的货源渠道,紧紧把握住了这个大机遇。

而后到了20世纪70年代,新加坡经济强势崛起,郭芳枫将单纯的地皮买卖转变为多元化的房地产经营,并专门成立了丰隆实业有限公司。房地产业让丰隆集团实力剧增,但是郭芳枫却并没有将丰隆的发展全赌在这场地产热潮上,因为早在20世纪70年代末期,他眼见与地产业同步蓬勃发展的国际金融市场,在创新浪潮的席卷下衍生出诸多新兴的金融工具,于是郭芳枫再次看准商机,果断筹资创办了丰隆金融有限公司,作为集团发展的另一大支柱。由于房地产和金融双管齐下,再加上丰隆赖以起家的贸易工业,三大业务板块支撑的丰隆成长迅速,到20世纪90年代,便成为新加坡多元化产业的标杆集团,在多个细分领域问鼎业界。

从丰隆发展的环境来看,既充满机遇,也充满挑战。正是郭芳枫在这种环境下的正确和长远的眼光,才将丰隆的发展推向高潮。客观来说,恶劣的环境也会变成动力,这就需要领导人的眼光和能力。

思考:试分析领导环境对于企业的发展来说,有什么影响?

名家生平与论述

弗雷德·菲德勒生平

弗雷德·菲德勒(Fred E. Fiedler),美国西雅图华盛顿大学心理学与管理学教授,兼任荷兰阿姆斯特丹大学和比利时卢万大学客座教授。他早年就读于芝加哥大学,并获得博士学位,毕业之后留校任教。他从管理学和实证环境分析,提出了"权变领导理论",也被西方管理学界称为"权变管理的创始人"。

"权变领导理论"的主要作用是将管理理论运用于管理实践,在管理理论与实践之间成功地架起了一座桥梁。他反对不顾具体的外部环境而一味追求最好的管理方法,寻求万能模式的教条主义,强调要针对不同的具体条件,采用不同的组织结构领导模式及其他的管理技术等。他认为领导者要把环境作为管理理论的重要组成部分,要求企业各方面活动要服从环境的要求。

菲德勒论领导环境

在通常情况下,为了得到好的经理人员,企业的传统办法是依靠招聘、选拔和培训。菲德勒对此指出:依靠培训使领导者的个性适合管理工作的需求,这种做法从来没有取得过真正的成功。相比之下,改变组织环境(领导者所处的工作环境中的各种因素),要比改变人的性格特征和作风容易得多。我们应当尝试变换工作环境使之适合人的风格,而不是硬让人的个性去适合工作的要求。

菲德勒认为环境不是一成不变的,当环境因素发生变化时,与之相适应的领导风格也会发生变化。因此即使一个管理者的领导方式与环境的要求一致,即使现在工作顺利,也不意味着他就永远适合做这个工作,除非他的风格也随环境的要求而变化。

资料来源:菲德勒.一种领导效能理论[M].1967年。

从菲德勒的论述可以看出,领导环境是多种外部因素和内部因素的综合体。其要点如下所示。

(1)职位权力。职位权力是指领导者所处的职位具有的权威和权力的大小,或者说领导的法定权、强制权、奖励权的大小。

(2)任务结构。任务结构是指任务的明确程度和部下对这些任务的负责程度。这些任务越明确,并且部下责任心越强,则领导环境越好。

(3)上下级关系。上下级关系是指群众和下属乐于追随的程度。下级对上级越尊重,群众和下属越乐于追随,上下级关系就越好,领导环境也就越好。

第二节 战略与战略管理

一、战略概述

(一)什么是战略

战略故事

20 世纪 80 年代福特公司的战略

在福特公司的发展历史上,曾经几次被迫实行了战略调整。

第一次战略调整是在第二次世界大战后,福特公司以每月几百万美元的速度亏损,为了让公司生存下去,亨利·福特二世重组公司并实行分权制,这才使风雨飘摇的公司迅速恢复了元气。

第二次战略调整是在 20 世纪 80 年代,这次调整直接使福特公司的利润损失额达到 5.11 亿美元,销售额由 1978 年的 420 亿美元下降到 1981 年的 380 亿美元。亏损的原因之一是激烈的国际竞争，但是亏损最重要的原因在于福特公司运营的方式，各个部门之间缺乏必要的沟通，这导致了福特公司陷入危机。首先，他们显著地减少了运营成本。1979～1983年，从运营支出中就节省了4.5亿美元。其次，质量成为头等大事。管理层也改变了福特公司设计小汽车的程序。以前，每一个工作单位是独立工作的，现在，设计、工程、装配等部门都在这个过程中一起协调工作。最后，福特公司实行的最重要的改变是一种新的企业文化。从首席执行官菲利普·考德威尔和总裁唐纳德·彼得森开始，改变了公司的优先次序。

第三次福特公司采用了合资经营的战略——其中具有较为重大意义的两项合资经营是与马自达和日产公司实现的。福特公司和马自达公司一起合作生产五种汽车。例如，在马自达生产车间生产的 Probe 汽车，外部和内部的设计由福特公司进行，细节性的工程技术由马自达公司完成。

事实上，福特汽车的每一次战略调整都使福特公司不断转型与发展。公司战略对于企业的发展来说至关重要，公司不可能没有进步，好的战略计划会使公司拥有竞争力，从而占领市场；反之，如果战略不好或者战略不成功，很有可能使一个企业就此衰落下去。

资料来源：彼得·考利尔，戴维·霍罗威茨，考利尔，霍罗威茨，韩素华. 福特传：企业为何而生 [M]. 中共中央党校出版社，2000.

思考：从福特的战略故事来看，20世纪80年代，福特公司的竞争战略是合资战略。根据福特公司的合资战略可以发问：什么是战略？

名家论述

德鲁克论战略

德鲁克认为战略从目标开始，目标必须根据"我们的业务是什么，它将会是什么，它应该是什么"来制定。它不是抽象的东西，而是行动的承诺，企业依靠其履行自己的使命，同时它也是衡量绩效的标准。换言之，目标代表了一家企业的基本战略。而要回答"我们的业务是什么"，只能从外面、从客户和市场的角度出发，客户怎么看、怎么想、信什么、要什么，管理者都务必将之看作一个值得严肃对待的客观事实。

资料来源：彼得·德鲁克. 管理的实践 [M]. 齐若兰，译. 北京：机械工业出版社出版，2009.
彼得·德鲁克. 卓有成效的管理者 [M]. 许是祥，译. 北京：机械工业出版社出版，2009.

从德鲁克的论述可以看出，战略是一种从全局考虑、谋划，实现全局目标的规划。战略是一种长远的规划。

（二）什么是战略管理

战略管理故事

格兰仕的战略管理

纵观"格兰仕"的成长过程可以发现，它在微波炉市场之所以能够获得成功，实际竞争优势的法宝就是实施总成本领先的竞争战略。为实施总成本领先的竞争战略,"格兰仕"一直拼命扩大生产规模,以摊薄各种成本,追求规模经济效益,并在企业整个经营价值链中,采取各种策略来降低微波炉的单位成本,从而树立其在行业、市场中的成本(价格)优势,通过不断降价来排挤竞争对手,抢占市场份额,使企业的市场销售量、市场占有率不断提高。

格兰仕采取的是低成本战略,是所有战略管理中最容易理解和接受的,它有三种方式:同样的质量较低的价格;同样的价格更好的质量;更好的质量较低的价格。它的目标就是使企业成为市场中成本最低的生产者,让企业的产品或服务在市场中以成本的优势与他人竞争。

事实上,企业需要对内部环境进行战略分析,虽然格兰仕采用规模经济的方式获得低成本,但是企业在扩大的过程中,企业管理成本会增加,资源的使用效率达不到最大化,也会制约企业的发展。简单说来,企业管理是管理人员为了企业长期有效发展,充分把握内外环境特点,确定目标并且付诸实践的一个动态管理过程。

资料来源:根据2015年3月,《名人传记(财富人物)》杂志内容改编。

思考:格兰仕的战略管理流程是,首先明确战略目标是企业成为市场中成本最低的生产者;其次,明确战略核心是低成本;最后,战略执行的阶段性、区域性。企业的战略管理是什么?企业战略管理流程是什么?企业战略管理特点是什么?

名家生平论述

安索夫生平

伊戈尔·安索夫(Lgor Ansoff),1918年出生于海参崴,之后全家移民到了美国纽约。在美国,安索夫加盟美国军方军事智囊机构兰德基金会(Rand Foundation),参与研究美国军事战略的研制和计划工作。后来进入洛克希德公司(Lockheed Corporation)工作,成为该公司的副总裁。45岁的时候,安索夫进入卡内基-梅隆大学经营管理研究生院,从事专业的战略管理研究和教学。安索夫在战略管理中的特殊地位最主要表现在对战略管理(strategic management)的开创性研究,他的开创性研究终于使他成为这门学科的一代宗师。作为战略管理的一代宗师,他首次提出公司战略概念、战略管理概念、战略规划的系统理论、企业竞争优势概念,以及把战略管理与混乱环境联系起来的权变理论。因此,管理学界把安索夫尊称为战略管理的鼻祖。

安索夫论战略管理

安索夫认为,战略管理与以往经营管理的不同之处在于:战略管理是面向未来动态地、连续地完成从决策到实现的过程。安索夫把经营战略定义为:企业为了适应外部环境,对目前从事的和将来要从事的经营活动进行的战略决策。因此,安索夫认为企业战略的核心应该是：弄清你所处的位置，界定你的目标，明确为实现这些目标而必须采取的行动。

资料来源：安索夫．战略管理论［M］．邵冲，译．北京：机械工业出版社，2010.

科利斯，等．公司战略［M］．王永贵，等译．大庆：东北财经大学出版，2000.

根据安索夫的论述我们可把战略管理总结为以下定义。

战略管理，指企业确定其使命，根据组织外部环境和内部条件设定企业的战略目标，为保证目标的正确落实和实现进行谋划，并依靠企业内部能力将这种谋划和决策付诸实施，以及在实施过程中进行控制的一个动态管理过程。战略管理是企业高层管理人员为了企业长期的生存、继续和发展，在充分分析企业内外部环境的基础上，确定和选择达到目标的有效战略，并将战略付诸实施、控制和评价的一个动态管理过程。其内涵是：①战略环境分析。战略环境包括企业的宏观战略环境、微观战略环境。常用的方法有，PEST 分析方法、SWOT 分析方法、五力分析方法等；②战略目标与战略选择；③战略执行与控制；④战略评价。

战略管理特点是：①战略管理具有全局性；②战略管理的主体是企业的高层管理人员；③战略管理涉及企业大量资源的配置问题；④战略管理从时间上来说具有长远性；⑤战略管理需要考虑企业外部环境中的诸多因素。

战略管理任务：①提出公司的战略展望，指明公司的未来业务组成和公司前进的目的地，从而为公司提出一个长期的发展方向，清晰地描绘公司将竭尽全力所要完成的事业，使整个组织对一切有一种目标感；②建立目标体系，将公司的战略展望转换成公司要达到的具体业绩标准；③制定战略，达到期望的结果；④高效、有效地实施和执行选择的公司战略；⑤评价公司的经营业绩，采取完整性措施，参照实际的经营事实、变化的经营环境、新的思维和新的机会，调整公司的战略展望、公司的长期方向、公司的目标体系、公司的战略以及公司的战略执行。

二、战略类型

（一）基本战略

基本战略案例

基本战略各有千秋

1. 低成本战略：在产业中低成本生产

在 20 世纪 80 年代初，耐克公司发现，在公司每年 30 亿美元的销售额中，女顾客的销售额只占 15%。于是，公司总经理托马斯·克拉克决心向女性市场发起挑战，打算到 1995 年使这一数字增长 1 倍。公司营销部门认识到，要扩大女性市场，"一家销售女式运动装的商店需要有一间更衣室，而大多数体育用品商店却只有一间前面挂帘的小房间"。女装销售经理苏珊·斯库诺弗发现了这一点。为此，耐克公司专门组织起一支销售队伍，直接与零售商合作，以便找出增加女装销售量所需的改进。

2. 特色优势战略：企业力求在顾客重视的方面加大差异化生产，树立品牌

1992年，华源在浦东成立后，就提出了"美化人民生活，武装国民经济各部门"的口号，在纺织领域全面开展业务：在原料方面，棉、毛、麻、丝样样俱全；在成品方面，服装类、装饰类、产业用品类面面俱到。到2000年，华源集团在纺织品总量上已经跃居全国第一，但是始终看不到自己的核心竞争力，没有突出的品牌，没有"单打冠军"。在认真分析上述现象的根源后，周玉成认为，最大的问题还在于企业战略选择的错误，不恰当的多元化导致了企业结构性的障碍。出路只有一条：聚焦核心业务，打造核心竞争能力。在意识到企业应该"有所为，有所不为"后，华源集团选择了27个品种进行重点经营，其余的品种则退出生产，集中优势资源。事实上，经过重组，华源旗下的医药业务最后取得了净利润每年翻一番的成绩，快速成长的势头得以延续。

3. 目标聚集战略：企业选择一个或一组细分市场或产品

双汇集团和春都集团是我国两大肉类加工企业，两家企业有很多相似的地方：同样曾经是国务院确定的全国520家重点企业，同是中国名牌，同是地处中原，同是国有企业。然而就是这样的两个具有很多相似之处的企业，却走向了完全不同的结局。后来，在国内企业规模化和多元化经营的浪潮驱使下，春都集团在较短的时间内投巨资增加了医药、茶饮料、房地产等多个经营项目，并跨地区、跨行业收购兼并了洛阳市旋宫大厦、平顶山肉联厂、重庆万州食品公司等17家扭亏无望的企业，使其经营范围涉及生猪屠宰加工、熟肉制品、茶饮料、医药、旅馆酒店、房地产、木材加工、商业等产业，走上了一条多元化并举的道路。然而，这个神速扩张不但没有为春都集团带来收益，反而使企业背上了沉重的包袱，从此，春都集团踏上了不归路。

从上述三个案例来看，不同的企业选择了不同的战略，如果实行的战略适合企业的发展方向，就会促进企业的发展。事实上，战略多种多样，不同的战略会有不同的优势。

资料来源：帕利普. 企业分析与评估［M］. 大连：东北财经大学出版社，1998.

思考：上述案例告诉我们，基本战略有低成本战略、特色优势战略和目标聚焦战略。低成本战略特征是什么？特色优势战略是什么？目标聚焦战略是什么？

名家生平论述

迈克尔·波特生平

迈克尔·波特（Michael E.Porter）是哈佛大学商学研究院著名教授，当今世界上少数最有影响的管理学家之一。哈佛大学企业经济学博士学位，32岁即获哈佛商学院终身教授之职，是当今世界上竞争战略和竞争力方面公认的第一权威。

迈克尔·波特论低成本战略

低成本战略要求坚决地建立起高效规模的生产设施，在经验的基础上全力以赴降低成本，抓紧成本与管理费用的控制，以及最大限度地减少研究开发、服务、推销、广告等

方面的成本费用。为了达到这些目标,就要在管理方面对成本给予高度的重视。尽管质量、服务以及其他方面也不容忽视,但贯穿于整个战略之中的是使成本低于竞争对手。如果公司成本较低,意味着当别的公司在竞争过程中已失去利润时,这个公司依然可以获得利润。

目标聚焦战略

目标聚焦战略是主攻某个特殊的顾客群、某产品线的一个细分区段或某一地区市场。正如差别化战略一样,目标聚焦战略可以具有许多形式。虽然低成本与差别化战略都是要在全产业范围内实现其目标,但目标聚焦战略的整体却是围绕着很好地为某一特殊目标服务这一中心建立的,它所开发推行的每一项职能化方针都要考虑这一中心思想。这一战略依靠的前提思想是:公司业务的专一化能够以高的效率、更好的效果为某一狭窄的战略对象服务,从而超过在较广阔范围内竞争的对手们。波特认为这样做的结果,是公司或者通过满足特殊对象的需要而实现了差别化,或者在为这一对象服务时实现了低成本,或者二者兼得。这样的公司可以使其自身盈利的潜力超过产业的普遍水平。这些优势保护公司抵御各种竞争力量的威胁。但目标聚焦战略常常意味着限制了可以获取的整体市场份额。目标聚焦战略必然地包含着利润率与销售额之间互以对方为代价的关系。

资料来源:迈克尔·波特.竞争战略[M].陈小悦,译.北京:华夏出版社,2005.

(二)成长战略

🎬 成长战略案例

万科的成长历程

万科分别于 2005 年 3 月 3 日和 2006 年 8 月 3 日,两次与中桥、上海南都实业投资有限公司、南都集团控股有限公司签署系列协议,分别以总额人民币 18.58 亿元和 17.66 亿元,收购了南都房产集团有限公司、上海南都置地有限公司、镇江润桥置业有限公司、镇江润中置业有限公司、苏州南都建屋有限公司的股权。2006 年的 1 200 万平方米土地待开发项目,60% 是兼并来的。2007 年,万科与中国航空工业第一集团公司所属全资子公司北京瑞赛科技有限公司合资组建综合性房地产开发公司,共同开发房地产项目,双方就此展开战略合作。中航与万科进行战略合作,双方在资源和专业开发上的不同优势,将为合资公司的良好发展前景奠定坚实的基础。

1994 年 11 月,万科设立了一个与设计单位密切沟通的平台——万创建筑设计顾问有限公司。1998 年,万科成立建筑研究中心,开始集中于消费者的细节需求以及住宅产品本身。2002 年 1 月,投资 4 000 万元的万科建筑研究中心大楼落成。2002 年 3 月 18 日,国家知识产权局受理了万科"户户带花园或露台的住宅"设计的实用新型专利申请,标志着万科住宅标准化与产品创新的成功结合。

2007 年,万科装修房新开工比例达到 50%,预计 2008 年万科装修率将超过 80%。2009 年,万科原则上将没有毛坯房。"根据权威调查结果,采用工厂化的施工方法,施工失误率可以降低到 0.01%，外墙渗漏率水平降低到 0.01%，精度偏差以 mm 计，小于 0.1%。同时，工厂化的方式使建造过程和住宅产品更环保，资源利用更合理，现场垃圾减少 83%，材料损耗减少 60%，可回收材料占 66%，建筑节能 50% 以上。

更重要的是，自 2000 年起，万科即成立了专门的研究中心进行住宅产业化的研究。其在深圳的工业化生产试验表明，工业化生产将施工时间缩短了一半，而且节约了 80% 的劳动力并大大缩短了项目的设计规划时间。万科正在为实现住宅产业化而努力。

从万科的发展来看，都是为了顺应市场发展的需要，不断在房地产发展方向、住房设计、生产成本等问题上进行战略改进。事实上，万科在每一个阶段都会进行不同的调整，这是与它的发展规模相关的，这是一种成长型战略，是为了完成每一阶段的目标。

思考：从万科案例可以看出，什么是成长型战略？试描述其特征。

名家生平论述

威廉·纽曼生平

威廉·纽曼（William Newman），著名的战略管理研究大师，美国管理学会前主席，管理过程学派的代表人物之一，美国哥伦比亚大学商业研究生院管理学教授，1998 年与彼德·杜拉克一起获得"美国管理学会终身服务奖"。

威廉·纽曼论成长战略

威廉·纽曼认为管理是为了使一个人群团体努力朝某个目标前进所做的指引、领导和控制，此时人已被当成管理的一个重要部分。

纽曼的思想虽未有什么创新之处，但更强化了"变革论"的重要性及适用性，并明确指出了各种领导方式既不可能完全相异也不可能完全相同，其中既有一致的共同之处也有不一致的相异之点。对恒定的领导概念，任何领导方式都必须坚持；对非恒定的领导概念，则允许其适应程度为不确定的变数。

资料来源：威廉·纽曼，萨默.管理的过程：思想、行为和实务［M］.北京：中国社会科学出版社，1989.

从威廉·纽曼关于成长型战略论述看，成长型战略是一种使企业在现有的战略水平上向更高一级目标发展的战略，成长战略即核心能力向企业外扩张，包括战略联盟、虚拟运作、出售核心产品。战略联盟即企业与其他企业在研究开发、生产运作、市场销售等价值活动中进行合作，相互利用对方资源；虚拟运作即企业通过合同、参少数股权、优先权、信贷帮助、技术支持等方式同其他企业建立较为稳定的关系，从而将企业价值活动集中于自己的优势方面，其将非专长方面外包出去；出售核心产品即企业将价值活动集中于自己少数优势方面，产出产品或服务，并将产品或服务通过市场交易出售给其他生产者做进一步的生产加工。

成长型战略以发展作为自己的核心导向，引导企业不断开发新产品，开拓新市场，采用新的管理方式、生产方式，扩大企业的产销规模，增强企业竞争实力。在实践中，成长型战略分为密集增长战略、一体化战略、多元化战略等多种类型。

（三）防御战略

🎬 防御战略案例

阿迪达斯应防守还是强攻

阿迪达斯于1980年开始关注中国体育用品市场，并在国内设立品牌推广机构。然而在数十年的市场推进中，阿迪达斯表现得却相当克制，在市场占有率上始终不尽人意（能够产生销售利润也是近年的事情）。一个值得注意的细节是：甚至连中国本土品牌李宁都更加愿意宣称自己的主要竞争对手是耐克，而非阿迪达斯。究其根源，这主要还是取决于阿迪达斯在中国的20年发展心态，即还是保持一种观望与探索中国市场的发展态度。

进入中国之初，阿迪达斯品牌定位及网络建设思路与其在中国的长远规划与发展并没有发生冲突，只是它不能够像耐克一样，快速赢得市场主动权，做到市场占有率的迅速提高及利润的高额增长。毫无疑问，中国快速发展的经济环境，会更欢迎耐克这样善于"制造生意机会"的市场挑战者。

尤其作为与耐克在同一时期进入中国市场的阿迪达斯，市场占有率不仅远远不如耐克，其过于沉稳与冷静的"贵族"风格，更让消费者总感觉"高高在上""可望而不可即"，缺少一种必要的消费亲和力。然而，耐克却能依托不断更新的叛逆化产品主题及牛仔式品牌形象深入影响与感动中国年轻的消费者（譬如：耐克"数码人"成为中国消费者最喜爱的时代符号之一）。同时众多新兴本土品牌均模仿耐克模式，"牛仔们"的千军万马面，更增加了阿迪达斯这一"贵族"的孤独感并降低了阿迪达斯的市场竞争力。

以上是阿迪达斯失落中国市场的主要因素。当然，阿迪达斯在中国能够坚持近二十年的市场防守，也源于中国当时特殊的市场环境。阿迪达斯品牌在全球市场定位于高端市场，其每双运动鞋一般定价在近千元，甚至千元以上，对于中国普通消费者而言，这是一种奢望。毕竟对于并非整体发达的中国经济环境，还不允许中国人都能够掏出一把人民币去买阿迪达斯的产品（耐克曾经将产品价格降到大众价位，意图扩大市场竞争份额，最终未能成功。中国本土品牌低价策略恰恰迎合了中国消费者）。

资料源自：根据M.3y.uu456.com原网站内容改编。

思考：从阿迪达斯案例中可以看出，什么是防御型战略？试描述其特征。

🎬 名家生平论述

吉姆·柯林斯生平

吉姆·柯林斯（Jim Collins，1955—），男，毕业于斯坦福大学。著名的管理专家及畅销书作家，影响中国管理的十五人之一。曾获斯坦福大学商学院杰出教学奖，先后任职于麦肯锡公司和惠普公司。与杰里Ｉ波勒斯合著了《基业长青》。

吉姆·柯林斯论防御型战略

吉姆·柯林斯认为："无论时局好坏，成功的企业总能保持一个稳健的发展势头。"他曾说:"经理人的成功与运气是自相矛盾的。如果好运气帮助他们取得了成功,他们会将成功归功于好运气,虽然毫无疑问,其他人同样也拥有好运气。但是,如果他们运气欠佳,他们仍对自己的表现负责。在通常情况下,他们会做好充分准备,以应对坏运气接连出现的可能性。这恰恰可以解释他们的怪异做法——保留大量的现金和保守的资产负债表。"

资料来源:詹姆斯·柯林斯,等.基业长青[M].真如,译.北京:中信出版社,2009.

从柯林斯的论述看,防御型战略是企业应付市场可能给企业带来的威胁,采取一些措施企图保护和巩固现有市场的一种战略,包括收缩战略、剥离战略、清算战略。

收缩战略即通过减少成本和资产对企业进行重组,加强企业具有的基本的和独特的创新能力;剥离战略即企业出售分部、分公司或任一部分,以使企业摆脱那些不盈利、需要太多资金或者与企业其他业务不相适宜的业务;剥离战略即企业为实现其有形资产的价值而将公司资产全部或部分出售。

在某个有限的市场中,防御型组织常采用竞争性定价或高质量产品等经济活动来阻止竞争对手进入它们的经营领域,以此来保持自己的稳定。需要明确的是,防御型战略并不完全排斥进攻。

防御型战略的适用条件如下:

(1)宏观经济严重不景气、通胀严重、消费者购买力很弱;

(2)企业的产品已进入衰退期,市场需求大幅度下降,企业没有做好新产品的投入准备;

(3)企业受到强有力的竞争对手的挑战,难以抵挡;

(4)企业的高层领导者缺乏对市场需求变化的敏感性,面对危机束手无策,被动地采取防御战略;企业高层领导者面对困境,主动地选择前景良好的经营领域进行投资,实施有秩序的资源转移。

第三节 管理职能

一、决策

(一)什么是决策

名家论述

赫伯特·西蒙论决策

西蒙着重对决策理论进行研究,他认为决策理论的核心概念和根本前提是"有限理性"并做出著名的"蚂蚁"比喻。西蒙的决策理论吸收了不少巴纳德的思想和观点,但与巴纳德在决策的前提设定上却有着根本的区别。西蒙认为所谓的决策要素可分为事实要素和价值要素;决策可以分为规范性决策和非规范性决策。

在西蒙以前,古典经济学理论的基本命题是完全理性与最优化原则。西蒙的决策理论,纠正了此前理性选择设计的完美性偏差，从而拉近了理性选择预设条件与现实生活理性局限之间的距离。

资料来源：赫伯特·西蒙.管理决策的新科学［M］.北京：中国社会科学出版社，1960.

从西蒙的决策论述可知：决策是人们在政治、经济、技术和日常生活中普遍存在的一种行为；决策是决定的意思，它是为了实现特定的目标，根据客观的可能性，在占有一定信息和经验的基础上，借助一定的工具、技巧和方法，对影响目标实现的诸因素进行分析、计算和判断选优后，对未来行动做出决定。决策的要素如下。

（1）目标定位。决策的目标定位是解决问题或者说是利用机会，也就是说，决策不仅仅是为了解决问题，有时也为了利用机会。

（2）决策的工具、方法。决策者在决策时，可以利用德尔菲法、KT决策法、头脑风暴法、SWOT分析法等决策方法来决策；同样可以使用有效实用的决策沟通工具，达到有效的决策。

（3）决策程序。决策程序是指决策活动要经过的步骤或阶段，主要分为以下四个阶段：第一，发现问题，找出原因，明确决策目标；第二，拟订可行方案；第三，选择行动方案；第四，执行决策。

（4）方案选择。选择决策方案是整个决策过程的核心与关键，须注意：第一，要对拟订的方案进行客观的、科学的评估；第二，要认真对待评估意见；第三，要有明确的选择标准；第四，走民主决策之路。

（二）决策类型

决策类型案例

三峡大坝决策

三峡工程的提出和决策曾被看作中华人民共和国成立以来，迈出的有里程碑意义的一步。

20世纪70年代末，随着大规模经济建设开始，全国包括华中地区缺电越来越严重。1979年当葛洲坝一期工程基本建成后，水电部又向国务院提出关于修建三峡工程的报告，建议尽早决策。三峡大坝工程也紧紧与政治挂钩，更是被视为民主决策、科学决策的一大注脚。

三峡工程由孙中山于1924年，首次在《民主主义》中提出，逐渐进入国民政府工商部的议案；中华人民共和国成立后，在党中央国务院的大力支持和关怀下，三峡工程开始了更大规模的勘测、规划、设计与科研工作。在1985年3月召开的全国政协七届三次会议上，三峡工程问题成为会议的重要议题。一些政协委员从关心国家建设的角度提出了不同意见，并引起争论。自1992年4月3日全国人民代表大会七届五次会议庄严通过关于兴建三峡工程的决议后，三峡工程经过了近十年的建设历程，"高峡出平湖"的理想正一步步成为现实。1994年4月7日，国务院办公厅发出国发〔1994〕58号文《国务院办公厅转发国务院三峡工程建设委员会移民开发局关于深入开展对口支援三峡工程库区移民工作意见报告的通知》。

在中国综合国力不断增强的 20 世纪 90 年代，经过中华人民共和国的最高权力机关——全国人民代表大会的庄严表决，三峡工程建设正式付诸实施。

资料来源：魏廷琤．三峡工程的提出与决策［J］．百年潮，2009（11）：27-32．

思考：从三峡大坝案例来看，三峡大坝决策是一项基础设施工程项目决策，该决策经过长期讨论，汇聚各个领域专家做了可行性研究，由全国人大表决通过。那么三峡大坝决策是什么类型决策呢？

名家生平论述

詹姆斯·马奇生平

詹姆斯·马奇（James G.March）出生于 1916 年，1953 年获得耶鲁大学博士学位，1964年担任加州大学社会科学院的首任院长，1970 年成为斯坦福大学的管理学教授，同时也担任政治学、社会学、教育学教授，是名副其实的多领域大师。马奇被公认为是过去 50 年来，在组织决策研究领域最有贡献的学者之一，他在组织、决策和领导力等领域都颇有建树。

马奇论决策

马奇是理性、组织决策论的代表人物。马奇承认个人理性的存在，并认为由于人的理性受个人智慧与能力所限，必须借助组织的作用。通过组织分工，每个决策者可以明确自己的工作，了解较多的行动方案和行动结果。组织提供个人以一定的引导，使决策有明确的方向。组织运用权力和沟通的方法，使决策者便于选择有利的行动方案，进而增加决策的理性。而衡量决策者理性的根据，是组织目标而不是个人目标。

资料来源：詹姆斯·马奇．马奇论管理［M］．丁丹，译．北京：东方出版社，2010．

由马奇的论述看，决策类型因不同标准分为不同类型：

1. 按决策的作用分类

战略决策是指有关企业的发展方向的重大全局决策，由高层管理人员做出。

管理决策是指为保证企业总体战略目标的实现而解决局部问题的重要决策，由中层管理人员做出。

业务决策是指基层管理人员为解决日常工作和作业任务中的问题所做的决策。

2. 按决策的性质分类

程序化决策，即有关常规的、反复发生的问题的决策。

非程序化决策是指偶然发生的或首次出现而又较为重要的非重复性决策。

3. 按决策的问题的条件分类

确定性决策是指在可供选择的方案中只有一种自然状态时的决策，即决策的条件是确定的。

风险型决策是指在可供选择的方案中，存在两种或两种以上的自然状态，但每种自然状态所发生概率的大小是可以估计的。

不确定型决策是指在可供选择的方案中存在两种或两种以上的自然状态，而且这些自然状态所发生的概率是无法估计的。

（三）决策影响因素

决策影响因素故事

印尼阿斯特拉国际公司管理决策

印尼阿斯特拉国际公司是一家以汽车装配和销售为主的家族企业，谢氏家族从股票上市后即直接持有76%的公司股票，但是持有者却没有遵循决策的满意原则，在决策相关信息不完全、价值信息不完全的情况下制定了令其破产的决策。

印尼阿斯特拉国际公司的一代领导者爱德华选择"以债养债"，将公司的基础建立在债务上，在表面看起来突飞猛进的发展时，基础脆弱不堪。在印尼政府实行紧缩的财政政策后，印度经济下行，汽车行业的未来发展面临极大危机。

与此同时，为了救济儿子的房地产公司，谢建隆选择以本公司股票为抵押，股票同时因为经济下行而严重萎缩。在诸多外部条件的影响下，谢建隆的决策似乎就不那么明智了，由于对经济萎缩的市场环境、政府未来政策等信息掌握不完全，领导者谢建隆的决策同时影响了两个公司的发展，并将公司的未来带入了深渊。

思考：印尼阿斯特拉公司管理决策过程在该公司发展过程中受到家族因素、印尼经济因素、金融危机因素等影响。一般情况下，决策会受到哪些因素影响？

名家论述

周三多论决策因素

周三多，现任南京大学商学院企业管理系教授、博士生导师，国务院政府特殊津贴专家。周三多教授代表著作《管理学——原理与方法》被广大高校用作教材，1997年荣获国家教委高等学校优秀教材一等奖，对我国管理人才的培养，产生了重大影响。

周三多教授认为决策的影响因素有环境、过去的决策、决策者对风险的态度、伦理、组织文化、时间等因素。

资料来源：周三多.管理学——原理与方法［M］.上海：复旦大学出版社，2013.

从周三多的论述看，影响决策的因素如下：

1. **环境**

环境分别从两个方面对决策施加影响。第一，环境的特点影响着组织的活动选择，如环境相对稳定，则现在的决策是昨天决策的延续；环境变化，则须经常调整决策。第二，对环境的习惯反应模式也影响着组织的活动选择。具体表现为，不同的组织应对同一环境做出不同的反应，相对而言，决策者的决策又会趋于固定。

2. **过去的决策**

今天的决策多数情况会受昨天决策的影响，组织中的决策不是单一的无背景的决策，而是基于初始决策的完善、调整或改革,今天的决策是在昨天决策的结果影响下产生的。

3. 决策者对风险的态度

决策受决策者自身对风险态度的影响。决策者面对问题、机会理性与否;决策者是否是风险偏好型;决策者对决策的预期,都会影响决策者的决策。

4. 伦理因素

决策者对伦理的重视程度以及伦理标准将会对其态度产生影响,进而影响决策。

5. 组织文化因素

组织文化是一个组织的底蕴,除了影响决策者的决策外,更多的会影响到组织成员对待变化的态度,进而影响组织对方案的选择与实施。

6. 时间因素

美国学者威廉 R. 金和大卫 I. 克里兰把决策划分为时间敏感型决策和知识敏感型决策。对于时间敏感型决策,组织须立即做出决策,这类决策对速度的要求高于一切;知识敏感型决策,则对时间要求不高,对质量要求较高。

二、计划

(一)什么是计划

计划职能案例

艾琳·格拉斯纳的化妆品公司计划

艾琳·格拉斯纳曾在一家全国大公司里当过地区部经理,工作是一流的,管理 250 多名上门推销的推销员。当她离开这家大公司之后,便开始经营自己的化妆品公司。她从意大利的小型香水厂得到一套化妆品配制流水线,租用了一座旧仓库,并且安装了一套小型的化妆品灌瓶与包装生产线。3 年快过去了,艾琳化妆品公司初见成效,格拉斯纳小姐打算拓展她的产品线,建立分销网络。以下是她所采取的步骤:

第一步:她准备了一份使命报告,"艾琳化妆品公司准备生产一套化妆品系列,在美国东北部通过百货商店与专业商店分销上市"。她建立的长期目标:一是成为意大利香水在美国市场上的主要代理人;二是只销售高级化妆品;三是以高收入顾客为主要销售对象。

第二步:格拉斯纳特别想达到的一个目标是,在美国东部的 5 座大城市里,开设自己的经销办事处。她巡视了 10 座城市,寻找最佳落脚点,她选中 5 座城市,和她的律师及销售部经理一起为那些落脚点办理租约设立了一套程序,然后确定了最后期限——第二年 6 月 1 日,这些办事处开张营业。这个期限没有兑现,他们都强调在开张之前,一切事宜必须协调好——签署租约、添置办公设备、安装电话、雇用办事员、招聘或续聘推销员、通知客户们准备新的办事处专用信笺等。

第三步:格拉斯纳为艾琳化妆品公司设计的另一个目标是,在下一年度,销售额应达到 300 万美元。她的销售部经理说,这个目标不现实。格拉斯纳问艾琳公司的生产部经理,如果所有的生产线都上马，当年工厂是否能完成 300 万美元的订单任务。他回答说，这得等他核准生产能力的各项数字后，才能给她一个答复。

第四步：面对那么多要完成的目标，格拉斯纳决定把她的一些职权委派给那些主要部门的经理们。她逐一与他们碰头，一一落实要达到的目标。她给生产部经理定下的目标是，增强生产能力，每个月生产 1 万件产品，破损率降低到 5%，把工薪支出保持在预算的 50 万美元之内。那位经理也提出了异议，认为有的指标不合理。到了年终，生产部经理完成了两个目标，可是工薪支出超出预算 10 万美元。

案例来源：根据 http://www.gming.org/fjgs/rsgs/46019.html 原网站内容改编。

思考：艾琳·格拉斯纳化妆品公司销售计划包括租仓库、销售目标区域、销售队伍等。从这个例子看，什么是计划？

名家论述

亨利·法约尔论计划

亨利·法约尔（Henri Fayol）的主要著作是《工业管理与一般管理》(1916)。

法约尔强调"管理应当预见未来"。他认为，如果说预见性不是管理的全部的话，至少也是其中一个基本的部分。

计划工作表现的场合有许多，并且有不同的方法。它的主要表现、明显标志和最有效的工具就是行动计划。行动计划既反映出了所要达到的结果，又指出了所遵循的行动路线、通过的阶段和所使用的手段。拟订行动计划的依据是：

（1）企业的资源，如厂房、工具、原料、资本、人员、生产能力、销售渠道、公众关系等。

（2）目前正在进行的工作的性质和重要性。

（3）企业的未来发展趋势，它部分地取决于技术的、商业的、财政的及其他的条件。这些条件都在变化，所以计划是每个企业最重要，也是最困难的工作之一。它涉及所有的部门和所有的活动——特别是管理活动。在制订计划时，要考虑到下级管理人员乃至一般工人的意见，这样才能使所有的资源不致被遗漏，从而有利于企业的发展。法约尔的这种想法事实上是以后盛行的"参与管理"思想的萌芽。

法约尔还认为一个好计划应具有以下特点：统一性，每项计划不仅有总体计划还有具体的计划；连续性，不仅有长期的计划还有短期的计划；灵活性，能应付意外事件的发生；精确性，应尽量使计划具有客观性，不带主观的臆测。

法约尔认为制订长期计划是非常重要的，这是法约尔对当时管理思想的一个比较大的贡献。

资料来源：亨利·法约尔. 工业管理与一般管理 [M]. 北京：中国社会科学出版社，2012.

从法约尔有关计划的论述看，广义的计划职能是指管理者制订计划、执行计划和检查计划执行情况的全过程；狭义的计划职能是指管理者事先对未来应采取的行动所做的谋划和安排。计划职能的意义一方面是指在时间顺序上是处于计划－组织－领导－控制四大管理职能的始发或第一职能位置上的；另一方面是指计划职能对整个管理活动过程及其结果所施加的影响具有首要意义。

计划就是组织实现未来目标的指引蓝本，或者说计划是一个确定目标并评估实现目标最佳方式的过程。计划的概念包括以下几个方面。

（1）计划首先涉及目标。目标的作用：给人的行为设定明确的方向，使人充分了解自己每一个行为所产生的效果；使自己知道什么是最重要的事情，有助于合理安排时间；能清晰地评估每一个行为的进展，正面检讨每一个行为的效率；能预先看到结果，稳定心情，从而产生持续的信心、热情与动力。

（2）计划是行动的依据。有了计划，各部门就有了各个时期的工作任务和工作重点。

（3）计划是为未来制订的。由于未来具有不确定性，因此，计划是以预测为基础的，预测的准确性决定着计划的成败。

（4）计划是设计的产物。计划离不开计划制订者的思考、创新和决策行为。因此，计划制订者的能力和素质决定着计划的质量。

计划构成要素是：

（1）计划制订主体：通常计划制订的主体是高层管理者；

（2）计划制订基础：针对企业来说，高层管理者会依据企业经营现状与预测制订企业计划；

（3）计划任务分解：在做出计划后，管理者会针对计划做出计划任务分解表；

（4）计划执行者：计划分解后，将交由企业职能部门管理者执行；

（5）计划执行评估和修订：计划执行期间可随时对计划进行执行评估，并针对执行中的问题随时进行修订。

（二）计划类型

计划类型案例

嫦娥工程

中国航天科技工作者早在1994年就进行了探月活动的必要性和可行性研究，1996年完成了探月卫星的技术方案研究，1998年完成了卫星关键技术研究，以后又开展了深化论证工作。经过10年的酝酿，最终确定中国整个探月工程分为"绕""落""回"三个阶段。

2004年，中国正式开展月球探测工程，并命名为"嫦娥工程"。按照计划嫦娥工程分为"无人月球探测""载人登月"和"建立月球基地"三个阶段。

月球探测三期工程主要包括以下科学目标。

利用着陆器机器人携带的原位探测分析仪器，获取探测区形貌信息，实测月表选定区域的矿物化学成分和物理特性，分析探测区月质构造背景，为样品研究提供系统的区域背景资料，并建立起实验室数据与月表就位探测数据之间的联系，深化和扩展月球探测数据的研究。探测区月貌与月质背景的调查与研究任务主要内容包括：

（1）探测区的月表形貌探测与月质构造分析；

（2）探测区的月壤特性、结构与厚度以及月球岩石层浅部（1～3km）的结构探测；

（3）探测区矿物/化学组成的就位分析。

嫦娥工程既制订了长期计划，同时也制订了短期计划。计划完成月壤和月壳的形成与演化研究；月基空间环境和空间天气探测的任务从而展现我国综合国力。

思考：从登月案例试概括出计划类型都有哪些？

（三）计划类型的分类

名家生平论述

卢瑟·古利克生平

卢瑟·古利克（Luther Halsey Gulick，1892—）美国管理学家，曾任美国哥伦比亚大学公共关系学院院长，曾经担任罗斯福总统的行政管理委员会的成员，出版了许多关于管理方面的著作。古利克把关于管理职能的理论系统化，提出了有名的管理七职能论和十项管理原则。

卢瑟·古利克论计划

卢瑟·古利克提出计划是为了实现企业所设定的目标，而制定出的所要做的事情的纲要，以及如何做的方法，并将计划分为：

（1）为企业经营活动而设定目标；

（2）确定经营方针，保证企业目标的实现；

（3）为使方针具体化而制定严密而科学的活动程序；

（4）为某种特定的项目而制订具体规划；

（5）对资金、劳动时间、产品单位和机械时间等进行预算；

（6）制订企业长远规划，即战略性决策等。

资料来源：汪中求，吴宏彪，刘兴旺. 精细化管理［M］. 北京：新华出版社，2005.

从卢瑟·古利克论述看，计划类型因分类标准有何不同？

（1）按计划的期限划分。这样可分成短期、中期和长期计划。一般来讲期限在1年以内的称为短期计划，而期限在5年以上的，即长期计划，介于两者之间的称为中期计划。当然这个划分标准并非绝对，在某些情况下，它还受计划的其他方面因素影响。

（2）按计划范围的广度划分。这样可分成战略计划和作业计划。应用于整体组织，为组织设立总体目标以寻求组织在环境中的地位的计划，称为战略计划。因为一个组织的总体目标和地位通常是不轻易改变的，所以这种计划的周期一般都较长，通常为长期计划。规定总体目标如何实现的细节的计划称为作业计划，这种计划的周期通常较短。它与战略计划的最大差别在于：战略计划的一个重要任务是设立目标，而作业计划则是假设目标已经存在，而提供一种实现目标的方案。

（3）按计划的明确性程度划分。这样可分成指导性计划和具体计划。指导性计划只规定一些重大方针,而不局限于明确的特定目标,或特定活动方案上,这种计划可为组织指明方向,统一认识,但并不提供实际的操作指南;具体计划恰恰相反,要求必须具有明确的可衡量目标以及一套可操作的行动方案。组织通常根据面临的环境的不确定性和可预见性程度的不同,选择制订这两种不同类型的计划。

（4）按制订计划的组织层划分。这样可分为高层管理计划、中层管理计划和基层管理计划。高层管理计划一般以整个组织为单位,着眼于组织整体的、长远的安排,一般属于战略计划;中层管理计划一般着眼于组织内部的各个组成部分的定位及相互关系的确定,它既可能包含部门的分目标等战略性质的内容,也可能包括各部门的工作方案等作业性的内容;基层管理计划着眼于每个岗位、每个员工、每个工作时间单位的工作安排和协调,基本是作业性的内容。

（5）按组织的职能划分。这样可分成生产计划、营销计划、财务计划等。从组织的横向层面看,组织内有着不同的职能分工,每种职能都需要形成特定的计划,如企业要从事生产、营销、财务、人事等方面的活动,就要相应地制订生产计划、营销计划、财务计划等。计划过程是决策的组织落实过程。计划通过将组织在一定时期内的活动任务分解给组织的每个部门、环节和个人,从而不仅为这些部门、环节和个人在该时期的工作提供了具体的依据,而且为决策目标的实现提供了组织保证。

三、组织职能

（一）什么是组织

组织案例

温州某民办学校的组织体系

温州某民办学校建立了条块结合的管理运行网络。执行校长主持学校的日常工作,下设两室四部——校长办公室、教科室、小学部、初中部、高中部、后勤部。校办协助执行校长处理日常事务,协调各部室工作;教科室负责学校的教育教学科研工作,为执行校长实施教学管理提供依据和建议;小学部、初中部和高中部协助执行校长主持本部日常教育教学工作;后勤部负责全校的后勤服务工作。各部下设若干相应的处和室。他们认为这种管理方式职责明确、功能具体。学校自1996年创办至今,制定了80多项规章制度,其中涉及教职工管理和学生管理的各40余项。该校认为,这些规章制度注重职责到人、管理到位、层层监督。

温州某民办学校的管理体系这是典型的科层制管理体系。机构臃肿、层级多而鲜明、规章制度冗杂。

这样的组织设计和管理设计势必给学生的教育教学工作带来诸多障碍,例如,学校内部信息沟通慢而复杂,学校组织应变能力不强;教科室和小学部、初中部、高中部的平级设置容易出现工作多头指挥状况;学校组织束缚教师工作手脚、压抑教师的工作积极性和创造性;不适应学校组织扁平化的发展趋势。

资料来源：根据 http://wenku.baidu.com/link? url=OvQldW04lwN7eZf_7cZ2Fv2GwgwUUcPOW5zRU2UOTHvbF3DCgxVjAtlkBW-7bscNWNcwfT8bxkXOGGV0yC6XtgvP2oCUjldkci5MZlmhVxO 原网站内容改编。

思考：从温州某民办学校的组织体系案例，可以看出组织是什么？

名家生平与论述

马克斯·韦伯生平

马克斯·韦伯（Max Weber，1864—1920）是德国著名的思想家、社会学家，《社会和经济组织理论》是他的代表作之一，他提出了理想的行政组织体系理论，被称为"组织理论之父"。他提出了权力三结构论，即法定权力、传统的权力及个人魅力型权力。

马克斯·韦伯论组织和组织职能

韦伯的理想行政组织体系具有以下特点：①明确的分工；②自上而下的等级；③人员的任用完全根据职务的需要，通过公开考试和教育培训实现；④职业管理人员；⑤遵守规则和纪律，详尽的规章；⑥非人格化的关系。

马克斯·韦伯在《社会和经济组织理论》一书中指出，任何组织都必须以某种形式的权力作为基础，没有某种形式的权力，任何组织都不能达到自己的目标。只有权利才能变混乱为次序。他还指出人类社会存在三种为社会所接受的权力：

（1）传统权力：传统惯例或世袭得来；

（2）超凡权力：来源于别人的崇拜与追随；

（3）法定权力：法律规定的权力。

马克斯·韦伯认为，只有法定权力才能作为行政组织体系的基础，其最根本的特征在于它提供了慎重的公正。原因在于：

（1）管理的连续性使管理活动必须有秩序的进行。

（2）以"能"为本的择人方式提供了理性基础。

（3）领导者的权力并非无限，应受到约束。

被誉为"组织理论之父"的马克斯·韦伯对组织管理理论的伟大贡献在于明确而系统地指出理想的组织应以合理、合法的权力为基础，这样才能有效地维系组织的连续和目标的达成。为此，马克斯·韦伯首推官僚组织，并且阐述了规章制度是组织得以良性运作的基础和保证。这里不能狭义的理解官僚组织。企业的长生不老决不仅仅依赖于其英雄人物的"超凡卓识"，应在更大程度上依赖于其"顺应自然"的原则体系——公正地识人、用人和尽人的体系。

资料来源：张初遇.西方管理学经典名著选读[M].北京：中国人民大学出版社，2006.
马克斯·韦伯.社会组织和经济组织理论[M].桂林广西师范大学出版社，2012.

从马克斯·韦伯的论述看，组织是指依据既定的目标，对成员的活动进行合理的分工和合作，对组织所拥有的资源进行合理配置和使用以及正确处理人们相互关系的活动。组织是管理的一项重要职能。简言之，组织是指为了达到一定的目经由分工、合作及不同层次的权力和责任制度而构成的一种权责结构。

(二)组织的部门化与层级化

组织的部门化与层级化案例

"宇宙"冰箱厂的机构设置

市"宇宙"冰箱厂近几年来有了很大的发展,该厂厂长周冰是个思路敏捷、有战略眼光的人,早在前几年"冰箱热"的风潮中,他已预见到今后几年中会渐渐降温,变畅销为滞销,于是命该厂新产品开发部着手研制新产品,以保证企业能够长盛不衰。王教授到底如何给周厂长出谋划策的呢?原来他建议该厂再设一个生产指挥部,把李英升为副指挥长,另外命懂生产、有能力的赵翔为生产指挥长主管生产,而让李英负责抓零部件、外协件的生产和供应,这样既没有得罪二轻局,又使企业的生产指挥的强化得到了保证,同时又充分利用了李、赵两位同志的特长,调动了两人的积极性,解决了一个两难的问题。

小刘是该厂新分来的大学生,他看到厂里近来的一系列变化,很是不解,于是就去问周厂长:"厂长,咱们厂已经有了生产科和技术科,为什么还要设置一个生产指挥部呢?这不是机构重复设置吗?我在学校里学过的有关组织设置方面的知识,从理论上讲组织设置应该是'因事设人'咱们厂怎么是'因人设事',这是违背组织设置原则的呀!"周厂长听完小刘一连串的提问,拍拍他的肩膀关照说:"小伙子,这你就不懂了,理论是理论,实践中并不见得都有效。"小刘听了,仍不明白,难道是书上讲错了吗?

资料来源:根据 http://wenku.baidu.com/link? url=Bnkf62gPB7g-qnmszcr-uBIv9kqgN994iMSpecwOD6MTADRLHMqaAZA1bQHqkra7JBgUUYMmMitFtkWZ3wfxsh1zZlV_yR3LpeRl5qQVhcS 原网站内容改编。

思考:从宇宙冰箱厂案例来看,什么是组织的部门化与层级化?部门化与层级化的好处有哪些?

名家生平论述

伦西斯·利克特生平

伦西斯·利克特(Rensis Likert),美国教育家和组织心理学家。他出生于美国怀俄明州夏延(Cheyenne),逝于美国密歇根州安阿伯(Ann Arbor)。伦西斯·利克特是美国现代行为科学家,他对管理思想发展的主要贡献在于领导理论、激励理论和组织理论的研究工作。

伦西斯·利克特论组织结构与组织层级

利克特在 1950~1970 年曾长期担任美国密歇根大学研究中心主任,对企业的组织理论等进行过较多的研究,这种研究被称为:"密歇根研究"。

利克特根据研究结果提出了四种制度的组织理论(四种领导方式类型):专权的命令式、温和的命令式、协商式、参与式。前三种制度可以统称为权力主义组织方式,只有第四种才是效率高的组织方式。利克特认为,对人的激励形式有经济激励、安全激励、自我激励、创造激励。

资料来源:伦西斯·利克特.管理的新模式[M].1961.

从伦西斯·利克特的论述看，组织结构特点是：

（1）职能部门化。组织是一种传统、普遍的组织形式。组织的分工依据业务活动的相似性为标准，如图 7-2 所示。

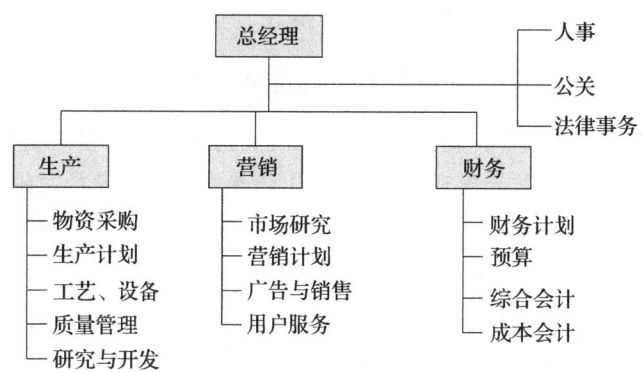

图 7-2　职能部门化示意图

（2）区域部门化。区域部门化以地理因素为标准，特点是与产品部门化相似，如图 7-3 所示。

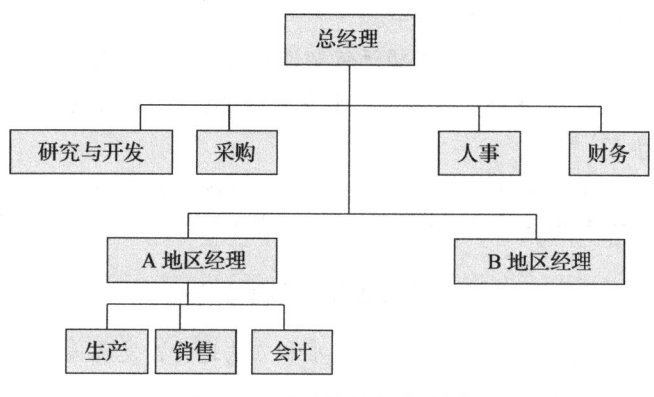

图 7-3　区域部门化示意图

（3）顾客部门化。顾客部门化划分以顾客为标准，其优点是，通过设立不同部门来满足不同目标客户的需要，并能得到及时反馈，更有效地发挥自己的核心专长。同时存在需要更多协调顾客关系的人员，顾客需求不稳定，可能出现结构与需求的不匹配的缺点。

（4）组织的层级化是指组织在纵向结构设计中需要确定层级数目和有效的管理幅度，需要根据集权化的程度，规定纵向各层级之间的权责关系，最终形成一个能够对内外环境要求做出动态反应的有效组织的结构形式。

组织层级化设计的核心内容是确定完成任务需要设定的层级数目，有效的管理幅度是决定中层及数目的最基本要素。所谓管理幅度，也称组织幅度，是指组织中上级主管能够直接有效地指挥和领导下属的数量。这些下属的任务是分担上级主管的管理工作，并将组织任务进行层层分解，然后付诸实施。

四、控制职能

（一）什么是控制

控制职能案例

哈勃太空望远镜能走远吗

经过长达15年的精心准备，耗资超过15亿美元的哈勃太空望远镜终于在1990年4月发射升空。但是，美国国家航天管理局（NASA）仍然发现望远镜的主镜片存在缺陷。由于直径达94.5英寸的主镜片的中心过于平坦，导致成像模糊，因此望远镜对遥远的星体无法像预期那样清晰地聚焦，结果造成一半以上的实验和许多观察项目无法进行。更令人觉得可悲的是，如果有一点儿更好的控制，这些缺陷是可以避免的。镜片的生产商珀金斯-埃尔默公司使用了一个有缺陷的光学模板来生产如此精密的镜片。具体原因是：在镜片生产过程中，进行检验的一种无反射校正装置没有设置好，校正装置上的1.3毫米的误差导致镜片研磨、抛光成了错误的形状。但是没有人发现这个错误。具有讽刺意味的是，与其他许多NASA项目不同的是，这一次并没有时间压力，而有充分的时间来发现望远镜上的错误。实际上，镜片的粗磨在1978年就开始了，直到1981年才抛光完毕，此后，由于"挑战者号"航天飞机失事，完工后的望远镜又在地上待了两年。

NASA中负责哈勃项目的官员，对望远镜制造过程中的细节根本就不关心。事后航天局一个由6人组成的调查委员会的负责人说：至少有三次有明显的证据说明同样问题的存在，但这三次机会都失去了。

资料来源：根据 http://wenku.baidu.com/link? url=UkybvN39lbiTzusZWoLDXyM7mLUulft2D5Rbt9u0SGMGQbvavuiAEBTBC4NOzUKeVP1KoU1Lk-NHfKteKQCw7zaWMsb_yE6GTstZidrOBpK 原网站内容改编。

星巴克需要控制吗

控制就是检查工作是否按既定的计划、标准和方法进行，发现偏差、分析原因、进行纠正以确保组织目标的实现的过程。

控制是管理的一项重要职能，是管理的灵魂，其中反馈是控制的基础。为实现星巴克的计划，公司制定了多项控制管理办法。财务控制是企业控制的核心问题，星巴克从第一家店起就建立了严谨的会计制度。

咖啡豆用量是多少？糕点卖了多少？哪些产品畅销？哪些产品滞销？这些都有详细记录，对计算成本、编制预算、日后开新店帮助极大。实施评价是组织为了防止并更正非期望行为的一种有效控制手段，奖励与惩罚是实施评价的结果。可采用奖金、工资、退休金、工作保障等来强化职工的良好行为，或采取批评、处分、解雇等措施来更正或否定不期望的行为。

一般认为，造成实际工作结果出现偏差的原因可以归纳为以下几类。计划操作原因，是指因计划执行者自身的原因造成偏差；外部环境发生重大变化原因；计划不合理原因，是指计划制定时不切合实际，标准是基于错误的假设和预测制定的，而难于达到。

公司根据整体绩效向员工颁发奖金，虽然增强了团队精神，但也带来了不公平事件的发生。员工在某种层面上自己管理自己的工作，缺乏监督，容易养成惰性。在星巴克实体店内可以看到，消费区内无人看管，员工自由散漫。

资料来源：根据http://wenku.baidu.com/link？url=OBuGX4frwIl7-Xw54V4lmwZI2XoKkQVLjT5K6ciJNYWAnFXtz7Sb2Xh3XRLuDVx7DP7ycfDJJQJFus4hFxNGjbtqlGMYGfJZ0LOfTH_dvLS 原网站内容改编。

思考：从哈勃望远镜的案例来看，什么是控制？从星巴克的角度来看，怎样实行控制职能可以实现管理的有效利用？

名家生平论述

斯蒂芬·罗宾斯生平

斯蒂芬·罗宾斯（Stephen P.Robbins）是美国著名的管理学教授，组织行为学的权威，他在亚利桑那大学获得博士学位。曾就职于壳牌石油公司和雷诺金属公司，有着丰富的实践经验，并先后在布拉斯加大学、协和大学、巴尔的摩大学、南伊利诺伊大学、圣迭戈大学任教。

斯蒂芬·罗宾斯论控制

罗宾斯认为管理（management）是指同别人一起，或通过别人使活动完成得更有效的过程。他认为管理团队是指一种为了实现某一目标而由相互协作的个体所组成的正式群体。

他突出了团队与群体不同，所有的团队都是群体，但只有正式群体才能是团队。正式群体分为命令群体、交叉功能团队、自我管理团队和任务小组。后来，他又对团队与普通群体的区别做了深入研究，得出四个结论：一是群体强度信息共享，团队则强调集体绩效；二是群体的作用是中性的（有时消极），而团队的作用往往是积极的；三是群体责任个体化，而团队的责任既可能是个体的，也可能是共同的；四是群体的技能是随机的或不同的，而团队的技能是相互补充的。这就是管理的定义。

资料来源：斯蒂芬·罗宾斯，等.管理学［M］.李原，孙健敏，黄小勇，译.北京：中国人民大学出版社，2012.

从罗宾斯关于控制的论述看，控制是指施控主体在搜集有关受控客体实际运行情况的信息后，将实际运行情况与预期运行状况相比较，根据比较结果采取适当措施以保证受控客体按照理想方式运行的过程（见图7-4）。

（二）控制的类型

控制类型案例

查克停车公司的两项业务

你要是在美国好莱坞或贝弗利山举办一个晚会，肯定会有这样一些名人来参加：尼科尔森、麦当娜、克鲁斯、切尔、查克。查克是一个停车服务员，没有他，你不可能成功举办

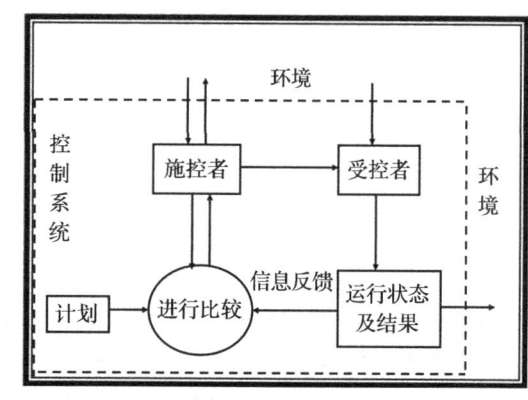

图7-4 控制示意图

晚会。在南加州，停车业内响当当的名字就数查克了。

查克停车公司是一家小企业，但每年的营业额有几百万美元。公司拥有雇员100多人，其中大部分为兼职人员。每个星期，查克停车公司至少要为几十个晚会料理停车业务。在最忙的周六晚上，公司可能要同时为六七个晚会提供停车服务，每一个晚会可能需要3～15位服务员。

查克停车公司经营的业务包含两项：一是为晚会料理停车事宜；二是同一个乡村俱乐部办理停车经营特许权合同。这个乡村俱乐部要求提供两三个服务员，每周7天都是这样。但查克的主要业务还是来自私人晚会。他每天的主要工作就是拜访那些富人或名人的家，评价道路和停车设施，并告诉他们需要多少个服务员来处理停车的问题。一个小型的晚会可能只要三四个服务员，花费大约400美元。然而一个特别大型的晚会的停车费用可能高达2 000美元。

尽管私人晚会和乡村俱乐部的合同都涉及停车业务，但它们为查克提供收入的方式却很不相同。私人晚会是以当时出价的方式进行的。查克首先估计大约需要多少服务员为晚会服务，然后按每人每小时的价格给出一个总价格。如果顾客愿意"买"他的服务，查克就会在晚会结束后寄出一份账单。在乡村俱乐部，查克根据合同规定，每月要付给俱乐部一定数量的租金来换取停车场的经营权。他收入的唯一来源是服务员为顾客服务所获得的小费。因此，在私人晚会服务时，他绝对禁止服务员收取小费，而在俱乐部服务时小费则是他唯一的收入来源。

资料来源：根据http://wenku.baidu.com/link？url=TOBoIHWT_k68h5z8k_Pmqr-wJMPfCy2q64yzS8hxsgTg4lMNH84YVfOCWUfvfORTm2k1Mr1DAk6BD7bwSbXCgnEK_kfVXYqEaNjSIKBSaYW 原网站内容改编。

思考：在查克停车公司案例中，运用的控制类型都有哪些？

📽 名家论述

玛丽·帕克·芙莱特论控制

芙莱特认为管理是"通过他人来完成工作的艺术"，她在《新国家：作为大众政府解决方案的集体组织》中写道："我们只有在集体组织之中才能发现真正的人。个人的潜能在被集体生活释放出来之前，始终只是一种潜能。人只有通过集体才能发现自己的真正品格，得到自己的真正自由。"她的思想扎根于美利坚式的乐观主义和平等思想的土壤之中；但是，与此同时，它又与美国式的个人至上的观念、个人主义和操纵社会的信念背道而驰。

控制越来越多地意味着对生产要素的控制，而不是对人的控制。也就是说，控制不能束缚人的自主性和创造力。

控制是集体控制，即调整上级和下级之间的相互关系，而不是一个由上级单方实施的控制。也就是说，控制来源于情景，每一种情景都能产生它自己的控制，因为正是情景的事实以及情景中许多团体的交织决定着相应的行为。绝大多数情景都过于复杂了，以至于不能由最高层集中控制而有效地发挥作用。所以，必须在组织中的许多"点"上形成"控制集合"或"相互关联"。这种交织和相互关联是以协调为基础的。

资料来源：玛丽·帕克·芙莱特.新国家：作为大众政府解决方案的集体组织［M］.1918.

从芙莱特关于控制的论述看：

（1）预先控制。预先控制是指在行动之前，为保证未来实际与计划目标一致所做的努力。其控制的中心问题是防止企业所使用的资源在数量与质量上可能产生的偏差。其基本形式是合理配置资源。

（2）同步控制。同步控制是指在计划执行的过程中，管理者指导、监督下属工作，保证实际工作与计划目标一致的各种活动。同步控制所控制的中心问题是执行计划的实际状况与计划目标之间的偏差。其基本形式是管理人员的指导、监督和测量、评价。

（3）反馈控制。反馈控制是指把行动最终结果的考核分析作为纠正未来行为依据的一种控制方式。反馈控制是在计划执行后进行的，其目的不是对既成事实的纠正，而是为即将开始的下一过程提供控制的依据。其控制的中心问题是执行计划的最终结果与计划目标的偏差。其控制的基本形式是通过对最终结果的分析，汲取经验教训，调整与改进下一阶段的资源配置与过程指导、监督。

三种控制类型的比较：预先控制，是建立在能测量资源的属性与特征的信息的基础上的，其纠正行动的核心是调整与配置即将投入的资源，以求影响未来的行动；同步控制，其信息来源于执行计划的过程，其纠正的对象也正是这一活动过程；反馈控制，是建立在表明计划执行最终结果的信息的基础上的，其所要纠正的不是测定出的各种结果，而是执行计划的下一个过程的资源配置与活动过程。

第四节　案例

一、案例

海尔"赛马不相马"

1995年某月，海尔人力资源开发中心丁主任的办公桌上放着职工江华为的辞职申请书。江华为是刚进集团工作不久的大学生。在集团下属的冰箱厂工作时，他表现突出，提出了一些有创造性的工作意见，被评为"揭榜明星"。领导看到了他的发展潜力，于是集团将其提升为电冰箱总厂财务处干部。这既是对其已有成绩的肯定，也为其进一步磨炼提供了一个更广阔的舞台。江华为作为年轻的大学生，在海尔集团有着良好的发展前途，缘何要中途辞职？丁主任大惑不解。

经了解，江华为接受了另一家用人单位的月工资高出上千元的承诺，正准备跳槽。仅仅是因为更好的物质待遇吗？事情恐怕并非如此简单。虽然江华为在海尔的努力工作得到了及时肯定，上级赋予他更大的权力和责任，但他仍认为一流大学的文凭应是一张王牌和有至上优势的通行证，理所当然，他应该进厂就担当要职，驾驭别人，而非别人驾驭他。而海尔提出的"赛马不相马"的用人机制更注重实际能力和工作努力后的市场效果，人人都有平等竞争的机会，"能者上，庸者下"；岗位轮流制更是让人觉得在企业中的"仕途漫漫"。作为刚步入社会的大学生，江华为颇有些心理不平衡。另外，海尔有着严格的内部管理制度，员工不准在厂内或上班时间吸烟，违反者重罚；员工不准在上班时间看报纸，包括《海尔报》；

匆忙之间去接电话，忘了将椅子归回原位，也要受到批评，因为公司有一条"离开时桌椅归回原位"的规定；《海尔报》开辟了"工作研究"专栏，工作稍有疏忽就可能在上面亮相；每月一次的干部例会，当众批评或表扬，没有业绩也没犯错误的平庸之辈也被归入批评之列；海豚式升迁、能上能下的用人机制更让人感到一种无处不在的压力。当另一家用人单位口头承诺重用他时，他便递上了辞职申请书。

丁主任望着办公大楼的外面，今年新招进的一批大学生正在参加上岗前的军训，与草地浑然一色的橄榄绿让人真正感受到了这些年轻人的活力和朝气。究竟一个企业应如何为刚走出校门的大学生提供一个施展才华的空间？企业如何才能争得来人才、留得住人才并保持合理的人员流动性呢？

（一）海尔的用人理念

企业管理一般主要管四样东西：人、物、财、信息。后三者又都要由人去管理和操作，人是行为的主体，可以说，人的管理是企业管理的核心。因此，现代企业总是把人力资源开发放在相当重要的位置，每个企业都有自己的一套用人理念。海尔当然也不例外。

古人曰："用人不疑，疑人不用"，韩愈曰："世有伯乐，然后有千里马"。而作为中国家电行业排头兵的海尔集团在市场经济形势下，却明确提出：所谓"用人不疑，疑人不用"是对市场经济的反动，主张"人人是人才，赛马不相马"，即为海尔人提供公平竞争的机会和环境，尽量避免"伯乐"相马过程中的主观局限性和片面性。

海尔总裁张瑞敏针对干部必须接受监督制约指出：所谓"用人不疑，疑人不用"在市场经济条件下是一种反动理论，是导致干部放纵自己的理论温床。

《海尔报》上也曾撰写专文讨论此问题。该文指出，通过赛马赛出了人，但用了的人不等于不需要监督。封建社会靠道德力量约束人，如忠义、士为知己者死，市场经济则靠法制力量，目前法规还不健全，需要强化监督。市场是变的，人也会变。必要的监督、制约制度对于干部来说，是一种真正的关心和爱护，因为道德的力量是软弱的，不能把干部的健康成长完全放在他个人的修炼上。"无法不可以治国，有章才可成方圆"，在市场经济条件下，权利在失去监督的情况下，就意味着腐败。所谓的道德约束、自身修养、素质往往在利益面前低头三尺。权力的下放并不等于监督制约的放弃。越是有成材苗头的干部、越是贡献突出的干部、越是要委以重任的干部，越要加强监督。总之，只要他们手中有权、有钱，就必须建立监督制约机制。

海尔集团总裁张瑞敏认为，企业领导者的主要任务不是去发现人才，而是去建立一个可以出人才的机制，并维持这个机制健康持久的运行。这种人才机制应该给每个人相同的竞争机会，把静态变为动态，把相马变为赛马，充分挖掘每个人的潜质，并且每个层次的人才都应接受监督，压力与动力并存，方能适应市场的需要。

在以上人力思路的指导下，海尔建立了系列的赛马规则括"三工并存""动态转换""在位监控""届满轮流""海豚式升迁""竞争上岗"制度和较完善的激励机制等。

（二）张瑞敏的领导风格

张瑞敏，一个和新中国同龄的山东莱州人，1984年接管青岛电冰箱总厂，引进了德国利勃海尔公司的冰箱技术，幸运地搭上了当时轻工部定点冰箱厂的末班车。经过近15年的发展，今天的海尔集团已成为中国民族企业的优秀代表，张瑞敏也获得了许多殊荣。1985年，为了提高工人的质量意识，张瑞敏带领工人亲手砸毁了76台质量不合格的冰箱；1998年，张瑞敏逆市场而行，在同行业都降价的情况下，宣布产品涨价10%。这些都在家电史上被传为佳话。张瑞敏给许多采访记者的印象是，他有着丰富的哲学思维，很有点儿在谈笑间让对手灰飞烟灭的现代儒商风范。关于人力资源开发方面，张瑞敏曾说："给你比赛的场地，帮你明确比赛的目标，比赛的规则公开化，谁能跑在前面，就看你自己的了。"

"兵随将转，无不可用之人。作为企业领导，你的任务不是去发现人才，而是建立一个出人才的机制，给每个人相同的竞争机会。作为企业领导，你可以不知道下属的短处，但不能不知道他的长处""每个人都可以参加预赛、半决赛、决赛，但进入新的领域时必须重新参加该领域的预赛"。

（三）海尔的系列赛马规则

1. 在位监控

对于在位监控，海尔集团提出两个内容：一是干部主观上要能够自我控制，自我约束，有自律意识；二是集团要建立控制体系，控制工作方向、工作目标，避免犯方向性错误；控制财务，避免违法违纪。

海尔集团建立了较为严格的监督控制机制，任何在职人员都要接受三种监督，即自检（自我约束和监督）、互检（所在团队或班组内互相约束和监督）、专检（业绩考核部门的监督）。干部的考核指标分为五项，一是自清管理，二是创新意识及发现、解决问题的能力，三是市场的美誉度，四是个人的财务控制能力，五是所负责企业的经营状况。对这五项指标赋予不同的权重，最后得出评价分数，分为三个等级。每月考评，工作没有失误但也没有起色的干部也被归入批评之列，这使在职的干部随时都有压力。《海尔报》上引用过一句名言："没有危机感，其实就有了危机；有了危机感，才能没有危机；在危机感中生存，反而避免了危机。"

戈风钰同志担任海尔运输公司的总经理期间，运输公司一直成为员工抱怨和投诉的对象。从1997年年初开始，《海尔报》连续登出三篇文章，甚至点名批评运输公司经理，促使运输公司不得不重新调整工作，包括设立职工意见箱、投诉电话和便民服务车。在这种严格的监控机制下，海尔的员工无时无刻不感受到一种巨大的压力，许多刚踏入社会的大学生可能一下子还受不了这种约束。

2. 届满轮流

海尔集团的另一特色性的人员管理思路就是届满轮流。集团的经营在逐步跨领域发展，从白色家电涉足黑色家电，产品系列越来越多。但是海尔集团内部的发展并不平衡，企业与企业之间不仅有差距，有的差距还很大，而且集团整体高速的发展也并不等于每个局部都是健康的发展。那些不发展的企业的干部没有目标，看不到自己的现状与竞争对手之间的差距，头脑跟不上市场的变化，于是就原地踏步。市场原则是不进则退。随着集团的逐步壮大，越来越需要一批具有长远眼光、能把握全局、对多个领域了如指掌的优秀人才。针对这种情况，海尔集团提出"届满要轮流"的人员管理思路，即在一定的岗位上任期满后，由集团根据总体目标并结合个人发展需要，调到其他岗位上任职。届满轮流培养了一批多面手，但同时也让许多年轻人认为是"青云直上"的一种客观障碍。

3. 三工转换

海尔集团实行"三工并存、动态转换"制度。三工，即在全员合同制基础上把员工的身份分为优秀员工、合格员工、试用员工（临时工）三种，根据工作态度和效果，三种身份之间可以进行动态转化。"今天工作不努力，明天努力找工作"。三工动态转换与物质待遇挂钩，在这种用工制度下，工作努力的员工，可及时地被转换为合格员工或优秀员工，同时也意味着有的员工只要一天工作不努力，就可能得用十天、百天甚至更长的时间来弥补过失，他们就会由优秀员工被转换为合格员工或试用员工，甚至丢掉岗位。另外，在海尔的生产车间里通常都有一个S形的大脚印，每天下班时，班组长做工作总结，当天表现不好的职工都要当着大家的面站在S形的大脚印上，直到下班。另外，海尔内部采用竞争上岗制度，空缺的职务都在公告栏统一贴出来，任何员工都可以参加应聘。海尔建立了一套较为完善的激励机制，包括责任激励、目标激励、荣誉激励、物质激励等。这对于处处感到压力的海尔员工来说，无疑是一种心理调节器。

海尔的用人机制可以概括为"人人是人才，赛马不相马"。海尔管理层的最大特色是年轻，平均年龄仅26岁，其中海尔冰箱公司和空调公司的总经理都才31岁。松下电器公司到海尔参观时，曾戏称此为"毛头小子战略"。《青岛日报》《中国消费者报》《经济日报》《中国商报》等许多报纸都对海尔的人力资源开发部思路做了报道。丁主任的办公桌边上正放着公司编辑的长篇文章：《赛马不相马及海豚式升迁》，全面介绍海尔集团的人力资源管理。

丁主任深知，虽然汪华为可能是一时受了蝇头小利的诱惑，但这件事非同小可。许多问题摆在了丁主任的面前：海尔的管理是否过严？怎样培养职工尤其是刚进入社会的大学生的"市场无情"意识？如何完善现有的人才机制，特别是激励机制？如何在放权与监控机制之间找到一个最佳的结合点？如何使各层次的人才责、权、利有机地结合？[○]

二、思考题

（1）指出案例中所运用的管理战略，针对其中任意一个部分提出另外一种同样可以运用的战略组合。

（2）有人认为海尔的管理制度太严、管理方法太硬，很难留住高学历和名牌大学的人才。你如何看待这一问题？

（3）对于传统的用人观念"用人不疑、疑人不用""世有伯乐，然后才有千里马"，你怎样看待？全面评价海尔的人员管理思路。

（4）试分析"届满轮流"制度，它主要是为了培养人还是防止小圈子，抑或是防止惰性？

○ 资料来源：根据 http://wenku.baidu.com/link?url=_C5oyNtvlhV6Vfe2c3S_c6HyzmiI7tIt_qV_Ff20z7aMWZRtbJUg0peYu9J0HJvj5rSMH5gBt-Hn9UOSUPnLwyFoVKSHb-sHPCdRrRNs0m 由原网站内容改编。

（5）如何使各层次的人才责、权、利有机地结合？试着提出几种合理的解决方案。

○本章要点

1. 什么是领导？领导是指在社会管理活动中具有影响力的个人或集体，在特定的组织结构中，通过示范、说服、命令等途径，动员组织成员以实现组织目标的过程。
2. 什么是领导者？领导者的特征有哪些？①领导者是创业家或企业家；②领导者是伟大的学习者；③领导者是值得信任的人；④领导者是伟大的演说家；⑤领导者是具有高超协调技巧和能力的人；⑥领导者是职务、权力、责任和利益集于一身的人。
3. 什么是战略？①战略是一种从全局考虑谋划实现全局目标的规划；②战略是一种长远的规划。
4. 什么是战略管理？战略管理，指企业确定其使命，根据组织外部环境和内部条件设定企业的战略目标，为保证目标的正确落实和实现进行谋划，并依靠企业内部能力将这种谋划和决策付诸实施，以及在实施过程中进行控制的一个动态管理过程。
5. 战略类型都有哪些？战略类型分为：基本战略、成长战略、防御战略三种。
6. 管理职能都有哪些？管理职能有：决策职能、计划职能、组织职能、控制职能。

○关键术语

领导	领导者	领导力	外部战略环境分析
内部战略环境分析	综合战略环境分析	管理职能	决策职能
计划职能	组织职能	控制职能	

○延伸阅读

1. 周三多，陈传明，贾良定．管理学——原理与方法［M］6 版．上海：复旦大学出版社，2013．
2. 王方华．企业战略管理［M］．2 版．上海：复旦大学出版社，2015．
3. 胡爱本．新编组织行为学教程［M］．3 版．上海：复旦大学出版社，2002．
4. 苏勇．当代西方管理学流派［M］．上海：复旦大学出版社，2007．

○相关网址

1. 哈佛企业管理网，http://www.harment.com/newframe.htm
2. 中国项目管理网，http://www.project.net.cn/
3. 亚太管理训练网，http://www.longjk.com/
4. 中国与全球化智库，http://www.ccg.org.cn/
5. 中国管理国际研究学会，http://www.iacmr.org/ChineseWeb/Detail.asp？id=201

第八章

企业运营 ABC

学习要点

- 学习和掌握客户、客户分类、客户理论
- 学习和掌握质量、质量管理
- 学习和掌握利润、经济利润、增加利润的手段
- 学习和掌握绩效、绩效考核、绩效考核的方法

目前,所有企业都已经置身于全球经济一体化的大背景下。要想求生存谋发展,必须善于吸取经济变革的新因素,大力培育企业的核心竞争能力,才能在长时期内超过同行业平均水平投资回报率,为企业创造出可持续性的竞争优势,使企业能在竞争中保持长期主动性。企业的竞争优势综合表现在客户、产品(或服务)质量、成本与利润、员工绩效等关键要素上,这些反映了企业实际的市场竞争能力。

客户是市场的目标,企业必须准确把握和满足客户需求。为客户提供优质的产品(或服务)是实现企业利润的策略与手段。降低成本、提高利润是企业运营的核心与最终目的。提升员工绩效是企业人力资源管理的基础和出发点。

寻求客户、发现客户、留住客户是企业客户管理的基本内容。日益激烈的竞争,要求企业做好客户关系管理。第一节讲述了客户故事,叙述了客户特征、客户类型以及客户理论的发展。

质量是企业的生命。三星手机质量故事告诉每一个读者,质量很重要。什么是质量?质量管理大师朱兰告诉你答案。质量管理回答如何保障质量的行为、机制。阅读第二节,你可领略质量管理全貌。

利润是每个企业孜孜以求的目标。第二章已有关于利润的介绍。第三节再次从财务角度告诉你利润的含义,影响利润的因素,提高利润的方法。

绩效是企业人力资源管理的基础。什么是绩效呢?什么是绩效管理呢?如何做绩效管理?联想绩效管理故事、卡普兰大师的理论将给你很好的答案。

第一节　客户

一、客户

随着社会生产力的不断提高，社会生产能力不足和商品短缺的局面得以改观，商品极其丰富甚至过剩。消费者的选择余地和选择权力显著增强，同时出现了消费者对个性化的强烈需求。因此，企业为了生存，必须完整掌握客户信息，准确把握客户需求，快速响应市场，提供便捷的购买渠道和完善的客户服务，以提高客户的满意度[①]。

客户故事

2011～2014年苹果在中国消费者群体对比

1. 2011年苹果消费者报告

2011年，为了全面深入了解中国iPhone用户及其使用iPhone的具体行为，互联网消费调研中心（ZDC）在中关村在线网站及微博上投放调查问卷，时间从6月2日～6月25日，为期24天，共回收问卷1 296份，通过对用户ID，IP等注册信息及问卷填写完整度的筛选、过滤，得到有效问卷1 064份。进行一系列统计与分析后，得出一些关键数据：

（1）70.5%的iPhone用户年龄分布在18～30岁。平均年龄在24岁左右，与CNNIC公布的中国电脑网民及手机网民平均年龄较为接近。31～35岁用户也占据近两成比例，这部分人群多为中层及以上管理人员，收入水平较高。

（2）55.6%的iPhone用户拥有本科及以上学历。学历集中在大专的用户占比27.7%，不足三成。高中及以下学历者占比较低，仅为16.7%。

（3）54.1%的iPhone用户居住在二线及以上城市。

（4）44.0%的iPhone用户月资费水平较低，在100元以下。iPhone月资费水平跟其用户所处职位直接相关。

（5）iPhone用户中男性用户占比较大，达到81.7%，女性用户不足两成。

2. 2014年苹果消费者报告

为了了解中国用户对于iPhone新品的购买意向，ZDC面向广大网友进行《2014年iPhone 6市场前景调查》。本次调查ZDC共回收问卷3 416份，经过对问卷的完整度以及IP的筛选，最终得到有效问卷3 379份，问卷有效率为98.9%。通过调查所得数据总结如下：

（6）调查对象中苹果产品的用户占比接近六成。在参与本次调查的网民中，苹果产品用户的占比为58.5%，高居榜首。不是苹果用户但有购买苹果产品意向的用户占21.8%。不是苹果用户也没有购买苹果产品的用户占19.7%。

（7）苹果产品的主要使用人群集中于18～35岁。26～35岁年龄段人数占比相对最高，达到53.2%；18～25岁年龄段以24.1%的用户占比排在第二位，35～45岁次之，其他年龄段用户占比均在10%以下。

（8）iPhone用户占比相对最高。在参与本次调查的苹果产品用户中，iPhone用户的占比

[①] 林建宗. 客户关系管理［M］. 北京：清华大学出版社，2011.

相对最高，达到51.2%；iPad、iPod等平板产品排在第二位，用户占比为22.8%；同时具有iPhone+iPad产品的用户以15.9%的占比排在第三位。相较于iPhone和iPad，iMac及三者都拥有的用户数量则相对较少，占比均在10%以下。可见，iPhone与iPad是用户受众范围最广的产品。

（9）自由职业、技术人员购买意向较高。在表示会购买iPhone新品的用户中，自由职业用户占比相对最高，达到21.7%。企业技术人员、企业管理人员与在校学生处于第二阶梯，占比分别为15.1%、13.2%和10.4%。在其他职业中，IT技术人员、专业人士（医生、律师等）、国家公务员用户占比相对较高，主要集中于5%～9%，其他职业用户占比均在5%以下。

（10）中低收入人群同样具有较高的购买意向。从消费者月收入的角度来看，在有购买意向的网民中，月收入在3 000～4 999元的用户占比相对最高，达到30.5%；月收入8 000元以上的用户以27.6%的占比排在第二位，3 000元以下和5 000～7 999元价格段月收入的用户占比基本持平，分别为20.6%和21.3%。

（11）之前有过使用经验是用户购买的主要原因。关于购买iPhone新品的原因，30.9%的参与调查者是因为自身一直是苹果用户，20.7%的网民表示现有手机过于老旧是主因。因为产品功能齐全而购买的用户排在第三位，占比18.8%；与之相比，要跟随时尚潮流而购买的网民仅占7.2%，可见用户的购买动机更加趋于理性化。

3. 苹果消费者群体对比分析

（1）从人口年龄结构看，在苹果从iPhone4正式进入中国消费者眼中到iPhone6发布，消费者群体也在不断发生着改变。2011年消费者年龄集中在18～35岁的占比为88%，而在2014年，这一年龄段占比下降至77.3%。这说明苹果是很多年轻人追逐的对象，年轻人喜欢创新，喜欢好看的外观设计，苹果的产品创新，时尚外形的营销路线恰恰契合了年轻人的消费心理。而老年人则对于外观的设计要求不高，而且对于设备的性能要求也不高，所以，我们认为年轻人是苹果在中国的主要营销对象。但是，我们也注意到，短短三年，18～35岁年龄段的占比下降到77.3%，这也说明在中国，其他年龄段的人群也在慢慢适应苹果所带来的潮流。走在任何地方，你都能看见中国大妈手上拿着的iPhone。

（2）从人口的受教育程度看，苹果的主要消费群体为公司白领或者大学以上学历学生。这是因为以大学生为主体的消费也会出现从众的心理，他们在对苹果的消费上会受到周围人的很大影响，为了追求一种心理上的满足感而超前消费。品牌效应在大学生中有着很大的影响，很多学生需要的并不是iPhone而是苹果的品牌。除此之外，iPhone也越来越受低教育程度消费者的喜欢了。尽管可能iPhone代表的是现代科技，但是，由于iPhone从设计上讲究美观与舒适的顾客体验感，使得iPhone也渐渐取代国产山寨、诺基亚等成为新一代街机。

（3）从消费心理和消费水平来看，2011年消费者主要集中于二线及以上城市，而到2014年，低收入人群也加入到iPhone用户当中。许多普通中国消费者仍然将iPhone视为奢侈品，尽管大约5 000元的价格是否足以被视为奢侈品是有争议的。当考虑到购买iPhone

能使中国消费者花最少的钱来接近与体验上流社会的生活并且在满足虚荣心方面最有成本效益时，普通中国消费者的心态就可以理解了，何况，许多中国人对西方文化有着羡慕的心理。

资料来源：百度文库，"苹果主要消费群体分析"（内容有删节）。

以上故事说明：企业需要弄清楚是哪些人在消费它的产品，这些人有什么特征。这就是客户及客户的特征。通过调查，企业可以掌握苹果客户的年龄、职业、受教育水平、居住地、性别、收入等特征。而且，我们可以看到客户的特征是动态的，随着时间的推移，客户特征是会发生变化的。

名家生平与论述

菲利普·科特勒生平

菲利普·科特勒（1931年—），生于美国，经济学教授。他是现代营销集大成者，被誉为"现代营销学之父"，菲利普·科特勒作为现代营销学之父，具有芝加哥大学经济学硕士和麻省理工学院的经济学博士、哈佛大学博士后及苏黎世大学等其他8所大学的荣誉博士学位。同时也是许多美国和外国大公司在营销战略和计划、营销组织、整合营销上的顾问。此外，他还曾担任美国管理学院主席、美国营销协会董事长和项目主席以及彼得·德鲁克基金会顾问。代表作《营销管理》（全球第14版、中国第13版）等。

菲利普·科特勒论客户

菲利普·科特勒指出，"企业必须积极地创造并滋养市场""优秀的企业满足需求，杰出的企业创造市场"。市场营销学涉及市场安排、市场调查以及客户关系管理等，菲利普·科特勒曾经写到，市场营销是"创造价值及提高全世界的生活水准"关键所在，它能在"赢利的同时满足人们的需求"。他认为市场营销必须成为商业活动的中心，它的重点必须是在客户身上："在一个产品泛滥而客户短缺的世界里，以客户为中心是成功的关键。"

资料来源：百度百科，"菲利普·科特勒"。

1. 客户定义

本书将客户当成一种通用的、大众化的、广义的概念加以应用，因此并不需要与消费者、用户、顾客等概念进行严格区分。客户是指通过购买你的产品或服务满足其某种需求的群体，也就是指跟个人或企业有直接的经济关系的个人或企业。客户既包括购买企业产品或服务的顾客，也包括企业的内部员工、合作伙伴、供应链中上下游伙伴，甚至包括本企业的竞争对手。

2. 客户与企业的关系：互惠共赢

客户与企业之间的关系，是一种相互促进、互惠共赢的合作关系。特别是跟优质大客户合作，能提升我们的服务意识，提高我们的管理水平，完善我们的服务体系，同时也能给我们带来丰厚的利润。但是优质的客户对于我们企业的作用，远非产生财务账面利润那么简单,还对我们企业的发展起到推动作用。

　　一个企业想要发展,就要学会寻找优质的大客户,学会和他们合作,但是企业也不能让客户推着走,要化被动为主动,积极地为客户提供优质的服务,真正贯彻"无限距离,贴心传递"的服务理念。如果所有的公司都知道失去一个客户的损失,他们就会衡量"投资于新业务"和"投资于留住客户"之间的取舍关系。

二、客户分类

(一)客户分类标准

客户分类故事

中国国航的客户细分

　　一家年销售额数百亿元人民币的企业,每年的差旅支出竟然高达10亿元。

　　也许你还没有意识到,但正是这样的巨额"消耗"成就了航空公司的一个新的业务来源,越来越多的航空公司开始发力差旅管理领域。"差旅管理是根据航空公司战略发展需求而拓展的,借此锁定重量级客户",中国国际航空公司(下称"国航")商务委员会副主任贾铁生表示。

　　如何使公司差旅管理更加有效?随着客户数量和业务分支的增多,公司又如何对这些遍布全球、分支众多的企业进行精细化协调?在全流程的服务模式下,国航的客户细分探索或可借鉴。

　　差旅管理其实涉及很多业务内容:差旅计划的制订,航线的整合、支付解决方案的提供,甚至有差旅报表的提供,出行方案的分析、调整,还有过期票务的处理等。

　　基于此类需求,国航于2005年成立了差旅管理部门,在2007年加入星空联盟之后,通过与联盟内伙伴的合作推出"大客户集团采购超值奖励计划",提供更具有世界网络覆盖的产品。

　　到目前为止,国航的签约客户已经达到6 000多家,其中超过337家为世界500强企业。而在客户准入上,国航坚持的是"宽进严分"的模式,也就是说,这些客户进入大客户团队没有任何门槛,但是进入之后国航内部会根据规模和采购量进行具体的分级分层。

　　分级的参考因素有两个:一个是客户在总航空业务上的采购量,借此分析客户对航线的依赖程度,以及是否与国航的航线网络相匹配,这样才有合作和议价的前提;另一个是看国航在其总采购量中的占比。

　　比如有的客户一年总的采购量是1 000万元,其中900万元都在国航,这自然被归为国航的重量级客户;而如果其中只有100万元在国航,那么就要分析对方的航线依赖与国航的匹配度,以此来看是否有进一步调整和深化的空间。"我们会在一些业务指标上设定平均线,低于此线的,我们会找原因和解决方案,看如何开展下一步的合作。"国航销售部客户开发高级经理韩燕说。

　　按照这样的标准,国航大概把客户分为十个层级,对应国航提供的十个层级的服务。"公司的服务资源都是有限的,所以这样细分之后,有助于我们内部资源效率的最大化"。

实际上,通过这种细分,国航也构建了一个客户的升级通道。"这样也会很明白地展现给客户,他存在于国航的哪一个服务层级之上,如果要增加服务内容,需要哪些相应的规模投入,"韩燕说,"在目前市场并不规范的情况下尤其重要,要有一个透明、规范的商业运作模式。"

而基于"潜在客户分析",国航也会对当前没有达到规模要求的潜力客户重点培养,比如考虑到其员工数量和增长潜力,其未来的发展计划等。"总部会据此分析出一些优质企业,然后下发至区域营销中心,会对这些客户进行资源倾斜"。中国工程物理研究院就是一个很好的例子,其相关负责人介绍,该公司与国航的合作,已经从每个月40~50张的出票量,到现在的2 000~3 000张。而在所有国内的航空公司中,国航在其出票量份额中已经升至66%。而物理研究院也会相应在采购时间、采购效率和采购资金方面获得一定程度的优惠。

另外,在层级划分之下,企业类型的不同也要求差旅管理不同的资源倾斜,比如有些公司贯彻"最低票价原则";一些对成本相对不太敏感的企业则更强调私密性和服务效率;还有一些公司更加注重VIP服务和旅行体验。因此,在每一层级针对不同类型的客户,国航也有专门的团队进行针对性的服务。"政府客户、企事业单位客户、全球和国内的500强客户,他们服务的侧重点都不一样,因此还要进行类型划分。"韩燕说。

资料来源:2012年05月11日《中国经营报》,"国航:大客户差旅管理'360°法则'",作者:梁宵。内容有删节。

该故事介绍了国航的客户细分:国航的签约客户达到6 000多家,大概把客户分为十个层级,对应国航提供的十个层级的服务。对不同的客户,提供差异化的跟进服务。

名家论述

温德尔·史密斯论市场细分

市场细分(market segmentation)的概念是美国营销学家温德尔·史密斯(Wendell R. Smith)于1956年在总结西方企业营销实践的基础上,最早提出的一个概念。一个市场的顾客总是有差异的,他们有不同的需求,并寻求不同的利益。他认为市场细分是一种战略,企业应该对市场进行细分,而不是仅仅停留在产品差异上。此后,美国营销学家菲利普·科特勒进一步发展和完善了温德尔·史密斯的理论并最终形成了成熟的STP理论——(市场细分(segmentation)、目标市场选择(targeting)和市场定位(positioning))。

资料来源:吴健安.市场营销学[M].5版.北京:清华大学出版社,2014.
百度百科,"STP理论"。

客户分类标准是多样的,比如收入标准、需求主体标准。从收入标准看,客户可分为普通的经济型客户、中高端客户和高端客户。过去30年,企业面对的客户群主要是普通的经济型客户。近五年来,中高端客户群规模不断壮大。从区域国别看,客户可分为国内客户与国外客户。国内客户可细分为区域客户，比如东部地区客户、中西部地区客户。国外客户通常按国别划分。本节我们按需求主体分类。不同客户具有不同的需求，满足不同的客户需求是营销的根本目的，客户满意是企业市场发展的根本目标。

（二）四类客户

1. B to C 客户（消费者）

B to C 客户是指购买最终产品或服务的分散型客户，通常是个人或家庭客户。其数量众多但消费额一般不高。

2. B to B 客户（企业客户）

B to B 客户是购买产品或服务，并将供应商的产品附加到自己产品上，再销售给其他客户或企业以获取利润或服务的客户，通常是企业客户。

3. 渠道客户

渠道客户包括经销商、分销商、代销商、专卖店等，此类客户购买产品的目的是进行销售，或作为该产品在该地区的代表及代理处，通常也是企业客户。

4. 内部客户

企业内部的个人或机构，需要利用企业的产品或服务来达到商业目的。这类客户往往最容易被忽视。

在实践中，各个企业可以根据自身的具体情况，对其客户进行不同的分类。比如：根据客户的外在属性分类（客户的地域分布、产品拥有状况、组织归属等）；根据客户的内在属性来分类（如性别、年龄、信仰、爱好、收入、家庭成员数、信用度、性格、价值取向等）。在不少行业对客户消费行为的分析主要从三个方面考虑，即所谓 RFM：最近消费、消费频率与消费额。

三、客户理论

（一）客户理论演化

客户理论经历了 4Ps 理论到 4Cs 理论、4Vs 理论和 4Rs 理论。美国营销专家劳特朋（R.F. Lauterborn）教授在 1990 年提出了 4Cs 营销理论。所谓"4C"是指客户（customer）、成本（cost）、便利（convenience）和沟通（communication）。4Cs 理论旨在为客户创造价值，降低客户成本。20 世纪 90 年代，微软、科龙、恒基伟业和联想都以此为基础来定义营销方式和营销策略。

4Vs 营销理论是我国学者吴金明提出的。所谓"4V"是指"差异化"（variation）、功能化（versatility）"附加价值"（value）、"共鸣"（vibration）的营销组合理论。"4V"理论的要旨是以个性化客户需求引领营销方式、营销活动。以此为基础，制定差异化营销策略。

艾略特·艾登伯格（Elliott Ettenberg）、唐·舒尔茨（Don E. Schuhz）各自独立提出 4Rs 营销理论。所谓"4R"指关联（relevancy）、反应（reaction）、关系（relationship）和报酬（reward）。其要旨是以竞争为导向，着眼于客户与企业共赢思路，整合营销以提高顾客忠诚度。国内著名企业家潘石屹在北京现代城营销中运用了 4R 理论。

(二) 4Ps 理论

客户理论故事

4Ps 理论在海尔的运用

1. 产品

海尔集团根据市场细分的原则，在选定的目标市场内，确定消费者需求，有针对性地研制开发多品种、多规格的家电产品，以满足不同层次消费者需要，如海尔洗衣机是我国洗衣机行业跨度最大、规格最全、品种最多的产品。在洗衣机市场上，海尔集团根据不同地区的环境特点，考虑不同的消费需求，提供不同的产品。针对江南地区"梅雨"天气较多，洗衣不容易干的情况，海尔集团及时开发了洗涤、脱水、烘干于一体的海尔"玛格丽特"三合一全自动洗衣机，以其独特的烘干功能，迎合了饱受"梅雨"之苦的消费者。此产品在上海、宁波、成都等市场引起轰动。针对北方的水质较硬的情况，海尔集团开发了专利产品"爆炸"洗净的气泡式洗衣机，即利用气泡爆炸破碎软化作用，提高洗净度20%以上，受到消费者的欢迎。针对农村市场，研制开发了下列产品：①"大地瓜"洗衣机，适应盛产红薯的西南地区农民图快捷省事，在洗衣机里洗红薯的需要；②"小康系列"滚筒洗衣机，针对较富裕的农村地区；③"小神螺"洗衣机，价格低、宽电压带、外观豪华，非常适合广大农村市场。

2. 价格

海尔产品定价的目的是树立和维护海尔的品牌和品质形象。具体的定价策略如下所示。

（1）撇脂定价，即将价格定得相对于产品对大多数潜在顾客的经济价值来讲比较高，以便从份额虽小但价格敏感性较低的消费者细分中获得利润。采用这种定价策略的前提是公司必须有一些手段阻止低价竞争者的进攻，如专利或版权、名牌的声誉、稀缺资源的使用权、最佳分销渠道的优先权等。

（2）海尔产品定价的原则：

1）产品价格即消费者认可的产品价值；

2）消费者关注产品价值比关注产品价格多得多；

3）真正的问题所在是价值，而不是价格。

海尔的价格策略从来都不是单纯的卖产品策略，而是依附于企业品牌形象和尽善尽美的服务至上的价格策略。这种价格策略赢得了消费者的心，也赢得了同行的尊重与敬佩，更赢得了市场。海尔的定价策略还依托于其强大的品牌影响力，这点在大中城市尤为明显。海尔在每个城市的主要商场，都是选择最佳、最大的位置，将自己的展台布置成商场内最好的展台形象；在中央和地方媒体上常年坚持不断的广告宣传，这其中几乎全是企业品牌形象宣传和产品介绍，对于价格则从没"重视"过。正因为如此，"海尔"两个字已经成为优质、放心、名牌的代言词。海尔的定价策略概括起来即价值定价策略、创新产品高价策略。

3. 渠道

海尔的渠道组合策略如下所示。

（1）采用直供分销制，自建营销网络。所谓直供分销制就是由厂商自主独立经营，不通过中间批发环节，直接对零售商供货。

海尔直供分销制的具体做法是根据自身产品类别多、年销售量大、品牌知名度高等特点，进行通路整合，在全国每个一级城市（省会和中心城市）设有海尔工贸公司；在二级城市（地级市）设有海尔营销中心，负责当地所有海尔产品的销售工作；在三级市场（县）按"一县一点"设专卖店。海尔现在已建立了一个庞大、完善的营销网络，拥有服务网点11 976 个，销售网点 53 000 个（海外 38 000 个）。海尔在全国共设有 48 个工贸公司，实行逐级控制，终端的销售信息当天就可反馈到总部。

（2）采用特许经营方式，建立品牌专卖店。海尔设立品牌专卖店的主要目的是通过全面展示产品，提升品牌形象，提高海尔品牌的知名度和信誉度，同时促进产品的销售。海尔设立专卖店有利于品牌的树立，专卖店以其统一的形象出现在消费者面前，有利于企业整体品牌的塑造。专卖店采用统一的标识、统一的布置、统一的服务标准，保证了产品的质量和服务的质量，防止了假冒伪劣产品，保证了产品的货真价实，避免了伪劣产品造成的冲击。

专卖店由被选定的经销商自己投资改造，这其中利用的实际上就是海尔的品牌价值。海尔试图以品牌优势达到经销商和自己的双赢：自己节省开支，而经销商借海尔提升形象。海尔的专卖店一般开在社区、郊区和居民小区等比较"边缘"的地带，避免了与海尔另一大营销体系——综合商场、大型百货"重复建设"，发生"商圈"冲突。由于海尔多元化家电的定位，在海尔专卖店里，可以有电视机、空调、洗衣机、微波炉和燃气灶等十几个种类的"海尔造"商品，避免了其他家电企业专卖店只卖一两种电器的情况，摆脱了"成本偏高，效率偏低"的困境。

4. 促销

这里说说海尔的品牌广告。广告是品牌传播的主要方式之一，它通过报纸、杂志、电视、户外展示和网络等大众传媒向消费者或受众传播品牌信息，诉说品牌情感，在建立品牌认知、培养品牌动机和转变品牌态度上发挥着重要作用。

海尔品牌广告的广告语如下所示。

（1）"海尔，中国造"。这一广告语朴实真挚、掷地有声、铿锵有力，是海尔向世界的宣战，显示出海尔征服国际市场的决心和信心，是海尔向世界名牌挺进的关键一步。这句广告词从消费者记忆的角度来说，十分有利于记忆。"海尔，中国造"这句话传递的信息就在于，海尔要让全世界的人都知道，中国的家电产品中有一个叫"海尔"的名牌，它会像"德国造""日本造"的产品一样，以质量、技术在国际市场上竞争，并立足于世界，改变中国产品的低劣形象。

（2）"真诚到永远"。这句广告语是海尔优质服务的高度总结，注重与消费者情感的交流，建立起与消费者以心换心的关系，增强了消费者对海尔的信任度。

（3）海尔多年来的广告策略注重树立其品牌形象。海尔制作完成国内第一部 212 集大型系列儿童教育动画片《海尔好兄弟》，通过动画片创造了一个与未来的家电购买者——少年儿童共通、互动、共鸣、共感的机会，并最终达成共识，进而在海尔未来最有潜力的目标社会群中塑造、传播和维护了海尔的企业形象。

（4）海尔结合市场细分，把广告细分为：企业形象广告、品牌形象广告和产品性能广告等若干类别。在不同时期、不同市场、不同的产品和不同的消费者中进行不同的宣传形式。由于每一产品类别中有众多产品,公司将每类产品归纳出一形象用语,如海尔冰箱的"为您着想"、海尔空调的"永创新高"、海尔洗衣机的"专为您设计"、海尔电脑的"为您创造"等,使消费者对该类产品有一个总体认知。在此基础上,公司将主要产品型号根据其主要功能制作出产品"功能广告"片,对"共性"的认识做个性的说明,供不同需求的消费者选择。通过上述的广告策略,海尔成功塑造了海尔大型名牌家电企业集团的形象,并提高了海尔品牌的知名度。

资料来源:百度文库,"4Ps营销理论案例分析——海尔"。

该故事详细地阐述了海尔公司在产品、价格、渠道、促销方面的具体做法,对营销管理中最经典的4Ps理论是如何在海尔公司得到运用的,进行了很好的总结。

名家生平与论述

杰罗姆·麦卡锡生平

美国密歇根大学教授杰罗姆·麦卡锡(Jerome Mccarthy),20世纪著名的营销学大师。1960年他在其第1版《基础营销学》中,第一次提出了著名的"4Ps"营销组合经典模型,即产品(product)、价格(price)、渠道(place)、促销(promotion)。

杰罗姆·麦卡锡和菲利普·科特勒对4Ps理论的论述

(1)产品:要求产品具有独特的卖点,把产品功能诉求放在第一位。
(2)价格:根据不同的市场定位,制定不同的价格策略。
(3)渠道:注重经销商的培育和销售网络的建立,企业与消费者的联系是通过分销商来进行的。
(4)促销:企业注重改变销售行为来刺激消费者,以短期行为(如让利、买一送一、营造现场气氛等)促进消费的增长。

资料来源:林建宗.客户关系管理[M].北京:清华大学出版社,2011.MBA智库百科,"杰罗姆·麦卡锡"。

市场营销学着重研究买方市场条件下企业(卖主)在激烈竞争和不断变化的市场营销环境中,如何识别、分析、评价、选择和利用市场机会,如何满足其目标客户的需要,提高企业经营效益,求得长期生存和发展[一]。市场营销学的研究范围,经典的表述方法为:围绕客户需求这个中心,分析市场环境,制定和实施营销策略组合,包括产品(product)、分销渠道(distribution channel of place)、促销(promotion)与定价(pricing)策略,简称4Ps。

除了4Ps理论以外,1990年美国学者罗伯特·劳特朋(Robert Lauterborn)提出了4Cs营销理论。4C分别指:客户(customer)、成本(cost)、便利(convenience)、沟通(communication)。2001年,艾略特·艾登伯格(Elliot Ettenberg)在其《4R营销》一书中提出了4R营销理论,唐·舒尔茨(Don E. Schuhz)提出了4Rs理论。4Rs理论的四要素是指:

[一] 吴健安.市场营销学[M].5版.北京:清华大学出版社,2014.

关联（relevancy）、反应（reaction）、关系（rebtionship）、报酬（reward）。

第二节 质量

质量、成本、交货期、服务及响应速度，是决定企业市场竞争成败的几个关键要素，而质量更是居首位的要素，是企业参与市场竞争的必备条件。质量低劣的产品，价格再低也难以在市场上立足。日本企业能够占据汽车市场和家用电器市场的领先地位，靠的就是优异的产品质量。企业要想在国内外市场上立于不败之地，首先就要有优质的产品和完美的服务㊀。

一、质量

（一）质量十分重要

🎬 质量故事

三星召回事件涉及 250 万部手机，成本达 10 亿美元

当下，三星正因手机电池芯片存在的隐患，陷入"召回门"，上市刚超过两周 Galaxy Note 7 手机即被宣布召回，9月2日三星公司宣布，将同步在已经发售的 10 个市场，停止 Galaxy Note 7 的销售工作。

三星中国方面相关人士接受《证券日报》记者采访时表示："对此事件，三星公司第一时间做出反应，目前中国地区产品不受影响。"不过，此次事件已迫使三星在几个市场推迟出货。本周，三星很快将迎来竞争对手苹果的正面交锋。苹果预计将于本周发布的新 iPhone，如若三星要在此次借 Note 7 扳回一城，其必然要尽快消除此次事件的不利影响。

1. 250 万部手机被召回，三星称已展开调查

Galaxy Note 7 上市不足一个月时间，已获得市场巨大关注。不过，部分 Galaxy Note 7 发生的电池爆炸事件是很多人所没有想到的。

近日，三星终于证实，将召回已售出的 Galaxy Note 7 手机，避免带来更大灾难。同时，三星也正在对该事件展开调查。三星移动部门总裁高东真对三星 Note7 电池爆炸事件进行了公开道歉，并正式宣布了全球范围内的 Galaxy Note7 召回计划，大约 250 万部 Galaxy Note7 将被召回。

三星电子有关人士称："三星对中国区的 Note 7 产品也进行了质量调查和市场评估，暂时不会改变发售计划。目前公司已经在各地区陆续启动更换程序，韩国消费者可以在 9 月中旬更换新手机，其他部分地区推迟发货。"

此事件曝光之前，在 2016 年 8 月 31 日，三星已经透露 Galaxy Note7 的供货将再次面临延迟，对于这一推迟，三星公司给出的解释是需要对其高端设备进行额外的质量控制测试，对产品质量进行再次检测。

三星还表示，负责 Galaxy Note 7 出货的韩国三大顶级运营商 SK 电信有限公司、KT 公

㊀ 马风才. 质量管理[M]. 北京：机械工业出版社，2009.

司和 LG U+ 公司已被叫停供货。

三星一位高管表示，经过调查爆炸是电池芯存在缺陷导致的，有问题的三星 Galaxy Note 7 手机占不到已售产品总量的 0.1%，存在的问题可能只是通过更换电池就能解决。

业内人士认为："此次手机找回事件无疑将对三星移动业务的业绩造成影响，不过三星公司在事件爆发的之际，反应较为迅速，可见其对这些市场和手机业务的重视，三星正在用一切努力去消除不利影响。"

"目前，智能手机对电池容量要求越来越大，不过，智能手机电池容易发热的情况一直没有得到有效解决。随着智能手机的迅速发展，其对电池容量要求越来越高，CPU 速度也越来越快，产生热量更大，如果电池抗热性能不好，则会很容易产生爆炸。此次，三星对问题手机的召回，是对人身安全和公司更大损失的挽回，是有意识地维护其品牌形象的行为。"产业经济观察家梁振鹏表示。

此次召回，对于三星而言，损失无疑是不小的。据彭博汇总的估计，三星决定召回两周前才上市的 250 万部 Note 7 手机，召回成本可能多达 10 亿美元（约合 66.8 亿元）。

2. Note 7 的重要角色，中国发售计划不改变

三星方面称，该事件目前对中国未产生影响。近日，中国三星电子官方发布声明：为保障消费者的放心使用，将在部分国家，针对 Galaxy Note7 可能存在的电池隐患进行主动更换。9 月 1 日起在中国市场正式发售的国行版本，由于采用了不同的电池供应商，而不在此次更换范畴，中国消费者可以放心购买。

而对于此种说法，三星相关人士称："三星在不同国家和地区不会都采用同一电池供应商，会根据当地特色和资源选择合适的供应商，这次中国的电池并不存在问题，所以产品没有受到影响。在中国的发售计划不会改变。"

"一般来说，企业不一定会很严格地针对不同国家进行电池生产，三星很多手机和电池的生产都来自中国工厂，目前三星可能对不同国家、不同地区采取不同策略"。

不过，很快，三星就将与竞争对手苹果进行正面交锋。苹果预计将于本周发布的新 iPhone，其上市后，必将对三星市场份额进行冲击。不过显然，三星赶在苹果前发售新品，已提前占据一部分市场。旗舰级的 Galaxy S7 助推三星的股价在上个月创下新高，同时也将季度利润推升到两年来的新高。

资料来源：贾丽，"三星召回事件涉及 250 万部手机，召回成本或多达 10 亿美元"，财经综合报道，2016 年 9 月 6 日。

该故事介绍了三星手机的召回事件，给三星造成的损失可能超过 10 亿美金。更难以估量的是，这一事件给三星公司声誉带来的负面影响以及对消费者信心的打击。无数的事实证明：任何企业，只有优质的产品才能在国内外市场上立足。

名家生平与论述

朱兰生平

约瑟夫·莫西·朱兰（Joseph M.Juran），质量管理专家。于 1904 年 12 月生于罗马尼亚

布勒伊拉的一个贫苦家庭，成长在一个叫帕西亚的小城。1951年，第1版《朱兰质量手册》(*Juran Quality Control Handbook*) 的出版为他赢得了国际威望。1979年，朱兰建立了朱兰学院，广泛地传播他的观点，朱兰学院如今已成为世界上领先的质量管理咨询公司，因提出了质量管理的"朱兰三部曲"（质量策划、质量控制、质量改进）而闻名。

朱兰论质量

质量就是产品的适用性及产品在使用时能够满足用户需要的程度。他认为制造商的质量概念是一组规范和规格的集合，而用户则把质量看成一种适用性。质量特征包含如下几方面：结构上的（长度、频率）、感官上的（味道、美感、吸引力）、与时间有关的（可靠性、可维护性）、商业上的（被保证人）、伦理上的（礼貌、诚实）等。适用性包括五个方面：质量可以存在很多等级、可靠性、可维护性、产品使用的潜在危险和用户使用产品的方式。

资料来源：江平，张霜. 项目管理概论[M]. 北京：科学出版社，2014. 百度百科，"朱兰"。

（二）质量界定

1. 质量定义

在管理学中，质量的概念可以表述为产品、过程或体系的一组固有特性满足顾客要求的程度。也就是说，质量是对满足顾客需求程度的一种描述。质量有以下三层含义。

（1）质量的广义性。质量不仅指产品质量，也包含工作过程的质量和工作体系的质量。

（2）质量的时效性。顾客对组织的产品、过程或体系的要求、期望是随时间不断变化的，因此质量具有一定时效性，组织必须根据环境的变化不断调整质量目标和标准。

（3）质量的相对性。不同的顾客，需求不同，对质量的要求也不同。因此质量好坏具有相对性，衡量质量的最终标准应该是顾客的满足度。

2. 质量特性

质量特性是指产品或服务满足人们明确或隐含需求的能力和特征的总和。一般质量特性又被分为以下五个方面。

（1）内在质量特性。内在质量特性主要是指产品的性能、特性、强度、精度等方面的质量特性，是在产品或服务的持续使用中体现出来的。

（2）外在质量特性。外在质量特性主要是指产品的外形、包装、装潢、色泽、味道等方面的特性，是产品或服务外在表现方面的特性。

（3）经济质量特性。经济质量特性主要是指产品的寿命、成本、价格、运营维护水平等方面的特性，是与产品或服务的购买和使用成本有关的特性。

（4）商业质量特性。商业质量特性主要是指产品的保质期、保修期、售后服务水平等方面的特性，是与产品或服务提供企业承诺的各种商业责任有关的特性。

（5）环保质量特性。环保质量特性主要是指产品或服务对环境保护的贡献或对于环境造成的污染等方面的特性，是与产品或服务对环境的影响有关的特性。

二、质量管理

（一）质量管理概念与内容

📽 质量管理故事

哥伦比亚航天飞机失事

2003年2月1日，美国"哥伦比亚"航天飞机着陆前发生爆炸，七名宇航员全部遇难，全世界为之震惊，美航天负责人为此辞职，美航天事业一度受挫。事后的调查结果也比较令人惊讶，造成此灾难的凶手竟是一块脱落的隔热瓦，"哥伦比亚"航天飞机有2万多块隔热瓦，能抵御3 000摄氏度高温，避免航天飞机返回大气层时外壳融化。航天飞机是高科技产品，许多标准是一流的、非常严格的，但一块脱落的隔热瓦，这一0.5%的差错葬送了价值连城的航天飞机，还有无法用价值衡量的宝贵的七条生命。

资料来源：百度文库，"质量管理案例与故事"。

该故事说明"哥伦比亚"航天飞机的质量管理在某个环节出现了纰漏，从而造成了重大财产和人员损失。

📽 名家生平与论述

爱德华兹·戴明生平

爱德华兹·戴明（W.Edwards.Deming，1900—1993）博士是世界著名的质量管理专家，他因对世界质量管理发展做出的卓越贡献而享誉全球。PDCA管理循环，由日本的高管在1950年日本科学家和工程师联盟研讨班上学到的戴明环改造而成，最先是由休哈特博士提出来的，由戴明把PDCA发扬光大，并且应用到质量领域，故称为质量环或戴明环。

戴明论质量管理：PDCA循环

戴明认为组织85%的质量问题应该由管理层在项目一开始就解决掉，而基层员工能控制的质量问题只占15%。他还认为，为持续改进生产过程，应该采用统计分析和控制方法从而达到改进质量的目的。戴明最早提出了PDCA循环的概念（PDCA分别代表四个英文单词plan，do，check，act，指的是计划、实施、检查、处理），PDCA循环是能使任何一项活动有效进行的一种合乎逻辑的工作程序，特别是在质量管理中得到了广泛的应用。他的主要观点"十四要点（Deming's 14 points）"成为20世纪全面质量管理（TQM）的重要理论基础。

资料来源：马风才.质量管理[M].北京：机械工业出版社，2009.百度百科，"爱德华兹·戴明"。

1. 质量管理内涵

日本质量管理学家谷津进认为质量管理"就是向消费者或顾客提供高质量产品与服务的一项活动，这种产品和服务必须保证满足需求、价格便宜和供应及时"。

国际标准化组织（ISO）认为"质量管理是确定质量方针、目标和职责并在质量体系中通过诸如质量策划、质量控制和质量改进使质量得以实现的全部管理活动"。

2. 质量管理的内容

质量管理包括以下五个方面的内容：质量方针和质量目标的制定、质量策划、质量控制、质量保证及质量改进。

（1）质量方针和质量目标的制定。质量方针是由组织的最高管理者正式发布的该组织总的质量宗旨和方向。质量方针是组织全体成员开展质量活动的准则，为质量目标的制定提供了框架和方向。质量目标及组织在质量方面所追求的目的，依据组织的质量方针而制定。通常针对组织的相关职能和层次分别制定相应的质量目标。

（2）质量策划。质量策划致力于制定质量目标并规定必要的运行过程和相关资源以实现质量目标。其内容是编制质量计划，质量计划是质量策划活动所产生的一种书面文件。

（3）质量控制。质量控制的工作内容包括专业技术和管理技术两方面。质量控制是为满足质量要求而对产品质量形成全过程中上述两方面的各种因素进行控制的过程。质量控制的具体方式或方法取决于组织的产品性质，也取决于对产品质量要求的改变。同时，在实际中，应明确具体的控制对象，如工序质量控制、外协件质量控制等。

（4）质量保证。质量保证是组织针对顾客和其他相关方要求对自身在产品质量形成全过程中某些环节的质量控制活动提供必要的证据，以取得其信任。

质量保证分外部质量保证和内部质量保证。前者向组织外部提供保证，以取得用户和第三方（质量监督管理部门、行业协会、消费者协会）的信任；后者是使组织的管理者确信组织内各职能部门和人员对质量控制的有效性。

（5）质量改进与持续改进。质量改进的要求可以是多方面的，如有效性、效率或可追溯性。有效性是指完成策划的活动和达到策划的结果的程度；效率是指达到结果与所使用的资源之间的关系；可追溯性是指追溯所考虑对象的历史、应用情况或所处场所的能力。

持续改进是增强满足要求能力的循环活动。任何组织或任何组织内的任一业务，不管其如何完善，总存在进一步改进的余地。这就要求不断制定改进目标并寻找改进机会。持续改进体现了质量管理的核心理念："顾客满意，持续改进"。

（二）质量管理的发展阶段

1. 质量检验阶段

20世纪前，产品质量主要依靠操作者本人的技艺水平和经验来保证，属于操作者的质量管理。20世纪初，以F.W.泰勒为代表的科学管理理论的产生，促使产品的质量检验从加工制造中分离出来，质量管理的职能由操作者转移给工长，是工长的质量管理。随着企业生产规模的扩大和产品复杂程度的提高，产品有了技术标准（技术条件），公差制度（见公差制）也日趋完善，各种检验工具和检验技术也随之发展，大多数企业开始设置检验部门，有的直属于厂长领导，这时是检验员的质量管理。上述几种做法都属于事后检验的质量管理方式。

2. 统计质量控制阶段

1924年，美国数理统计学家W.A.休哈特提出控制和预防缺陷的概念。他运用数理统计的原理提出在生产过程中控制产品质量的控制图，绘制出第一张控制图并建立了一套统计卡片。与此同时，美国贝尔研究所提出关于抽样检验的概念及其实施方案，成为运用数理统计理论解决质量问题的先驱，但当时并未被普遍接受。以数理统计理论为基础的统计质量控制的推广应用始自第二次世界大战。由于事后检验无法控制武器弹药的质量，美国国防部决定把数理统计法用于质量管理，并由标准协会制定有关数理统计方法应用于质量管理方面的规划，成立了专门委员会，并于 1941~1942 年先后公布一批美国战时的质量管理标准。

3. 全面质量管理阶段

20 世纪 50 年代以来，随着生产力的迅速发展和科学技术的日新月异，人们对产品的质量从注重产品的一般性能发展为注重产品的耐用性、可靠性、安全性、维修性和经济性等。在生产技术和企业管理中要求运用系统的观点来研究质量问题。在管理理论上也有新的发展，突出重视人的因素，强调依靠企业全体人员的努力来保证质量以外，还有保护消费者利益运动的兴起，企业之间市场竞争越来越激烈。在这种情况下，美国 A.V. 费根鲍姆于 20 世纪 60 年代初提出全面质量管理的概念。他提出，全面质量管理是为了能够在最经济的水平上，并考虑到充分满足顾客要求的条件下进行生产和提供服务，并把企业各部门在研制质量、维持质量和提高质量方面的活动构成为一体的一种有效体系。

第三节 利润

利润对企业来讲非常重要，它是反映企业经营绩效的核心指标，是企业利益相关者进行利益分配的基础，更是企业可持续发展的基本源泉。

企业只有获取适当的利润，国家财政才能集中一部分利润进行有计划的使用，实现国家政治职能和经济宏观调控职能；企业才能形成积累性资金，增强企业生产经营的能力，改善职工生活福利；投资者才能实现预期收益，从而提高企业信誉度，增强企业继续融资的能力，有利于企业的可持续发展[⊖]。

一、利润

利润故事

国美晒账单

国美电器正在进行线下门店的改造运动。

2016 年 8 月 26 日，国美电器首席财务官方巍对《华夏时报》记者表示，国美今年预计改造门店 100~120 家。他同时表示，门店改造也是国美电器上半年净利润预计同比下跌 90%~100% 的重要原因。

"国美要的是未来，服务收入今后会慢慢变高。"方巍对《华夏时报》记者说。

⊖ 崔志敏，陈爱玲. 会计学基础 [M]. 5 版. 北京：中国人民大学出版社，2014.

1. 门店改造运动

营收占比超过八成的线下门店依然是国美发力的重点。

方巍对《华夏时报》记者表示，国美希望将在北上广深等一线市场，通过门店改造，引入网咖、院线、烘焙等新场景。在主要负责引流的 1.0 版本门店中，国美只向合作方提供场地，但不负责运营。国美的主要收入还是卖电器。

改造后门店的同店增长有所增强。方巍表示，较早改造好的门店已经恢复营业五六个月，销售收入同比增长 10%～15%。管理层预计年度增长会在 7%～8%。

国美改造的新场景也将对其毛利结构有所影响。以北京市场主打的烘焙场景为例，据方巍介绍，厨房小家电的毛利在 24% 左右，而国美原来主营的 3C 产品毛利只有 8%～10%。

2016 年年初，国美电器总裁王俊洲在国美内部的战略年会上制订了持续推进门店改造升级，增加全新体验项目的三年计划。方巍也对《华夏时报》记者表示，其在 2016 年年初曾与投资人沟通这一战略，强调国美"要的是未来"。

他对《华夏时报》记者透露，国美今年计划改造的门店是 100～120 家。今年一季度改造完成 8 家，二季度完成 40 多家，而第三季度国美将再改造约 30 家。据《华夏时报》记者了解，在国美 1 700 余家门店中，适合改造的有 800 多家，目前已经改造完的有 80 多家。

一二线城市是国美门店改造的主力。国美在一线城市设置超级大店，二级城市设置综合店，通过物流物贸一体化向四五线城市渗透。而不是像友商那样，通过互联网往下走。

他同时也晒出了改造门店的账单。国美改造一家门店的平均费用在 500 多万元。最大的大中中塔店花费 800 多万元。"100 个店也就 5 个亿，还是分头改造。国美账面资金有 100 多个亿，造血机能还是很强的。"方巍说。

2. 下滑的净利润

尽管改造门店提升了国美的同店收入，但国美电器在 8 月初发布《二季度业绩预警》却宣告国美业绩并不乐观。

公告显示，在大股东艺伟发展有限公司转为上市公司后，国美电器当期销售收入预期仅比去年同期增长约 9%～10%。但与之形成鲜明对比的是，国美电器当期归母利润则预期同比下滑 90%～100%。而从纯经营的角度来看，国美当期利润也同比下滑 75%～85%。

作为国美盈利主力，线下门店的增长并不如意。

预警公告显示，国美线下门店的销售收入预期同比增长 4%～5%。作为参照，国美电商业务收入增长超过 60%。公告还显示，因部分主力门店正在改造过程当中，可比门店销售收入预计将减少 9%～10%。

方巍对《华夏时报》记者表示，利润问题主要是因为改造门店的营收减少，造成国美的毛利率有了压力。但没有减少的水电、租金等固定成本还导致费用无形中高了一块。

国美也在预告中表示，因电子商务持续高速增长以及一级市场的门店转型对综合毛利率有所拉低，预计综合毛利率将在 16%～16.5% 的水平。

"不是新场景改造，我们的毛利率也会控制在 18% 左右。但我们看到消费者认可的店不是我们以前的店，必须要改造，"方巍对《华夏时报》记者表示，"国美闭店改造基本上都是主力大店，有的店一关就 4 个月左右。这些店在国美的销售收入中都占比较大。"

他对《华夏时报》记者举例称，国美中塔大中店一年的销售收入有 15 个亿左右，闭店改造 3 个月，将近 4 个亿的收入就没了。而国美二季度改造 40 多家门店，大概让国美少了 30 亿～40 亿元的收入。

他同时对《华夏时报》记者表示，艺伟的注入对国美二季度财报是正向影响。他透露上半年停业改造的 40 多家门店，均是上市公司旗下门店。

国美也在寻求销售电器之外的收入。国美期望能够在改造的 2.0 版本及以后的门店中，寻找销售电器以外的收入。

方巍表示，国美今年的集成收入会有几百万元，服务收入则有几千万元。但他也表示，国美 1 000 亿的盘子太大，这些收入的基数太小，对业绩影响不大。"是否能成为国美的主流业务，关键要看其能否达到 3% 的毛利率"。

资料来源：卢晓，"国美晒账单解释亏损真相，上半年净利下滑 90%～100%"，华夏时报，2016 年 8 月 27 日。有删节。

该故事讲述了国美 2016 年上半年的经营状况。国美由于进行线下门店改造，增加了支出，使得利润大幅下滑。故事中涉及营业收入、成本、毛利率、净利润等会计专业术语。

名家生平与论述

詹姆斯·斯图亚特生平

詹姆斯·斯图亚特（James Denham Steuart，1712—1780），英国资产阶级经济学家、重商主义的最后代表人物之一，出身于苏格兰贵族家庭。1735 年毕业于爱丁堡大学，取得律师资格后，赴欧洲大陆游学。1745 年，斯图亚特参与了法国詹姆斯党的第五次复辟活动，并成为显赫人物。复辟失败后，斯图亚特流往欧洲达 17 年之久，并开始研究政治经济学。1767 年写作了《政治经济学原理研究》。他最先提出了利润是资本主义经营的唯一目的的论断。马克思称他为"建立了资产阶级经济学整个体系的第一个不列颠人""是亚当·斯密进入经济殿堂的领路人"。

詹姆斯·斯图亚特论利润

詹姆斯·斯图亚特把绝对利润和相对利润区分开来：

"绝对利润对谁都不意味着亏损；它是劳动、勤勉或技能的增进的结果，它能引起社会财富的扩大或增加……相对利润对有的人意味着亏损；它表示财富的天平在有关双方之间的摆动，但并不意味着总基金的任何增加……混合利润很容易理解：这种利润……一部分是相对的，一部分是绝对的……二者能够不可分割地存在于同一交易中。""在商品的价格中，我认为有两个东西是实际存在而又彼此完全不同的：商品的实际价值和让渡利润。"

可见，商品的价格包含着两个彼此完全不同的要素：第一，商品的实际价值；第二，"让渡利润"，即让出或卖出商品时实现的利润。

因此，这个"让渡利润"是由于商品的价格高于商品的实际价值而产生的，换句话说，是由于商品高于它的价值出卖而产生的。

资料来源：马克思，恩格斯. 马克思恩格斯全集第二十六卷 (I)[M]. 北京：人民出版社，2006. 百度百科，"詹姆斯·斯图亚特"。

1. 利润定义

利润是指企业在一定会计期间的经营成果。其表现为营业收入扣除投入。营业收入包括企业在经营活动中通过销售产品、提供服务、资产运营等活动获得的收入。企业投入指的是企业经营活动必须投入的物质设备、银行贷款、劳动力、信息、知识等各种生产要素，同时，还要扣除税收等。

2. 利润分类：营业利润、利润总额、净利润

（1）营业利润。营业利润指营业收入减去营业成本、营业税金及附加、期间费用、资产减值损失，加上公允价值变动收益和投资收益后的金额。

（2）利润总额。利润总额是指营业利润加上营业外收入，减去营业外支出后的金额。

（3）净利润。净利润指利润总额减去所得税费用后的余额。

二、会计利润与经济利润

1. 会计利润

会计利润＝收入－费用。在具体表述，请阅读下面这个故事。

会计利润与经济利润故事

某裁缝自己投资开了一家裁缝店。三年前他以每米200元的价格购买了一块布料。现在该裁缝计划用这块布料做衣服，估计每套衣服用料4米，用工4个。按他的技术，每个工可得到100元的报酬。目前每套衣服可按1 800元出售。假设裁缝（店铺所有者）要求的投资回报率为8%。假设加工服装所需要的缝纫机和辅料是闲置的，试计算每套衣服的会计利润和经济利润。

会计利润：

$$1\,800 \text{元出售价} - (200 \text{元}/\text{米} \times 4 \text{米} + 100 \text{元}/\text{个} \times 4 \text{个}) = 600 (\text{元})$$

经济利润：

每套衣服布料占用资金：200元/米×4米＝800元，按单利计算的资金占用成本是 $800 \times 8\% \times 3 = 192$ 元，因此经济利润＝会计利润 $600 - 800 \times 8\% \times 3 = 408$ 元；按复利计算的资金占用成本是 $800 \times (1+8\%)^3 - 800 = 207.8$ 元，因此经济利润＝会计利润 $600 - 207.8 = 392.2$ 元。

资料来源：豆丁网，"MBA《管理经济学》习题"。有删节。

该故事演示了会计利润和经济利润的计算。

名家论述

汉密尔顿与马歇尔对经济利润的论述

1777年，美国经济学家汉密尔顿在其著作《商品绪论》中提出："企业若意欲为股东创造财富，则它所赚取的需超过按总投入资本计算的资本成本部分。"他认为只有企业的利润

大于其权益和债务资本的成本时，才真正创造了价值。这是经济利润最早的理论基础。

19世纪末20世纪初，英国阿尔弗雷德·马歇尔在其著作《经济学原理》中指出："当一个人从事营业的时候，一年中他的利润，就是同年他从营业中所得的收入超过他为营业的支出之数。从利润中减去按现行利率计算的他的资本利息（如有必要，还要减去保险费）之后，所剩下的通常就称为他的企业收入或经营收入。"马歇尔所指出的"企业收入或经营收入"就是目前人们常说的"经济利润"的概念。他认为经营者真正的盈利，其收入不仅仅应该补偿经营成本，而且还必须补偿其资本成本。

资料来源：赵顺娣，韩林.浅析会计利润、经济利润与计税利润［J］.财会通讯，2009（31）：55-56. 百度百科，"亚历山大·汉密尔顿""阿尔弗雷德·马歇尔"。

通过马歇尔关于利润的论述，我们看到一个经济学家的利润观点。

2. 经济利润：产出扣除投入

经济利润 = 会计利润 - 资本成本

3. 会计利润与经济利润的关系

会计利润和经济利润虽都是业绩评价指标，但它们既存在明显的区别，又在作用、方法和数量上仍存在一定的联系。会计利润是事后利润。经济利润是一种事前预测，考虑了股权投资的机会成本，消除了传统会计核算无偿耗用股东资本的弊端，更能全面地反映经营业绩，揭示利润产生轨迹，可以引导企业转变经营思想更新经营管理理念，在相关性、真实性、有用性上优于会计利润。

经济利润考虑了股权资本的成本，虽然资本成本不是企业必须付出的现金成本，但是经济学意义上的机会成本，一个企业没有获得超过全部投入资本成本的利润就没有为股东创造价值。经济利润体现的是全面收益观思想。首先在收益确认方面，经济利润建立在资产负债观基础上，即收益的确认不需要考虑现实问题，只要企业的净资产增加了，就应当作为收益确认，既考虑交易因素的影响，也考虑非交易因素的影响，并且采用现行价格计量企业资产。因此，在全面收益观下，物价变动、公允价值变动、自创商誉等因素导致的企业资产或盈利能力的变化，都是企业收益的组成部分。其次在成本确认方面，经济利润是企业的总收益减去会计成本和机会成本，或者说是总投资收益减去全部的资本费用。

三、增加利润的手段

增加利润故事1

通过节省采购成本，增加利润

众所周知，公司的根本目标是追求利润最大化。增加利润的方法之一就是增加销售额。假设某公司购进50 000元的原材料，加工成本为50 000元，若销售利润为10 000元，须实现销售额110 000元。如果将销售利润提高到15 000元而利润率不变，那么销售额就须实现165 000元。这意味着公司的销售能力必须提高50%，这是非常困难的。还有一种方法也可实现，假定加工成本不变，可以通过有效的采购管理使原材料只花费45 000元，节余的

5 000 元就直接转化为利润，从而在 110 000 元的销售额上把利润提高到 15 000 元。

  资料来源：百度知道，"企业增加利润的案例"。

增加利润故事 2

通过提升商品价格，增加利润

  王金铎，河北长城长电极有限公司董事长：

  我们回去（2008 年 1 月）的第一件事就是跟国际上某公司谈产品调价问题。因为我们以前的合同是 5 年修改一次，大家都知道，因为现在我们国家经济形势比较好，税率、汇率变化太快，你要调价，对方始终不同意。这次回来以后，我们商量，向对方提了一个小小的要求，采用挤压法，如果你们不同意我们的要求，我们就立即停止供货。

  这招听起来很残酷，后来他们就说，你们要是不供货，我们就诉诸法律手段。我说我更希望你来个法律手段，法律手段最大的后果就是破产。我说我的土地只有 1 000 亩[①]，999 亩土地都是别人的抵押物，我只剩下 1 亩土地，所以我就是不怕你起诉。

  我觉得这种办法有些压力的感觉，但我觉得也有风险。对方终于答应调价，让我们报一个价，由于是老客户，调价也是为了更好地合作，所以我们就上调 300 美元/吨，我们的销售数量是每年 2 万吨。刚才我在向大家汇报之前，（打电话回去）简单问了一下我们公司，我说每吨涨 250 美金怎么样，我们的主管说，对方没有问题。250 美金乘上 2 万吨就是 500 万美元。

  所以要想真正地成为成功者，就要有优势的人才，有优势的战略，最后，是优质的产品与服务，加上优势的谈判。

  资料来源：总裁网，罗杰道森《总裁优势谈判》的博客，"经典谈判案例（一年利润增加 500 万美金）"。内容有修改。

  故事 1 通过节省采购成本，使得企业增加了利润；故事 2 通过提升商品价格（前提是优质的产品和服务），获得了更多的利润。

企业名家论述

格力电器董事长董明珠论利润

  格力电器 4 月末发布的 2015 年年报显示，当年实现营业总收入 1 005.64 亿元，同比下滑 28.17%，下滑幅度接近 400 亿元；实现归属于上市公司股东的净利润 125.32 亿元，同比下滑 11.46%。对比 2014 年营业收入 1 400.05 亿元，同比增 16.63%；净利润 141.55 亿元，同比增 30.22%。"格力要溃败了""格力遭遇滑铁卢"等唱衰声音此起彼伏。

  "很多人说格力有问题，格力不行了。但是，企业是否有问题是自己来判断的。经常有人说这个人不行了，外面很漂亮，但是已经得癌症了，虽然我穿得破一点，但是体格强壮"，董明珠在公开课上表示，去年营业收入下滑是因为价格做了调整，但她否认这是打价格战。"这个行业我利润最低，因为我们不敢赚太多的钱。去年我让了 180 亿的利给市场"，她强调，

---

 ① 1 亩 ≈ 666.67 平方米。

虽然去年的营收和净利润下降了，但因为管理做好了，利润率和市场占有率都达到了历史高位。2015年年报显示，格力空调毛利率同比2014年下降了3.8%，但仍高达36%，远高于行内对手。

<small>资料来源：刘薇，"董明珠：行业我利润最低，因为不敢赚太多钱"，《羊城晚报》，2016年5月19日。</small>

增加利润的手段大致有以下几种。

1. 增加产品销售数量，提高产品售价

产品销售量的增加要求销售部门准确预测市场需求，采取正确的市场营销策略；要求生产部门充分挖掘设备与人力的潜力；要求采购部门保证增产所需的原材料供应；要求其他有关部门能紧密配合。

2. 优化产品生产与销售结构

企业多生产价格较高或销售税税率较低的产品，少生产销售价格较低或税率较高的产品，这样能使利润总额增加。这就要求企业经营者与发展规划部门及时了解市场价格变化情况、预测价格变化趋势；财务部门做好税收筹划工作；生产部门密切配合，才能使产品结构调整及时有效。

3. 提高产品质量

优质优价是市场经济的重要法则之一，是增加利润的重要途径。提高产品质量需要第一线生产工人高度的责任心、质量管理人员的尽职尽责，应该在企业建立严格的质量管理责任制。

4. 控制产品成本

对可比产品而言，降低产品成本能增加可比产品销售利润；对不可比产品而言，降低计划单位成本能增加不可比产品销售利润。降低产品成本需要采购、生产、营销部门的通力合作，需要财务、人力资源管理和研究涉及部门的大力配合，以及其他相关部门和所有职工的一致努力。

传统的成本控制只是围绕产品成本来进行，而忽略了影响企业可持续发展的质量成本、效率成本、资金占用成本、销售地区或客户成本、人力资源成本、安全成本、环境保护成本和风险成本其他八大成本的控制。

5. 实行税收筹划

税率是由国家控制规定的，企业不可控。但税率在较长时间内相对稳定，不同产品税率又有所差别。企业财务部门可通过税收筹划，使综合税负控制在较低水平，有利于增加利润。

6. 加强新产品研究开发

按照产品生命周期理论，企业的主导产品走向衰退时，必须要有新的主导产品替代，才能保持利润的可持续增长。而新的主导产品的形成，有一个从研究开发到新品上市，逐渐为消费者接受和进入成熟期的过程。企业应预先进行研究开发，有多种新产品储备，才能适应产品更新换代的需要。

7. 增加对外投资收益

通过产权市场和资本市场，增加对外实业投资和证券投资收益，但要注意防范风险。

第四节 绩效

随着时代的变革，人们越来越认识到人力资源是企业生产的"第一资源"，是企业获取竞争优势的核心竞争力。企业要想获得收益，除了环境、组织等影响因素外，还要考虑如何通过调动员工积极性和创造性来改进员工绩效，从而提高企业绩效，这就要求管理者必须熟悉绩效管理。对企业来说，涉及如何鉴别员工能力、激励员工潜力、发挥员工聪明才智的绩效管理，成为企业管理面临的最大挑战[1]。

一、绩效

（一）绩效定义

绩效故事

三洋制冷的日常考核表

参观过大连三洋制冷有限公司生产现场的人们，经常会发现在生产工序旁边竖立的宣传看板上，张贴着写着员工姓名的各种表格，在表格的空格中有打钩打叉的，也有A, B, C, D, 还有一些是分数。这些都是些什么意思呢？在管理上有何作用呢？

原来这些表格都是制造部下属各课各班对员工的日常考核记录表，有每天填写更换的，有每周汇总的，有按月公布的，所涉及的内容涵盖了生产现场的质量、安全、环境、工时、纪律、成本等各方面的内容，它主要由班长对本班员工的每天或每周表现进行打分，由课长按月汇总统计，最后形成本课全体员工的月度考核分数表，并在看板上进行公示。

在《制造部生产现场考核管理规定》中，对质量、安全和设备等相关内容给予了不同的分数，满分为100分，设定了A, B, C, D, E五个考核等级，大致上分为A级：90分以上，B级：80～89分，C级：70～79分，D级：60～69分，E级：59分以下，并且规定了每个级别所占的比例，从而有效地避免了考核人员喜欢打高分的倾向。在制造部，员工的表现是以分数来量化表示的，直接和月度奖金挂钩。在具体的考核方法上，实行的是上级对下级逐级考核的三级评分制，即班长给员工打分，课长给班长打分，部长给课长打分，逐级对下级的业绩表现进行考核。在考核分数和奖金的对应方面，基本上以80分为基数，1分对应着奖金若干元，对考核成绩在80分以上者进行嘉奖，低于80分者进行处罚。制造部各课在据此分数对员工进行考核后，各课汇总后的分数随月度考核奖金表一起提交给总务部存档。此外，一些职能部门也按月对制造部员工进行质量、设备、安全、工艺纪律等方面的考核，每月末把考核结果直接提交给总务部，并做出对具体员工或班组进行奖罚的建议。总务部在参

---

[1] 杜映梅. 绩效管理[M]. 北京：中国发展出版社，2011.

考了制造部自身的考核情况和职能部门的考核报告后，最终确定员工的奖金，并把职能部门的考核结果张榜公布。

制造部在全部门推广了这一做法，要求课长和班长在考核后必须与员工进行谈话，说明奖罚的原因，并且要求各课按月公布考核分数，进行绩效反馈，增加透明度，同时确定把员工全年各月份的考核分数相加后除以12个月，就是该员工全年的平均分数，制造部将据此对员工进行年终奖金分配、晋级、评优、涨工资，以及出国和进修等。

资料来源：百度文库，"三洋制冷的现场绩效考核和管理"。

该故事介绍了三洋制冷公司是如何对员工的日常工作绩效进行认定和考核的。

名家论述

布卢姆布里奇论绩效

布卢姆布里奇（Brumbrach，1988）认为"绩效指行为和结果。行为由从事工作的人表现出来，将工作任务付诸实施。（行为）不仅仅是结果的工具，行为本身也是结果，是为完成工作任务所付出的脑力和体力的结果，并且能与结果分开进行判断。"

资料来源：李特特. HLDY公司绩效考核体系的再设计［D］.山东大学,2012. Brumbrach. Performance Management［M］. London:TheCromwellPress, 1988:15.

1. 员工绩效

绩效是员工通过其行为，以及技术、能力和知识的应用，对工作团队目标及公司目标的贡献程度。其反映的是员工在一定时期内以某种方式实现某种结果的过程。也就是说绩效包括了工作行为、方式及工作行为的结果。

2. 员工绩效概念的变迁与差异

（1）数量绩效、质量绩效到客户绩效。从管理实践的历程看，人们对绩效的认识是不断发展的：从单纯强调数量到强调质量到强调满足顾客需要。

（2）即期绩效到未来绩效。从强调"即期绩效"发展到强调"未来绩效"。实际上，不同时期、不同发展阶段、不同对象，绩效有不同含义。表8-1中描述了绩效定义的多样性。

表 8-1 绩效定义的适用情况对照表

绩效的含义	适用对象	适用的企业或发展阶段
1. 完成了工作任务	体力劳动者 事务性或例行性工作的人员	
2. 结果或产出	高层管理者 销售、售后服务等可量化工作性质的人员	高速发展的成长型企业，强调快速反应、注重灵活、创新的企业
3. 行为	基层员工	发展相对缓慢的成熟企业，强调流程、规范、注重规范的企业
4. 结果+过程（行为/素质）	普遍适用各类人员	
5. 做了什么（实际收益）+能做什么（预期收益）	知识工作者，如研发人员	

资料来源：杜映梅. 绩效管理［M］. 北京：中国发展出版社,2011:4.

(二)绩效的性质

(1)多因性:一个员工绩效的优劣不是由单一因素决定的,而是受制于技能、激励、环境、机会、工作动机、价值观等的影响。

(2)多维性:需要从多个维度或方面去分析与评价绩效。通常我们进行绩效评估时应综合考虑员工的工作能力、工作态度和工作业绩三方面的情况(这三个维度分别包括许多具体的评估指标)。

(3)动态性:员工绩效会随着时间的推移而发生变化。

二、绩效管理

(一)绩效管理概念

绩效管理故事

摩托罗拉:人力资源管理=绩效管理

摩托罗拉认为,人力资源管理就是绩效管理,他们把绩效管理分为以下五个组成部分。

1. 绩效计划

在制订绩效计划时,主管与员工必须就下列问题达成一致:

(1)员工应该做什么?

(2)工作应该做多好?

(3)为什么要做这项工作?

(4)什么时候做这项工作?

(5)其他相关的问题:环境、能力、职业前途、培训等。

在制订绩效计划的过程中,主管和员工就上述问题进行充分的沟通,最终形成签字的记录。摩托罗拉的员工绩效目标由两部分组成:业务目标和行为标准。这两部分相辅相成、互为补充,共同为提高员工的绩效和组织绩效目标的实现服务。员工的绩效目标是整个绩效管理循环的依据和绩效考评的依据。摩托罗拉在第一个日历季度制定绩效目标。

2. 绩效沟通

摩托罗拉给绩效管理下的定义是:绩效管理是一个不断进行的沟通过程,在这个过程中员工和主管以合作伙伴的形式就下列问题达成一致。

(1)员工应该完成的工作。

(2)员工所做的工作如何为组织目标的实现做贡献?

(3)用具体的内容描述如何把工作做好?

(4)员工和主管怎样共同努力帮助员工改进绩效?

(5)如何衡量绩效?

(6)确定影响绩效的障碍并将其克服。

沟通贯穿在绩效管理的整个过程,而不仅是年终的考核沟通,摩托罗拉强调全年的沟通和全通道的沟通。它主要包括如下几个方面：

（1）沟通是一个双向的过程，目的是追踪绩效的进展，确定障碍，为双方提供所需信息；

（2）防止问题的出现或及时解决问题；

（3）定期或非定期，正式或非正式，就某一问题专门对话。

在这个过程中要形成文字记录，必要时经主管和员工双方签字认可。摩托罗拉认为，绩效管理关注的是员工绩效的提高，而员工绩效的提高又是为企业目标的实现服务的，这就将员工和企业的发展绑在了一起。

3. 事实的收集、观察和记录

为了年终考核，主管要在平时注意收集事实，注意观察和记录必要的信息，包括以下两点：收集与绩效有关的信息；记录好的和不好的行为。收集信息应该全面，好的和不好的都要记录，而且要形成书面文字，必要时要经主管与员工签字认可。以上两个过程一般在二、三季度完成。四季度就进入了绩效管理的收尾阶段，检验一年绩效。

4. 绩效评估会议

摩托罗拉的绩效评估会议一般是确定一个时间，把所有的主管集中在一起进行全年的绩效评估。它主要包括以下四个方面：

（1）做好准备工作（员工自我评估）；

（2）对员工的绩效达成共识，根据事实而不是印象；

（3）评出绩效的级别；

（4）不仅是评估员工，更重要的是解决问题。

最终形成书面的讨论结果，并以面谈的形式将结果告知员工。

5. 绩效诊断和提高

这个过程用来诊断绩效管理系统的有效性，用来改进和提高员工绩效。摩托罗拉有一套非常有效的诊断工具，包括以下10个方面：

（1）我有针对我工作的具体、明确的目标；

（2）这些目标具有挑战性，但合理（不太难，也不太容易）；

（3）我认为这些目标对我有意义；

（4）我明白我的绩效（达到目标是如何评估的）；

（5）我觉得那些绩效标准是恰当的，因为它们测量的是我该做的事；

（6）在达到目标方面，我做得如何，能得到及时的反馈；

（7）我得到了足够的培训；

（8）公司给我提供了足够的资源（如钱、仪器、帮手等），使我达到目标成为可能；

（9）当我达到目标时，我得到赞赏和认可；

（10）奖励体系是公平的，我因为自己的成功而得到奖励。

以上每一项有五个评分标准，通过打分可以得知一年以来的绩效管理水平如何，差距在哪里，从而做到拾遗补阙，改进和提高绩效管理水平。此外，摩托罗拉的绩效考核表里没有考核分数，而是运用等级法，实行强制分布。这样既能分出员工绩效的差别，又尽可能地避免了在几分之差上的无休止的争论。在与薪酬管理挂钩上,摩托罗拉也采用了简单的强制分布方式,而不是绞尽脑汁地去精确地联系,因为这样既耗费时间,也偏离了绩效管理的方向,绩效管理致力于员工绩效的提高,而不仅仅是为薪酬管理服务。

资料来源:散文网,"绩效管理,如何从'知道'到'做到'"?内容有删节。

该故事概要地总结了摩托罗拉公司绩效管理的全过程(五个部分):绩效计划;绩效沟通;事实的收集、观察和记录;绩效评估会议;绩效诊断和提高。

绩效管理是一个完整的系统,由五个密切联系的环节构成,而且周而复始地不断循环:绩效计划、绩效辅导、绩效评估(我们通常称为绩效考核)、绩效反馈、绩效改进。

(二)绩效管理原则

(1)责任、权力和利益分成等边三角形。
(2)管理水平与经营水平相匹配。
(3)绩效计划制订科学合理,特别是业务目标与行为标准须取得员工与管理层共识。
(4)绩效沟通保持渠道畅通,形成多样化的有效沟通机制。
(5)事实收集、观察和记录要客观、全面、准确。
(6)绩效评估要全员参与,客观合理,全面有效,充分利用第三方评估。
(7)绩效诊断指标体系健全、动态调整。

三、绩效管理体系

(一)绩效管理体系

绩效管理体系故事

联想集团:三层四维管绩效

联想集团将关键绩效指标法和平衡计分卡方法有机整合,形成一种新型的三层四维战略性绩效管理体系。联想的绩效管理主要内容是:

1. 完善岗位责任制

联想绩效管理有一个计算公式:收入 $=PQG$

式中　P——部门业绩考核系数;
　　　Q——个人业绩考核系数;
　　　G——岗位工资。

联想的岗位责任制确定为五个方面:岗位描述、岗位责任、考核的标准、岗位权力以及岗位待遇。

在此基础上,为了使短期利益和长期利益、局部利益和整体利益能够平衡,每个人收入的多少除了与自己的个人努力相关联之外,公司、部门的业绩考核结果也影响着员工收入的多少,以此将员工绩效、部门绩效以及企业绩效这三个层次紧密联系在一起。

2. 强制正态分布和层层设置绩效目标

联想采用强制正态分布来进行绩效考核，共分七类，分别是 A，A-，B+，B，B-，C，D，企业经理、部门经理可以按照各自业务、管理的成熟度来选择不同的正态分布。

与此同时，在设置指标时，联想尝试的是一种以战略激励为核心，从创新学习、内部流程、外部市场和财务成果四个角度分别将企业战略目标具体化，从而能对企业整体绩效进行综合反映的指标体系。

3. 收入分配公式改变绩效行为方式

在"收入 = PQG"这个公式中，"收入"的含义不仅仅是员工的个人所得，就整体上来说，也是一个企业最后的综合实力。

P 和 Q 都是导向性的"旗帜"，给部门和员工的工作行为做出方向性的指导。要想收入高，P，Q，G 三个值都要高，而在一定时期里，G 值是固定的（由岗位和能力级别确定），P 值和 Q 值是个人通过改善工作习惯、技能和提高努力程度就可以改变的。

资料来源：散文网，"绩效管理，如何从'知道'到'做到'？"内容有删节。

该故事介绍了联想集团绩效管理体系，其特点是吸纳了关键绩效指标法和平衡计分卡方法的优点，形成了适合于联想集团的战略性绩效管理体系。通过联想集团战略性绩效管理体系，我们可以概括：企业绩效管理体系是指以个人绩效、部门绩效和公司绩效相统一的原则完善岗位责任体系，以战略绩效为核心设立科学合理的企业绩效指标体系，整合关键绩效指标方法和平衡计分卡方法，形成更加合理的绩效考核方法体系。

1. 企业岗位责任制

企业岗位设置应该按需设岗、分层设岗、科学设岗。各个岗位有不同的责任，科学核定岗位责任。

科学制定岗位考核标准。岗位目标清晰、合理、可行是岗位考核标准内在要求。员工行为规范标准的科学性是岗位考核标准题中之意。

岗位权力是保证岗位责任实现的要求。赋予岗位权力是岗位责任机制的要件。

岗位待遇是员工履行岗位责任的收益。岗位责任多大，则岗位的权力和利益就应当有多大。实践中，常常出现岗位责任与岗位权力、岗位利益不匹配的现象，责多责大、权少利少是经常出现的错位现象，责少责小、权大权多是另一种不匹配现象。

科学合理地界定部门绩效和企业绩效，才可以科学合理地界定员工绩效。员工绩效必须体现部门绩效和企业绩效。

2. 战略绩效

战略绩效是企业长远的、全局的、发展的绩效。战略绩效对部门绩效、员工绩效有引领作用。联想的经验表明，战略绩效应当是企业导向绩效。企业要建立以战略绩效为核心的绩效管理体系。

3. 企业绩效考核方法体系

企业绩效考核的基本方法有关键绩效指标法和平衡计分卡方法。其中，平衡计分卡方法是流行方法。

（二）绩效考核方法

🎬 名家生平与论述

罗伯特·卡普兰生平

罗伯特·卡普兰（Robert S.Kaplan，1940年—），平衡计分卡（balance scorecard）的创始人之一，美国平衡计分卡协会主席。他还是作业成本法（activity-based costing）的创始人之一。卡普兰自1984年以来一直在哈佛商学院任教，现为哈佛商学院贝克基金会（Baker Foundation）教席教授。卡普兰的研究、教学以及咨询领域为战略实施和运营管理，其关注的重点是如何通过成本管理和绩效管理系统，让公司成功实施战略和实现卓越运营。

罗伯特·卡普兰论述平衡计分卡

传统的财务会计模式只能衡量过去发生的事项（落后的结果因素），但无法评估企业前瞻性的投资（领先的驱动因素），因此，必须改用一个将组织的愿景转变为一组由四项观点组成的绩效指标架构来评价组织的绩效。此四项指标分别是：财务（financial）、客户（customer）、内部运营（internal business processes）、学习与成长（learning and growth）。通过这四项指标的衡量，组织得以用明确和严谨的手法来诠释其策略，它一方面保留传统上衡量过去绩效的财务指标，并且兼顾了促成财务目标的绩效因素之衡量；在支持组织追求业绩之余，也监督组织的行为应兼顾学习与成长的面向，并且透过一连串的互动因果关系，组织得以把产出（outcome）和绩效驱动因素（performance driver）串联起来，以衡量指标与其量度作为语言，把组织的使命和策略转变为一套前后连贯的系统绩效评核量度，把复杂而笼统的概念转化为精确的目标，借以寻求财务与非财务的衡量之间、短期与长期的目标之间、落后的与领先的指标之间，以及外部与内部绩效之间的平衡。

资料来源：百度百科，"罗伯特·卡普兰"．罗伯特·卡普兰，戴维·诺顿．平衡积计分卡战略实践［M］．北京：中国人民大学出版社，2008．

1.绩效考核概念

绩效考核是通过系统的方法来评定和测量员工在职务上的工作行为和工作效果的行为，是对员工行为的实际效果及其对企业的贡献、价值进行评估的过程。

在绩效考核中，选择合适的考核主体很重要，这是保证绩效评价客观、合理、全面、有效的关键。绩效考核的主体一般有直接上级、同级、下属、自己、专家、客户等。不同主体的优缺点如表8-2所示。

表8-2　不同绩效考核主体的优缺点

考核主体	优　　点	缺　　点
直接上级	对下级熟悉，容易进行观察 有利于将考评结果用于奖励、提薪等 有利于与下级进行沟通和交流	下级心理压力较大 上级容易被假象迷惑 上级可能缺乏考评的技能 上级可能由于心理偏见而做出过高或过低的评价

(续)

考核主体	优　点	缺　点
同级	同级之间的了解最全面、最真实 同级之间的竞争具有促进作用 同级考评提供了许多独立判断，有利于综合评价	同级之间可能因关系好坏而做出过高或过低的评价 同级之间可能因利益竞争而相互贬低
下属	能揭示上级的不足，帮助上级发展 有利于权力制衡，在一定程度上制约上级的独断专行	下级不敢真实地发表意见 可能引不起上级的重视 下级对上级的评价可能过多带有主观色彩
自己	比较轻松，压力小 增强参与意识 产生具有建设性的效果，有利于改进绩效	倾向于评价过高 不适合用于作为奖惩、提薪、晋升等的根据，只能用于绩效的改善
专家	专业性强，可靠性强 没有利益关系，比较客观公正	成本高 专家对被考核者的专业可能不了解
客户	使企业重视企业形象 比较客观公正 强化消费者导向的观念	客户的考核标准不同，难以操作 费时费力

资料来源：李特特．HLDY公司绩效考核体系的再设计［D］．山东大学，2012.

由于每种考核主体都有一定的优缺点，所以考核者不能仅仅是某一个人，而应是一个团队，这样可以减少单个人主观偏差所造成的影响，增加考核的客观性和公正性。

2. 平衡计分卡方法

平衡计分卡（balanced score card，BSC）：围绕企业的战略目标，利用BSC可以从财务、顾客、内部过程、学习与创新这四个方面对企业进行全面的测评。在使用时对每一个方面建立相应的目标以及衡量该目标是否实现的指标。

平衡计分卡方法的特点是：把财务绩效指标因素与战略使命和目标驱动因素有机统一起来；把短期目标与长期目标有机统一起来；把局部目标与整体目标有机统一起来；把内部绩效与外部绩效有机统一起来。

3. 其他企业绩效考核的方法

（1）图尺度考核法（graphic rating scale，GRS）：最简单和运用最普遍的绩效考核技术之一，一般采用图尺度表填写打分的形式进行。

（2）交替排序法（alternative ranking method，ARM）：一种较为常用的排序考核法。其原理是：在群体中挑选出最好的或者最差的绩效表现者，较之于对其绩效进行绝对考核要简单易行得多。因此，交替排序的操作方法就是分别挑选、排列的"最好的"与"最差的"，然后挑选出"第二好的"与"第二差的"，这样依次进行，直到将所有的被考核人员排列完全为止，从而以优劣排序作为绩效考核的结果。交替排序在操作时也可以使用绩效排序表。

（3）配对比较法（paired comparison method，PCM）：一种更为细致的通过排序来考核绩效水平的方法，它的特点是每一个考核要素都要进行人员间的两两比较和排序，使得在每一个考核要素下，每一个人都和其他所有人进行了比较，所有被考核者在每一个要素下都获得了充分的排序。

（4）强制分布法（forced distribution method，FDM）：在考核进行之前就设定好绩效水平的分布比例，然后将员工的考核结果安排到分布结构里去。

（5）关键事件法（critical incident method，CIM）：一种通过员工的关键行为和行为结果来对其绩效水平进行绩效考核的方法，一般由主管人员将其下属员工在工作中表现出来的非常优秀的行为事件或者非常糟糕的行为事件记录下来，然后在考核时点上（每季度或者每半年）与该员工进行一次面谈，根据记录共同讨论来对其绩效水平做出考核。

（6）行为锚定等级考核法（behaviorally anchored rating scale，BARS）：基于对被考核者的工作行为进行观察、考核，从而评定绩效水平的方法。

（7）目标管理法（management by objectives，MBO）：现代更多采用的方法，管理者通常很强调利润、销售额和成本这些能带来成果的结果指标。在目标管理法下，每个员工都确定有若干具体的指标，这些指标是其工作成功开展的关键目标，它们的完成情况可以作为评价员工的依据。

（8）叙述法：在进行考核时，以文字叙述的方式说明事实，包括以往工作取得了哪些明显的成果，工作上存在的不足和缺陷是什么。

（9）360°考核法：又称交叉考核（PIV），即将原本由上到下，由上司评定下属绩效的旧方法，转变为全方位360°交叉形式的绩效考核。在考核时，通过同事评价、上级评价、下级评价、客户评价以及个人评价来评定绩效水平的方法。交叉考核，不仅是绩效评定的依据，更能从中发现问题并进行改革提升。

○参考文献

［1］　林建宗.客户关系管理［M］.北京：清华大学出版社，2011.

［2］　吴健安.市场营销学［M］.5版.北京：清华大学出版社，2014.

［3］　马风才.质量管理［M］.北京：机械工业出版社，2009.

［4］　崔志敏，陈爱玲.会计学基础［M］.5版.北京：中国人民大学出版社，2014.

［5］　杜映梅.绩效管理［M］.北京：中国发展出版社，2011.

○本章要点

1. 客户是市场的目标，企业必须去准确把握和满足客户需求。为客户提供优质的产品（或服务）是实现企业利润的策略与手段。降低成本、提高利润是企业运营的核心与最终目的。提升员工绩效是企业人力资源管理的基础和出发点。

2. 客户是指通过购买你的产品或服务满足其某种需求的群体，也就是指跟个人或企业有直接的经济关系的个人或企业。不同客户具有不同的需求，满足不同的客户需求是营销的根本目的，客户满意是企业市场发展的根本目标。4Ps理论是营销管理中最经典的理论，包含了产品（product）、分销渠道（distribution channel of place）、促销（promotion）与定价（pricing）策略。

3. 质量是决定企业市场竞争成败的关键要素之一,是企业参与市场竞争的必备条件。质量是对满足顾客需求程度的一种描述。质量管理是确定质量方针、目标和职责并在质量体系中通过诸如质量策划、质量控制和质量改进使质量得以实现的全部管理活动。
4. 利润对企业来讲非常重要,它是反映企业经营绩效的核心指标,是企业利益相关者进行利益分配的基础,更是企业可持续发展的源泉。利润是指企业在一定会计期间的经营成果。利润分营业利润、利润总额、净利润。经济利润考虑了股权投资的机会成本。可以通过很多手段增加企业利润。
5. 如何通过调动员工积极性和创造性来改进员工绩效,从而提高企业绩效,是企业管理面临的最大挑战。绩效是员工通过其行为,以及技术、能力和知识的应用,对工作团队目标及公司目标的贡献程度。绩效考核是通过系统的方法来评定和测量员工在职务上的工作行为和工作效果,是对员工行为的实际效果及其对企业的贡献、价值进行评估的过程。绩效考核的主体一般有直接上级、同级、下属、自己、专家、客户等。绩效考核的方法有很多种。

○ 关键术语

客户　　质量　　利润　　绩效

○ 延伸阅读

1. 邓·皮泊斯,马沙·容格斯.客户关系管理[M].郑先炳,邓运盛,译.北京:中国金融出版社,2006.
2. 余力,吴丽花.客户关系管理[M].北京:中国人民大学出版社,2009.
3. 吴青,刘嘉.客户关系管理[M].上海:复旦大学出版社,2008.
4. 菲利普·科特勒.营销管理(原书第13版)[M].北京:中国人民大学出版社,2009.
5. 霍德华 S 吉特洛,等.质量管理(原书第3版)[M].张杰,等译.北京:机械工业出版社,2008.
6. 龚益鸣.现代质量管理学[M].2版.北京:清华大学出版社,2007.
7. 张晓明,等.基础会计学[M].2版.西安:陕西人民出版社,2006.
8. 朱小平,等.初级会计学[M].5版.北京:中国人民大学出版社,2010.
9. 雷蒙德 A 诺伊,等.人力资源管理(原书第6版)[M].刘昕,吴雯房,等译.北京:中国人民大学出版社,1999.
10. 罗伯特·巴克沃.绩效评估[M].艾茂林,译.北京:机械工业出版社,2005.

○ 相关网址

1. 中国市场营销网,http://www.nbxinyun.com/
2. 市场营销管理网址导航,http://www.findoouthere.com/
3. 中国质量网、中国质量检验协会官方网站,http://www.chinatt315.org.cn

4. 中国质量管理认证网，http://www.zgzlglrzma.com/
5. 六西格玛品质网，http://www.6sq.net/
6. 中国会计网，http://www.canet.com.cn/
7. 中国会计学会，http://www.asc.net.cn/
8. 中华会计网校，http://www.chinaacc.com/
9. 中国人力资源网，http://www.hr.com.cn/
10. 中国人力资源开发网，http://www.chinahrd.net/
11. 中国人力资源管理网，http://www.chhr.net/

第九章

企业成长

学习要点

- 学习和掌握企业生命周期及其各阶段的特点、企业生命周期理论
- 学习和掌握企业成长的概念、企业成长理论
- 学习和掌握企业成长动力的概念、不同阶段几种企业成长的驱动因素
- 学习和掌握企业成长模式的概念、几种企业成长模式的特征

有很多成功的企业成长故事,小米科技在五年内崛起,是最新的一个企业成长故事。观察企业兴衰史,企业成长就是一个很有趣的现象。比如,百年柯达公司一夜坍塌。经济学家、管理学家一直对企业成长、企业兴衰话题有着浓厚的兴趣。企业生命周期就是描述企业兴衰的一个很好的概念框架。在阅读柯达公司兴衰史时,你会领悟到:企业像人一样是有生命的。什么是企业生命周期?爱迪思给您一个解答。在企业生命周期中,您会发现,企业成长仅是企业生命周期的一个阶段。如何界定这个阶段?学者却有不同观点。这就是第一节讲述的内容。

小米科技公司为什么成长?为什么成长得这么快?同行业的其他公司为何没有小米科技公司成长得这么快?其他行业的公司也像小米科技这样成长吗?简言之,企业成长的动力是什么?吉利汽车公司成长故事、华为科技有限公司成长故事等很多企业成长故事告诉你答案。著名学者杨杜给您答案。传统家电行业的公司已经是大公司,他们还成长吗?张瑞敏给您一个转型成长答案。创业公司成长是创业者关注的话题。创业理论大师与你进行文字对话。这就是第二节内容。

俗话说,条条大道通罗马。同理,企业成长道路千万条。面对不同行业、不同经济发展阶段、不同文化背景等多样性环境,企业选择不同成长模式。什么是企业成长模式?企业成长模式有哪些?第三节给您讲述不同的企业成长故事,学者们概括不同的企业成长模式。

第四节,储橙案例是一个企业成长的经典案例。读者们可直奔此节,阅读这个案例,率先体验企业成长。不过,你得把自己置身此山中。

第一节　企业成长概述

企业是一个有生命力的有机体，一个企业从其诞生的那一刻起，就有追求成长和发展的内在冲动。但企业的成长和发展不是一帆风顺的，具有波动性、阶段性、周期性特点。每阶段的组织结构、领导方式、管理体制、员工心态都有其特点。每一阶段最后都面临某种危机和管理问题，都要采取一定的管理策略解决这些危机以达到成长的目的。

一、企业生命周期与企业生命周期理论

（一）企业生命周期

企业生命周期故事

百年柯达公司的兴衰史

1880年，当时还是银行职员的乔治·伊士曼开始利用自己发明的专利技术批量生产摄影干版，这就是伊士曼柯达公司的前身。伊士曼在干版生意上大获成功，翌年与商人斯特朗合伙成立了伊士曼干版公司。1883年，伊士曼发明了胶卷。1889年，推出第一款商用透明胶卷。1892年，更名为伊士曼柯达公司。1896年，柯达发明了X光胶片，奠定了现代医疗影像的基础。

1928年，柯达推出第一个为简化银行记录而设计的微缩胶卷系统。1930年，柯达占据全球影像行业75%的市场份额，利润占这一行业的90%。1962年，柯达的营业额首次突破10亿美元。1964年，柯达研发的立即自动相机上市，当年销售达750万架，创下了照相机行业全球最高纪录。

1975年，柯达研制出全球第一台数码相机，又于1989年推出全球第一台商品化的数码相机，于1991年与尼康公司合作推出全球第一台数码单反，130万像素的DCS100。1975年，柯达推出KODAK EKTAPRINT100复印机，该产品立即因其高质量的复印和板载微机给带来的用户便捷性而获得行业的赞誉。1976年，在美国这个全球最大的民用影像市场上，柯达独占鳌头，占据了90%的胶卷市场和85%的相机市场。

1980年，柯达推出应用于化学血清分析的KODAK EKTACHEM400分析仪，宣布进入临床诊断市场。1986年，柯达公司推出全球首块九伏民用锂电池——KODAK ULTRALIFE锂电池，并凭借KODAK SUPRALIFE电池系列进入一般民用电池市场。同年，成立伊士曼药品事业部，进入新的保健行业。同年，柯达输掉了与宝利来（Polaroid）的专利官司，因此退出了即时拍相机行业。1999年，柯达与三洋合作推出全球第一台全彩色、主动矩阵有机电极发光（OLED）显示器的商业模型，并于2002年展示了原型十五英寸平板显示器。2000年，柯达（无锡）股份有限公司套药厂荣获ISO9002认证，并于同年获得ISO14001国际环保认证，确认了柯达在无锡环境保护设施方面超过900万人民币投资的价值。柯达（中国）股份有限公司汕头厂荣获ISO14001国际环保认证。2000年6月，柯达厦门海沧工厂正式投产，生产世界一流的彩色胶卷和相纸。2001年2月，柯达与上海海鸥照相机有限公司合资成立上海达海照相机有限公司，生产传统照相机。上海达海照相机有限公司生产的EasyShare系列

相机隆重面市。9月，柯达正式启动在华第一个数码相机生产项目。2004年1月13日，柯达宣布将停止在美国、加拿大和西欧生产传统胶片相机。2004年年底，柯达停止制造使用Advanced Photo System和35mm胶片的相机。胶片的生产还将继续。2004年，柯达推出六款姗姗来迟的数码相机，但利润率仅1%，其82亿美元的传统业务的收入则萎缩了17%。

2006年，柯达把其全部数码相机制造业务出售给新加坡伟创力公司。2007年，其又将原四大业务之一的医疗成像部门，以25.5亿美元出售给加拿大资产收购公司OneXyi。同年，其持有的乐凯股份也以3 700万美元低价转让给广州诚信创业投资有限公司。

2010年，柯达财报显示，持续经营业务亏损5 800万美元。2011年，柯达股价跌幅超80%。公司市值也从1997年2月的310亿美元降至2011年9月的21亿美元，十余年蒸发99%。2012年1月3日，因平均收盘价连续30个交易日位于1美元以下，纽交所已向柯达发出退市警告。

2012年1月19日早间，柯达提交了破产保护申请，此前该公司筹集新资金进行业务转型的努力宣告失败。2013年5月，伊士曼柯达公司正式提交退出破产保护的计划，当地时间2013年8月20日，美国联邦破产法院批准美国柯达公司脱离破产保护、重组为一家小型数码影像公司的计划。

资料来源：http://baike.baidu.com，百度百科。
李文雄，柯达公司转型案例研究[D]．华南理工大，2012．

柯达公司的兴衰史说明，柯达公司的生命周期是，1880～1896年是柯达公司的创立期，其标志事件：感光干版和伊斯曼胶卷。1897～1964年是柯达公司的成长期，其标志事件是：C.E.Kenneth Mees博士领导罗彻斯特的研究实验室和立即自动相机上市。1965～1975年是柯达公司的成熟期，其标志事件是：1966年，柯达的营业额超过了40亿美元；1976年，柯达占美国90%的胶卷市场和85%的相机市场。1976～2006年是柯达公司的衰退期，这个阶段的标志事件是：1975年，柯达就发明了世界上第一台数码相机，但30年未投入市场。

名家生平与论述

伊查克·爱迪思生平

伊查克·爱迪思（Ichak Adizes），1937年10月22日出生，是美国最有影响力的管理学家之一，企业生命周期理论创立者，组织变革和组织治疗专家。美国当代著名的管理学思想家、教育家、组织健康学的创始人，加州大学洛杉矶分校终身教授，斯坦福大学、特拉维夫大学和位于耶路撒冷的希伯来大学的客座教授。美国主流媒体评价爱迪思为20世纪90年代"唯一一名处于管理尖端领域的人"。主要著作有《管理公司的生命周期》（1999）；《公司的生命周期：公司是如何成长和灭亡的及其处理方式》（1988）；《企业生命周期》（1989）。

伊查克·爱迪思论企业生命周期

爱迪思教授认为，公司就像生命一样拥有生命周期。在生命周期的各阶段中，它们经历正常的竞争和困难，在向下一阶段行进的过程中面对可预测的难题。但是，爱迪思认为商业组织不一定像生物那样必定经历老化和灭亡。

资料来源：http://wiki.mbalib.com/wiki/，伊查克·爱迪思。

从伊查克·爱迪思对企业生命周期的论述看，企业生命周期分为两个阶段，成长阶段和老化阶段；依次将各个阶段划分为孕育期、婴儿期、学步期、青春期、盛年期、稳定期、贵族期、官僚初期、官僚期以及死亡期共10个阶段，如图9-1所示。

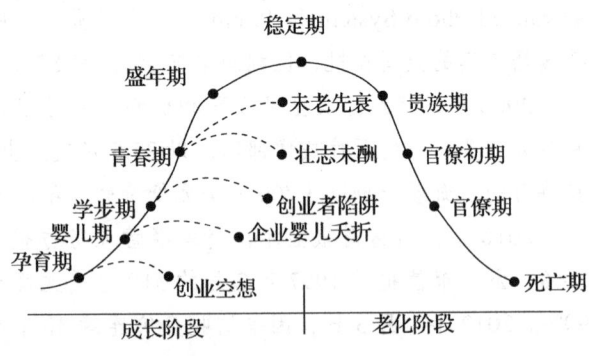

图9-1 伊查克·爱迪思企业生命周期

（二）企业生命周期特点

▶ **企业成长期故事**

小米：为发烧而生

北京小米科技有限责任公司成立2010年4月，是一家专注于智能产品自主研发的移动互联网公司。"为发烧而生"是小米的产品概念。小米公司首创了用互联网开发手机操作系统、发烧友参与开发改进的模式。

2014年12月14日晚，美的集团发出公告称，已与小米科技签署战略合作协议，小米12.7亿元入股美的集团。2015年9月22日，小米在北京发布了新品小米4c，这款新品由小米4i升级而来，配备5英寸显示屏，搭载骁龙808处理器，号称"安卓小王子"。2014年12月9日，小米宣布发布第一台空气净化器——智米空气净化器。与美国前三大空气净化器采用相同的供应商，全机拥有5 732个精密进气孔，全方位进风，大面积高效过滤污染物。与以往产品不同，智米空气净化器的出现意味着小米开始涉足"国民健康"领域，关心国民生存问题。2016年，小米推出旗下首款笔记本电脑，代工厂为英业达。

资料来源：http://baike.baidu.com/view/5738117.htm。

小米科技公司同传统行业中的企业成长期特点不同的是，小米公司的超高速成长性，超规模扩张性，成长期超短性。事实上，除了企业在其成长阶段有鲜明特点外，企业在其他各个阶段也有鲜明特点，这些特点是什么呢？

▶ **名家论述**

哥德纳论企业生命周期的特点

哥德纳（J.W.Gardner）是著名管理学家。哥德纳指出，企业和人及其他生物一样，也有一个生命周期。但与生物学中的生命周期相比，企业的生命周期有其特殊性，主要表现在：第一，企业的发展具有不可预期性。一个企业由年轻迈向年老可能会经历20～30年时间，也可能会经历好几个世纪的时间。第二，在企业的发展过程中可能会出现一个既不明显上升也不明显下降的停滞阶段,这是生物生命周期所没有的。第三,企业的消亡也并非是不可避免的,企业完全可以通过变革实现再生,从而开始一个新的生命周期。

文献来源:根据http://baike.baidu.com/,整理改编。

从哥德纳有关企业生命周期的特殊性论述看,企业在其生命周期的每个阶段都有其特点。总结后来学者的论述,企业生命周期各个阶段的特点如表9-1所示。

表9-1 企业生命周期各阶段的特点

生命周期	企业要素特点	管理组织特点
妊娠期	创业者或企业家个人的兴趣、爱好和梦想驱使	创始人的想法,自有资金和亲朋赞助
初创期	生产规模小,产品市场份额低,固定成本大,企业组织结构简单,生产经营者与管理者合二为一,盈利能力低,现金流转不顺,经常出现财务困难	创始人有创业激情和冲动,资本主要来源于创业者和风险资本家,营销难度大,管理体制机制不完善
成长期	基本形成自己独特的产品系列,产品市场份额稳步提高,市场竞争力逐渐增强,业绩增长速度加快,企业会不断寻求新的业务,寻求新的利润增长点,企业经营管理模式逐渐得到完善,人才不断被吸引进来,企业在竞争产业中已经有了比较明确的市场定位	营销是公司首要任务,管理体系不断完善,创始人很自信,决策独断,把所有事都看成机会,留下隐患,资本通过发行股票和债券进行融资
成熟期	企业资金雄厚、技术先进、人才资源丰富、管理水平提高,具有较强的生存能力和竞争能力,企业能够进行日常业务流程的协调和资源的有效配置,现金流转顺畅,资产结构合理,资本结构政策稳健	管理体系较为系统和完善,营销队伍稳定,决策集权和分权明确,专业委员会机制体现管理的专业化,企业文化初步形成,融资渠道多元化,注重员工培训
衰退期	企业产品市场份额逐渐下降,新产品试制失败,或还没有完全被市场所接受,销售利润率下降明显,债务上升,企业筹资能力下降	组织体系过于庞大,机构老化与环境变化不适宜,管理阶层和部门之间出现问题,人浮于事,争权夺利,营销人员和员工队伍不稳定,人才离职增多
死亡期	企业生存受到威胁,产品市场份额持续下降,盈利能力低,融资十分困难,财务状况恶化	管理阶层出现官僚主义、本位主义等严重问题

资料来源:作者整理。

(三)企业生命周期阶段划分分歧

(1)企业像生命一样有死亡,可用生物成长曲线描述。(Mason Haire,1959)

(2)企业发展有一个停滞阶段,企业死亡可以避免。(J. W. Gardner,1965)

(3)企业生命周期包括创立阶段、生存阶段、发展阶段、起飞阶段和成熟阶段,即五阶段模型。(Churchill 和 Lewis,1983)

(4)企业在组织规模和年龄两方面的不同表现组合成一个五阶段成长模型:创立阶段、指导阶段、分权阶段、协调阶段和合作阶段。(L.E.Greiner,1985)

(5)企业生命周期分为两个阶段,成长阶段和老化阶段;依次将各个阶段划分为孕育期、婴儿期、学步期、青春期、盛年期、稳定期、贵族期、官僚初期、官僚期以及死亡期共10个阶段。(Adizes,1989)

(6)企业生命周期是由孕育期、求生存期、高速成长期、成熟期、衰退期和蜕变期构成的六阶段生命模型。(陈佳贵,1995)

二、企业成长

（一）企业成长概念

> 📽 **企业成长故事**

阿里巴巴成长故事

阿里巴巴网络技术有限公司（简称：阿里巴巴）是于1999年在浙江杭州创立的公司。阿里巴巴集团经营多项业务，包括：淘宝网、天猫、聚划算、全球速卖通、阿里巴巴国际交易市场、1688、阿里妈妈、阿里云、蚂蚁金服、菜鸟网络等。

2014年9月19日，阿里巴巴集团在纽约证券交易所正式挂牌上市。2019年11月26日，阿里巴巴港股上市，总市值超人民币4万亿元，登顶港股成为港股"新股王"。

然而，在1995年很多人还不知互联网为何物，于是阿里巴巴创始团队开始不断的探索，连网站的域名他们都想好了——互联网像一个无穷的宝藏，等待人们前去发掘，就像阿里巴巴用咒语打开的那个山洞。1999年，马云回杭州创办了阿里巴巴网站。

如今，一个想买1 000只羽毛球拍的美国人可以在阿里巴巴上找到十几家中国供应商，位于中国西藏和非洲加纳的用户，可以在阿里巴巴网站上走到一起，成交一笔只有在互联网时代才可想象的生意。2016年"双十一"阿里巴巴成交额达到1 207亿元，包裹量超过了6.5亿，是美国最大的联邦快递一个月的送货量。

资料来源：作者依据百度文献等整理，https://baike.baidu.com/item/%E9%98%BF%E9%87%8C%E5%B7%B4%E5%B7%B4%E9%9B%86%E5%9B%A2/9087864?fromtitle

阿里巴巴成长经历了15年时间，最近5年进入了高速成长期。无论阿里巴巴成长故事，还是柯达成长故事，都有共同的成长性。这个成长性是什么呢？

> 📽 **名家论述**

丘吉尔和刘易斯论企业发展阶段

丘吉尔（Churchill）和刘易斯（Lewis）是20世纪中叶著名管理学家，以前的管理学者倾向于使用规模作为一个维度，而把企业发育或者成长的阶段作为第二个维度。丘吉尔和刘易斯认为，尽管这种方法有价值，但是，它们对于小企业的研究也有不合适的地方。其主要表现在：第一，他们假设一家公司必须成长并且试图经过所有的发展阶段或者死亡；第二，这些模型没有分析企业形成和发展的早期阶段，这是一个非常重要的阶段；第三，这些模型往往用公司年销售量或雇员的数量来说明公司规模却忽视了其他的因素，如价值增加值、产品线的复杂性、产品或生产技术的变化速度等。丘吉尔和刘易斯为了设计关于小型的和成长型企业的框架，把规模、多样性和复杂性指数作为纵坐标，并通过管理风格、管理结构、正式系统的拓展、重大战略目标以及所有者对企业的参与度等五个因素加以描述。由此形成了小企业成长五阶段模式（见图9-2）。

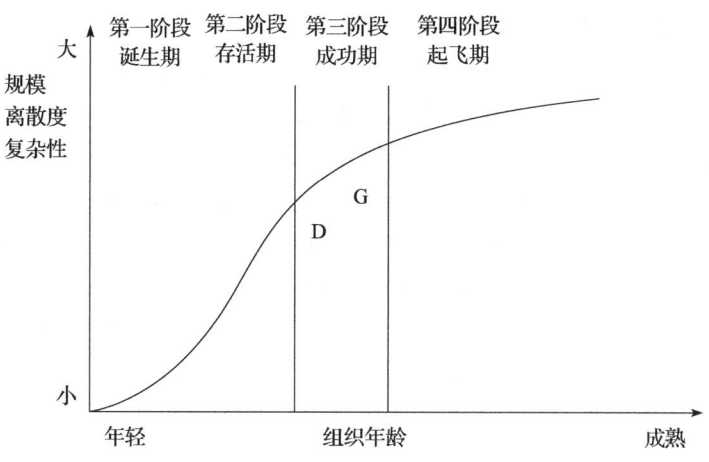

图 9-2　小企业成长五阶段模型

注：D 代表"摆脱束缚"阶段，G 代表"发展"阶段。
资料来源：陈忠卫. 现代企业管理 [M]. 北京：中国财政经济出版社，2005：351.

丘吉尔和刘易斯把企业成长划分为起飞阶段和成长阶段。其他一些学者，比如陈佳贵特别强调了高成长特征。概括各个学者有关企业成长的观点可以得出以下定义。

企业成长，是一个从量变到质变的过程，是一种成长"基因"推动企业系统内部的组织与功能不断地分化，从而促进企业系统机体不断扩张、新陈代谢，不断适应环境，并与环境形成良性互动的过程。具体表现为企业规模的扩大，企业内部结构的不断完善和成熟，企业功能的优化等。

（二）企业成长原因

企业成长动因故事

技术驱动华为成长

今天来看，华为的海外战略是成功的。这不仅仅是因为华为海外市场的销售收入已经突破 20 亿美元，占了总销售收入的四成，而更值得欣慰的是，华为的所有出口产品均为高科技自主品牌产品。也就是说，华为的海外战略从一开始就选择了一条最艰难的道路——自主品牌出口。

华为模式的成功某种程度上改变了世界对中国企业和中国产品的看法。2005 年 4 月 28 日，英国电信宣布其 21 世纪网络供应商名单，华为作为唯一一家中国厂商，与国际跨国公司入围"八家企业短名单"。英国电信对于供应商的选择在业内以苛刻著称，尤其对于此次被称为业界最具前瞻性的下一代网络解决方案。因为，英国电信未来五年将为此投资 100 亿英镑，所以"八家企业短名单"的产生就耗时两年。

一家历史不到 20 年的中国民营高科技企业，走向国际市场也不过 10 年，能在竞争激烈的世界通信市场站住脚，令人欣慰，也让人思考。

华为模式的基础：技术上的撒手锏

品牌出口的重要基础之一是技术，特别是高科技行业，没有核心技术，品牌会空壳化，没有生命力。所以，华为从一开始就非常重视自主的技术路线。

自主技术路线背后是巨大的风险。道理十分简单：投入高科技研发，有可能血本无归。但是华为选择了挑战风险。以华为的特定用途集成芯片（A-SIC）研发为例，早在1999年，华为就意识到开发WCDMA、ASIC技术是一种必然趋势。当时业界尚无任何成熟的ASIC，某西方公司已经公开宣布他们将于2002年推出ASIC。于是当时很多声音认为自己开发风险太大，不如今后直接购买西方公司的技术。但华为认为，要提高WCDMA产品的国际竞争力，就不能在核心技术上受制于人，因此必须启动自己的ASIC项目。事实证明，华为走对了，在华为ASIC技术突破后，这家西方公司却一再宣布延迟推出芯片，最后彻底放弃了该芯片的开发。

华为要在核心技术上取得突破的思路可以说是与生俱来。1988年，华为成立伊始，当时的中国电信设备市场几乎完全被跨国公司瓜分，初生的华为只能在跨国公司的夹缝中艰难求生。一开始的华为只是代理香港一家企业的模拟交换机，根本没有自己的产品、技术，更谈不上品牌。但志存高远的华为义无反顾地把代理所获的微薄利润，都放到小型交换机的自主研发上，利用压强原理，局部突破，逐渐取得技术的领先，继而带来利润；将新的利润再次投入到升级换代和其他通信技术的研发中，周而复始，心无旁骛。

2016年11月18日，在美国内华达州里诺刚刚结束的国际移动通信标准化组织3GPP的RAN1（无线物理层）第87次会议上，经过与会公司代表多轮技术讨论，3GPP最终确定了5GeMBB（增强移动宽带）场景的信道编码技术方案，其中：Polar Code码作为控制信道的编码方案；LDPC码作为数据信道的编码方案。由中国华为主导推动的Polar Code码被3GPP采纳为5GeMBB控制信道标准方案，是中国在5G移动通信技术研究和标准化上的重要进展。

资料来源：作者整理。

从华为公司成长动因看，华为公司成长源于中国改革开放提供的机会，得益于电信设备产业成长，技术驱动力是华为公司成长的根本驱动力。股权激励制度因素也是华为公司成长的驱动力。事实上，在每个时期、每个经济发展阶段，企业成长动因和影响因素是不同的。那么企业成长有哪些驱动力因素呢？

学者们做了不懈努力，概括起来说，有如下观点：

（1）分工与规模经济驱动企业成长。企业成长就是企业调整产量达到最优规模的过程。（亚当·斯密，阿尔弗雷德·马歇尔）

（2）市场交易费用节约驱动企业成长。资产专用性、不确定性和交易效率界定市场交易费用。（科斯，威廉姆森）

（3）企业资源和能力驱动企业成长。（彭罗斯）

（4）系统动力学视角下企业成长。（Forrester，1961；杨文斌，2006）

（5）企业生态成长。（Haeckel，1866；张玉明，2010）

第二节 企业成长动力

企业成长过程是极其复杂的，有的企业刚创立不久就夭折了，有的企业发展到一定的规模，便失去了持续发展的动力，诸多辉煌一时的企业都纷纷亏损、倒闭或发展停滞。如何保持持续成长已成为企业面临的一大问题。正是基于这样一个背景，作者从企业生命周期各阶段出发，探究企业持续成长的驱动因素和成长动力，这是摆在我们面前的重要课题。

一、初创企业成长动力

（一）初创企业成长概念

企业创始人或领导者，有非常独特的世界观，他们不同一般人的思维模式，能够看到一般管理者无法察觉的机会，顺应潮流，利用自身资源和能力，抓住机遇，创立企业。沃尔玛百货的创始人山姆·沃尔顿就是这样的人。

▶ 初创企业成长的案例

山姆·沃尔顿：沃尔玛之父

1951年，33岁的山姆·沃尔顿，向岳父借了2万美元，加上当兵时积攒的5 000美元，他和妻子海伦在阿肯色州本顿威尔开了一家名为"5&10"的商店。1960年，沃尔顿已有15家商店分布在本顿威尔周围地区，年营业额达到140万美元。他相信消费者喜欢到拥有丰富商品和亲切服务的折扣店买东西。于是，他进入了已经饱和的零售业，当时施乐百货和K-Man百货已经是享有优势的零售巨头。然而，沃尔顿看到了一个其他竞争者没有看到的机会，在中小型社区开办大型折扣零售商店。1962年，沃尔顿在罗杰斯城创办了第一家沃尔玛（WalMart）折扣百货店，营业面积为1 500平方米，第一年的营业额就达到70万美元，并最终于1969年10月31日成立沃尔玛百货有限公司。1999年，沃尔玛百货的营业额超过1 370亿美元。2013年，沃尔玛在全球27个国家开设了超过10 000家商场。沃尔玛主要有沃尔玛购物广场、山姆会员店、沃尔玛商店、沃尔玛社区店等四种营业方式。沃尔玛公司是世界上雇员最多的企业，拥有220万名员工，连续三年在美国《财富》杂志世界500强企业中居首位。

资料来源：http://zhidao.baidu.com/link？url。

在创业之初，沃尔玛公司的成长可以概括为："帮顾客节省每一分钱"，超一流服务，"一站式"购物模式。初创企业多样多类，创业成长各有不同。那么，初创企业成长有没有共同点呢？有没有鲜明特征呢？简言之，什么是初创企业成长？

▶ 名家生平与论述

伊迪丝·彭罗斯生平

伊迪丝·彭罗斯（Edith Penrose）是英籍女经济学家。作为现代企业成长理论界最具代表性的学者之一,伊迪丝·彭罗斯首次将企业成长作为研究对象,提出了企业成长的动力之源来自于企业内部各种资源的驱动,从而开创了从企业内部探究企业成长机理的先河。

伊迪丝·彭罗斯论企业成长

1959年,彭罗斯出版了著名的《企业成长理论》一书。企业成长的本质与亚当·斯密认为专业化与劳动分工所引发的报酬递增现象,为企业成长和扩张提供了必要前提,从而认为企业成长在于外部力量驱动这一观点不同,彭罗斯第一次从纯粹内因角度剖析了企业成长过程,强调了管理能力对企业成长的核心作用。而成长的源泉,是企业所拥有的独一无二的各类资源集合。企业对此资源集合的运用能力,决定着企业所能够挖掘到的特殊机会,从而形成各种生产性服务,以促进企业成长。特别要指出的是,彭罗斯认为:这种生产性服务所提供的机会,可以与企业的规模毫不相关。换而言之,小企业也可以拥有与大企业相同甚至更高的成长速率。彭罗斯分析了企业成长中的三个限制因素:管理能力、产品和要素市场、不确定性和风险,这三个限制因素分别涉及了企业的内部条件、外部条件以及两者的综合。彭罗斯特别强调了人的能动作用,并将"企业家"的概念进行了延伸:企业家泛指在企业中能够提供企业家服务的一切个人或团体。

资料来源:作者整理。

从彭罗斯的初创企业成长观点看,结合初创企业成长实践,初创企业泛指刚刚创立,且没有足够资金以及资源的各类企业。初创企业成长的典型特征是:

(1)初创企业创始人具有冒险精神和强烈的使命感;
(2)初创企业员工有奋斗精神和事业心;
(3)企业员工通常在10人以下;
(4)企业办公场地小到3~5平方米;
(5)初创企业死亡率很高。

(二)初创企业成长的驱动因素

初创企业成长驱动力故事

吉利公司的成长

李书福白手起家,创办吉利集团。1993年,李书福收购了浙江临海一家有生产权的国有邮政摩托车厂,并率先研制成功四冲程踏板式发动机。接着又与行业老大"嘉陵"合作生产"嘉吉"牌摩托车,不到一年的时间,他的摩托车销量不仅一直占据国内踏板车龙头地位,还出口美国、意大利等32个国家。1994年李书福决定制造汽车,他说:"汽车有什么难,不就是两辆摩托车加一个方向盘嘛。"1999年年底,吉利集团员工发展到近万人,总资产20多亿元,年销收入30多亿元。吉利集团是中国第一家生产轿车的民营企业。此外,吉利还投资8亿多元创建了全国最大的民办大学——北京吉利大学。2010年3月28日21点,在瑞典的斯德哥尔摩,吉利汽车以18亿美元的价格收购瑞典汽车企业沃尔沃轿车100%的股权。2013年两会,李书福提出关于空气质量问题、出租车问题以及个人所得税起征点问题。李书福位列 2015 福布斯华人富豪榜第 122 名。2015 年 10 月 24 日，他当选为浙商总会第一届理事会副会长。2016 年胡润百富榜，李书福、李星星父子以 305 亿财富排名第 50 位。

资料来源：百度百科"李书福"。

吉利汽车公司创始之初面对国家汽车产业政策约束，2003 年却向中国老百姓提供了"国民车"，一举成长为中国著名的汽车公司。什么力量推动了吉利汽车公司度过了创业公司"死亡谷"？事实上，奇瑞汽车公司、比亚迪汽车公司、小米公司、华为技术有限公司等中国著名企业在创业初期能走出"死亡谷"，皆有一个强大的企业推动力量。那么其他企业初创期的成长动力是否一样？

名家论述

杰弗里·蒂蒙斯关于创业成长的论述

杰弗里·蒂蒙斯（Jeffry A. Timmons），美国百森商学院教授，美国创业教育和研究的领袖人物之一。蒂蒙斯于 1999 年在他名为《新企业的创建》（New Venture Creation）的书中提出了一个创业管理模型。他认为，成功的创业活动必须对机会、创业团队和资源三者进行最适当的匹配，并且还要随着事业的发展而不断进行动态平衡。创业过程由机会启动，在创业团队建立以后，就应该设法获得创业所必需的资源，这样才能顺利实施创业计划。

蒂蒙斯认为，商业机会是创业过程的核心要素，创业的核心是发现和开发机会，并利用机会实施创业。因此，识别与评估市场机会是创业过程的起点，也是创业过程中的一个关键阶段。资源是创业过程不可或缺的支撑要素，为了合理利用和控制资源，创业者往往要制定设计精巧、用资谨慎的创业战略，这种战略对创业具有极其重要的意义。而创业团队则是实现创业这个目标的关键组织要素。

他认为，创业者或创业团队必须具备善于学习、从容应对逆境的品质，具有高超的创造、领导和沟通能力，但更重要的是具有柔性和韧性，能够适应市场环境的变化。

在蒂蒙斯模型中，商机、资源和创业团队这三个创业核心要素构成一个倒立三角形，创业团队位于这个倒立三角形的顶部。在创业初始阶段，商业机会较大，而资源较为稀缺，于是三角形向左边倾斜；随着新创企业的发展，可支配的资源不断增多，而商业机会则可能会变得相对有限，从而导致另一种不均衡。创业者必须不断寻求更大的商业机会，并合理使用和整合资源，以保证企业平衡发展。机会、资源和创业团队三者必须不断动态调整，以最终实现动态均衡。这就是新创企业的发展过程。

他认为，在创业过程中，由于机会模糊、市场不确定、资本市场风险以及外部环境变化等因素经常影响创业活动，致使创业过程充满了风险，因此，创业者必须依靠自己的领导、创造和沟通能力来发现和解决问题，掌握关键要素，及时调整机会、资源、团队三者的组合搭配，以保证新创企业顺利发展（见图 9-3）。

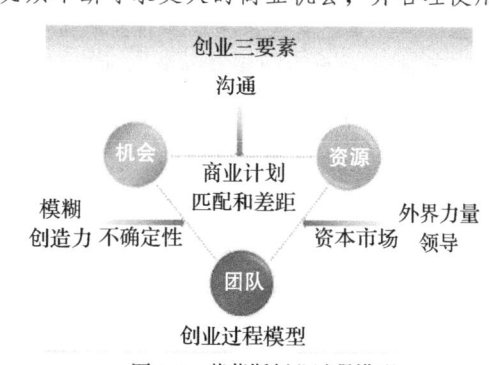

图 9-3 蒂蒙斯创业过程模型

资料来源：http://www.baike.com/wiki/, "蒂蒙斯创业过程模型"。

结合吉利汽车公司初创阶段成长动力故事，细思蒂蒙斯关于初创企业成长动力论述，联系其他学者关于初创企业成长动力论述，初创企业成长动力因素可以概括为：

首先，一个有创业激情、执着追求事业、充满冒险精神、富有战略理性的企业家是初创企业成长的第一推动力；

其次，风险资本家及资本市场是初创企业成长不可或缺的推动力；

再次，制度创新和政策支持是初创企业成长的强大外部动力。

二、瞪羚企业成长动力

（一）瞪羚企业成长概念

"瞪羚"（gazelle）是一种善于跳跃和奔跑的羚羊，以80公里/时的速度跑下来，1小时都不觉得累。瞪羚是体态小巧的动物，生性机灵，行动敏捷，听觉和视觉都十分灵敏，并且警惕性相当高。它们时常一边摇摆着尾巴吃草，一边密切注视着周围的一切，一旦发现敌情，便迅速散开。瞪羚不仅机灵敏捷，而且战术变幻莫测，前冲后突，声东击西。

瞪羚企业这一名称最早来源于硅谷，其本质反映的是一种高成长企业的类型。一个地区的瞪羚企业数量越多，表明这一地区的创新活力越强，发展速度越快。

与初创企业相比，瞪羚企业是指极具创新活力，发展速度越来越快，很像善于跳跃和奔跑的羚羊的企业。在美国衡量瞪羚企业成长的标尺是，最近4年来年收入增长率都在20%的公开上市公司，收入基数不低于100万美元。

🎬 瞪羚企业成长故事

星巴克（中国）公司成长：复制咖啡品牌与体验文化推广

星巴克（Starbucks）咖啡公司成立于1971年，是世界领先的特种咖啡的零售商、烘焙者和星巴克品牌拥有者。旗下零售产品包括30多款全球顶级的咖啡豆、手工制作的浓缩咖啡和多款咖啡冷热饮料、新鲜美味的各式糕点食品以及丰富多样的咖啡机、咖啡杯等商品。此外，公司通过与合资伙伴生产和销售瓶装星冰乐咖啡饮料、冰摇双份浓缩咖啡和冰淇淋，通过营销和分销协议在零售店以外的便利场所生产和销售星巴克咖啡和奶油利口酒，并不断拓展泰舒茶、星巴克音乐光盘等新的产品和品牌。

星巴克看好中国市场的巨大潜力，立志于在中国长期发展，与中国经济共同成长。自1999年进入中国以来，星巴克已在包括香港、台湾和澳门在内的大中华区开设了430多家门店，其中约200家在大陆地区。目前，星巴克正积极拓展大陆二线市场，致力于在不久的将来使中国成为星巴克在美国之外最大的国际市场。此外，公司秉承在全球一贯的文化传统，积极融入中国地方社区和文化，做负责任的中国企业公民。2005年9月，公司出资4 000万元设立"星巴克中国教育项目"，专门用于改善中国教育状况，特别是帮助中西部贫困的地区的教师和学生。其中首笔捐赠已与中国宋庆龄基金会合作开展"西部园丁培训计划"。

星巴克的分店大多数是总公司直营的，星巴克公司内也有对于外资投资的一些禁令，但这些规定也有例外。在大中华区的星巴克大多数是合资的，中国台湾的星巴克是由统一企业与美国星巴克合资的,上海及华中区的星巴克是由中国台湾统一企业、上海烟草集团以及美国星巴克合资,北京与天津星巴克是由北京美大星巴克公司经营,而广东、香港及澳门的星巴克则是由美心集团及美国星巴克合资的 Coffee Concepts HK Ltd 经营。星巴克总公司倾向增加这些地区的持股量,取得更大的主控权。沈阳、大连等城市的星巴克则是星巴克总公司的直营店。

资料来源:作者整理。

星巴克(中国)公司成长有如下特征:深刻理解中国市场成长性,复制+体验,做负责任的中国企业公民,遵循中国合资惯例,坚守直营和合资控股。2007年以来,北京中关村的瞪羚企业数量就不断增长,目前,已有近500家。这些瞪羚企业成长有没有共同特点呢?什么是瞪羚企业成长?

美国《硅谷指数》将瞪羚企业界定为"那些起始收入至少100万美元,最近连续四年每年收入至少增长20%的公众持股企业"。

结合北京中关村科技园区对瞪羚企业的界定,瞪羚企业的内涵可以界定如下。
(1)高新技术企业。
(2)营业收入和利润增长率分别为:营业收入2 000万~5 000万元,收入增长率达20%或利润增长率达10%;营业收入5 000万~1亿元,收入增长率达10%或利润增长率达10%;营业收入1亿~5亿元,收入增长率达5%或利润增长率达10%。
(3)企业获得权威信用评级机构评级为ZC3及以上。

(二)瞪羚企业成长特征

(1)成长速度快。例如,北京碧水源公司2010~2013年营收平均增长82%;慧点科技近三年营收增长率也达到了80%。星巴克的成长为瞪羚企业成长做了好的注解。
(2)创新能力强。比如,中科红旗等
(3)采用新发展模式。比如,携程网
(4)精准把握细分领域。比如,大疆科技公司。
(5)生命依然脆弱。企业成长仍有很大不确定性。比如,无锡施光伏公司。

(三)瞪羚企业成长驱动因素

瞪羚企业成长动力故事

大疆科技的成长动力

深圳市大疆创新科技有限公司(DJI-Innovations,简称DJI),成立于2006年,是全球领先的无人飞行器控制系统及无人机解决方案的研发和生产商,客户遍布全球100多个国家。通过持续的创新,大疆致力于为无人机工业、行业用户以及专业航拍应用提供性能最强、体验最佳的革命性智能飞控产品和解决方案。从最早的商用飞行控制系统起步,逐步地研发推出了ACE系列直升机飞控系统、多旋翼飞控系统、筋斗云系列专业级飞行平台S1000、S900、多旋翼一体机 Phantom,Ronin三轴手持云台系统等产品。不仅填补了国内外多项技术空白,并成为全球同行业中领军企业,DJI以"飞行影像系统"为核心发展方向,通过多层次的空中照相机方案,带给人类全新的飞行感官体验,使得飞行在普罗大众中皆能随心所欲。

在大疆科技的研发实验室里已经储备了未来 2~3 年的最新科技,并持续融入自己的创造力和想象力,使得这些超前的科技成果可以被应用到解决各种实际工业和商业问题的产品中去。大疆科技始终坚持创新和原创的理念,并且对产品的研发规划十分超前和严苛,坚持做到每推出的一款新产品都具有比市场上同类型产品更强大、更稳定的性能。大疆科技在实现技术和产品质量领先的同时,在产品推广和企业文化输出方面亦保持了其创新、超前的理念。仿佛其生来就是带领产业进行革命的先锋。大疆科技一直相信只有通过不断输出更好的产品和技术,才能最终最大程度地服务于市场和客户。

资料来源:http://baike.baidu.com/item。

大疆科技在民用无人机领域拥有领先的科技竞争优势,国际市场需求强劲,科技领先优势与国际市场需求共同推动了大疆科技的高速成长。其他瞪羚企业的成长动力源又何在呢?

大疆科技公司成长的共同驱动因素:

(1)领先的科技优势;

(2)广阔的市场需求;

(3)创业家的创业精神。

三、企业转型成长动力

(一)企业转型成长概念

当企业成长期结束,进入成熟期,摆在企业面前的任务,就是如何通过创新(产品创新、技术创新、组织创新、商业模式创新等),利用转型升级进入可持续的成长期。到目前为止,中国海尔集团是中国发展速度最快、发展质量最高、发展规模最大的家电企业。海尔之所以能取得这样的成果,关键是靠自主创新,即独到的、差异化的、快速的创新。

企业转型成长故事

海尔的转型成长

2016 年 1 月 15 日,海尔集团与美国通用电气公司签署战略合作备忘录,海尔将整合通用电气家电业务。此举被《华尔街日报》形容为"中国惊喜"。

在中国家电行业整体下滑的情况下,海尔集团 2015 年实现全球营业额 1 887 亿元,连续七年被世界权威机构评为大型家用电器品牌零售量全球第一;更为可喜的是,海尔小微企业呈现爆发式增长,在 180 个小微企业中,有 100 多个小微企业年营业收入过亿元,12 个小微企业估值过亿元。

近几年来,海尔一直进行着颠覆性的转型,它打破了传统企业的封闭系统,让自己成为网络互联中的节点,接通各种资源,创造了后电商时代基于用户价值交互(社群)的共创共赢生态圈,实现相关各方的共赢增值。

1984 年,海尔集团的前身青岛电冰箱总厂和德国利勃海尔公司签约引进当时亚洲第一条四星级电冰箱生产线。当时很多家电企业止步于技术或设备引进,陷入了"引进——落后——再引进——再落后"的怪圈。然而,海尔集团意识到了上述问题的严重性,于是用了几年时间,通过委派技术人员学习、在实践中摸索等方式,消化并吸收了多项国外先进的冰箱生产的技术知识。海尔人自己总结了这一时期的成功经验,主要在于其引进技术和设备的基础上,通过消化吸收,再植入海尔的创新基因,以差异化的产品质量立足于市场,成为国内家电领域的领先者。

1998年,海尔中央研究院正式成立,致力于自主研发。自成立至今,海尔中央研究院累计获得国家科技进步奖项,连续年蝉联国家认定企业技术中心评价排行榜榜首,累计主持和参与制定国家标准项、国际标准项。2003年,海尔中央研究院自主研制出中国第一颗自主产权的数字电视解码芯片,并大规模投入生产。另外,海尔集团还在全球范围内构建自身的研发网络,如综合研究中心、全球设计中心和全球信息中心,以跟踪和捕捉前沿科技,这些在"前沿科技中学"的投资使得海尔产品的技术充满前瞻性,确保了其在家电领域的领跑者地位。实现了少有的中国家电企业利用全球化资源获取竞争优势的战略。

如今的海尔已经进入互联网转型时代。原来海尔从制造产品,然后创出一个品牌,把产品卖给全世界的消费者,通过产品获得客户忠诚度。现在海尔变成一个创业平台,消费者可以到平台上创业。海尔创业平台的特色之处,在于可以提供小企业不具有的战略协同能力,将平台上的制造、物流、分销等能力整合成一个生态系统,为创业企业提供服务。

国际战略大师加里·哈默也肯定了海尔的转型模式,"直面用户,点点相连"是他对海尔模式的总结。他认为海尔正在尝试全新的管理方法,平台上的几百个小微企业都具有自主性,围绕海尔的核心业务和延伸业务进行创新。海尔的转型成长只有进行时,没有完成时。

资料来源:作者整理。

海尔转型成长有鲜明的阶段性特征:家电海尔——国际化海尔——移动互联时代的海尔。还有很多企业也经历了转型成长,比如百年跨国公司都有转型成长过程。这些公司成长都有共同点吗?什么是公司转型成长?

企业名家论述

张瑞敏论企业转型成长

张瑞敏,山东莱州人,全球50大管理思想家之一、全球享有盛誉的企业家,海尔集团创始人,现任海尔集团党委书记、董事局主席、首席执行官。中国共产党第十六、十七、十八届中央委员会候补委员。

在全国工业科技工作会议上,海尔集团首席执行官张瑞敏介绍了海尔依靠自主创新,成功创造世界品牌的经验。海尔价值观的核心就是两个字——创新。张瑞敏说,创新的第一要求就是和市场结合。

海尔坚持"市场设计产品"的观念。这与"为市场设计产品"不同。"市场设计产品"的主语是市场,主体是消费者,所以市场设计产品更加贴近市场、贴近消费者;"为市场设计产品"的主体是科研人员,市场往往只能被动地接受。

1."人单合一"的管理模式

张瑞敏说,"最近,海尔集团开始实施独创的'人单合一'管理模式,实施全员创新。

我们希望在信息化时代把企业组织结构扁平化，每个人都必须面对市场的目标，应该创造市场价值。这个模式正在引起美国、欧洲一些商学院的关注，被他们做成了案例进行研究。但我认为做成案例并不代表这个模式一定会成功，而只表明这是一种创新的方式，而且是适应信息化时代的要求的创新管理模式。"

"人单合一"的"人"指的是每一个员工，也就是每一个自主创新的主体，"单"是有竞争力的市场目标，"人单合一"就是每一个自主创新的主体与第一竞争力的市场目标的合一。

2."身土不二"的团队精神

张瑞敏说："我觉得以团队的精神去创新是很重要的。"这里要举一个他到韩国去的感受很深的一个例子。有一次张瑞敏到韩国一个大企业考察，这个企业的车间非常大，在里面来回联系要骑自行车。他看到自行车上写了这样四个字——"身土不二"。张瑞敏解释说："这是中国佛教的一句话，意思就是我个人的努力和我个人的价值是与我的国家连在一起的，我为我的国家贡献出我的一切。创造出一个世界名牌，这种精神是非常值得我们学习的。"

再一个就是这家企业有一个房间叫落泪室。什么意思呢？就是所有的攻关项目，如果攻不下来，所有人员组成一个团队，把自己关在里面吃、住，直到把这个问题解决了才能出来。这可能是10天，也可能是一个月。所以，团队精神是非常关键和非常重要的，如果没有这种精神，未来一切都没有。

海尔的成功，不仅来自这一个个鲜活的创新故事，更来自张瑞敏的创新管理思维，他的"国门之内没有名牌""要中国创造，而不能只停留在中国制造的阶段""要出口创牌，而不是出口创汇""要与狼共舞就要先变成狼"等经营管理理念，早已成为独具特色的海尔文化，深入人心。

资料来源：http://baike.baidu.com/item/张瑞敏/19495。
许玲，张瑞敏. 海尔创新的故事 [J]. 国防科技工业，2006（6）：20-22.

结合学术界的研究和张瑞敏关于海尔公司转型成长看，我们可以把企业转型成长界定为：企业为获取规模经济优势、范围经济优势，根据产业成长周期，适时培育、发展新兴产业从而促进企业可持续发展的成长企业。企业长期经营方向、运营模式及其相应的组织方式、资源配置方式的整体性转变，是企业重塑竞争优势、提升社会价值，达到新的企业形态，从而获得持续成长的动力的过程。

（二）企业转型成长特征

（1）规模经济优势、范围经济优势是企业转型成长的目的。

（2）企业现有产业处于成熟期和衰退期。

（3）企业培育和发展新兴产业。

（4）企业运营模式创新。

（5）企业管理机制创新。

（三）企业转型成长的驱动因素

细思海尔公司转型成长，结合很多著名专家、企业家论述，企业转型成长的驱动力可以概括：

（1）规模经济驱动力，比如在产品或服务的买方市场阶段，企业扩大规模、提高市场占有率，都是企业成长的动力。

（2）范围经济驱动力。比如，企业所处产业生命周期成熟和衰退阶段，企业迅速培育、发展新兴产业，企业转型成长。GE公司就是一个例子。

（3）技术驱动力。在产品卖方市场阶段，消费者对产品品质有苛刻要求，技术创新是提升产品品质的唯一途径。技术就是企业转型成长的驱动力。汽车公司、家电公司都是技术驱动转型。

（4）资本驱动力。资本并购是企业转型成长的直接动力。这是资本密集型产业部门、技术密集型产业部门、竞争产业部门等产业内企业转型成长经典路径。

（5）组织和管理创新驱动。海尔流程再造就是典型例子。

第三节　企业成长模式

企业成长模式是企业在成长过程中所表现出的比较稳定的，具有一定普遍性的特征、方式与路径，是依据某种特定的因素而实现的。企业成长是千差万别的，但在所有企业成长的过程中，总会有些企业表现出与别的企业不同的某些带有普遍意义的东西。在历史长河中，总有一些持续健康成长的企业出现，分析和总结这些企业的成长特征和路径，可以为那些追求持续成长的企业提供标杆和借鉴。

一、低要素成本成长模式

（一）低要素成本成长

低要素成本成长故事

美国西南航空公司低成本成长之路

西南航空（Southwest Airlines，NYSE：LUV），总部设在美国德州达拉斯。美国西南航空自创立以来，保持了41年连续盈利的纪录，这在全球航空公司中绝无仅有。西南航空已经成为全球低成本运营的行业典范和标杆。西南航空依托美国庞大的市场，创造出低成本、直飞、多枢纽基地的航线网络运营模式，改变了美国航空市场格局，提升了航空在交通体系中的价值和贡献。2010年9月27日，西南航空公司收购穿越航空公司（Air Tran），进而扩展到南美市场，2014年年底计划完成穿越航空网络的完全整合。西南航空2012年在《财富》杂志"2012全球最受赞赏的公司十佳公司"中排名第七，并获得全球客户服务冠军等荣誉。

西南航空拥有45 000名员工，经营着世界上最大的波音机队，每天运营超过3 600个航班，每年为超过1亿名航空旅客服务，于美国41个州有96个目的地。西南航空公司创新的航空旅行低成本时代，被美国交通部描述为"西南效应"——降低票价，扩大服务区域。西南航空现在是美国最大的低成本航空公司，在美国国内为客户提供独特组合低票价，没有恼人的附加费用，托运行李免费（第一和第二件行李检查，尺寸和重量限制），并且没有改签费用，提供友好的客户交付服务，安全可靠的操作和非凡的企业文化。

资料来源：http://baike.baidu.com/view/830740.htm。

美国西南航空公司拥有45 000名员工,每天运营3 600个航班,服务于1亿多旅客。该航空公司的成长模式特点是:降低票价、扩大服务区域、低成本服务。过去30多年,绝大多数中国制造业企业成长特点是低成本成长。什么是低成本成长模式?低成本成长模式有哪些特点?

细思美国西南航空公司的低成本运营成长模式,结合关于低成本成长模式的研究成果,可以把低成本成长模式概括为:所谓低要素成本成长模式,就是企业在营运管理中,以满足市场用户价值需求为出发点,以人为中心,以简化为手段,消除一切浪费,通过不断改进流程,提高运营效率为目的,从而获得企业持续成长的方式。低要素成本成长模式的内涵如下所示。

(1)市场用户价值是企业运营的起点。《精益思想》一书提出,价值只能由最终用户来确定,且价值也只有在由具有特定价格、能在特定时间内满足用户需求的特定产品(商品或服务)来表达时才有意义。

(2)"四低"投入:较少的人力、较少的设备、较短的时间和较小的场地。

(3)生产效率高、运营效率高。

(4)最节约地生产、最节约地管理、最节约地设计、最节约的供应链。

(二)低要素成本成长特征

低要素成本成长的主要特征如下所示。

(1)要素节约是低要素成本成长模式的核心。要素节约贯穿于企业生产、管理、设计和供应链之中。

(2)高价值创造。高价值创造包括生产过程中的价值创造、管理流程的价值创造、设计价值创造、供应链价值创造。

(3)客户体验是检验价值创造的标准。

(三)中国企业低成本成长特征

中国企业低成本成长模式不同于日本丰田的低成本成长模式。

(1)丰富的劳动力资源确保了中国企业低工资特征,从而实现了低劳动要素投入。这是中国企业低成本成长模式的独特特性。

(2)超大规模市场确保了中国企业享有产品规模经济效应,从而实现了规模化生产。

(3)大开放效应进一步扩大了中国企业产品范围经济效应。

二、企业并购成长模式

(一)企业并购成长

企业并购成长故事

蛇吞象:吉利收购沃尔沃汽车

2010年3月28日,吉利控股集团宣布在沃尔沃所在地瑞典哥德堡与福特汽车签署最终股权收购协议,以18亿美元的代价获得沃尔沃轿车公司100%的股权以及包括知识产权在内的相关资产。作为中国汽车业最大规模的海外收购案,吉利上演了一出中国企业"蛇吞象"的完美大戏。吉利董事长李书福评价说:"这如同一个农村来的穷小子追求一个世界顶级的明星,这是一场盛大的跨海婚礼。"

吉利之所以重金收购沃尔沃,看上的是沃尔沃的品牌价值和核心技术。在收购沃尔沃之前,吉利就已经开始了从低端品牌向中高端发展的战略转型。吉利提出了"生产世界上最环保、最安全的车"的主张,正是基于这一战略思想,沃尔沃成为吉利的首要购买对象。

事实上,中国企业并购有三个特点,一是政府参与;二是兼并形式多样化;三是兼并动因单一化。中国企业兼并的三大趋势是,兼并范围国际化;兼并手段证券化;兼并行为市场化。

资料来源:干春晖.资源配置与企业兼并[M].上海:上海财经大学出版社,1997.作者依据百度百科整理。

吉利并购沃尔沃后成长为一家国际化汽车整车供应商。吉利并购成长的鲜明特征是:以小博大,俗称"蛇吞象"。什么是企业并购成长?

从吉利并购沃尔沃成长为一个国际性企业故事看,企业并购成长是指:企业通过并购策略实现企业规模经济和范围经济,从而做大做强的跨国集团企业成长模式。其内涵是:

(1)企业并购成长的宗旨是实现规模经济效应与范围经济效应,即"做大做强"。

(2)并购是企业成长的策略工具。企业并购(mergers and acquisitions,M&A)包括兼并和收购两层含义、两种方式。国际上习惯将兼并和收购合在一起使用,统称为 M&A。在我国称为并购,即企业之间的兼并与收购行为,是企业法人在平等自愿、等价有偿的基础上,以一定的经济方式取得其他法人产权的行为,是企业进行资本运作和经营的一种主要形式。

(3)企业并购模式主要有:公司合并、资产收购、股权收购。

1)公司合并是指一家公司完全吞并另一家公司的行动。比如,宝钢公司与武钢公司的合并;中国北车公司与中国南车公司的合并。公司合并优势:整合资源,降低交易成本,形成内部一体化优势、品牌优势。

2)资产收购是指一家公司收购另一家企业一部分业务的交易行为。比如,联想收购IBM 公司 PC 业务的行为。资产收购的优势是:业务优势更加突出。

3)股权收购是指一家公司收购另一家公司股权的行为。比如,宝能公司通过资本市场收购万科公司股权的交易行为。股权收购的优势是:直接掌握公司控制权。

(二)企业并购成长的动因

在具体实务中,并购的动因,归纳起来主要有以下几类。

(1)扩大生产经营规模,降低成本费用。通过并购,企业规模得到扩大,能够形成有效的规模效应。规模效应能够带来资源的充分利用、充分整合,降低管理、原料、生产等各个环节的成本,从而降低总成本。

(2)提高市场份额,提升行业战略地位。规模大的企业,伴随生产力的提高,销售网络的完善,市场份额将会有比较大的提高,从而确立企业在行业中的领导地位。

(3)取得充足廉价的生产原料和劳动力,增强企业的竞争力。通过并购实现企业的规模扩大,成为原料的主要客户,能够大大增强企业的谈判能力,从而为企业获得廉价的生产资料提供的可能。同时,高效的管理、人力资源的充分利用和企业的知名度都有助于企业降低劳动力成本,从而提高企业的整体竞争力。

（4）实施品牌经营战略，提高企业的知名度，以获取超额利润。品牌是价值的动力，同样的产品，甚至是同样的质量，名牌产品的价值远远高于普通产品。并购能够有效提高品牌知名度，提高企业产品的附加值，从而获得更多的利润。

（5）为实现公司发展的战略，通过并购取得先进的生产技术、管理经验、经营网络、专业人才等各类资源。并购活动收购的不仅是企业的资产，还获得了被收购企业的人力资源、管理资源、技术资源、销售资源等。这些都有助于企业整体竞争力的根本提高，对公司发展战略的实现有很大帮助。

（6）通过收购跨入新的行业，实施多元化战略，分散投资风险。这种情况出现在混合并购模式中，随着行业竞争的加剧，企业通过对其他行业的投资，不仅能获取更广泛的市场和利润，而且能够分散行业竞争带来的风险。

三、平台企业成长模式

（一）平台企业成长

平台企业成长故事

阿里巴巴集团：平台企业成长典范

1999年，马云与其他17人在杭州成立阿里巴巴公司，正式进入电子商务行业。2014年9月19日，阿里巴巴集团在纽约证券交易所正式挂牌上市。阿里巴巴集团的业务包括阿里巴巴国际交易市场、全球速卖通、1688、淘宝网、天猫、聚划算、阿里妈妈、阿里云计算及蚂蚁金融服务。1688是中国国内的小企业电子商务平台，其主要功能是满足淘宝卖家批发采购需求，是网上批发以及采购平台。淘宝网作为面向中国消费者的网络购物平台，其产品品种丰富且价格实惠，使淘宝网成为中国国内最受欢迎的C2C网络购物平台；天猫是中国最大的B2C优质品牌零售平台；聚划算是2010年成立的品质商品团购网站，为消费者提供品牌服饰、鞋包、化妆品等商品专场及单品的团购信息；阿里妈妈是国内领先的网上营销技术平台，为网络卖家提供网上营销服务及移动营销服务；阿里云计算是阿里巴巴集团在2009年成立的，云计算将以集团庞大的数据资源为基础，对大量进行数据深度整理分析，信息由集团各子公司共享，适时开发新的数据产品，并为淘宝卖家及第三方用户提供完整的互联网计算服务；蚂蚁金融服务包括支付宝、支付宝钱包、余额宝、蚂蚁微贷等业务，专门为小微企业和消费者提供金融服务。

近年来阿里巴巴集团的营收和利润增长如图9-4所示。

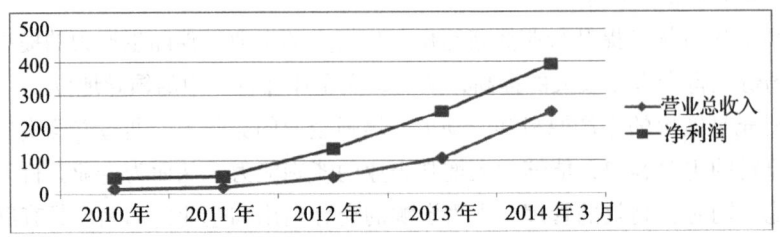

图9-4　阿里巴巴集团2010～2014年3月的营业收入和净利润

资料来源：纽约证券交易所网站，https://www.nyse.com/quote/XNYS:BABA。

2015 年全年，阿里巴巴总营业收入 943.84 亿元，净利润 688.44 亿元。2016 年 4 月 6 日，阿里巴巴正式宣布已经成为全球最大的零售交易平台。2016 年 5 月，阿里巴巴集团成为国务院首批双创"企业示范基地"。

资料来源：黎梦华. 阿里巴巴集团的国际竞争力研究 [D]. 黑龙江大学，2015.

阿里巴巴公司打造了电子商务平台，颠覆了零售业模式，实现了阿里巴巴公司营业收入和利润的几何级增长，使阿里巴巴成长为电子商务时代零售业旗舰。移动互联网时代，不只是一个阿里巴巴公司，还有很多成功地实施平台战略的公司。

平台企业及其所代表的平台模式在社会经济中的地位和作用日益凸显。国际权威机构最新统计表明，2012 年世界百强企业中有 60 家企业具有平台性质，如苹果、思科、谷歌、时代华纳、UPS 快递。2013 年胡润百富榜排名前 10 位的企业中就有 5 家是平台企业，包括腾讯、百度、阿里巴巴、万达、海康威视。那么，什么是企业平台成长？它的特征是什么？

企业名家论述

马云论企业成长

马云，阿里巴巴集团主要创始人，现担任阿里巴巴集团董事局主席，中国企业家俱乐部主席。马云认为，企业成长未来要把握三个变革。

变革一：大数据时代光有努力是不够的。

变革二：重塑组织机构帮助你的企业成为百年企业。

变革三：要知道自己要什么、放弃什么。

资料来源：作者整理。

阿里巴巴公司的平台成长模式与马云对企业成长的论述，清晰地回答了什么是企业平台成长。我们对企业平台成长模式定义如下所示。

企业平台成长是指在供应方和需求方缩短中间环节、减少信息不对称的要求下，企业以 IT 技术、通信技术、互联网技术为手段，设计企业生产和服务平台，构建集聚设计服务商、零售服务商、联结客户或消费者的直接销售渠道，实现多对多双向互动交流与交易并获得业务成长。企业平台成长的内涵是：

（1）供需双方的多元和多样化的发展趋势是前提；

（2）IT 技术、通信技术、互联网技术是企业成长的技术基础；

（3）联结供应商与客户的直销渠道；

（4）平台上的参与者具有闭环或开放的生态系统。

（二）企业平台成长特征

企业平台成长故事

中国平安成长特征

中国平安保险（集团）股份有限公司于 1988 年诞生于深圳蛇口，是中国第一家股份制保险企业，至今已发展成为集保险、银行、投资三大主营业务于一体、核心金融与互联网金融业务并行发展的个人金融生活服务集团。2016年，中国平安制定了1-2-2-N战略：一个目标，即成为国际领先的个人金融生活服务提供商；两个聚焦，第一个聚焦是大金融资产，第二个聚焦是大医疗健康；两个模式，则指"金融+互联网"和"互联网+金融与非金融"两种模式。"N"为N个支柱，是指公司的业务板块，在核心金融板块主要为保险、银行和资产管理；在互联网金融板块，则聚焦四个业务，即金融服务生态圈、房地产金融生态圈、医疗健康生态圈、汽车服务生态圈，这也就是平安的战略3.0时代。

平安首席财务官姚波表示，"这从某种意义上来说，3.0是中国平安借现在互联网的概念进行不断的迭代的版本。其中，1.0模式指中国平安的自营模式，作为综合金融集团，旗下有保险公司、银行、证券、信托、资产管理等业务。在1.0模式下，销售的产品都是平安内部的产品，平安业务员销售的是平安的寿险、车险，或者在卖平安的信用卡等。2.0模式，我们叫作开放式的平台模式，在这个平台上面不单销售平安的产品，还可以销售其他金融机构的产品和服务。比方说最近我们做的陆金所，在这个平台上面不但有陆金所自己的产品，还有其他银行，包括其他的信托公司、公募基金、私募基金提供的产品。"

与前两种模式相比，中国平安的3.0模式可以把公司现在技术、系统等核心能力向其他的金融机构进行输出，共同搭建一个生态圈，或者一个平台，让所有人在这个平台上都可以互惠互利和共赢。在用户、客户及迁徙方面，持续以客户为中心，为客户提供完善的金融服务，以实现"一个客户、一个账户、多项服务、多个产品"为目标，积极推进用户、客户间的迁徙。核心金融业务方面，向客户提供专业的一站式金融服务，并利用互联网升级综合金融模式，扩大服务范围，提升服务效率和体验。在互联网金融业务方面，围绕用户的"医、食、住、行、玩"需求，不断完善线上平台，提供多种服务和产品，将金融嵌入线上生活服务。

资料来源：财经观察网等文献整理，http://www.eeo.com.cn/2016/1202/294686.shtml。

中国平安、阿里巴巴的故事说明，企业平台具有鲜明的供应商、零售商等资源集聚优势。其他企业如苹果、海尔、小米、携程等同样具有集聚优势。企业平台成长的一般特征是什么？

学者论平台战略

陈威如论平台战略

陈威如，美国普渡大学战略管理学博士，中欧国际工商学院战略学副教授，在其著作《平台战略：正在席卷全球的商业模式革命》中，论述了平台商业模式的精髓，在于打造一个完善的、成长潜能巨大的"生态圈"。它拥有独树一帜的精密规范和机制系统，能有效激励多方群体之间互动，达成平台企业的愿景。纵观全球许多重新定义产业架构的企业，我们往往就会发现它们成功的关键——建立起良好的"平台生态圈"，连接两个以上群体，弯曲、打碎了既有的产业链。

平台生态圈里的一方群体，一旦因为需求增加而壮大，另一方群体的需求也会随之增长。如此一来，一个良性循环机制便建立了，通过此平台交流的各方也会促进对方无限增长。而通过平台模式达到战略目的，包括规模的壮大和生态圈的完善，乃至对抗竞争者，甚至是拆解产业现状、重塑市场格局。

资料来源：陈威如，余卓轩.平台战略[M].北京：中信出版社，2013.

中国平安成长与学者论述表明，企业平台成长特征总结如下。

（1）集聚优势。集聚优势指一个区域或一个平台集聚的供应商、客户规模大小。

（2）效率优势。效率优势指平台为供应商、客户的交易提供了最快捷、最直接、最有效的交易服务，实现了时间节约、交易费用节约。

（3）价格优势。价格优势指平台上供应商、客户交易价格可实现最优价格。

（4）充分竞争优势。充分竞争优势指平台供应商、客户交易实现了更充分透明、更公正的交易。

（5）双向交流和交易优势。

（6）单边或多边生态成长优势。

第四节 案例

一、褚橙是什么

2002年，75岁的褚时健保外就医，在云南新平县接手了一个经营不下去的国营橙园，经过引种、育苗、精心管理，五年后挂果了，最开始褚时健把橙子卖给熟人，他给自己的橙子取名为"云冠"，寓意为云南的冠军之橙。但褚时健的名气大过"云冠"，人们就给褚时健的云冠橙取了个别名——褚橙。

褚时健种的橙子，学名为冰糖橙，柑橘属，其原产地位于湖南省洪江市（原黔阳县），比较大家熟悉的脐橙，冰糖橙个头小、少核，果实多汁，也因此得名。

二、为什么要种冰糖橙

褚时健保外就医回到玉溪家中。他是一个闲不下来的人，每天在家中楼上楼下跑十多次，总想找个事做，他需要一件事来消磨时光，省得生闷气。他需要向人们证明自己，看看离开国营烟草专卖的政策，能不能做成一件事。但到底做什么，褚时健并不知道。就在此时，新平县戛洒镇一家国营农场破产了，要出租土地，这个农场恰恰有3 000多株冰糖橙树。于是褚时健和老伴马老师看到了机会，开始研究冰糖橙，从自然条件到市场现状都进行了研究。

在那段时间里，无论是中国的还是外国的柑橘类水果，他们见到就买，买来自己吃，也请别人吃，就是为了和这家农场的冰糖橙比较。他们发现：这片土地上种出的冰糖橙口感优于同类水果，不但比当地的冰糖橙好吃，也比湖南、广西的冰糖橙好吃，当时的云南冰糖橙市场卖价高，而且对气候和地理条件的研究更印证了他们的判断——坐落于哀牢山脉的这片土地，非常适合种冰糖橙。

于是，褚时健拿出法院判给他的120万元，又向朋友借钱，共300多万元全部投入到这片土地。褚时健向朋友说，这是一笔赔不起的买卖啊，如果赔了我是还不起啊！可是，朋友相信他，仍然把钱借给他。在这之后的发展过程中，褚时健又向朋友借了1 000多万元，前后共投入1 500万元到冰糖橙事业中。

如今，褚时健的橙园规模已经超过8 000亩，2013年，总产量突破1万吨，销售额到达7 770万元。褚橙的平均亩产量达4.2吨，几乎超过冰糖橙原产地湖南同行平均亩产值的4倍之多。这个仅仅发展12年的冰糖橙庄园，一举跃升为全国冰糖橙亩产最高的基地。昔日的烟草大王褚时健，在85岁时，又成为中国冰糖橙大王。

三、褚橙成功的原因

1. 水果水果，水是最重要的，没有水就没有果

褚时健经常说，水果水果，水是最重要的，没有水就没有果。正因为如此，褚时健在水利方面的投资超过了1 000万元，在哀牢山上的水源地架设了四条引水管，总长40公里，庄园内建设了17个蓄水池，各种输水管道36公里，总体而言，可以保证每周灌溉一次。

2. 因地施肥

2005年因土壤营养成分不对，结出的果子口感差，不酸也不甜，褚时健急得睡不着觉，半夜起来翻柑橘书籍寻找答案，并为此请教了不少专家。最终，他把问题聚焦在肥料结构上。褚时健把16种大量元素、中量元素和微量元素写在会议室黑板上，在田间不同实验区做对比试验，对结果进行观察、记录和分析，从而找出最优解决方案。后来褚时健建立了自己的化验室，这在全国的果农中绝无仅有，一般果农都是用手捏一把土，来估量土地的肥沃程度。随着肥料结构的改变，褚橙的味道和口感好起来了，褚时健说，"我们的商业秘密就在肥料里。"褚橙现在建有自己的肥料厂。

3. 间伐

间伐是指种树之初刻意密植，以增加幼树时期的产量。但是，当幼树成长到一定阶段，枝干变密，当阳光无法充分照射到每一株果树的每一根枝条上时，把每两棵树中间一颗砍掉，以避免因日照不充分而出现掉果减产现象。

其实，间伐在褚橙庄园开始时并不一帆风顺。一方面，资料上写了，但是，当地以前并没有人做过间伐，"要革自己的命"，绝不是想明白就能做到的。另一方面，到底要砍多少树，每株间距多少适宜，资料上并没有写，要根据当地的气候和地势，具体问题具体分析。褚时健通过实验摸索，得出当地每亩大致种植70～80株树的结论。一年后，这个方式在所有作业区推行，有的农户不愿意砍树，褚时健要补钱给农民让他们砍。如今，每亩80棵果树的产量比146棵的时候还要高。

4. 控梢

控梢是指在果树生长过程中不断长出的新梢要摘除掉，以避免新梢与幼果争夺养分从而影响产量和质量。这项工作技术含量不高，但枯燥烦琐，劳动强度大。在褚橙庄园，一年要除四次梢：春梢、夏梢、秋梢和晚秋梢。其中，除夏梢的工作最为繁忙和辛苦，哀牢山的夏天气温高达40摄氏度，加上褚橙种植水肥充足，夏梢长得最多，褚橙一般要除4～6次夏

梢，由于是农忙季节，果农需要额外请人才能完成，褚橙庄园果农每年请人除夏梢的费用大概要八九千元，一般地区的冰糖橙种植户为了节省费用就马虎了。

5. 剪枝

和控梢相比，剪枝是技术含量较高的管理措施。素有"肥水是基础，剪枝是关键"的说法。如果不剪枝，任其生长就会造成树形乱，树体通风透气条件差，树势早衰，产量和品质下降。对于剪枝，褚时健谈起来就像个老师。"冰糖橙树有两种枝条，一种叫营养枝，一种叫结果枝，在具体剪枝过程中，既要顾及树势、树形以保证通风透光，又要保证开花枝和结果枝的比例。即便如此，这个比例也要根据树龄不同而变化。"

6. 病虫害防治

黄龙病是对柑橘伤害最大的疾病，资料记载，黄龙病发超过20%的果园，应进行全园铲除更新。2002年，褚时健还是冰糖橙树的外行，并不了解黄龙病的危害。最初租下的果园那3 000多棵冰糖橙树，就是由于黄龙病的肆虐，几年后只剩下了800棵。黄龙病是通过木虱传播的。为了不让黄龙病传播，就要把木虱消灭干净，但是说起来容易，做起来难。因为木虱飞得快，如果这片地喷药，那片地不喷药或者晚喷药，木虱就会飞到没喷药的地方。褚时健请来专家做指导，采取"以防为主、以治为辅、统防统治"的措施。褚时健发给所有农户每家一台打药机，大家一起动手，一年杀几次，才逐渐控制了黄龙病。采用这样的措施，每年要多花60元万农药成本，看似增加了不必要的成本，但实际上控制了病虫害，保证了连年的丰产、稳产、增产。现在褚橙庄园的黄龙病发病率不到万分之五，而一些其他柑橘种植户，黄龙病发病率高达10%。

7. 果农管理

褚橙庄园2 400亩挂果土地，被划分成四个作业区，四个作业区长分别管理，作业区长在来褚橙庄园之前，也有最少12年，最长20多年的柑橘种植经验，每个作业区长管理30～40户农户，7万～70万棵树。大多数农户来褚橙庄园之前没有柑橘种植经验，都是跟随褚时健一起开垦荒山，学习种植，经历了褚橙的发展。现在有果农117户，230人，人均月收入从2001年的411.45元，上涨到了2013年的2 674.03元，每个果农家庭年收入可以达到64 000余元。

周先生是褚橙庄园果农的一员，他和爱人已经在这座山上耕耘了11年了，来之前在家小规模种养殖，不仅不赚钱，还欠了些债务，听说褚时健招人，他虽然没有听说过冰糖橙，也报名来了，他和爱人一边学，一边做。2013年共收获冰糖橙128吨，总收入10多万元。

褚时健最初给果农计算工资是按照管理果树多少来定的，2007年开始，褚橙庄园大批下果，褚时健把果农工资改为吨位工资，每月3日向果农借发工资2000元，这种借发工资也引进了惩罚机制，如果在当月工作完成不达标，也会扣罚一定工资。到年底再按照产量吨位结算，褚时健从不拖欠果农工资。收果时，褚时健严格按照评级标准，把果子大小、品质分成四个等级，按质论价。

褚时健把作业标准尽可能量化，比如果园内20厘米以上的杂草要清除干净，每株施有机肥7.5千克＋复合肥0.3千克，等等。这就是农业工厂化管理，农业精细化管理。

8. 用卖啤酒的方法卖橙子

2008年褚时健的外孙女任书逸和丈夫李亚鑫从加拿大留学归来，开始接手褚橙的销售工作。2009年，一个当地较大的批发商来看货，报价4元/公斤。他们试探性地问了一句，"能不能再高一点？"结果，那个批发商说："那就3.8元。"

刚上任主管销售的两个年轻人，眼看着400吨橙子一车一车地倒掉。这教训让他们知道——渠道太重要了。能不能直接把褚橙铺到水果店，向卖啤酒一样卖，他们首先在昆明和西南地区做实验，把每一箱橙子直供水果店，一箱10斤，批发价50元，水果店卖60～70元一箱。结果一箱一箱地送到水果店，又一箱一箱地搬出来。为什么？因为，零售店老板顾忌卖不掉没人倒垃圾。最后，他们跟零售店承诺：如果卖不掉，他们负责收走。还好，最后市场一点一点打开了。

这样的铺货方式让褚橙对自己的销售终端能够加以选择，他们只选择高端水果店，在方圆一公里内只选择一家。2013年，褚橙有近一半的产量是靠这种直销方式销售的。褚时健指导销售只有一个原则：不论用什么方式卖，必须要让卖你东西的人赚钱，你的东西才好卖！

在成都，公司在当地租赁中转仓库，褚橙到成都后，再从仓库出货。他们在成都选择了一个批发商，由批发商为褚橙推荐零售商，推荐一个，褚橙认证一个，逐渐形成完善的终端布局。褚橙认定的零售商，要分等级，不同级别的零售商，褚橙确定不同的进货量，这样做既帮助经销商规避了风险又保护了褚橙品牌。

在北京褚橙则完全进行网络销售。于是，直销、网销、团购形成了褚橙在全国独一无二的水果销售体系。⊖

四、思考与讨论题

（1）企业家创立企业应该具备的基本素质有哪些？
（2）管理者如何组建和管理自己的团队？
（3）企业成长受多种内外部因素影响，有哪些因素？你认为哪些因素最重要？
（4）褚橙庄园从创业到成长经历了那几个阶段？用企业生命周期理论描述。
（5）褚时健创立褚橙庄园的动因是什么？
（6）褚橙庄园成长模式是什么？有哪些特征？
（7）褚橙庄园的成功对企业持续成长有哪些经验教训和启示？

○本章要点

1. 企业生命周期的概念，企业生命周期阶段，企业生命周期阶段的特征。
2. 企业生命周期理论，经济学家与管理学家对企业生命周期理论的贡献，几种企业生命周期理论。
3. 企业成长的概念，企业成长理论。
4. 不同阶段企业成长动力的概念和驱动因素。

⊖ 黄铁鹰，编著. 褚橙你也学不会［M］. 北京：机械工业出版社，2015.

5. 企业成长模式的概念，几种企业成长模式的特征。

关键术语

| 企业成长 | 企业生命周期 | 生态系统 | 初创企业 | 瞪羚企业 |
| 企业转型 | 低要素成本 | 精益思想 | 并购协同效应 | 平台企业 |

延伸阅读

1. 李业.企业生命周期的修正模型及思考［J］.南方经济，2000（2）.
2. 魏光兴.企业生命周期理论综述及简评［J］.生产力研究，2005（6）.
3. 伊查克·爱迪思.企业生命周期［M］.北京：华夏出版社，2004.
4. 韩太祥.企业成长理论综述［J］.经济学动态，2002（5）.
5. 李森森.我国科技型小微企业成长的影响因素研究［D］.山东大学，2014.
6. 李军波，蔡伟贤，王迎春.企业成长理论研究综述［J］.湘潭大学学报（哲学社会科学版），2011（6）.
7. 许玲.张瑞敏：海尔创新的故事［J］.国防科技工业，2006（6）:20-22.
8. 王生金，徐明.平台企业商业模式的本质及特殊性［J］.市场分析，2014（8）.
9. 黄勇，周学春.平台企业商业模式研究［J］.商业经济，2013（23）.
10. 陈斯琴，顾力刚.企业技术创新系统生态性分析［J］.世界标准化与质量管理，2008（4）.
11. 陈威如，余卓轩.平台战略［M］.北京：中信出版社，2013.

相关网址

1. 科技型企业百度百科，http://baike.baidu.com/item/ 科技型企业
2. 转型企业百度百科，http://baike.baidu.com/link？ url=ufnswkQ2ZjOQGx7V11wUgBEb1-e3xAB03J-jP7doZaTdyrKU6CV4l8mf9O2PSsPocYFG3k7D69C2ElobWYbEYK
3. 企业并购百度百科，http://baike.baidu.com/item/ 企业并购
4. 阿里巴巴百度百科，http://baike.baidu.com/item/ 阿里巴巴集团 /9087864？ fromtitle= 阿里巴巴 &fromid=33&type=syn

第十章

创新与创业

学习要点

- 学习和掌握创新的概念
- 学习和掌握创新的主要类型
- 学习和了解创业过程、创业政策制度,识别创业机会

自李克强总理提出"大众创业,万众创新"以来,中国每天都有大学生投入创新创业浪潮。大学推出了创新创业教育培训课程;城市涌现了各类众创空间;社会机构举办的创新创业大赛一场连着一场;专家学者不断参与创新创业活动。创新是什么?创业是什么?这就是本章讲述的主题。

圆头牙刷的故事引您步入创新的海洋,体味创新过程中的风高浪急和喜悦;创新理论的开拓者熊彼得给出了第一个创新的解释,后继者的深入研究丰富了创新理论,创新本质、创新原则、创新核心等基础性问题都早已有了答案;海尔大地瓜洗衣机故事让您体会产品创新的神奇,中国高铁技术创新故事告诉您技术创新的艰辛;惠森药业创新故事开启市场创新之门,海尔组织创新告诉学者如何重塑组织,傅家骥、曼斯菲尔德等一批创新学者的研究成果给出了产品创新、技术创新、市场创新和组织创新的钥匙。除了这些,第一节还有很多创新内容。

创业生生不息。在我们的时代,创业最突出的形态是科技创业。怀揣着致富梦想、事业理想、谋生渴望等不同创业动机的大学生、研究生、博士生、技术工程师、教授、院长投入创业的海洋。海浪退去,多少创业者被大浪卷走,多少创业者激流勇进,创造了无愧于时代的丰功伟业。总之,创业魅力无限。

乔布斯创业开启了一个崭新时代,吸引了一代又一代创业者;任正非创业成功开启了中国信息通讯时代;马云创业成功开启了商业新时代。在第二节中,丰富的创业故事将引您步入波澜壮阔的创业生活,而杰弗里·蒂蒙斯、徐小平等创业大家关于创业的著述将给您解读创业的钥匙。

第三节是一个完整的创业故事。对一个有志于创业的你来说，史玉柱创业的传奇故事会给你无穷启迪。品味创业，品味人生。

第一节　创新

一、创新概述

创新故事

圆头牙刷

日本狮王公司有一位叫加藤信三的职员，在使用自己公司的牙刷刷牙时，牙刷毛的尖头经常使他牙龈出血，他想着如何改变这种情况。

一天，他利用放大镜仔细观察牙刷毛，发现其顶端是方的。于是他想，如果将其由方的改成圆的，不就不再会使牙龈受伤害了吗？利用一次会议的机会，他把他的建议向公司提了出来，公司最终采纳了他的建议。这一细节的改进，果真成功解决了刷牙时牙龈出血的问题。狮王牙刷因此变得畅销，后来占到日本牙刷总销售量的30%左右，而加藤信三也因为此次创意的成功，由一个小职员晋升为公司董事。

创新有时只是细小的变化，只要你注意观察事物，创新可能出现在你的手中。

圆头牙刷故事告诉我们，尖头牙刷伤及牙龈，把尖头牙刷改成圆头牙刷，牙刷就不会伤及牙龈，牙刷形状改变，牙刷功能就更完善。什么是创新？这就是创新。

名家生平与论述

约瑟夫·熊彼特生平

约瑟夫·熊彼特（Joseph Alois Schumpeter，1883—1950），是一位有深远影响的美籍奥地利政治经济学家，被誉为"创新理论"的鼻祖。1912年，其发表了《经济发展理论》一书，提出了"创新"及其在经济发展中的作用，轰动了当时的西方经济学界。《经济发展理论》创立了新的经济发展理论，即经济发展是创新的结果。其代表作有《经济发展理论》《资本主义、社会主义与民主》《经济分析史》等，其中《经济发展理论》是他的成名作。

约瑟夫·熊彼特论创新

所谓创新就是要"建立一种新的生产函数"，即"生产要素的重新组合"，就是要把一种从来没有的关于生产要素和生产条件的"新组合"引进到生产体系中去，以实现对生产要素或生产条件的"新组合"；作为资本主义"灵魂"的"企业家"的职能就是实现"创新"，引进"新组合"；所谓"经济发展"就是指整个资本主义社会不断地实现这种"新组合"，或者说资本主义的经济发展就是这种不断创新的结果；而这种"新组合"的目的是获得潜在的利润，即最大限度地获取超额利润。周期性的经济波动正是起因于创新过程的非连续性和非均衡性，不同的创新对经济发展产生不同的影响，由此形成时间各异的经济周期；资本主义只是经济变动的一种形式或方法，它不可能是静止的，也不可能永远存在下去。当经济进步使得创新活动本身降为"例行事物"时，企业家将随着创新职能减弱，投资机会减少而消亡，资本主义不能再存在下去，社会将自动地、和平地进入社会主义。

资料来源：约瑟夫·熊彼特.经济发展理论［M］.何畏，等译.北京：商务印书馆，1990.

（一）创新的概念

什么是创新？创新是指人们为了发展和满足社会需求，运用已知信息和现有知识与物质，发现或产生某种新颖、独特的有价值的新事物、新思想的活动，或改进和创造新的事物、方法、元素、路径、环境，并能获得一定有益效果的行为。创新简单地说就是利用已存在的自然资源或社会要素创造新的矛盾共同体的人类行为，或者可以认为是对旧有的一切所进行的替代、覆盖。

（二）创新的本质

创新的本质是突破，即突破旧的思维定式，旧的常规戒律。

（三）创新的核心

创新活动的核心就是创新思维，是指人类思维不断向有益于人类发展方向动态化地改变。

（四）创新的关键

创新的关键就是改变，向新的、有效的方面进行量和质的变化。

（五）创新的原则

1. 遵守科学技术原理原则

创新必须遵循科学技术原理，不得有违科学发展规律。因为任何违背科学技术原理的创新都是不能获得成功的。

2. 市场评价原则

其评价通常是从市场寿命观、市场定位观、市场特色观、市场容量观、市场价格观和市场风险观六个方面入手，考察创新对象的商品化和市场化的发展前景，而最基本的要点则是考察该创新的使用价值是否大于它的销售价格，也就是要看它的性能、价格是否优良。

3. 相对较优原则

创新产物不可能十全十美，在创新过程中，利用创造原理和方法获得许多创新设想，它们各有千秋。这时，就需要人们按相对较优的原则，从创新技术先进性、创新经济合理性、创新整体效果性等方面进行判断选择。

4. 机理简单原则

在创新的过程中，要始终贯彻机理简单原则。为使创新的设想或结果更符合机理简单的原则，可进行如下检查：新事物所依据的原理是否重叠，是否超出应有范围；新事物所拥有的结构是否复杂，是否超出应有程度；新事物所具备的功能是否冗余，是否超出应有数量。

5. 构思独特原则

在创新活动中，关于创新对象的结构是否独特，可以从创新构思的新颖性、开创性、特色性等几个方面来考察。

6. 不轻易否定、不简单比较原则

不轻易否定、不简单比较原则是指在分析评判各种产品创新方案时应注意避免轻易否定的倾向。

（六）创新的结果

创新的结果有两种。其一是物质的，如蒸汽机、电脑；其二是非物质的，如新思想、新理论、新经验等。

二、产品创新

经典案例

海尔大地瓜洗衣机

海尔曾通过在洗衣机的排水管处增加一个泥沙过滤网，从而使自己的洗衣机在农村市场上销量大增。这个功能的增加，并不是经营者凭空设想的，而是源于大量消费者的售后反馈。那时，海尔的客服部门总接到消费者投诉，海尔洗衣机的排水管总是被堵。服务人员上门维修时才发现，很多农村地区的人，居然用洗衣机来洗地瓜、土豆，都是泥土，当然容易堵了！后来，厂家就给洗衣机加了一个简单的泥沙过滤网，这个问题就轻松解决了。

海尔因为发现了顾客投诉的根本原因，进而把用户的投诉变成了实际需求，借此机会，海尔顺势推出了一款新产品——能洗大地瓜的洗衣机，该产品一经推出就异常畅销，因为这款产品意外地满足了餐饮市场的一个需求：很多饭店买来以后，不是用它来洗衣服，而是用它来洗地瓜，甚至洗原来非常难洗的龙虾！海尔的大地瓜洗衣机，意外地填补了一个市场空白。

海尔洗衣机品质很好，却被农村用户投诉。通过调查海尔发现，农村用户经常用洗衣机洗地瓜、土豆等。也就是说，用户对洗衣机有新的需求，根据这个新需求，海尔开发了大地瓜洗衣机。什么是产品创新？这就是产品创新。

名家生平与论述

傅家骥生平

傅家骥，教授、博士生导师，清华大学深圳研究生院创新与管理研究所所长。傅家骥教授关于设备更新的技术政策建议被国务院颁发的《设备管理条例》采纳。傅家骥是中国技术经济学科的三个学派的代表人物之一，是中国技术经济及管理学科早期的开拓者和持续推动者之一，创造性地提出了"基于中国国情的技术创新理论""中国特色的设备更新理论""中国特色的技术改造理论与方法"。

傅家骥论产品创新

产品创新是指在技术上有变化的产品的商业化。按照技术变化量的大小，产品创新可分成重大（全新）的产品创新和渐近（改进）的产品创新。产品用途及其应用原理有显著变化者可称为重大产品创新，如美国贝尔公司发明的电话和半导体晶体管、美国无线电公司生产的电视机等，一步步地将人类带进了信息社会，对人类的生产和生活产生了重大影响；又如杜邦公司和法本公司首创的人造橡胶、杜邦公司推出的尼龙和帝国化学公司生产出的聚乙烯这三项创新奠定了三大合成材料的基础。这些都是利用新的科学发现或原理，通过研究开发设计出全新产品的典型例子，这类产品创新就是重大产品创新或称根本性创新。重大的产品创新往往与技术上的重大突破相联系。

资料来源：傅家骥. 技术创新学［M］. 北京：清华大学出版社，1998:117.

（一）产品创新的概念

产品创新是指为了给产品用户提供新的或更好的服务，满足市场需求或开辟新的市场而开展的创造某种新产品或对某一新或老产品的功能进行创新的过程。它包括技术、外观、品质和结构等设计属性相对于企业现有产品的改变。产品创新是企业技术创新中最重要、最基本的内容，是企业技术创新的核心。产品创新从根本上说是技术推进和需求共同作用的结果。

（二）产品创新的分类

1. 根据创新对原消费模式的影响分类

（1）连续创新。此种模式下的创新产品同原有产品相比，只有细微差异，对消费模式的影响也十分有限。消费者购买新产品后，可以按原来的方式使用并满足同样的需求。

（2）非连续创新。这是指引进和使用新技术、新原理的创新。它是创新的另一个极端，要求消费者必须重新学习和认识创新产品，彻底改进原有的消费模式。比如，汽车、电子计算机、电视机等都是20世纪典型的非连续创新。

（3）动态连续创新。这是指介于连续创新和非连续创新之间的创新，它要求对原有的消费模式加以改变，但不是彻底打破。比如，洗衣机、微波炉、VCD等产品的产生就属于动态连续创新。

2. 根据创新产品进入市场时间的先后分类

（1）率先创新。率先创新是指依靠自身的努力和探索，产生核心概念或核心技术的突破，并在此基础上完成创新的后续环节，率先实现技术的商品化和市场开拓，向市场推出全新产品。

（2）模仿创新。模仿创新是指企业通过学习、模仿率先创新者的创新思路和创新行为，吸取率先创新者的成功经验和失败教训，引进和购买率先创新者的核心技术和核心秘密，并在此基础上改进完善，进一步开发。

3. 根据新产品类型或是级别的不同分类

（1）全新产品。这类新产品是其同类产品的第一款，并创造了全新的市场，此类产品占新产品的 10%。

（2）新产品线。这些产品对市场来说并不新鲜，但对于有些厂家来说是新的，约有 20% 的新产品归于此类。

（3）已有产品品种的补充。这些新产品属于工厂已有的产品系列的一部分。对市场来说，他们也许是新产品。此类产品是新产品类型中较多的一类，约占所推出的新产品的 26%。

（4）老产品的改进型。这些不怎么新的产品从本质上说是工厂老产品品种的替代。他们比老产品在性能上有所改进，提供更多的内在价值，该类新改进的产品占推出的新产品的 26%。

（5）重新定位的产品。适于老产品在新领域的应用，包括重新定位于一个新市场，或应用于一个不同的领域，此类产品占新产品的 7%。

（6）降低成本的产品。将这些产品称作新产品有点勉强。他们被设计出来替代老产品，在性能和效用上没有改变，只是成本降低了，此类产品占新产品的 11%。

（三）产品创新的动力机制

产品创新源于市场需求，源于市场对企业的产品技术需求，也就是技术创新活动以市场需求为出发点，明确产品技术的研究方向，通过技术创新活动，创造出适合这一需求的适销产品，使市场需求得以满足。在现实的企业中，产品创新总是在技术、需求两维之中，根据本行业、本企业的特点，使市场需求和本企业的技术能力相匹配，寻求风险收益的最佳结合点。产品创新的动力从根本上说是技术推进和需求拉引共同作用的结果。

三、技术创新

经典案例

基于技术创新的我国高铁跨越式发展

2010 年 12 月 7 日至 9 日，展示和交流世界高速铁路发展水平与成就的第七届世界高速铁路大会在北京召开，本届大会是第一次在发展中国家召开，也是首次在欧洲以外国家召开，正是由于中国高铁短短几年内从追赶到领跑的飞速发展，才赢得了世界的瞩目。中国高铁技术的引进、吸收、创新是企业技术创新中的杰出代表。

（1）铁路客站设计施工技术实现了重大创新。所有新客站站房设计宽敞通透、客流流线简洁顺畅，全部采用导向设施、咨询系统、垂直电梯、自动扶梯和自动代步梯等先进技术装备，实现无障碍行走；全部采用大跨度钢架结构、悬垂结构无柱雨棚、冷热电三联供等先进技术和建造工艺，更加环保和节能；所有新建大型客站为旅客创造"零换乘"的环境。

（2）高速铁路施工技术创新。比如：京津城际铁路等多条客运专线攻克多项技术难关，在工务工程、牵引供电等方面实施重点技术攻关。京津城际在科技难题和关键技术上取得了重大创新成果，在基础设施、移动设备、运营组织、政策体制等方面有力地保障了技术创新。随后的郑西客运专线、京沪高铁系统等也是中国高铁技术创新的代表。

（3）建成高铁技术标准体系。武广高铁的建成通车标志着中国高速铁路技术已建立一整套比较成熟的技术标准。武广高铁在设计施工过程中，拥有完全自主知识产权、能够实现时速350公里平稳运行的国产CRH3型"和谐号"动车组列车，实现了大断面宽车体、高速轮轨、高速受流、高速制动、人机界面等关键技术创新。

（4）提高铁路信息化水平。2008年8月，京津城际铁路列车运行控制系统采用了自主集成的CTCS-3系统。它是基于GSM-R无线通信实现车－地信息双向传输、无线闭塞中心（RBC）生成行车许可的列控系统，符合中国国情路情的、具有自主知识产权的、达到世界一流水平的先进列控运行控制系统，能够满足最高运营速度380km/h，列车正向运行最小追踪间隔时间3分钟的要求，能够与200～250km/h新建铁路和既有提速线路互联互通，标志我国铁路列车运行安全控制技术达到世界先进水平。

中国高速铁路近年来取得了令世人瞩目的发展成就，技术创新能力显著提升。中国高铁技术创新的成功实践充分说明，基于中国巨大而迫切的市场需求，依托重大工程项目，依靠制度优势，行业统筹，实现快速的技术追赶是可行而且必要的，前期技术积累功不可没。"以我为主，博采众长，瞄准一流，后发优势"的技术创新思路对提升技术能力、建立技术标准、打造中国品牌至关重要。

资料来源：胡海东.中国高铁技术创新浅谈［J］.北京电力高等专科学校学报，2011（3）.

高铁技术创新故事是说，我国开始引进高铁技术，随后消化、吸收，取得了铁轨技术、机车牵引技术、转向架技术、电机控制技术等九大技术突破。现在，高铁芯亦成功研制和使用。那么，什么是技术创新？

名家生平与论述

爱德温·曼斯菲尔德生平

爱德温·曼斯菲尔德（Edwin Mansfield）是宾夕法尼亚大学经济学教授和经济技术中心主任。他毕业于达特茅斯（Dartmouth）学院，获得杜克大学硕士、博士学位，并有皇家统计协会证书，在进入宾夕法尼亚大学以前，他曾在卡内基－梅隆、耶鲁、哈佛和加州工学院任教。他担任了许多工业企业和政府部门的顾问，是美国统计局顾问委员会及美国科学发展协会（AAAS）科学工程、公共政策协会会员，任伦塞勒（Rensselaer）综合工艺学院访问委员会主席。他曾被选为美国科学与艺术学会、经济计量协会、行为科学高级研究中心的会员，同时是富布赖特（Fulbright）和福特基金会、美国生产与质量中心领导小组成员。他曾是科学与技术经济类美苏工作组的美方主席，是在1979年中美建交后第一个被邀请到中国访问的美国经济学家。

爱德温·曼斯菲尔德论技术创新

爱德温·曼斯菲尔德认为"一项发明，当它被首次应用时，可以称之为技术创新"。按其观点，技术创新就是一种新的产品或工艺被首次引入市场或被社会使用。

资料来源：赵宏.我国纺织工业技术创新体系研究［D］.天津工业大学，2005.

我国高铁技术创新故事、曼斯菲尔德等学者关于技术创新的论述告诉读者技术创新是什么。概括起来，技术创新要点如下所示。

(一) 技术创新的概念

自经济学家熊彼得提出"创新"的概念以来,各位学者从不同的角度对"技术创新"的概念进行了继承和发展。

1. 基于创新活动角度

具有代表性的有伊诺思(J.L.Enos)和缪尔塞(R.Mueser)。缪尔塞指出技术创新是以其构思新颖性和成功实现为特征的有意义的非连续性事件。

2. 基于创新过程角度

具有代表性的有林思、曼斯菲尔德、美国国家科学基金会(NSF)。其中,曼斯菲尔德认为技术创新是从企业对新产品的构思开始,以新产品的销售和交货为终结的探索性活动。美国国家科学基金会1969年定义技术创新是一个复杂的活动过程,从新思想和新概念开始,通过不断解决各种问题,最终使一个有经济价值和社会价值的新项目得到实际的成功应用。

3. 基于技术应用时间角度

厄特巴克(J.M.Utter-back)的定义:与发明或技术样品相区别,创新就是技术的实际采用或首次应用。弗里曼(C.Freeman)的定义:技术创新就是指新产品、新过程、新系统和新服务的首次商业性转化。

4. 基于技术新颖程度角度

美国国家科学基金会的定义(20世纪70年代的定义):技术创新是将新的或改进的产品、过程或服务引入市场。该定义将模仿和无须引入新技术的改进划入技术创新范围。

总之,技术创新是指把科技新成果(包括概念、发现、发明和其他成果)转变成一种新的或改进的能够带来经济收益的新技术或新工艺,包括开发新技术或者将已有的技术进行应用创新,创造出更有竞争力的产品。技术创新是创新的结果,它创造经济效益。

(二) 技术创新的特征

1. 高风险性

技术创新活动涉及许多相关环节和众多影响因素,从而使得创新的结果呈现随机性,这意味着技术创新带有较大的风险性。

2. 创造性或先进性

这种创造性或先进性首先表现在所应用的技术是前所未有的新技术,或者是现有技术中的某些改进,从而使旧技术更加完善,应用效果有明显的提高。其次表现在技术创新过程中,技术创新过程是企业家对生产要素重新组合的过程。

3. 技术创新原理科学化

科学理论已成为技术创新的持续动力,据统计,现代技术创新成果有90%是源于科学理论基础上的原始性创新。

4. 并行化特征

技术创新的并行化不仅体现在企业在内部对技术创新元素做同步化安排(如设计开发、制度组织、制造工艺和营销服务等的并行化),并逐渐扩展到企业外部创新元素及影响因素的同步化安排（对技术发展预测、利用外部资源的比较优势进行人才培养、合作研发、生产、销售等）。

5. 技术创新主体合作

合作创新是指两个或两个以上的企业或机构凭借各自技术力量合作实施的创新。

6. 可持续性

持续的技术创新能力已成为企业成长的重要保证。缺乏持续创新能力和以此为基础的企业核心能力，即使凭侥幸成功完成一次或数次创新战略，最多也只能获得短暂的优势，而无法保持较长时期的竞争优势。

（三）技术创新的决定因素

根据技术创新理论的代表人物莫尔顿·卡曼和南赛·施瓦茨的研究，决定技术创新的主要有下面三个因素。

1. 竞争程度

竞争引起技术创新的必要性。竞争是一种优胜劣汰的机制，技术创新可以给企业带来降低成本、提高产品质量和经济效益的好处，帮助企业在竞争中占据优势。因此，每个企业只有不断进行技术创新，才能在竞争中击败对手，保存和发展自己，使自己获得更大的超额利润。

2. 企业规模

企业规模的大小从两方面影响技术创新的能力，因为技术创新需要一定的人力、物力和财力，并承担一定的风险，因而规模越大，这种能力越强。另外，企业规模的大小影响技术创新所开辟的市场前景的大小，一个企业规模越大，它在技术上的创新所开辟的市场也就越大。

3. 垄断力量

垄断力量影响技术创新的持久性。垄断程度越高，垄断企业对市场的控制力就越强，别的企业难以进入该行业，也就无法模仿垄断企业的技术创新，垄断厂商技术创新得到的超额利润就越能持久。"中等程度的竞争"即垄断竞争下的市场结构最有利于技术创新。在这种市场结构中，技术创新又可分为两类：一是垄断前景推动的技术创新，指企业由于预计能获得垄断利润而采取的技术创新；二是竞争前景推动的技术创新，指企业由于担心自己目前的产品可能在竞争对手模仿或创新的条件下丧失利润而采取的技术创新。

（四）技术创新与产品创新的关系

技术创新和产品创新既有密切关系，又有所区别。技术的创新可能带来但未必带来产品的创新，产品的创新可能需要但未必需要技术的创新。一般来说，运用同样的技术可以生产不同的产品，生产同样的产品可以采用不同的技术。产品创新侧重于商业和设计行为，具有成果的特征，因而具有更外在的表现；技术创新具有过程的特征，往往表现得更加内在。产品创新可能包含技术创新的成分，还可能包含商业创新和设计创新的成分；技术创新可能并不带来产品的改变，而仅仅带来成本的降低、效率的提高，例如改善生产工艺、优化作业过程从而减少资源消费、能源消耗、人工耗费或者提高作业速度。另外，新技术的诞生，往往可以带来全新的产品，技术研发往往对应于产品或者着眼于产品创新；而新的产品构想，往往需要新的技术才能实现。

四、市场创新

市场创新故事

惠森药业：传统中药材企业的市场创新

惠森药业于2003年创建于有"天下药仓"之称的甘肃省陇西县，是一家从事中药材系列产品生产、销售和信息服务等业务的大型集团公司。传统中药材产业的市场集中度低，产品和服务鲜有创新。惠森药业在创立之初面临激烈的行业竞争，自身发展步履维艰。作为后起之秀，惠森药业在行业内率先实施平台战略进行市场创新，推出了全新的平台交易方式以满足客户的深层次需求，不仅在国内开发了大量优质客户，而且将服务对象延伸至海外。惠森药业在2003~2012年的10年内成功地将区域市场份额从1%提升至35%，不但极大地改变了中药材市场结构，而且快速成长为甘肃省最大的中药材经营企业。

惠森药业在成立之初发展缓慢，2003~2006年其市场份额和销售收入几乎没有变化。为谋求生存和发展，公司先后从技术和市场两个方面寻求创新和突破，逐步完成了种植与加工、仓储等环节的整合，构建了中药材产业物理平台，统一了当地中药材产供销资源并探索出新的经营模式，开拓了海内外市场。在此基础上，惠森药业利用网络技术对产业链的各节点资源进行数字化升级，构建了集信息查询、走势分析和药材交易等多种功能于一体的虚拟平台，实现了线上、线下功能的结合。通过实施平台战略，惠森药业拓展了业务范围、开发了大量新客户、开辟了新的区域市场，由中药材生产商转变为交易平台提供商。而当地药农也由自担风险的药材种植散户转变为中药材种植外包服务方，当地中药材市场格局由线下向线上升级，市场集中度大幅提高。

从惠森药业的案例中可以看出，物理平台和虚拟平台都是企业进行市场创新的重要手段。不论是物理平台还是虚拟平台，都明显优化了原有的市场结构、拓展了客户范围、促进了市场创新。

资料来源：李加鹏，胡晓，刘首策，杨德林.传统中药材企业的市场创新——基于惠森药业平台建设的案例研究［J］.技术经济，2015（08）：9-15.

惠森药业故事告诉我们，惠森药业构建物理平台和虚拟平台扩大了中药材用户范围，把中药材产品从一个市场推向了另一个市场，这就是市场创新。那么什么是市场创新？

学者论述

市场创新

在市场经济条件下，市场是一切经济活动的中心。一方面，市场的发展就是经济的发展。市场经济的发展必然表现为各种不同形式的市场创新与市场发展，例如市场规模的不断扩大，市场层次的不断提高，市场结构的不断完善，市场交易内容及其方式的不断更新，市场条件和环境的不断改善，市场主体的不断发展等。另一方面，市场创新是促进市场经济不断增长和发展的根本途径，是维持企业生存、促进企业发展的活力源泉，也是不断提高人们生活水准、增进人类福利、推动社会进步的有效途径。因此，市场创新对于社会、政治、经济、科技和文化生活具有广泛而又深远的影响。

资料来源：黄恒学. 市场创新 [M]. 北京：清华大学出版社，1998.

（一）市场创新的概念

市场创新是指企业从微观的角度促进市场构成的变动和市场机制的创造以及伴随新产品的开发和对新市场的开拓、占领，从而满足新需求的行为。

市场创新包含两个方面的内容。

1. 开拓新市场

开拓新市场包括这样三层意思：第一是地域意义上的新市场，指企业产品以前不曾进入过的市场；第二是需求意义上的新市场，指现有的产品和服务都不能很好地满足潜在需求时，企业以新产品满足市场消费者已有的需求欲望，如向农户推销廉价的、功能较少的彩电，向工薪阶层推销低价位汽车等；第三是产品意义上的新市场，指将市场上原有的产品，通过创新变为在价格、质量、性能等方面处于不同档次的、具有不同特色的产品，可以满足或创造不同消费层次、不同消费群体的需求。

2. 创造市场"新组合"

市场创新又是市场各要素之间的新组合，它既包括产品创新和市场领域的创新，也包括营销手段的创新，还包括营销观念的创新。

（二）市场创新的方式

市场创新的方式很多，主要有产品方式、价格方式、广告方式。

1. 产品方式

市场创新的产品方式就是以一种新异的、独具一格的产品或服务来开拓新的市场，这是创业家市场创新的一个重要内容。在许多行业内部都有利用这种方式实现创业的创业家典范。

以产品方式进行市场创新，首先要以市场的"趋势"为依据，有目的地研制出能满足顾客"真正需要"的产品。其次还要辅之以市场创新的价格和广告等其他创新方式，使产品由生产者手中成功地"跳跃"到消费者手中。

2. 价格方式

市场创新的价格方式就是指创业家如何利用价格这个工具来应付竞争和开拓市场。价格创新方式可分为高价方式和低价方式两种。

（1）以高价格创新。高价格创新方式是许多创业家在实践过程中积累的宝贵经验，这种方式只适用于特定的场合，例如稀缺性商品、质优性商品、贵族性商品和初生性商品。

（2）以低价格创新。低价格创新方式就是以低于市场上同类商品的价格向特定的顾客群体提供商品。这种方式一般适用于生产批量大、销售潜力高、产品成本低而顾客又较熟悉的产品。

3. 广告方式

推出一种能满足顾客需要的新产品并不代表创业者可以从此坐享其成，因为顾客能否了解和接受这种新产品还是一个未知数,这个未知数直接关系到这种新产品乃至整个创业计划的成败。因此,需要广告将产品推向市场,让顾客了解产品性能。

(三)市场创新的过程

1.识别和分析消费者需求

根据不同的顾客需求特征将整体市场进行划分,进而选择最佳目标市场组合。同时,企业以自身核心竞争优势作为市场细分和选择目标顾客的重要参考依据,寻找消费者尚未得到满足的需求。

2.确立消费者价值主张

消费者价值主张是指能够为消费者创造价值并最终为企业带来显著价值的要素形态或要素形态的组合,它清晰地表达了企业将在哪里和如何创造或发掘客户价值的思路。这种价值主张主要通过低成本、产品领先和较好的客户关系实现。

3.传递消费者价值主张

消费者价值主张通过一定的产品和服务向市场传递。基于顾客对产品和服务的不同需求为顾客提供差异化的产品或服务,传递特定的价值主张。

4.开发新市场

以创新的产品及其服务方式为载体进行新市场开发活动,开辟新的市场空间,提出新的产品概念,挖掘消费者潜在需求,进而建立新的标准和市场秩序。

(四)市场创新的关键

连续创业者彼得·泰尔(Peter Thiel)在其著作《从无到有》(*Zero to One*)中,颇有些出人意料地提出了七种新型的管理工具。他认为,这是"每个市场创新企业都必须回答的七个问题"。

(1)工程问题:你具备突破性技术吗?
(2)时机问题:你要做的事业,时机正好吗?
(3)垄断问题:你有没有什么优势是其他人没有的?
(4)人才问题:你拥有合适的团队吗?
(5)分销问题:你有没有办法销售并推广你的产品?
(6)生存力问题:你的企业能不能活到10年后?
(7)关于未知事物的问题:你能看到别人看不到的商机吗?

五、组织创新

组织创新故事

海尔的组织创新

如今,海尔正在推行小微企业和创客生态圈。这一变革引起了世界著名管理学者加里·哈默(Gary Hamel)的注意。在这位以研究企业战略见长的教授看来,海尔以如此体量的公司进行这场大规模的变革,在全世界都很少见。这一做法是把客户至上转化为与客户共创,同时打破传统的组织边界,把员工转化成为创客……海尔走上的是一条没有既定路线图的发展之路。

2016 年 2 月 17 日，哈默教授第二次来到海尔，深入各个部门进行访谈。他这次来发现了三个重要变化：一是公司将重点放在每位员工要能够直接接触用户，及时做出反应；二是赋予小微组织自由度，可以直接从外部吸引风险投资；三是与用户和创客合作的平台正在吸引全球资源共同协作。这些变化的一个基本原则就是分权，也让海尔在过去几年中的市场占有率不断增加。

在调研中，哈默教授与海尔集团董事局主席、首席执行官张瑞敏形成的一个共识是，大多数的公司还是采用树型图管理，这个结构有系统性缺陷，即缺乏创新力，导致很多人对自己的工作没有激情。创新是有机会的，但不管怎样，总有一种力量拽着人们回到树型图上去。

海尔现在有几百个不同的小微企业，有很多在不断试验的全新的管理方法。但就像网络一样，需要的是加快改革的进程和速度。

首先，海尔将创新能力分散给很多人，与外部世界联系在一起。领导人张瑞敏不认为自己是海尔的首席战略官，而是首席设计师，这是未来领导人的合理定位——致力于搭建一个好平台。海尔也没有个人或者一群人认为自己掌握了所有的智慧，认为自己可以去设计全部的未来，这是一个好的现象。

其次，假如一家公司没有足够的战略选择也非常危险。海尔看到了不同的战略选择，创新快于世界任何一家其他的公司。但同时海尔也要建立一个好的流程，使流程能够让公司有很多不同的战略选择。

此外，张瑞敏提出，人不是一个工具，而是独立的个体。这一看法令人印象深刻，因为 150 年来的管理精神都是跟人性相悖的，150 年来的管理精神都是这样的。要建立一个适合未来的公司，就必须确保组织适合人性。

资料来源：Gary Hamel：海尔组织创新的启示 http://news.xinhuanet.com/tech/2016-03/22/c_128823272.htm。

海尔公司组织结构正由树图向创客网络组织转型，其目标是，构建创客网络组织，这就是组织创新。

🎬 学者论述

邱国栋论组织创新

企业组织创新是通过调整优化管理要素人、财、物、时间、信息等资源的配置结构，提高现有管理要素的效能来实现的。企业的组织创新，可以有新的产权制、新的用工制、新的管理机制，公司兼并和战略重组，对公司重要人员实行聘任制和选举制，企业人员的调整与分流等。组织创新的方向就是要建立现代企业制度，真正做到"产权清晰、权责明确、政企分开、管理科学"。企业的组织创新，要考虑企业的经营发展战略，要对未来的经营方向、经营目标、经营活动进行系统筹划；要建立以市场为中心的市场信息、宏观调整信号，及时做出反应的反馈应变系统；要不断优化各项生产要素组合，开发人力资源；在注重实物管理的同时，应加强价值形态管理，注重资产经营、资本金的积累等。

资料来源：邱国栋. 企业组织创新[M]. 大连：大连海事大学出版社，2000.

（一）组织创新的概念

组织创新是企业管理创新的关键，指为了实现管理目的，通过调整优化管理要素人、财、物、时间、信息等资源的配置结构，将企业资源进行重组与重置，采用新的管理方式和方法，新的组织结构和比例关系，使其能够适应外部环境及组织内部条件的变化，从而提高组织活动效益的过程。

组织创新的主要内容就是要全面系统地解决企业组织结构与运行以及企业间组织联系方面所存在的问题，使之适应企业发展的需要。具体内容包括企业组织的职能结构、管理体制、机构设置、横向协调、运行机制和跨企业组织联系六个方面的变革与创新。

（二）组织创新的趋势

1. 扁平化趋势

（1）减肥消肿：压缩管理层次，合并、撤销管理部门，大幅削减管理职位与人员。例如，通用电气的成功实践。

（2）蜂窝组织：以独立经营单位为基础，取消中间层次，高层决策与基层运作直接结合。

2. 顾客部门化趋势

根据目标顾客的不同利益需求设置组织部门。

3. 有机化趋势

通过采用矩阵结构、建立工作团队、业务流程再造等降低组织结构的刚性。

4. 网络化趋势

通过相关企业的联合，整合多个企业的局部优势，共同分享企业网络所产生的效益，成员企业独立经营、运用市场机制调节企业行为与相互关系，如战略联盟、虚拟公司、小企业网络、准联合、企业集团等。

（三）组织创新的原则

组织创新是组织所进行的一项有计划、有组织的系统变革过程。它应当遵循以下基本原则：

（1）必须按照组织管理部门制订的规划来进行；

（2）应当使组织能适应当前的环境要求和组织的规划；

（3）应当使组织既能适应当前的环境要求和组织内部条件，又能适应未来的外部环境要求以及未来的内部条件的变化；

（4）应当预见到知识、技术、人员的心理和态度的变化，以及工作程序、行为、工作设计和组织设计的改变，并根据这些变化采取相应的措施；

（5）调整必须建立在提高组织的效率和个人工作绩效的基础上，促使个人和组织的目标达到最佳配合。

（四）组织创新的影响因素

管理心理学对影响和推动组织创新的因素进行了大量的研究与分析。归纳起来，主要影响因素可分为内部原因和外部原因两大类。从企业组织自身的角度讲（组织内部因素），有三类影响因素对于激发组织创新起着重要的作用，即组织结构，资源、组织文化和人才资源等；从组织的外部环境因素讲，市场的变化和组织所处的政治经济及社会文化环境等都会影响组织创新的整个过程。

（五）我国企业组织创新的主流模式

目前，我国企业组织创新的主流模式为战略先导型组织创新模式，此模式之所以成为主流，既与其符合我国经济转型时期特点有关，又与其适应当前世界经济发展大趋势相联系。我们可以看到：即使在市场经济相对发达的国家，由于近年来高新技术的飞速发展和产业经济结构的调整，经济发展正逐步由资源依赖型向知识依赖型转变，致使企业带有根本性的战略先导组织创新也层出不穷。而战略先导型组织创新模式又有两个具体的主导模式，一是"业务流程重组"，二是"分权制"。

第二节 创业

一、创业概述

🎬 苹果公司故事

苹果公司的诞生

19岁那年，刚念大学一年级的乔布斯，辍学成为雅达利电视游戏机公司的一名职员。没过多久，他就辞掉工作去学了佛。吃尽苦头后，他重新返回雅达利公司做了一名工程师。

安定下来之后，乔布斯继续自己年少时的兴趣，常常与沃兹尼亚克一道，在自家的小车库里琢磨电脑。可是当时市面上卖的电脑都是商用的，且体积庞大、极其昂贵。于是，他们准备自己开发个人电脑。制造个人电脑必需的就是微处理器，可是当时的8080芯片零售价要270美元，并且还不出售给未注册公司的人。两个人不灰心，仍继续寻找，终于在1976年度旧金山威斯康星计算机产品展销会上买到了摩托罗拉公司出品的6502芯片，功能与英特尔公司的8080芯片相差无几，但价格却只要20美元。

两个人用6502芯片，仅仅花了几个星期，组装了一台电脑，精明的乔布斯立即估量出这种自制电脑的市场价值所在。为筹集批量生产的资金，他卖掉了自己的大众牌小汽车，同时劝说沃兹尼亚克也卖掉了他珍爱的惠普65型计算器。就这样，他们有了奠定伟业的1 300美元。

1976年愚人节那天，乔布斯、沃兹尼亚克及乔布斯的朋友罗·韦恩三人签署了一份合同，决定成立一家电脑公司。公司的名称由偏爱苹果的乔布斯一锤定音——称为苹果。后来流传开来的就是那个著名的商标——一只被人咬了一口的苹果。而他们的自制电脑则被顺理成章地追认为"苹果1号"电脑了。

乔布斯和沃兹尼亚克在自家车库里制造了世界第一台台式计算机。乔布斯深刻地洞察到这个产品的市场前景，他动员沃兹尼亚克一起创办苹果公司。这就是创业。创业内涵是什么？

📽 名家论述

杰弗里·蒂蒙斯论创业

杰弗里·蒂蒙斯在所著的《创业学》第 6 版中指出，创业是一种思考、推理和行动的方法，它不仅要受机会的制约，还要求创业者有完整缜密的实施方法和讲求高度平衡的领导艺术。创业不仅能为企业主，也能为所有的参与者和利益相关者创造、提高和实现价值，或使价值再生。商机的创造和识别是这个过程的核心，随后就是要抓住商机的意愿和行动。创业者要有甘愿冒险的精神，既有个人风险，也有财务风险，但所有的风险都必须是经过计算的，要不断平衡风险和潜在的回报，这样才能让你掌握更高的胜算。

资料来源：杰弗里·蒂蒙斯，小斯蒂芬·斯皮内利.创业学［M］.北京：人民邮电出版社，2005.

（一）创业的概念

创业是指发现某种信息、资源、机会或掌握某种技术，利用或借用相应的平台或载体，将其发现的信息、资源、机会或掌握的技术，以一定的方式，转化、创造成更多的财富、价值，并实现某种追求或目标的过程。创业是一种劳动方式，是一种需要创业者运营、组织、运用服务、技术、器物作业的思考、推理和判断的行为。在诸多影响因素中，创业能力是创业过程中最根本、最重要的因素，而人力资源是创业企业最宝贵的财富和最稀缺的资源，创新能力是最重要的创业资本。

创业是一种普遍的活动，学者们给的定义也很多。考察各种定义中能够出现的关键词，频率最高的如表 10-1 所示。

表 10-1　创业定义中的高频关键词

序号	对于创业定义的不同理解	出现频数	序号	对于创业定义的不同理解	出现频数
1	开始、创建、创造	41	10	价值创造	13
2	新事业、新企业	40	11	追求成长	12
3	创新、产品创新、新市场	39	12	活动过程	12
4	追逐机会	31	13	已有企业	12
5	风险承担（管理）、不确定性	25	14	首创活动、做事、超前认知与行动	12
6	追逐利润、个人获利	25	15	创造变革	9
7	资源或生产方式的新组合	22	16	所有权	9
8	管理	22	17	责任、权威之言	8
9	统帅资源	18	18	战略形成	6

注：表中只列示了超过 5 个以上频数定义的分析。
资料来源：张玉利，等.创业管理［M］.北京：机械工业出版社，2013:8.

（二）创业的特点

（1）创业是创造具有"更多价值"的新事物的过程。
（2）创业需要贡献必要的时间，付出极大的努力。
（3）承担必然存在风险，包括财务、精神、社会领域及家庭等。
（4）创业使创业者获得报酬、金钱、独立自主、个人满足等物质和精神两方面的报酬。

（三）创业的本质

创业是创造。创业活动的本质归纳为七种创造活动，即财富的创造、企业的创造、创新的创造、变革的创造、雇用的创造、价值的创造、增长的创造。创业是富有创业精神的创业者与机会相结合并创造价值的活动。

（四）创业类型

（1）按照自主知识产权来分：创造型创业、创新型创业和继承型创业。

（2）按照创业的主体来分：大学生创业、失业者创业和兼职者创业。

（3）按照创业风险来分：依附型创业、尾随型创业、独创型创业和对抗型创业。

（五）创业活动过程

创业过程包含的活动和行为较多，从阶段性上来看大体由机会发现、机会评价、机会开发以及创业结果组成。而机会识别与评估、资源获取和整合、组织创立与改造、价值创造与分享就称为创业的一个循环。

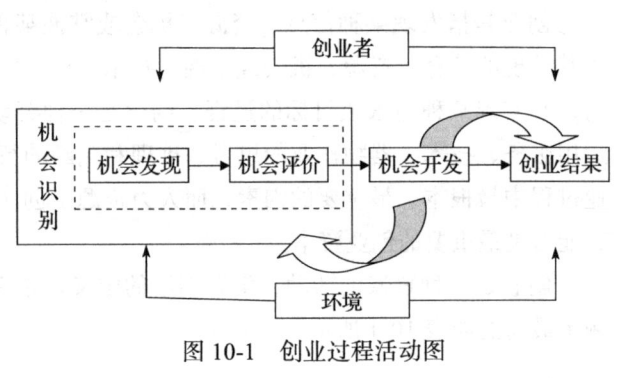

图 10-1　创业过程活动图

创业过程细分为以下七个步骤。

1. 产生创业动机

创业动机回答了你为什么要创业的问题。创业动机是指引起和维持个体从事创业活动，并使活动朝向某些目标的内部动力。它是鼓励和引导个体为实现创业成功而行动的内在力量。

大学生的创业动机来源于以下几种：仿效名人；成就梦想；无奈之举；体验创业感觉；同学相约。

2. 识别和评估市场机会

识别与评估市场机会是创业过程中具有关键意义的一个阶段。其中，创业机会识别过程中的第一步也是最重要的一步是发现创业机会。在大多情况下并不存在正式的识别市场机会的机制，但是我们通过某些注重分析来源的信息也容易识别和发现创业机会。这些来源包括消费者、营销人员、专业协会成员或技术人员等。无论市场机会的设想来源于何处，都需要经过认真细致的评估，对于市场机会的评估或许是整个创业过程的关键步骤。一般来说，市场机会评估有如下两个方面：第一，对市场的了解与把握；第二，对竞争者的了解与分析。

3. 准备和撰写创业计划

创业不是仅凭热情和梦想就能支撑起来的，因此在创业前期制订一份完整的、可执行的创业计划书应该是每位创业者必做的功课。创业计划书就是对企业未来的规划。通过调查和资料参考，深入地分析目标市场的各种影响因素，并能够得到基本客观的认识和评价。要规划出项目的短期及长期经营模式，以及创业的内容、创业资金规划、经营目标及所需条件、财务预估、营销策略、企业风险评估等。当然，以上分析必须建立在现实、有效的市场调查的基础上，不能凭空想象，主观判断。根据计划书的分析，再制定出创业目标并将目标分解成各阶段的分目标，同时定出详细的工作步骤。

4. 确定并获取创业资源

创业企业需要对创业资源区别对待，对于对创业来说十分关键的资源要严格地控制使用，使其发挥最大价值。而且对于创业企业来说，掌握尽可能多的资源有益无害。当然还有一个问题，那就是如何在适当的时机获得适当的所需资源。创业者应有效地组织交易，以最低的成本和最少的控制来获取所需的资源。

5. 创建新企业或新事业

新企业的创建和新事业的诞生是衡量创业者创业行为的直接标志，有人甚至直接将是否创建了新企业作为个人是不是创业者的衡量标准。创建新企业有不少事情要做，包括设计公司制度、注册企业、选择经营地址、确定进入市场的途径等。这些工作也是在开创新事业、公司内部创业时需要思考的。

6. 管理新创事业

从企业发展的生命周期来说，新创企业需要经过初创期、早期成长期、快速成长期和成熟期。在不同的阶段，企业的工作重心有所不同。因此创业者需要根据企业成长时期的不同来采用不同的管理方式和方法，以有效地控制企业成长，保持企业的健康发展。例如，在初创时期和早期成长期，创业者直接影响着创业企业的命运，在这一时期，集权的管理方式灵活而富有效率，而到快速成长期和成熟期，分权的管理方式才能使企业获得稳步的发展。

7. 实现机会价值和收获回报

回报可能是多种多样的，对回报的满意程度在很大程度上取决于创业者的创业动机。

二、创业机会

创业故事

中国改革开放以来的四次创业潮

1979～1989年草根创业：个体户爆发

城市个体户和农村专业户创业爆发期，特点是城乡个体户和农户开始自主经营，自负盈亏。个体经济对计划经济的冲击终于导致1982年的大整肃，温州发生"八大王事件"。个体户的出现，激活了一个封闭已久的经济体对物质的渴望，王石、柳传志、任正非、张瑞敏等中国第一代企业家亦在这时"倒腾"出第一桶金，并借助时代的机遇，成就各自非凡的事业。

1992～1997年下海潮：扔掉"铁饭碗"

全国上下刮起下海狂潮，全民经商。在1989年后，全国的经济放缓了发展的步伐，私营经济随即进入调整期，创业大潮暂时下落。20世纪90年代初，以1992年春邓小平视察南方并发表南方谈话和党的十四大为转折点，全国上下刮起下海经商的狂潮，国人渴望经商致富的激情得到空前的释放。在这次创业的人群中，不少是素质相对比较高的机关干部、教师、科研人员、国营企业骨干，他们在很多领域，比如在家电、皮具、鞋、食品、服装、小商品、电器、金属、五金、服务等领域创业。

1992 年登记注册的私营企业比 1991 年增加了 3 万家，1993 年登记注册的私营企业比 1992 年增加 9 万家，以后 1994～1997 年四年又分别比前一年增加 19.4 万家、14.09 万家、22.25 万家、16.5 万户家。

1997～2000 年浪潮之巅：互联网袭来

经济捷足先登互联网，主要特点是知识分子创业高峰。20 世纪 90 年代中后期以来，我们走进互联网时代，世界已进入了一个新时代，财富的概念已经发生了深刻的变化。财富不再以占有土地、矿产、工厂、劳力等有形资产的多少来衡量，而是以拥有信息、知识、智慧、比特等无形资源的多少来衡量了。

1998 年，马化腾成立了深圳市腾讯计算机系统有限公司，那时 ICQ 很火，QQ 默默无名。

1998 年，雅虎进军中国，成为 1998～1999 年连续两年网民网页首选。

1999 年，马云在经历两次创业失败后，确定要成立一家为中国中小企业服务的电子商务公司，域名就叫阿里巴巴。

同样在 1999 年，邢明把 1996 年从股市赚来的钱投资在三个网站项目上，其中一个叫"天涯社区"。

2014 年至今大众创业：新时代的个体崛起

时间推进到 2014 年，中国经济进入"新常态"，而一波新的创业浪潮也正在兴起。从这轮"草根创业潮"的发生起因来看，多名机构人士普遍认为，主要源于中国经济处在转型期。

这轮创业潮涵盖社会各个阶层，年龄分布较广，"85 后""90 后"创业者更多。以柴火创客空间为例，据潘昊介绍，"从成立以来陆续加入的会员数量超过 1 000 人，最小的会员只有 7 岁，也有部分 50～60 岁的爱好者，行业也是五花八门"。

2015 年的《政府工作报告》也首度将"大众创业、万众创新"作为推动经济转型升级的双引擎之一。

中国四次创业潮都有丰富的创业机会。第一次创业潮的创业机会来自于改革开放初期，计划经济体制改革探索和短缺经济；第二次创业潮的创业机会来自于邓小平南方谈话及党的十四大确立了社会主义市场经济改革目标；第三次创业潮是互联网浪潮，这次创业机会是互联网科技带来的创业机会；第四次创业潮是"双创"大潮，这次创业机会由国家创新创业战略提供的机会。创业机会是什么？有何特征？

（一）创业机会概念

创业机会是指在市场经济条件下，在社会经济活动过程中形成和产生的一种有利于企业经营成功的因素，它是一种带有偶然性并能被经营者认识和利用的契机。

创业机会研究的若干客观性假定[一]：

（1）创业机会是认识的主体在对创业的认识活动中，概括、抽象出来的从某一层面反映和解释（揭示）创业现象和规律的一个创业要素概念。

[一] 刘建平，宋朝霞，朱燕空．创业机会理论回顾与客观性假定［J］．技术经济与管理研究，2011（2）．

（2）创业机会是认识的主体关于创业行为和过程的认识活动发展到一定阶段的产物。

（3）创业机会与其他创业要素存在关联性，并有其内在的交互作用的过程和规律。

（4）创业者（认识的主体）个体之间存在认识上（也有人说是经验上）而非完全意义上的内在性差异，不存在一般的企业家个性特征；通过创业教育可以培养创业者的技能。

（5）创业机会认识（或认知）的信息并不完备，而且是非随机分布的。

（6）创业机会客观存在而非创造。

（二）创业机会的四大特征

有的创业者认为自己有很好的想法和点子，对创业充满信心。有想法，有点子固然重要，但是并不是每个大胆的想法和新异的点子都能转化为创业机会。许多创业者因为仅仅凭想法去创业而失败了。那么如何判断一个机会是否是好的商业机会呢？《21世纪创业》的作者杰夫里 A 第莫斯教授提出，好的商业机会有以下四个特征：

（1）它很能吸引顾客；

（2）它能在你的商业环境中行得通；

（3）它必须在机会之窗存在的期间被实施（机会之窗是指商业想法推广到市场上去所花的时间，若竞争者已经有了同样的思想，并把产品已推向市场，那么机会之窗也就关闭了）；

（4）你必须有资源（人、财、物、信息、时间）和技能才能创立业务。

（三）创业机会的五大来源

1. 问题

创业的根本目的是满足顾客需求，而顾客需求在没有满足前就是问题。寻找创业机会的一个重要途径是善于去发现和体会自己和他人在需求方面的问题或生活中的难处。比如，"90后"大学生村干部在工作中发现大部分广告公司并不了解基层工作的现状，设计的作品往往达不到村里的要求，于是创办了广告公司，专门从事相关的业务。这就是把问题转化为创业机会的成功案例。

2. 变化

创业的机会大都产生于不断变化的市场环境。环境变化了，市场需求、市场结构必然发生变化。著名管理大师彼得·德鲁克将创业者定义为那些能"寻找变化，并积极反应，把它当作机会充分利用起来的人"。这种变化主要来自于产业结构的变动、消费结构升级、城市化加速、人口思想观念的变化、政府政策的变化、人口结构的变化、居民收入水平提高、全球化趋势等诸多方面。比如，居民收入水平提高，私人轿车的拥有量将不断增加，这就会派生出汽车销售、修理、配件、清洁、装潢、二手车交易、陪驾等诸多创业机会。

3. 创造发明

创造发明提供了新产品、新服务，以更好地满足顾客需求，同时也带来了创业机会。比如，随着电脑的诞生，电脑维修、软件开发、电脑操作的培训、图文制作、信息服务、网上开店等创业机会随之而来，即使你不发明新的东西，你也能成为销售和推广新产品的人，从而给你带来商机。

4. 竞争

如果你能弥补竞争对手的缺陷和不足，这也将成为你的创业机会。看看你周围的公司，你能比他们更快、更可靠、更便宜地提供产品或服务吗？你能做得更好吗？若能，你也许就找到了机会。

5. 新知识、新技术的产生

例如，随着健康知识的普及和技术的进步，围绕"水"就有许多创业机会，上海就有不少创业者因加盟"都市清泉"而走上了创业之路。

（四）创业机会识别

在对创业机会进行识别时，通常需要对以下内容进行分析：
（1）创业机会的原始市场规模；
（2）创业机会存在的时间跨度；
（3）创业机会的市场规模随时间增长的速度；
（4）创业机会是否是好机会；
（5）创业机会对创业人才而言是否有可实现性。

三、创业动力

（一）行业经验和知识驱动创业

创业故事

传统酒搬到互联网上卖，购酒网打造独特"生态圈"

购酒网 CEO 赵小伟从仅招一名员工开始，一步步把购酒网的网站搭建起来。2015 年，整个集团公司预计有 25 亿元销售额。目前，公司估值 10 亿元人民币。

将传统酒搬到互联网上卖

2011 年之前，赵小伟一直从事酒类销售业务，主要做这个传统行业的线下销售。但是，他逐渐发现传统酒类销售业绩暗淡，模式存在不合理性，亟须改变。

"企业刚开始转型时，非常痛苦和艰难，因为各方面对互联网的理解都非常淡薄，"赵小伟说，"刚创业的时候，只是一种摸索阶段。2010 年 6 月，我们开始慢慢地创立独立渠道品牌，以独立渠道品牌销售为导向。"

"完全按照自己的路子在做。"虽然当时买酒网、酒仙网等网站已经在市场上拥有一席之地，但赵小伟认为，"行业是不定性的，没有一个正确的模板。"他并没有照搬其他同类行业的经营模式。

"先做了再思考，不要思考了再做。把传统的酒搬到互联网上来销售，当时就是这么一个简单的思路，"赵小伟说，"然而慢慢在做这个行业的过程中，我们创造了属于自己的很多特色。"

首创"小酒"概念和"高端收藏酒"板块

赵小伟从传统酒业出身，发现在酒类电商早期，在消费者对网上购酒存在顾虑的时候，小容量酒具有单价低、用户试错成本低、引流大、转化率高及利润大的特点。于是小酒成为购酒网与其他网站竞争的一大优势。

赵小伟的第二个首创是成立单独的"收藏酒水"板块，将酒分年份引入互联网进行销售，创造收益。

同时，购酒网进行的高端酒水拍卖，赢得了很好的用户忠诚度。赵小伟直言："别人做的我们永远不会做，我做的一定是没有人做的，不管大小。"

互联网优势是优化环节

作为垂直电商，赵小伟表示："我们是垂直类平台，我们会做和综合类平台相反的模式。互联网模式比传统模式有优势，因为互联网优化了商业模式、商业环节。"

对于酒销售的传统渠道门店而言，如果没有多方面资源的嫁接，运营是非常困难的。而互联网颠覆传统行业，它就是要打破信息"孤岛"。

2015年11月，购酒网宣布与四川1919合并。赵小伟认为："1919是一家传统门店中具有优势的企业。互联网其实是入口，门店可以作为出口，门店更多的作用是服务。"

从购酒网的实例可以看出，行业经验有助于创业者识别更具创新性的机会，过去的知识可以加强其社会网络以及其对行业市场空白的发现度，从而推动创业。

赵小伟把小酒搬到网上创立垂直电商平台，这是移动互联网时代的创业。这次创业的原动力是赵小伟的白酒行业销售经验和互联网知识。谁来驱动创业？看看专家如何说。

学者论述

论知识和经验在创业驱动力中的重要性

谈及创业，徐小平认为，经验是创业成功的基础。对于创业者而言，经验是必不无可少的，无论做什么，一定要对该行业、领域熟悉、了解，才有可能有所成就。要想创业成功，经验是第一位的，这比热情、梦想、信念都重要。同时，这种经验不是说说而已，而是要自己亲自去体验，去感受，这样才最有可能创业成功。

资料来源：根据http://www.cyzone.cn/a/20110920/216265.html 整理。

1. 技术知识驱动创业

知识经济的到来使得创业的源泉大大增加，人们获取信息的渠道更加快捷。在知识经济条件下，人们的文化层次普遍提高，只要有创业愿望，就可以根据市场需求，运用已有的知识进行构思并将其付诸实践。例如，中国IT产业的发展从PC到互联网，正是由像柳传志（创办联想）、倪光南（研制联想汉卡）、王永民（发明五笔字型）、王选（发明汉字激光照排技术）以及张朝阳（创办搜狐）、马云（创办电子商务）等一大批知识型创业者不懈努力和积极推动，开辟并不断扩大了我国IT产业市场，并带动了相关产业的发展。而黄明利用自己的知识和技术经过不懈的努力，开发太阳能利用技术和产品，不仅为中国开辟了广阔的太阳能利用市场，也为人类利用可再生能源做出了重大贡献。这其中不可忽视的一个重要因素，就是知识和技术创新。知识和技术创新为创业成功起到了重要作用。

2. 行业经验驱动创业

行业经验表示，创业者熟悉行业市场、了解行业市场缺口，可以洞察市场需求；创业者具有行业供应链知识，能深刻把握行业运营模式；综合对行业市场需求和行业运营知识，创办新企业。

（二）科技驱动创业

📽 科技驱动创业故事

VR（虚拟现实）和 AR（增强现实）：技术构建全新的感官世界

西安小伙刘军和他的团队早在 2012 年就转型开始做虚拟现实（VR）和增强现实（AR）产品研发。1981 年出生的刘军 2004 年毕业于西北大学，学习贸易的他毕业后前往上海做物流软件开发。2008 年放弃上海的高额工资，回到西安创业。陕西是能源大省，刘军以此为依托，做起了能源开发信息服务，他与一些大企业合作，做工业自动化，工业数据采集监测。

2015 年刘军团队研发的"魔法盒子"上市，每月销售达万套。在手机或平板电脑上安装 APP 后，手机镜头对着卡片，卡片中的平面图像在屏幕中就变成立体动画，随卡片做 360° 旋转，还能发声。寓教于乐，给孩子带来前所未有的学习体验。"魔法盒子"就是一款基于增强现实技术，在手机及平板电脑上使用的全新儿童启蒙教育产品。

刘军团队用虚拟现实、增强现实技术打造的虚拟试衣间。顾客可以输入自己的身高，三围等数据，试穿各种款式、各种颜色的衣服，并能 360° 看穿着效果。

2016 年刘军团队推出《中国首册增强现实情景式家庭教育绘本》，也是应用增强现实技术，安装读本 APP 后，比如手机镜头对着纸上的苹果，纸上的苹果就成了立体苹果，还能用中英语发音。

刘军正在筹备和一些旅游单位合作，用虚拟现实技术实现 3D 还原文物等，给游客不一样的感官感受。比如，西安兵马俑，游客戴上虚拟眼镜就可以看到复活的秦军方阵。另外，刘军还在开发虚拟试衣间等商业互动展示项目，为网购的消费者提供一种全新的商品虚拟体验，用户也可参与到产品的设计过程中定制个性化产品，并为生产方提供大数据服务。

刘军他们的虚拟摄影可以让你走进森林、星空拍照。刘军说，"不是每个人都适合创业，创业不是想象中那么简单，不是有想法了，两三个人搭帮就可以实现的，在单位时，有单位做靠山，可创业只能靠自己，啥事都得自己操心。创业不是做生意，创业应该是创新，不断创新才能走在行业的前头。"

刘军的创业动力来自于他对 VR 技术的深刻认知和市场洞察。他用掌握的 VR 技术研制了"魔法盒子"，创办企业把这个产品投放到教育市场。

📽 学者论述

论科技驱动创业

王琦在《科技创新促进创业就业模式的国际比较》一文中谈道：中国创业就业转型进入关键期，迫切需要依靠科技创新促进绿色创业就业，在充分就业的过程中不断提高就业质量。在"十三五"期间，宏观就业政策的关键目标不仅仅是保障就业数量，而是在充分就业的基础上实现高质量的就业。实现高质量的就业，实现创业带动就业，既需要破除制约人力资本配置效率和生产效率的体制机制，更需要发挥科技创新促进创业就业的作用，以先进的科学技术改造生产过程和创造绿色就业。

资料来源：王琦，等.科技创新促进创业就业模式的国际比较[J].山东社会科学，2015（3）.

1. 科技开拓传统市场

科技创新是原创性科学研究和技术创新的总称，是指创造和应用新知识、新技术及新工艺，采用新的生产方式和经营管理模式，开发新产品，提高产品质量，提供新服务的过程。科技创新可以被分成三种类型：知识创新、技术创新和现代科技引领的管理创新。传统产业部门采用新技术，可提升产品品质，促进产业升级，拓展产品市场深度和宽度。比如，把新能源技术、互联网技术、智能控制技术运用于汽车产品，就产生了新能源汽车，从而开辟了新能源汽车市场和产业，为创业者提供了新的创业机会。

2. 科技开辟无限丰富的新市场机会、新兴产业

智能技术、互联网技术的广泛应用，开辟了无人机产业；互联网与金融融合，形成了互联网金融。总之，"互联网+"产生了丰富的科技创业机会，随着"双创"政策深入实施，科技将是新一轮创业的主要驱动力。

（三）创新创业政策驱动中国创新创业

双创故事

"大众创业、万众创新"：北京海归创业故事

随着国家对微小企业的扶持优惠政策的制定和实施，越来越多的微小型企业应运而生。同时这些优良的条件也吸引着日益增多的海外归国人员。

张阳与张辉两人曾在2012～2014年在英国留学，在此期间，热衷户外运动的他们创办了英国伦敦市华人留学生徒步社团，并经常在伦敦市户外装备集散地为社团成员购买装备。在这个过程中他们发现国内户外装备市场种类单一，专业性不够，许多配件只得通过国外网站购买。这一市场的空缺，让他们决定回国创办一家户外资讯类网站，为喜爱户外运动的用户群提供专业性强的户外资讯，致力于将户外装备与硬件设施进行深度结合。

在国家政府重视海外归国人才培养，为留学生创业提供有利条件（如北京市海淀区高校附近有大量的由政府、高校及企业公司给予支持的创业"孵化器"）等政策下，2014年6月，回国不久的张阳和张辉与另外三名创业者共同投资开办了这家户外资讯网站。

公司最初考虑在北京市海淀区中关村选址，因为这里有北京市政府以及海淀区为留学生提供共计25万元的创业资金优惠条件。但是要争取到这一政府支持需要面对来自同行业的竞争。因而他们还是决定将公司地址转移到房租低和基础设施完备的地区。由于北京市实行公司注册"三证合一"的方式，并且在工商局大厅中特设一个窗口办理营业执照、组织机构代码证和税务登记证，他们仅用了一周的时间就将注册公司的全部手续办理完成。

资料来源："大众创业、万众创新"——北京海归创业故事[D/OL].国际在线.

北京市政府制定了比较完善的创新创业政策。张阳创业获得了来自北京市政府创业政策的支持，同样，深圳、上海等各个省市都相继出台了创新创业政策。这些政策就是创新创业政策。那么，什么是创新创业政策？

权威论述

李克强总理论创新创业

"大众创业、万众创新"这"双创"是推动发展的强大动力。人的创造力是发展的最大本钱，中国有9亿多劳动力，每年有700多万高校毕业生，越来越多的人投身到创业创新之中，催生了新供给、释放了新需求，成为稳增长的重要力量。"双创"还是扩大就业的有力支撑。经济增速放缓而就业不减反增，主要是因为新的市场主体快速增长。我们通过简政放权、商事制度改革等，现在每天仍有1万多家新企业注册成立，这种现象已经持续一年半以上了，目前仍然如此，这创造了大量的就业机会。"双创"是发展分享经济的重要推手。

资料来源：李克强，2015年天津夏季达沃斯论坛演讲。

创新创业政策是创新创业的支撑，有效的、完善的创新创业政策可以强力促进创新和创业发展。张阳创业故事在北京发生的原因就在于北京市政府有相较于全国其他各地来说更完善的创新创业政策。随着李克强总理讲话，近三年来，国务院和各地方政府相继出台了一系列激励创新创业的政策措施。国务院下发了《国务院关于大力推进大众创业万众创新若干政策措施的意见》，从9大领域、30个方面明确了96条政策措施。除此之外还有《国务院关于进一步做好新形势下就业创业工作的意见》(国发〔2015〕23号)；《国务院办公厅关于多措并举着力缓解企业融资成本高问题的指导意见》(国办发〔2014〕39号)；《财政部国家税务总局人力资源社会保障部关于继续实施支持和促进重点群体创业就业有关税收政策的通知》(财税〔2014〕39号)等。

各级地方政府为响应中央号召，鼓励创业，缓解就业压力，促进当地经济发展，也出台了相应政策，鼓励和扶持创新创业。

总体来说，创业政策法规包括：创业公共政策、创业企业政策、创业平台政策等。其具有目标性、层次性、时效性、战略性等特征。

（四）创业制度驱动创新创业

创业制度驱动双创

国务院推动"双创"举措：五证合一

国务院办公厅发布《关于加快推进"五证合一、一照一码"登记制度改革的通知》(以下简称通知)，明确从2016年10月1日起正式实施"五证合一、一照一码"，在更大范围、更深层次实现信息共享和业务协同，巩固和扩大"三证合一"登记制度改革成果。

通知指出，在全面实施工商营业执照、组织机构代码证、税务登记证"三证合一"登记制度改革的基础上，再整合社会保险登记证和统计登记证，实现"五证合一、一照一码"，这是继续深化商事制度改革、优化营商环境、推动大众创业、万众创新的重要举措。

通知要求完善一站式服务工作机制。以"三证合一"工作机制及技术方案为基础，按照"五证合一、一照一码"登记制度改革的要求加以完善。全面实行"一套材料、一表登记、一窗受理"的工作模式，申请人办理企业注册登记时只须填写"一张表格"，向"一个窗口"提交"一套材料"。登记部门直接核发加载统一社会信用代码的营业执照，相关信息在全国企业信用信息公示系统中公示，并归集至全国信用信息共享平台。企业不再另行办理社会保险登记证和统计登记证。积极推进"五证合一"申请、受理、审查、核准、发照、公示等全程电子化登记管理，加快实现"五证合一"网上办理。

通知要求做好登记模式转换衔接工作。已按照"三证合一"登记模式领取加载统一社会信用代码营业执照的企业，不需要重新申请办理"五证合一"登记，由登记机关将相关登记信息发送至社会保险经办机构、统计机构等单位。企业原证照有效期满、申请变更登记或者申请换发营业执照的，登记机关换发加载统一社会信用代码的营业执照。

通知强调，推动"五证合一、一照一码"营业执照广泛应用。改革后，原要求企业使用社会保险登记证和统计登记证办理相关业务的，一律改为使用营业执照办理，各级政府部门、企事业单位及中介机构等均要予以认可，不得要求企业提供其他身份证明材料，各行业主管部门要加强指导和督促，积极推进电子营业执照的应用。

"五证合一"能为"大众创业、万众创新"带来什么？

实现"五证合一"降低创业准入的制度性成本。中国人民大学商法研究所所长刘俊海说："这一举措不仅有助于完善企业主体基础数据，提高我国统计数据的精准度和公信力，一照一码，还将有助于降低交易风险，避免监管真空，最主要的是'五证合一''证照分离'改革会进一步减少企业创立时各种制度性成本，有助于鼓励投资兴业。"所以说，商事制度改革的进一步推进，营造有利创业创新的市场环境，有助于更好地激发市场的创业创新活力，推动增加就业和经济发展。

"五证合一"商事制度改革激发了市场活力，各地成倍地新增创业公司，比如成都高新区 2015 年就增加了市场主体 14 000 多家。

十八大以来，全面深化体制改革，极大地降低了创业准入门槛，减少了创业成本，创新创业的制度激励效应显著。制度经济学家的研究表明，制度起到明晰产权，界定收益，保障创业者的功效。创业制度面临创业制度风险，同时创业制度又影响着创业精神的培育和创业者的行为。

1. 创业制度的风险

（1）创业的行政准入门槛高。许多国家实行小微企业是非登记的备案制，而我国实行登记注册制。许多国家对游商是发牌照的，允许他们在特定时间、特定地点经营，而我们国家对游商是不允许的，城管和工商对这种"非法经营"控制很严。在备案准入制度下，创业者可以先干起来再去备案，而在登记制度下必须先登记才能开业。这些障碍使得中国创业的市场准入比许多发达国家，甚至一些发展中国家都困难。另外，比尔·盖茨、乔布斯等都是在车库里创业起家，只要不是违法项目，在自家住宅里创业是法律允许的；而我们对在住宅里办企业基本上是禁止的，虽然在部分地区有所放开，但限制还是很多，如需要邻居或者居委会同意等，这就有了两个前置门槛。这使得创业者在创业初就必须承担写字楼办公的高额押金和租金。

（2）政府的审批许可、执法和监管太滥太繁。虽然我国已经是市场经济，但政府的审批和许可并不少。小微企业办个事，要跑的环节越来越多，费时越来越长，一个企业每年可能有多达数十项的年检，甚至一台车就要在不同部门年检多次。发达国家并没有类似的年检制度，而我国则年检项目众多，一个企业可能要花几个月时间应付政府和行政事业部门的各种年检，还得付出很高的公关成本。此外，运动式执法也是企业的一大难处，某行业两三个企业违法，披露出来后，上面往往批示所有企业在一段时间里停产整顿，这其实是"少数企业生病，所有企业吃药"。

（3）对小微企业的高税费。部分政府部门和行政执法机构的资金来源不是来自单纯的财政拨款，而是"收支两条线，超收奖励，罚款分成"，这使它们千方百计地设立名目，到小微企业收钱罚款，虽清理多次，但往往"春风吹又生"。外资企业和大企业受保护较多，所以城管、工商、质检等部门往往主要针对民营企业和小微企业进行"扫荡"。另外，过去17%的增值税，5.5%甚至更高的营业税也是中小企业的重负，中小企业年终分红还要收个人所得税。从《福布斯》统计各国的税负看，我国税收痛苦指数在全世界排名第二，而福布斯的计算还没有包括政府行政和行政事业性机构的各项收费和罚款，如果将其计算在内，中国的企业税负将会远远高于法国，名列世界第一。所以许多小微企业，在沉重的税费罚款下艰难运营。

（4）融资渠道狭窄和成本奇高。中国银行业高度垄断，小微企业几乎从银行贷不到款。特别小的企业经营额不大，银行没有服务利润，导致一些银行都不愿给他们开户，不少小微企业无法使用对公账户交易，因而错过商机。小微企业只好走地下资金渠道，借高利贷解决创业和经营的资金需要，即使一些中小型企业能从银行贷到款，各种服务费加起来的利率是国有企业3倍左右。大多数只能去借民间高利贷，它的平常利率就高达40%，资金紧张的时候利率更高，温州甚至出现过100%的利率。

2. 制度要素对企业家精神的影响

公司企业家精神反映了企业在投资决策和面对不确定性时的战略行动、产品创新范围和幅度以及公司对技术领导追求的一种行为倾向，是在现有公司创造新事业或更新现有企业的过程。公司企业家精神包括产品创新、积极应对、勇于冒险等。制度环境，即组织所在的法律法规、规范和惯例。North 把影响组织活动的正式制度环境和非正式制度环境分为规制型、规范型和认知型三种。制度环境对公司企业家精神有很好的促进作用，但这种促进作用不尽相同。其中，创业制度认知更有利于对公司企业精神的培育，制度规范和制度规制对公司企业家精神的促进作用次之。创业制度对公司企业家精神的支持作用依赖于企业对外部环境的感知，尤其是对企业创新、创业及风险业务等复杂环境状况的感知。当环境不确定性程度高时，创业认知对公司企业家精神的影响更加明显。企业更倾向于发展公司企业家精神来获得竞争优势，从而强化创业制度与公司企业家精神之间的关系[一]。

[一] 王德才，赵曙明.创业制度与公司企业家精神关系——基于珠三角高科技企业的实证研究［J］.科技进步与对策，2013（19）.

第三节 案例

一、案例

史玉柱的创业传奇

从巨人汉卡到巨人大厦,从脑白金到黄金搭档,再到网游,这些都为史玉柱传奇的商业色彩画上了浓重的一笔。他曾是莘莘学子万分敬仰的创业天才,五年时间内跻身财富榜第八位;也曾是无数企业家引以为戒的失败典型,一夜之间负债 2.5 亿元。但是最难能可贵的是他在失败的重创下依然能够东山再起,再创辉煌。他的失败与成功都是我们创业者、创业家、企业家值得深究的。

1. 第一次创业:巨人倒塌,从富豪"老八"到"中国首负"

1989 年,从深圳大学读完研究生,史玉柱开启了自己的创业之旅。

史玉柱把创业项目选在自己所熟悉的软件开发上。他的四人开发团队耗费九个月时间开发了 M-6401 桌面文字处理系统,并用当时仅有的 4 000 元家当承包下了天津大学深圳电脑部,充分展示了他的创新能力和创新性思维。

史玉柱的第一次成功在于他的第一次赌注,利用《计算机世界》先打广告、后收钱的时间差,用全部的 4 000 元做一个 8 400 元的广告——"M-6401,历史性的突破"。四个月后,M-6401 为他赚回 100 万元。后来,史玉柱又潜心研究,研制出了 M-6402 文字处理软件系列产品。

"创业最基础、最核心的问题就是产品好不好,方不方便。"至今,史玉柱仍然对初次创业记忆犹新。他说:"创业初期,需要发扬一个精神:聚焦聚焦再聚焦。因为万事开头难,开头的时候,一定要把每一件事准备的充分,做得十分完美。"

1991 年 4 月,史玉柱带着汉卡软件和 100 多名员工来到珠海,注册成立珠海巨人新技术公司(巨人集团的前身)。当受到了来自香港金山电脑的强烈冲击时,史玉柱再次聚焦到研发上,研发出了对市场有极大吸引力的、技术性高的 M-6402,M-6403 系列产品。同时,为了进一步拓展市场,史玉柱又下了其第二次赌注,以凡只要订购 10 块巨人汉卡就提供参加全国电脑汉卡连锁销售会往返路费的优惠条件,最终得到了一个全国性电脑连锁销售网络。1991 年,巨人汉卡的销量一跃成为全国同类产品之首,公司获纯利 1 000 多万元。科技创新、产品创新、市场创新给巨人带来了丰厚的利润,此后,巨人集团取得快速发展,创造了年发展速度 500% 的奇迹,成为珠海高科技产业的样板企业。

第二年年初,巨人大厦动土。这座最初计划建 18 层的大厦,在众人热捧和领导鼓励中被不断加高,最后升为 70 层,号称当时中国第一高楼,投资也从 2 亿元增加到 12 亿元。史玉柱基本上以集资和卖楼花的方式筹款,集资超过 1 亿元。与此同时,史玉柱开始了多元化扩张之路,他将自己未来的产业集中在三个领域:软件、药品、保健品。1995 年,巨人打响了"三大战役",这一年,史玉柱推出了三个领域 30 个新品,砸了 1 亿元人民币投放广告,但同时,危机的种子也已悄悄发芽。

1996 年,巨人大厦资金告急,史玉柱决定将保健品方面的全部资金调往巨人大厦,保健品业务因资金"抽血"过量,再加上管理不善,迅速盛极而衰。当时巨人集团危机四伏,脑黄金的销售额达到过 5.6 亿元，但烂账有 3 亿多元。

1997 年年初，只完成了相当于三层楼高的首层大堂的巨人大厦停工，各方债主纷纷上门，巨人现金流彻底断裂。媒体"地毯式"报道巨人财务危机。不久只建至地面三层的巨人大厦停工。最后留下一栋烂尾的巨人大厦，外加 2.5 亿巨债，巨人集团名存实亡。

告别了鲜花和掌声，史玉柱开始了认真的反思。他总结道，企业尽量不要多元化，要抓住一两个行业做深、做透，做成专家："对证券市场来说，鸡蛋不能放在一个篮子里；但是对创业、做企业来说，鸡蛋必须放在一个篮子里，搞实业必须专业化。"史玉柱认为，在竞争日益激烈的今天，只有产品比别人更好，商业模式比别人更巧妙，走专业化道路，才能在自己最懂的领域，做深、做透，超越对手。另外，他认为："真正的原因就是我们已经不能正确地认识自己。取得一定成绩的时候不能正确地认识自己，不能正确地评估自己和自己团队的能力，狂妄自大。"

在低谷期，史玉柱也没有气馁，他将此作为最好的成长机会。此后，史玉柱经常召开内部会议，开展批评与自我批评，认真检视得失成败，总结完善提高，为东山再起做铺垫。

2. 第二次创业：卖保健品，一年还清所有债务

为了尽快还债，他决定做市场大、刚起步的保健品。1998 年，史玉柱找朋友借了 50 万元，开始运作脑白金。

最终，他把江阴作为东山再起的根据地，并在创业初期亲力亲为。江阴是江苏省的一个县级市，地处苏南，购买力强，离上海、南京都很近。在江阴启动，投入的广告成本不会超过 10 万元，而 10 万元在上海不够做一个版的广告费用。启动江阴市场之前，史玉柱首先做了一次"江阴调查"，并因势利导，推出了家喻户晓的广告"今年过节不收礼，收礼只收脑白金"。依靠成功的广告营销，在短短几年时间里，企业就取得了很可观的收入，到 2000 年，公司创造了 13 亿元的销售奇迹，成为保健品状元，并在全国拥有了 200 多个销售点，规模超过了鼎盛时期的巨人集团。这一年，他还清了全部债务，又重新站了起来。

3. 第三次创业：开发网游，消遣方式成了赚钱秘术

2002 年年末，史玉柱开始玩陈天桥的盛大公司开发的《传奇》，很快上了瘾。在喜爱游戏的同时，他凭借一个商人的嗅觉和敏锐意识到："这里（网游）流淌着牛奶和蜂蜜！"在进入网游行之前，史玉柱通过调查发现，至少在八年或者更长的时间里，网络游戏的增长速度会保持在 30% 以上。而在史玉柱看来，国人对娱乐的需要日益增长，中国游戏玩家的比例虽然相对较低，但增长潜力巨大。因此，史玉柱断言：现在的网游市场肯定是一个朝阳产业。

2004 年 11 月，史玉柱的上海征途网络科技有限公司（以下简称"征途网络"）成立，决意从盛大、网易、九城以及日韩等游戏公司手里抢市场。

史玉柱复制了脑白金"江阴调查"的方法，先后和 600 名玩家进行过深入交流。此后，史玉柱推出 2D 写实版网游《征途》，以免费打游戏为诱饵，并满足人人皆可在虚拟空间富裕的心理，实现了远超盛大奇迹的巨人奇迹，包括同系列的《征途》怀旧版和《征途2》，成为巨人网络延续至今的提款机。另外，史玉柱把他农村包围城市的脑白金式营销复制过来，上来二话不说就在几乎所有中小城市和 1 800 个县建起了办事处，并很快建立了绝对市场优势。

2007年11月1日，史玉柱旗下的巨人网络集团有限公司成功登陆美国纽交所，总市值达到42亿美元，融资额为10.45亿美元，成为在美国发行规模最大的中国民营企业，史玉柱的身家突破500亿元。

二、思考与讨论

（1）创业者在创业初期应该思考及具备的因素有哪些？

（2）从史玉柱"成功—失败—成功"的创业经历中，你认为创业者成功应具备的素质和能力有哪些？

（3）史玉柱三次创业成功和失败的原因是什么？

（4）创业与创新的关系是什么？

（5）怎么实现科技发展趋势与创业的衔接？

○本章要点

1. 创新是指人们为了发展和满足社会需求，运用已知信息和现有知识与物质，发现或产生某种新颖、独特的有价值的新事物、新思想的活动，或改进和创造新的事物、方法、元素、路径、环境，并能获得一定有益效果的行为。创新的本质是突破，核心就是创新思维，关键就是改变。创新要遵循创新的基本原则。

2. 产品创新是指为了给产品用户提供新的或更好的服务，满足市场需求或开辟新的市场而开展的创造某种新产品或对某一新或老产品的功能进行创新的过程。根据创新对原消费模式的影响、创新产品进入市场时间的先后、新产品类型或是级别的不同，产品创新可以分成不同的类型。

3. 技术创新是指把科技新成果（包括概念、发现、发明和其他成果）转变成一种新的或改进的能够带来经济收益的新技术或新工艺，包括开发新技术，或者将已有的技术进行应用创新，创造出更有竞争力的产品。技术创新具有高风险性、创造性或先进性、原理科学化、并行化、主体合作化、可持续性等特点。决定技术创新的因素包括竞争程度、企业规模、垄断力量。

4. 市场创新是指企业从微观的角度促进市场构成的变动和市场机制的创造以及伴随新产品的开发对新市场的开拓、占领，从而满足新需求的行为。市场创新包含两个方面的内容：开拓新市场、创造市场"新组合"。市场创新的方式很多，主要有产品方式、价格方式、广告方式。

5. 组织创新的主要内容就是要全面系统地解决企业组织结构与运行以及企业间组织联系方面所存在的问题，使之适应企业发展的需要。它具有扁平化、顾客部门化、有机化、网络化等趋势。我国企业组织创新的主流模式一是"业务流程重组"，二是"分权制"。

6. 创业是指某个人发现某种信息、资源、机会或掌握某种技术，利用或借用相应的平台或载体，将其发现的信息、资源、机会或掌握的技术，以一定的方式，转化、创造成更多的财富、价值，并实现某种追求或目标的过程。创业活动的本质是创造。创业能力是创业过程中最根本、最重要的因素；人力资源是创业企业最宝贵的财富和最稀缺的资源；创新能力是最重要的创业资本。

7. 创业机会是指在市场经济条件下，在社会经济活动过程中形成和产生的一种有利于企业经营成功的因素，它是一种带有偶然性并能被经营者认识和利用的契机。创业机会来源于问题、变化、创造发明、竞争、新技术和新知识的产生。行业经验和知识驱动创业，科技驱动创业，国家政府也在不断创新创业政策，以推动全国创业就业的发展以及整个国民经济发展。

8. 创业政策法规包括：创业公共政策、创业企业政策、创业平台政策等。其具有目标性、层次性、时效性、战略性等特征。

9. 创业制度具有创业的行政准入门槛高；政府的审批许可、执法和监管太滥太繁；对小微企业的高税费；融资渠道狭窄和成本奇高等风险。

○关键术语

产品创新　　技术创新　　市场创新　　组织创新
创业机会　　创业制度

○思考题

1. 什么是创新？你认为企业创新包括哪些方面？其基本原则是什么？
2. 产品创新的动力是什么？
3. 技术创新的特征及其决定因素是什么？
4. 技术创新与产品创新的关系是什么？
5. 组织创新的影响因素是什么？
6. 创业过程包括哪些活动？结合你所了解的创业故事加以说明。
7. 你觉得识别创业机会是一个过程吗？为什么？
8. 好的创业机会应具备哪些特征？请结合实际说明。

○延伸阅读

1. 约瑟夫·熊彼特.经济发展理论［M］.何畏，等译.北京：商务印书馆，1990.
2. 傅家骥.技术创新学［M］.北京：清华大学出版社，1998.
3. 胡海东.中国高铁技术创新浅谈［J/OL］.北京电力高等专科学校学报，2011（3）.
4. 赵宏.我国纺织工业技术创新体系研究［D］.天津工业大学，2005.
5. 李加鹏，胡晓，刘首策，杨德林.传统中药材企业的市场创新——基于惠森药业平台建设的案例研究［J］.技术经济，2015（08）:9-15.
6. 黄恒学.市场创新［M］.北京：清华大学出版社，1998.
7. 邱国栋.企业组织创新［M］.大连：大连海事大学出版社，2000.

8. 杰弗里·蒂蒙斯，小斯蒂芬·斯皮内利.创业学［M］.周伟民，李长春，译.北京：人民邮电出版社，2005.
9. 张玉利，等.创业管理［M］.北京：机械工业出版社，2013:8.
10. 王朝云.创业机会的内涵和外延辨析［J］.外国经济与管理，2010（6）.
11. 刘建平，宋朝霞，朱燕空.创业机会理论回顾与客观性假定［J］.技术经济与管理研究，2011（2）.
12. 王琦，等.科技创新促进创业就业模式的国际比较［J］.山东社会科学，2015（3）.
13. 方朝晖.Path dependence 还是 Lock—in ——道格拉斯 C.诺斯论制度变迁的两条轨迹［J］.经济社会体制比较，1994（2）:17-20.
14. 王栋晗，等.创业导向与企业绩效：制度创业的观点［J］.经济体制改革，2016（5）: 93-99.
15. 王德才、赵曙明.创业制度与公司企业家精神关系——基于珠三角高科技企业的实证研究［J］.科技进步与对策，2013（19）.

第十一章

政府经济管理

学习要点

- 准确理解法治是政府经济管理的基本指导思想
- 准确理解政府与市场的关系
- 准确理解产业规制的含义、目标和工具
- 准确理解有效需求理论要点
- 准确理解有效供给要点

政府是市场经济活动的主要参与者，政府是市场经济活动规则的制定者和执行者。亚当·斯密称政府为市场的守夜人。亚当·斯密的这个观点，经历了 20 世纪 30 年代大萧条的洗礼，得到了各国经济学家的认可。政府在经济活动中可以发挥守夜人作用，但如何履行守夜人职能？英美和德法等国的实践却各有特色。英美突出了法治理念，德法等国突出了计划指导理念。中国改革开放以来，政府履行守夜人职能突出了行政特征。十八大以来，中国关于政府履行守夜人职能形成了新的共识。习近平总书记关于政府治理的论述给出当代中国政府对政府履行守夜人职能的新解。第一节就讨论这个主题。

自美国颁布《反托拉斯法》以来，产业政策就是政府管理经济活动的基本工具。随着经济全球化的加速发展和深化，各国相继建立了各自的产业政策体系。2016 年以来，我国著名经济学家林毅夫和张维迎就产业政策展开了激烈争论。为什么要制定产业政策？产业政策有哪些政策目标？产业政策有哪些政策工具？国家发展与改革委员会对高通公司施以专利垄断罚款故事给出了中国产业规制的新案例。约瑟夫·施蒂格利茨等学者关于产业规制的研究给出了产业规制原因的一种注解。学习者在第二节还会学到更多这类产业规制知识。

保持宏观经济稳定运行是政府守夜人职能的体现。自凯恩斯以来，宏观经济稳定运行目标与工具就包括财政政策和货币政策。学术界习惯性地称这为需求管理工具。与需求管理相对应的是供给管理工具，比如减税政策工具。针对我国经济结构性问题，习近平总书记提出了供给侧结构性改革政策，突出了有效供给政策。第三节讨论更多的宏观经济管理问题。

第四节编写了一个关于有效需求与有效供给的案例。读者可以先学习这个案例，也可以在学习第三节过程中学习这个案例。

第一节 政府经济管理思想

一、法治是政府经济管理的基本指导思想

法治精神是现代市场经济的基本精神。把政府权力关进法治的笼子里，界定政府权力范围，规范政府权力运行，扎紧政府权力不用、乱用和滥用的篱笆，确保政府权力在市场经济中发挥适度的作用。

长期以来，政府治理经济的基本指导思想就是行政权力治理。在行政权力治理思想的指导下，政府存在滥权行为、乱权行为，在一定程度上损害了各种经济主体的利益。

权威论述

习近平论依法治国

党的十八大提出，法治是治国理政的基本方式，要加快建设社会主义法治国家，全面推进依法治国；到2020年，依法治国基本方略全面落实，法治政府基本建成，司法公信力不断提高，人权得到切实尊重和保障。党的十八届三中全会进一步提出，建设法治中国，必须坚持依法治国、依法执政、依法行政共同推进，坚持法治国家、法治政府、法治社会一体建设。全面贯彻落实这些部署和要求，关系加快建设社会主义法治国家，关系落实全面深化改革顶层设计，关系中国特色社会主义事业长远发展。

——《关于〈中共中央关于全面推进依法治国若干重大问题的决定〉的说明》（2014年10月20日），《中国共产党第十八届中央委员会第四次全体会议文件汇编》，人民出版社，2014:68.

法治和人治问题是人类政治文明史上的一个基本问题，也是各国在实现现代化过程中必须面对和解决的一个重大问题。综观世界近现代史，凡是顺利实现现代化的国家，没有一个不是较好解决了法治和人治问题的。相反，一些国家虽然也一度实现快速发展，但并没有顺利迈进现代化的门槛，而是陷入这样或那样的"陷阱"，出现经济社会发展停滞甚至倒退的局面。后一种情况很大程度上与法治不彰有关。

——《在中共十八届四中全会第二次全体会议上的讲话》（2014年10月23日）

国无常强，无常弱。奉法者强则国强，奉法者弱则国弱。我们必须把依法治国摆在更加突出的位置，把党和国家工作纳入法治化轨道，坚持在法治轨道上统筹社会力量、平衡社会利益、调节社会关系、规范社会行为，依靠法治解决各种社会矛盾和问题，确保我国社会在深刻变革中既生机勃勃又井然有序。

——《在中共十八届四中全会第二次全体会议上的讲话》（2014年10月23日）

（一）依法治理经济的理念

依法治理经济的理念或指导思想就是在管理经济活动中正确处理党与法治的关系、法治

与人治的关系,明确界定政府在经济活动中的边界,正确使用法律赋予政府管理经济活动的权力,以法调节各利益主体关系,指导市场经济活动有序运行。

(二)依法治理经济的特征

依法治理经济的特征是,在经济活动中政府权力运行遵守程序公正、公开透明的原则,依法界定政府责任,明确政府责任清单,履行政府权力清单,实行负面清单管理。

二、市场在资源配置中起决定性作用

资源配置方式有计划和市场方式。以计划配置资源的经济方式称为计划经济。计划配置方式有指令性计划和指导性计划。在计划经济时代,指令性计划是资源配置的主要方式,指导性计划是资源配置的辅助方式。在改革开放阶段,在社会主义市场经济建设阶段,指导性计划仍是资源配置的主导方式。

(一)计划配置资源机制

计划配置资源机制资料

中国新股发行审核制度演进摘要

1993~1995年,中国新股发审制度实行"额度管理"。1993年4月25日,国务院颁布《股票发行与交易管理暂行条例》,标志着审批制正式确立。国务院证券监督管理机构根据经济发展和市场供求情况,制定当年股票发行总规模(额度或指标),经国务院批准后下达给计委,再根据国民经济发展中的地位和需要,分配到各省区市和有关部委。省级政府和国家有关部委推荐预选企业,证券监管机构预选企业申报材料进行审批。企业需经历两级行政审批,首先向所在地政府或主管部委提交额度申请,经批准后报证监会复审。证监会对企业进行实质审查,并对发行股票规模、价格、方式、时间等做出安排。这个阶段,共确定了105亿发行额度,上市了200多家企业,筹资400多亿元。证券市场建立初期,由于法规不够健全,市场参与者还不成熟,各行业、地区发展不均衡,拟上市企业质量参差不齐,需加以宏观调控和严格审查。额度管理仅规定额度总量,未限制上市家数,各地政府在额度内选择尽量多推荐企业,导致上市企业规模偏小,一些具有行业代表性、关系国计民生的大中型企业却难以发行股票。

资料来源:曹凤岐. 中国新股发行审核制度演进——新股发行改革系列博文(二)[OL]. http://blog.sina.com.cn/s/blog_5f0c53cd0101e3f5.html.

1. 计划配置资源机制的含义

计划配置资源机制是指政府制订计划将资源分配到国民经济各个部门从而发展经济的过程。

2. 计划配置资源机制的特征

计划配置资源机制具有的鲜明特征是:政府是资源配置的主体,发展生产力是政府计划的目标,自上而下传递信息。

（二）市场配置资源机制

市场是如何配置资源的？"虚假医疗广告为何屡禁不止"描述了虚假广告受利润吸引从而导致资源持续不断进入的故事。

📽 市场配置资源故事

虚假医疗广告为何屡禁不止

据国家工商行政管理总局广告监督司统计，2003年的药品广告比2002年增长了34.16%，年投放额达到127.48亿元，占广告总的11.81%。在虚假广告类别中，药品、医疗服务居前两位。2003年中消协处理的虚假广告投诉达12 645件，其中涉及药品、保健品和医疗辅助用品的广告投诉达1 856件。

由于医疗服务属于信任品，其效果难以检验，因此，虚假广告存在着很大的获利空间。同时，医疗虚假广告的风险成本较小，这些是导致虚假医疗广告屡禁不止的重要原因。根据《中华人民共和国广告法》的规定，利用广告对商品或服务做虚假宣传的，由广告管理机关责令广告主停止发布，并以等额广告费用在相应范围内公开更正、清除影响，并处广告费用1倍以上5倍以下罚款；情节严重的，依法停止其广告业务。由于广告影响有一定的滞后性，在相当长时间内都将产生影响，因此虚假广告产生的利润可能是罚款的几十倍甚至上百倍，区区5倍罚款根本不足以对违规造成震慑。与此同时，由于对违规广告的监测成本太高，有关部门只能进行抽查，大多数医疗广告只要内容不太离谱，被查处的可能性小。

资料来源：干春晖，主编. 产业经济学——教程与案例［M］. 北京：机械工业出版社，2006：170.

📽 权威论述

习近平论市场配置资源

1992年，党的十四大提出了我国经济体制改革的目标是建立社会主义市场经济体制，提出要使市场在国家宏观调控下对资源配置起基础性作用。

经过20多年实践，我国社会主义市场经济体制已经初步建立，但仍存在不少问题，主要是市场秩序不规范，以不正当手段谋取经济利益的现象广泛存在；生产要素市场发展滞后，要素闲置和大量有效需求得不到满足并存；市场规则不统一，部门保护主义和地方保护主义大量存在；市场竞争不充分，阻碍优胜劣汰和结构调整，等等。这些问题不解决好，完善的社会主义市场经济体制是难以形成的。

从党的十四大以来的20多年间，对政府和市场关系，我们一直在根据实践拓展和认识深化寻找新的科学定位。党的十五大提出"使市场在国家宏观调控下对资源配置起基础性作用"，党的十六大提出"在更大程度上发挥市场在资源配置中的基础性作用"，党的十七大提出"从制度上更好发挥市场在资源配置中的基础性作用"，党的十八大提出"更大程度更广范围发挥市场在资源配置中的基础性作用"。可以看出，我们对政府和市场关系的认识也在不断深化。

考虑各方面意见和现实发展要求，经过反复讨论和研究，中央认为对这个问题从理论上做出新的表述条件已经成熟，应该把市场在资源配置中的"基础性作用"修改为"决定性作用"。

理论和实践都证明，市场配置资源是最有效率的形式。市场决定资源配置是市场经济的一般规律，市场经济本质上就是市场决定资源配置的经济。

资料来源：节选自 2013-11-15 新华网，习近平：《关于中央全面深化改革决定》的说明。

1. 市场配置资源机制的含义

市场配置资源机制指市场主体依据价格信号和供求关系把资源分配到预期利润最高和风险最小的部门。

2. 市场配置资源机制的特征

企业是资源配置的主体，利润是资源配置的动力，市场价格是资源配置的基本机制，信息在企业之间传递，供求机制调节资源配置。

三、更大程度地发挥好政府的宏观调控作用

（一）市场失灵

（1）在自由市场经济条件下，价格机制失灵现象普遍存在。
（2）在经济危机时期，企业投资意愿低迷。
（3）企业不愿意供给公共物品。

（二）政府有界

（1）政府是公共物品的供应者。
（2）政府拥有熨平经济波动性的政策工具。
（3）政府承担发展经济的使命。

第二节　产业规制管理

规制（regulation）是指政府根据一定的法规对市场活动所做的限制或制约，如政府为控制企业的价格、销售和生产决策而采取的各种行动，这构成了政府对价格、市场准入等的规制。因此，规制属于政府对市场活动的各种具体干预。[一]本节主要介绍产业规制动因和方式。

一、产业规制动因

产业规制的动因是什么？对这个问题的解释产生了很多规制经济学理论，比如，公共利益理论和规制俘虏理论，规制需求理论，利益集团理论和可竞争市场理论。这些规制理论对于产业规制的动因提出了不同的解释。

名家论述

约瑟夫·斯蒂格利茨论规制

约瑟夫·斯蒂格利茨指出，规制的存在是因为社会对规制有需求和供给，在这种关于是否规制的经济中，各个利益集团要求政府做出符合它们各自利益的结果，被规制的垄断企业

[一] 干春晖，编著. 产业经济学——教程与案例 [M]. 北京：机械工业出版社，2006:194.

与消费者集团争夺政府的影响。

资料来源：Stigler G J.Theory of Economic Regulation［J］.Bell Journal of Economics and Management Science，1971（2）3-21.

佩尔兹曼（Sam Peltzman）认为，斯蒂格利茨将规制上升到一个一般政治运作过程的框架下决定最优政治联合体的大小问题，规制从而不再是免费品。佩尔兹曼认为，规制活动的本质是：第一，政府规制的实质是将垄断利润的最终归属的决定权授予政府规制当局。第二，在政府规制条件下，受规制者往往能够对规制结果做出较为准确的预测，致使一个理性的产业显然会花光所有垄断利润而保留政府认可的利润。第三，在政府规制条件下，较之不加以规制而言，真正发生明显变化的不是受规制产业的产量和价格，而是收入在各个利益集团之间分配。

在规制需求理论之前，长期居于正统地位的规制理论是公共利益理论。公共利益理论似乎为理解"魏则西之死"所提出的产业规制动因提供了一种公众接受的解释，这就是，公共利益或公众利益是产业规制的动因。

公共利益理论认为，市场存在失灵，规制的目的是增加公众福利，即弥补市场缺陷带来的效率损失，并得到更多为社会认可的收入分配状况。

结合其他规制理论，我们可以把产业规制的动因归纳为：

（1）公共利益增长和社会福利是产业规制的动因；
（2）政府规制实质是将垄断利润的最终归属的决定权授予政府当局；
（3）最有影响力利益集团的福利驱动；
（4）规制的产生是一个增值博弈。

二、产业规制目标与工具

（一）产业规制目标

产业规制目标故事

美国反垄断法历史演变

反垄断是产业规制的常态实践。19世纪80年代末，在石油、采煤、榨油、烟草、制糖等部门都出现了托拉斯组织。这些行业的垄断组织依靠其垄断地位获取高额垄断利润，同时打压中小企业发展，抑制了市场的公平竞争和自由竞争。为了保护公平竞争、自由竞争，提高经济发展效率，促进中小企业发展，美国联邦国会于1890年7月2日通过《保护贸易及商业以免非法限制及垄断法案》，简称《谢尔曼反托拉斯法》。该法主要为禁止限制性贸易做法及垄断贸易的行为。

旨在针对地方上的价格歧视，及更进一步打击贸易限制，1914年10月15日，联邦国会通过《克莱顿反托拉斯法》。《克莱顿反托拉斯法》为《谢尔曼反托拉斯法》的修订法案，该法主要为禁止某些在实践中会削弱竞争的做法。它包括四个实质性条款：

（1）禁止价格歧视；
（2）禁止附带条件销售或签订排他性合同；
（3）禁止为减少竞争的企业合并；

（4）禁止兼任公司董事制。同时规定完全或部分的豁免权。

1936年国会通过《鲁宾逊－帕特曼法》，该法旨在帮助小企业主抵制联号商店的竞争，被称为"反联号商店法"。1950年又通过塞凯·凯弗维尔对克莱顿法第7条修正案，规定一家公司拥有另一家公司全部或一部分资产，只要产生减弱竞争的影响，即应视为违法。

美国《反托拉斯法》不断完善，成为国际反垄断法的典型案例。简要回顾美国《反垄断法》演进过程。我们可清晰地勾画出美国产业规制基本目标是，保护公平竞争、自由竞争，有效配置社会资源，减少社会福利损失。

产业规制的目标为：
（1）社会资源的有效配置；
（2）保持企业财务状况稳定；
（3）确保企业内部效率；
（4）避免收入的再分配。

（二）产业规制类型与工具

产业规制类型与工具故事

高通专利诉讼案

美国通讯晶片大厂高通（QUALCOMM）因中国而生。从成立伊始，中国联通的CDMA建设成了高通CDMA成为全球三大主流标准之一的关键推动力，而这也是中国进入WTO的一次中美国家利益的交换。在CDMA的成功基础上，高通更进一步，大量收购和自研WCDMA专利、TD专利、LTE专利，并积累了强大的芯片设计能力。在芯片市场上，德州仪器、英伟达、Marvell、飞思卡尔等一大波手机芯片厂商都先后退出，或者即将退出这个市场。只有中国台湾的联发科能与之抗衡，Intel都只能勉力支持，展讯、海思等大陆厂商只有极小的市场份额，它在LTE市场上的份额更是超过94%，市场竞争的天平已经严重倾斜。高通作为最早的基带芯片供应商之一，在无线技术方面有超过20年的积累，拥有授权专利七八万件。

在3G时代，高通与中国政府达成有关专利协议，TD-SCDMA的手机可以不向高通缴纳专利费，此协议涉及2013年1.4亿台、2012年6 000万台乃至此前的部分手机。到了TD-LTE时代，中国移动董事长奚国华曾公开表示，2014年中国移动预计销售超过1亿部TD-LTE终端。即使以每部TD-LTE终端出厂价1 000元计算，高通按照5%标准收费，这部分就将新增50亿元专利费用支出。4G专利市场巨大。

中兴、华为等中国电信设备厂商成为全球五大设备商，其采购份额占了高通的芯片近半壁江山。中兴、华为、酷派、联想、TCL、小米、魅族、OPPO等手机厂商崛起之后，又成为高通手机芯片的主要采购商，占高通芯片销售的30%以上。2013年财年报告表明，高通全球总营收249亿美元，中国市场营收约为123亿美元，占比约49%。按照Strategy Analytics统计，如果按照出货量算，2013年Q2在全球蜂窝基带芯片市场上，高通达到63%、联发科占据13%、Intel占据7%，位居第四的展讯、第五的博通基本可以忽略不计。人们有理由问：高通垄断了吗？

高通营业收入来源于其特有的"双重专利费"游戏规则。具体做法是，不向芯片厂商授权,转而向这些芯片厂商的客户收取专利费。其专利授权费包括两部分:第一,固定的授权费(license fee),通常为每个厂家50万美元;第二,浮动的专利使用费(royalties),即按手机的出厂价向手机厂商收取一定比例的专利费。在中国,WCDMA和CDMA手机的专利收取比例为5%,LTE的专利收取比例为4%。根据本游戏规则,手机厂商就算已经购买了高通的芯片,还要为此额外付出2%~3%点的专利费;而联发科等芯片厂商也需要额外给高通付费。美国高通公司的专利授权模式可能在以下七个方面存在问题:第一,以整机作为计算许可费的基础;第二,将标准必要专利与非标准必要专利捆绑许可;第三,要求被许可人进行免费反许可;第四,对过期专利继续收费;第五,将专利许可与销售芯片进行捆绑:第六,拒绝对芯片生产企业进行专利许可;第七,在专利许可和芯片销售中附加不合理的交易条件。

按照ETSI(欧洲电信标准研究所)数据,高通在LTE核心专利方面大约占比14%~15%,华为、中兴分别占据约9%、7%。尽管高通公司在LTE专利中不占绝对优势,但是它仍能迫使其他厂商(比如,联想、酷派、小米等),支付高额专利费。在高通2013年前三季度248.7亿美元收入中,75.5亿美元来自技术许可,占其利润的70%,全球绝无仅有!

国家发改委反垄断局所辖执法调查处的工作人员基于"部分国内公司的举报"突击造访了高通在北京和上海两地的办公室。高通涉嫌垄断地位调查于2013年11月拉开了序幕。2014年2月19日,国家发改委价格监督与反垄断局局长许昆林首次证实:发改委正在对高通公司开展价格垄断调查。随后,高通公司总裁Derek Aberle于2014年4月、5月、7月三次率相关高管来中国接受发改委相关问询。2014年7月24日,国务院总理李克强接见了高通公司CEO莫伦科夫。同时,发改委已经确定了高通垄断事实。

为应对中国发改委反垄断调查,高通新上任总裁Derek Alberle发布了三项和解措施。①高通把部分芯片生产转移中国内地。7月3日,中芯国际与美国高通公司宣布,双方将在28纳米工艺制程和晶圆制造服务方面紧密合作,由中芯国际在中国为美国高通公司制造其骁龙手机芯片。②三模专利费上的"拖字诀"。高通2014年对三模4G手机采取暂时不收费的政策。③高通在北京宣布了总额最高达1.5亿美元的投资承诺,以支持处于各阶段的中国初创企业。

2015年2月,持续一年的高通反垄断案尘埃落定。2015年2月10日,国家发改委公布了对全球最大的手机芯片厂商美国高通公司反垄断调查和处罚的结果,责令高通公司停止相关违法行为,处2013年度其在我国市场销售额8%的罚款,计60.88亿人民币。

高通主动提出了五个方面一揽子整改措施。这些整改措施针对高通对某些无线标准必要专利的许可,包括:

(1)对为在我国境内使用而销售的手机,按整机批发净售价的65%收取专利许可费;

(2)向我国被许可人进行专利许可时,将提供专利清单,不得对过期专利收取许可费;

(3)不要求我国被许可人将专利进行免费反向许可;

(4)在进行无线标准必要专利许可时,不得没有正当理由搭售非无线通信标准必要专利许可;

(5)销售基带芯片时不要求我国被许可人签订包含不合理条件的许可协议,不将不挑战专利许可协议作为向我国被许可人供应基带芯片的条件。

资料来源:2014~2015年《21世纪经济报道》系列文章,2014年7月24日,《每日经济新闻》;2014年7月25日,凤凰财经综合。

中国社会主义市场经济体系不断完善，公平竞争是市场决定资源配置效率的基本机制。随着中国开放型经济体系建设深入推进，公平竞争重要性更加突出。跨国公司的垄断行为对公平竞争和自主创新效率和能力提升的破坏性开始显现。2007年8月30日通过《中华人民共和国反垄断法》，该法自2008年8月1日起施行。2012年5月8日，最高人民法院出台《关于审理因垄断行为引发的民事纠纷案件应用法律若干问题的规定》，该规定自2012年6月1日起实行。中国反垄断法的核心内容是：

（1）滥用市场支配地位，其表现主要有占有支配地位的经营者实施不正当的价格行为；

（2）限制竞争协议，也称为横向的限制竞争行为；

（3）企业合并，牟取市场支配地位的行为；

（4）行政性垄断，是指行政机关或者其授权的部门滥用行政权力限制竞争行为。

高通专利诉讼案就是中国近年来典型的反垄断法实践。

1. 产业规制类型

综合高通反垄断案，结合有关产业规制著作、教材，产业规制分为直接规制和间接规制。直接规制是以防止与自然垄断、信息不对称、外部性和非价值物品有关的经济活动而产生的，并且这些规则具有依据由政府机构认可的法律手段直接介入经济主体决策的特点。直接规制包括经济规制和社会规制。经济规制指自然垄断或信息不对称行业的规制，比如，电力、城市供水、邮政、电信、金融等。社会规制包括直接限制、行政手段、经济手段和信息提供和公开。间接规制指不直接介入经济主体的决策，仅制约阻碍市场机制发挥职能的行为，并且以有效地发挥市场机制职能而建立的完善的制度为目的规制。间接规制的主要内容包括以反垄断法为中心的竞争促进政策和解决信息不对称为目的的政策，如保护消费者利益、公开信息等。⊖

2. 产业规制工具

自然垄断行业的规制工具包括许可制、注册制和申报制等，及价格规制、质量规制。金融、高技术行业等竞争性行业的规制工具包括市场准入与机构合并、业务范围、风险控制、资本充足率、流动性控制、信息不对称、外部性等。

第三节 宏观经济管理

《中共中央关于全面深化改革若干重大问题的决定》指出，科学的宏观调控，有效的政府治理，是发挥社会主义市场经济体制优势的内在要求。有效需求管理和有效供给管理是宏观经济管理的基本内容。

一、有效需求管理

有效需求不足是市场经济运行的固有特征。发达国家和新兴市场国家都存在有效需求不足的问题。二者有效需求不足的原因是不同的。在20世纪30年代的大萧条时期，有效需求

⊖ 干春晖，编著.产业经济学——教程与案例［M］.北京：机械工业出版社，2006:198.

不足十分突出。

🎬 有效需求不足故事

美国 20 世纪 30 年代的有效需求故事

1929 年 10 月 28 日，纽约证券交易所股指暴跌 13%。第二天即 10 月 29 日，美国股指由 360 点暴跌到 40 点。美国经济危机拉开了序幕。

大萧条年代，有一个阿肯色州人为了找工作步行 900 英里①，曼哈顿六号大街某职业介绍所招聘 300 人，却有 5 000 人来应聘，1 500 多万人失业，无事可做。失业的含义是没有收入。但是，在岗工人的收入增长却远低于劳动生产率增长。1920～1929 年，工人每小时的工资只上升了 2%，而工厂中工人的生产率却猛增了 55%。同时，农民的实际收入也由于农产品价格的不断下跌、租税和生活费用的日益上升而正在减少。1910 年，每个农场工人的收入还不到非农场工人收入的 40%，而到 1930 年时，这一比例已低于 30%。

工人和农民收入减少或增长缓慢，导致消费需求严重不足，生产过剩更为严重。1929～1930 年，由于投资者和消费者减少了大约 150 亿美元的支出，国民生产总值的支出约减少了 140 亿美元。

据估计 1929 年美国整个工业的开工率只达到 80%。在这些条件下，无怪乎投资额（用 1958 年美元计算）从 1929 年的 404 亿美元降为 1930 年的 274 亿美元，进而减少到 1932 年的 47 亿美元了。美国投资需求巨幅缩减。

1929 年，消费者购买了国民生产总值的 72%，工商业者投资消费了 18%，美国各联邦、州和地方政府使用了略少于 10%，其余的用于出口。

在一片萧条的景象中，还是有很多新需求给了人们希望。简单的家庭游戏——拼图、强手、跳棋、国际象棋、掷套圈等，却变得大受欢迎。桥牌——小额赌注或无赌注，在各种叫牌约定所带来的新的刺激下颇有进展。研究这一娱乐方式的畅销书作者埃利·克柏森估计，尽管在艰难时期，但全国在桥牌培训上仅 1931 年就花掉了 1 000 万美元，总共（包括购买扑克牌）花了将近 1 亿美元。1934 年年初，或许是作为经济复苏的先兆，爵士乐精神获得了重生。这次复兴主要是通过华美的单簧管唱片和班尼·古德曼的伴舞乐队广播，班尼极好地诠释了欧洲鉴赏家们所谓的"热爵士"。它很快就获得了新的名字：摇摆乐。"米老鼠""唐老鸭"问世把电影工业推向了大萧条时期的第一波小小的高潮。1933 年，美国图书馆协会估计，自 1929 年以来新增的借书人大约在 200 万～300 万，而总的图书流通增长了将近 50%。

这个故事给我们提出的问题是，什么是有效需求呢？有效需求不足是如何形成的？政府如何应对有效需求不足？

🎬 经济学家生平与论述

凯恩斯生平与论述

约翰·梅纳德·凯恩斯（John Maynard Keynes，1883—1946），现代经济学最有影响的

---

① 1 英里 = 1.609 344 千米。

经济学家之一,他创立的宏观经济学与弗洛伊德所创的精神分析法和爱因斯坦发现的相对论一起并称为 20 世纪人类知识界的三大革命。

1883 年 6 月 5 日生于英格兰的剑桥,14 岁以奖学金入伊顿公学,毕业后,以数学及古典文学奖学金入学剑桥大学国王学院。1906 年,凯恩斯成功地通过了英国公务员考试,他进入了英国的印度事务局工作。1908 年,凯恩斯回到剑桥任教。1936 年其代表作《就业、利息和货币通论》(The General Theory of Employment, Interest and Money,简称《通论》)出版,标志着凯恩斯由自由主义者演变为干预主义者。凯恩斯的主要理论贡献就是创立了有效需求管理理论,被称为现代宏观经济学之父。

约翰·梅纳德·凯恩斯论有效需求

凯恩斯认为,总供给价格和总需求价格达到均衡状态时的总需求量决定充分就业。总供给价格(the aggregate supply price),意指所有厂商雇用一定数量工人(N)所要求的最低限度的总收益,而收益则等于成本加利润之和。总需求价格(the aggregate demand price)意指全体厂商雇用一定数量工人(N)预期可以售得的总收益。总需求函数与总供给函数相交点的总需求值称为有效需求。在达到均衡时,如果社会上除自愿失业和摩擦性失业外,已经不存在非自愿失业了,这才是充分就业均衡;如果社会上还存在非自愿失业,那就是小于充分就业均衡。因此,是否达到充分就业均衡,要根据有效需求的大小而决定。

凯恩斯指出,有效需求不足归因于下述三个基本心理因素的作用:一是边际消费倾向递减,它是指消费的增长赶不上收入的增长,其结果将引起消费需求不足;二是资本边际效率递减,它是指人们增加投资时预计可以得到的利润率是递减的,这种心理作用往往使资本家对未来缺乏信心,从而引起投资需求不足;三是人们"心理上流动偏好",这是指人们总喜欢把一定量的货币保存在手边,以应付日常的、临时的和投机的需要。

资料来源:厉以宁.宏观经济学家的产生和发展[M].长沙:湖南人民出版社,1997:110.

(一)总需求的含义与内涵

总需求(the aggregate demand,AD)是指在价格、收入和其他经济变量既定的条件下,消费者、厂商和政府将要支出的数量。因此 AD 衡量的是经济中各种主体的总支出:消费者购买的汽车、政府购买的坦克、厂商购买的卡车,等等。因此概括起来,总需求包括消费需求、投资需求、政府采购和进出口需求。㊀

(二)总需求函数或总需求模型

1. IS 曲线或产品市场均衡曲线

(1)消费函数

$$C = CY = a + bY \tag{11-1}$$

㊀ 保罗 A 萨缪尔森,威廉 D 诺德豪斯.经济学(上)[M].北京:中国发展出版社,2001:149.

（2）储蓄函数
$$S = -a + (1-b)Y \tag{11-2}$$
（3）投资函数
$$I = I(r) = I_p - d_r \tag{11-3}$$
（4）产品市场均衡条件
$$Y = C + I \text{ 或 } S(Y) = I(r) \tag{11-4}$$
（5）IS 曲线
$$Y = \frac{1}{(1-b)}(a + I_p - d_r) \tag{11-5}$$

式中　C——消费者需求量；

　　　a——常数；

　　　b——边际消费倾向；

　　　Y——国民收入；

　　　S——储蓄；

　　　$1-b$——边际储蓄倾向；

　　　I——投资支出；

　　　r——利率；

　　　I_p——利率为零时的投资；

　　　d_r——利率降低或提高引起的投资做出增加或减少的反应的程度，即投资的利率弹性。

2. LM 曲线或货币市场均衡曲线

（1）货币需求函数
$$M^d = (kY - h_r)P \tag{11-6}$$
（2）货币供给函数
$$M^s = M_0 \tag{11-7}$$
（3）货币市场均衡条件
$$M^d = M_0 \tag{11-8}$$
（4）LM 曲线
$$M_0 = (kY - h_r)P \tag{11-9}$$

式中　M^d——货币需求量；

　　　Y——国民收入；

　　　M^s——货币供给量；

　　　M_0——自发的货币投资需求；

　　　k——人们手边持有的实际余额 M^s/P 在国民收入 Y 中所占比例；

　　　P——价格水平；

　　　h_r——投机性货币需求的利率弹性，即利率升或降引起的投机性货币需求做出减或增的程度。

(三) 总需求曲线 (the aggregate demand curve)

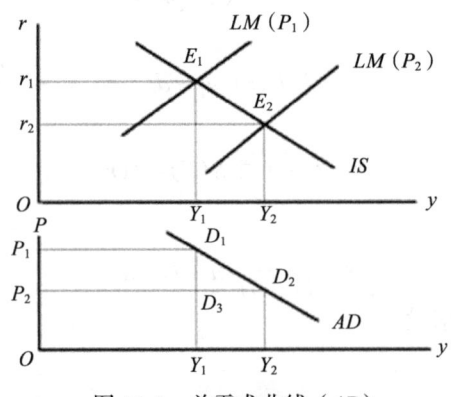

图 11-1　总需求曲线 (AD)

(四) 有效需求的含义及其决定

有效需求指社会充分就业均衡时的总需求或者是预期可给雇主（企业）带来最大利润量的社会总需求，即与社会总供给相等从而处于均衡状态的社会总需求，如图 11-2 所示的 E 点。

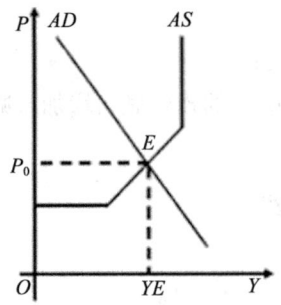

图 11-2　有效需求决定模型

有效需求函数及其决定

$$总需求\ Y = C + I + G + X \tag{11-10}$$

$$总供给\ Y = C + S + T + G \tag{11-11}$$

$$总需求 = 总供给\ C + I + G + X = C + S + T + G \tag{11-12}$$

$$均衡条件\ I = S + (T - G) + (M - X) \tag{11-13}$$

$$总需求 = 总供给\ I = S + (T - G) + (M - X) \tag{11-14}$$

$$总需求 < 总供给\ I < S + (T - G) + (M - X) \tag{11-15}$$

$$总需求 > 总供给\ I > S + (T - G) + (M - X) \tag{11-16}$$

式中　I——投资需求；

C——消费需求；

T——总税收收入扣除政府转移支付之后的净税收入；

G——政府支出；

S——家庭储蓄；

M——一国出口额；

X——一国进口额。

上述有效需求决定模型可以变为三部门和二部门决定模型。

（五）有效需求管理工具

有效需求决定模型表明，有效需求状态是一种偶然状态。在经济运行过程中，有效需求不足或需求过旺成为经济生活的常态。政府在现代经济活动为了保持经济稳定运行，常常干预经济活动，这就是有效需求管理。有效需求决定模型告诉我们，政府管理有效需求不足的基本工具有：

（1）赤字财政政策、增加政府公共支出政策；

（2）提升工资政策、降低利率、减税政策；

（3）扩大出口政策；

（4）其他社会保障政策。

二、有效供给管理

有效供给不足像有效需求不足一样，仍然是市场经济运行的常态。比如，当前世界经济运行的基本特征就是有效供给不足。2013年以来，中国有效供给不足成为经济运行的常态。除这个阶段外，有效供给不足也是改革开放前我国经济运行的特征。

🎬 有效供给不足的故事

票证故事

各地的商品票证通常分为"吃、穿、用"这三大类。食品类除了各种粮油票外，还有猪牛羊肉票、鸡鸭鱼肉票、各类蛋票、糖票、豆制品票及蔬菜票等。服装和用品类的票证更为繁多。从汗衫票、背心票、布鞋票到手帕、肥皂、手纸、洗衣粉、火柴票等，应有尽有。一些贵重物品，如电器、自行车、手表更是一票难求。

票证的种类五花八门，涉及各个领域。什么样的商品就用对应的票证去购买，对号入座，缺一不可。为了管理这些名目繁多的票证，部分地方的商业局还设立票证管理办公室，设专人负责票证发放。在20世纪80年代初期，想吃一次鱼或者糖果，只能等到春节。这里特别介绍粮票故事。

现在的人们可以很自由地持币购买米面油等物品，但是很多年龄大一些的人们仍然还记得，在20世纪50年代末到20世纪90年代初，粮票是人们生活中必不可少的一个票证，如果需要买米面油，必须出示粮票才成，甚至有人后来把粮票形容为"吃饭的护照"。

粮票种类繁多，大致可分为全国粮票、军用粮票、地方粮票和划拨粮票四种。最初的粮票采用16两制计量，1959年改为10两制计量，从1985年起改为公斤制，公斤和市斤并存、混用。面额有半两、

图11-3 粮票式样

壹两、贰两、伍两、壹斤、贰斤、拾斤，甚至百斤、千斤。

20世纪50～80年代，中国城镇居民物质生活水平不高，人们的肚中很难存下油水，有的人家里甚至吃了上顿就惦记下顿。一般人家未到月底，家里的粮食就吃空了，"粮票刚好够花，根本攒不下来"。在这种情况下，被俗称为"粮本"的粮食供应证和户口、结婚证变得同等重要，往往被珍藏在家中。

粮票是如何出现的呢？这还要从1953年谈起。1953年的粮食问题成了党和政府高度重视的一个问题。这个问题由来已久，长期主管中央财经工作的薄一波曾说："建国头几年，国家掌握粮食，以征为主，以市场收购为辅。公粮征收和市场收购的比例，1951～1952年粮食年度为61:39；1952～1953年粮食年度为56:44。"到了1953年农产品需求迅速增长而供给相对不足的情况加剧了，农产品成为稀缺资源，甚至一度引发粮食危机。当时的政务院副总理陈云1953年10月在中共中央政治局扩大会议上谈道，"目前全国粮食情况非常严重。一些主要产粮区未能完成粮食收购任务，而粮食销售量却在不断上升，京、津两地的面粉已不够供应，到了必须实行配售的地步。"

如不采取坚决措施，粮食市场必将出现严重的混乱局面。其结果必将导致物价全面波动，逼得工资上涨，波及工业生产，预算也将不稳，建设计划将受到影响。这不利于国家和人民，只利于富农与投机商人。严重威胁新生政权的稳定和工业化战略的实施。主持经济工作的陈云集中精力，深入研究解决粮食购销问题，最后他认为，要解决粮食购销问题，经过权衡利弊，参考英国经验以及战时经验，他向中央建议采用农村征购，城市配给的方案，名称叫作"计划收购""计划供应"，简称"统购统销"。1953年，中共中央和国务院分别公布了《关于粮食统购统销的决议》《关于实行粮食的计划收购和计划供应的命令》。

通过统购统销，由国家直接控制农产品资源，大大提高了国家的行动能力，并促进了新生国家政权的稳固。薄一波对此评价说，统购统销制度，"在那种条件下，确实是'粮食定，天下定'，粮价稳定是整个物价稳定的关键"。物价稳，则国家稳。

资料来源：根据粮票的故事——票证年代的记忆，http://view.news.qq.com/a/20090924/000022.htm 整理。

票证故事给我们展示了中国20世纪50～80年代全国商品有效供给不足与管理情况。这个故事引我们思考的问题是，什么是有效供给不足？有效供给不足如何管理？在市场经济情形下，如何管理有效供给不足？

经济学家论供给

萨伊定律

让·巴蒂斯特·萨伊（Say Jean Baptiste，1767—1832），法国经济学家。古典自由主义者。他是继亚当·斯密、李嘉图古典经济学派兴起之后的又一个经济学大师。萨伊以对斯密经济学说通俗化和系统化的解释而闻名。其代表作是1803年出版的《政治经济学概论》。他对效用价值论的通俗解释受到马克思的批判。关于供给自动创造需求的观点受到凯恩斯的批判。

萨伊定律又称为萨伊法则，是指供给自动创造自己的需求。萨伊认为，工资、利润、利息和租金等形成了收入，这些收入或者用于消费或者留作储蓄，二者必居其一。通过利率的自动调节，储蓄必然转化为投资。在这种情况下，产量增加或供给增加，收入就增加，需求也随着增加。自由竞争可调节供求失调。

供应学派

萨伊供给自动创造自己需求的思想在20世纪70年代复活。美国供应学派发挥了这个思想。美国供应学派主要代表人物有费尔德思坦、拉弗、万立斯基、保罗·罗伯茨、乔治·吉尔德等。供应学派的观点是：供给指商品和劳务的生产，或者说，指充分发挥市场调节机制作用下的供给增加。由于供给自行创造着需求，所以只要国家不干预私人经济活动，让市场机制充分发挥作用，产品就不会过剩，失业就不会持久存在。通货膨胀是投资大于储蓄引致的。政府采取人为刺激需求，干预利率变动，干预私人经济活动，则产生投资大于储蓄。减税是刺激供给增加的基本政策工具。拉弗曲线是用来表示税收和税率之间函数关系的一种分析工具。持久地降低税率，将会刺激人们储蓄，从而增加商品和劳动力的供给。从长期来看，商品和劳动力的供给增加，将会开辟新的税源，并使税收总额随总产量的增加而增加，财政将会保持收支平衡，一切经济活动都将正常地、顺利地进行。

资料来源：厉以宁.宏观经济学的产生和发展［M］.长沙：湖南人民出版社，1997:215.

📽 权威论述

习近平论供给侧结构性改革

2015年11月10日召开的中央财经领导小组第十一次会议上，习近平强调，在适度扩大总需求的同时，着力加强供给侧结构性改革，着力提高供给体系质量和效率，增强经济持续增长动力，推动我国社会生产力水平实现整体跃升。习近平指出，"我们讲的供给侧结构性改革，同西方经济学的供给学派不是一回事，不能把供给侧结构性改革看成是西方供给学派的翻版，更要防止有些人用他们的解释来宣扬'新自由主义'，借机制造负面舆论。"2016年1月29日中共中央政治局就"十三五"时期我国经济社会发展的战略重点进行第三十次集体学习。在这次会议上，习近平指出，推进结构性改革特别是供给侧结构性改革，是"十三五"的一个发展战略重点。要在适度扩大总需求的同时，着力推进供给侧结构性改革，重点是去产能、去库存、去杠杆、降成本、补短板，增强供给结构对需求变化的适应性和灵活性，推动我国社会生产力水平实现整体跃升。

（一）总供给的含义

总供给指厂商在流行价格、生产能力和成本既定条件下将生产和出售的产出数量。

（二）总供给函数或总供给模型

1. 生产函数

$$Y = F(K, N) \tag{11-17}$$

2. 劳动市场均衡

（1）劳动需求函数 $N^d = N^d(W/P)$ （11-18）

（2）劳动供给函数 $N^s = N^s(W/P)$ （11-19）

式中　N^d——劳动需求量；
　　　N^s——劳动供给量；
　　　W——货币工资率；
　　　P——价格水平。

（三）总供给曲线

总供给曲线有短期、长期和正常状态三种曲线。

1. 短期总供给曲线（或称为凯恩斯供给曲线）

凯恩斯假设存在货币工资 W 和价格 P 具有"刚性"，没有时间来调整货币工资和价格。在既定的价格水平时，厂商愿意供给社会所需求的任何数量产品。此时总供给曲线 AS 是一条水平线，如图11-4所示。

2. 长期总供给曲线（或称古典供给曲线）

古典经济学家假设劳动市场总是出清状态，即货币工资有高度灵活性。当劳动市场存在超额劳动供给时，货币工资就会下降；反之，当劳动市场存在超额劳动需求时，货币工资就会提高。无论价格水平如何变化，经济中的产量总是与劳动力充分就业下的产量即潜在产量相对应，这也就是说，因为全部劳动力都得到了就业，即使价格水平再上升，产量也无法增加，即国民收入已经实现了充分就业，无法再增加了。故而总供给曲线是一条与价格水平无关的垂直线，如图11-5所示。

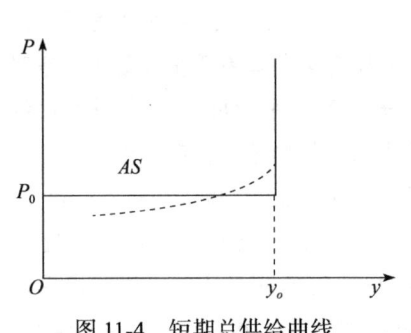
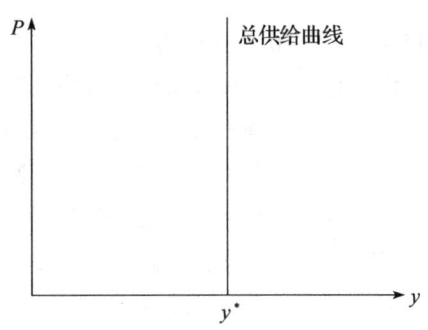

图11-4　短期总供给曲线　　　图11-5　长期总供给曲线／古典总供给曲线

3. 正常总供给曲线（或称新凯恩斯主义总供给曲线）

新凯恩斯主义认为，交错定价、菜单成本以及竞争不充分的存在，会导致工资、价格的黏性，从而使得总供给曲线呈倾斜状态。

（四）有效供给

所谓有效供给是指与消费需求和消费能力相适应的供给，即产品的供需平衡。有效供给的内容有两方面，即产品的品种品质与产品的成本价格。所有供给如果是有效供给，都会归结为其中一种或两种的综合。比如，开发出具有新功能的产品，改进旧产品的性能品质，即是有效供给的表现。另外，我们将产品成本降低，也是有效供给的表现，因为价格下降可促进需求。有效供给包括竞争性产品有效供给和公共产品有效供给（见图11-7中的 E 点）。⊖

⊖　百度百科 "有效供给" http://baike.baidu.com/link？url=Z4Hdmf19lRe4b8iqpIgS9PnlmLxCgvKKwUcmX529HcrFnLnYVBBvbBtaUMoPF57ZBdMVLDODZF9YyflM6RHxaq。

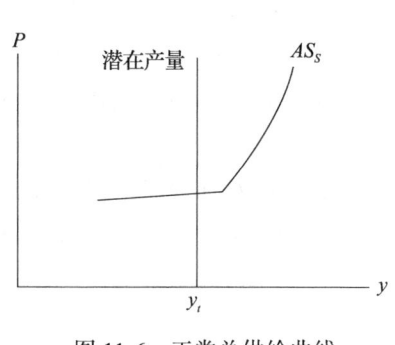

图 11-6　正常总供给曲线

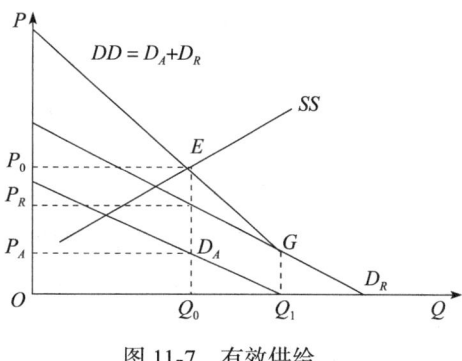

图 11-7　有效供给

1. 竞争性产品有效供给

假设社会上只有 A 和 B 两个人。此时某种产品的市场需求量就是 AB 两人由于收入不同而产生的不同需求量的总和。这一需求曲线和由生产者边际成本决定的该产品的供给曲线相交的点就是市场均衡点。由于在竞争性产品条件下，不存在外部性现象，因此，消费者从该产品消费中所获得的边际效用也就是这一产品的社会边际收益，这样，在市场均衡点上社会边际收益等于个人边际收益总和，等于社会边际成本（$MSR = MRi = MSC, i=1$），实现了帕累托最优。

2. 公共物品有效供给

图 11-7 中 D_A 和 D_B 线分别是个人 A 与 B 对某公共产品的需求曲线，这一曲线与他们消费公共产品所得到的边际效用应该是一致的。全社会对该公共产品愿意支付的价格应由不同个人愿意支付的价格加总得到。这样该公共产品的市场需求曲线 DD 就是每个人的需求曲线的垂直相加，即 $DD = D_A + D_B$。SS 是与公共产品的边际成本相一致的供给曲线，它与 DD 的交点 E 决定该公共产品的均衡产量。由于消费者的出价是与其消费公共产品所获得边际效用相一致的，所以所有消费者出价的总和就是其边际效用的总和，即社会边际收益。这样，在 E 点社会边际成本等于社会边际收益，实现了帕累托最优。

（五）有效供给管理工具

（1）税收政策。
（2）创新政策。
（3）产业政策。
（4）技术政策。
（5）创业政策。

第四节　案例

一、案例

有效需求管理还是有效供给管理

2015 年，中央政府加快了结构性改革步伐，推出了一系列的政策，包括增支减税、创新创业、产业发展等政策。这些政策是需求管理还是供给管理？引起了人们极大的兴趣和争论。

2015 年增支减税政策有：2015 年前七个月全国财政支出 90 020 亿元，比上年同期增加 10 610 亿元，增长 12.1%，高出收入增幅 6.7 个百分点；完成预算的 52.5%，进度同比加快 0.6 个百分点。减税降费方面，主要是扩大小微企业所得税减半征收覆盖面，从年应纳税所得额低于 10 万元扩大到低于 20 万元，将个人转让住房营业税免税年限由五年恢复为两年，下调铁矿石资源税征收比例，取消或停征 12 项中央级行政事业性收费，对小微企业免征 42 项行政事业性收费和 5 项政府性基金，取消 7 项水运涉企行政事业性收费，降低失业保险费率 1 个百分点，降低部分日用消费品进口关税，提高高附加值产品、玉米加工品、纺织品服装等产品的出口退税率等。

有的学者认为，增支减税降费政策是刺激需求的政策。政府支出增长主要领域是公共产品投资，比如铁路、公路等投资。这就是典型的凯恩斯应对有效需求不足的扩张性财政支出政策。有的学者认为，增支政策表面上看是扩大需求政策，实际上是增加供给政策。比如，铁路投资的主要领域是高铁，这是增加了有效供给。减税政策是典型的增加供给的政策，与供应学派的主张没有区别。2015 年的增支减税降费政策是有效需求管理吗？还是有效供给管理？

除了前述的增支减税政策外，财政政策还广泛应用于产业发展。2015 年调整完善农业补贴政策，支持耕地质量保护和粮食适度规模经营，释放农业发展活力。支持智能制造和工业强基，大力支持大众创业、万众创新，将中关村职工教育经费税前扣除政策，以及科技企业转增股本、股权奖励分期缴纳个人所得税等政策推广至全国；完善加速折旧政策，对符合要求企业放宽适用折旧条件。

产业技术政策亦不断推出。启动首台（套）重大技术装备保险补偿试点，降低企业使用风险；设立集成电路产业投资基金。创新创业政策继续推出了支持 15 个试点城市开展小微企业创业创新基地城市示范；加大对基础性、前沿性等科学研究的支持力度，启动实施国家科技成果转化引导基金。绿色发展政策力度增强。新出台的绿色发展政策有：支持节能减排和环境保护，加快推广新能源汽车，继续实施节能减排综合示范，加大大气污染防治支持力度，支持京津冀、长三角、珠三角等重点区域形成环保设施和环保能力。

应用于产业发展的财税政策、技术政策、创新政策不就是增加供给的政策吗？赞同有效供给管理的学者有了更多的证据。这些政策刺激了企业开发新产品、新技术，向市场提供了新商品。这不就是商品供给自动创造需求吗？与萨伊法则何异？

2014 年以来，国人出国追捧欧洲婴幼儿配方奶粉、新西兰进口牛奶、昂贵的日本大米、高性能的家居用品。这些产品都不便宜。比如，日本马桶盖一点也不便宜，售价在 2 000 元左右，它有抗菌、可冲洗和座圈瞬间加热等功能。中国居民新一轮消费潮的痛点是：高端品质制成品。这是偶然的吗？

2015 年 10 月 13 日，瑞信（Credit Suisse）发布的"2015 全球财富报告（Global Wealth Report 2015）"（下称"瑞信财富报告"）指出，中国家庭财富总值达 22.8 万亿美元，超过日本成为世界第二富裕国家，仅次于美国；同时，中国拥有全球最庞大的中产阶层人口，达 1.09 亿人，超越美国的 9 200 万人中产阶层人数。瑞信推测数据可能低估了中国中产阶层人数。西南财经大学中国家庭金融调查与研究中心中国家庭金融调查（China Household Finance Survey, CHFS）报告表明，2015 年中国中产阶层成年人口占成年人口比例为 20.1%，远高于瑞信所估计的 10.7%；中产阶层成年人平均财富约为 13.9 万美元，也远高于瑞信所估计的 6.8 万美元。如以每人拥有 5 万～50 万美元的净财富来界定中产阶层成年人，结合 CHFS 数据推算，中国中产阶层成年人口数量应该是 2.04 亿人，掌握的总财富应为 28.3 万亿美元。世界第一的中产阶层人群消费什么呢？对比美国、日本等发达国家中产阶层消费特点，中国中产阶层消费人群的消费需求应当是：中高端品质的产品和服务。2016 年中高端华为智能机 MATE S，MATE8，P9 一推出就热销似乎印证了这一消费需求变化。

只有中国消费者有了中高端产品需求吗？不。事实上，国内半制成品市场也呈现中高端技术产品需求趋势。但是国内市场供给能否满足呢？目前，钢铁、水泥、平板玻璃、电解铝等不少行业产能严重过剩。"去产能"就成了中国政府 2016 年"三去一降一补"的中心工作之一。2015 年三季度钢铁行业集体巨亏 17.3 亿元。34 家上市钢企中有 21 家钢铁企业亏损，占比超过上市钢企的 61%。"宝钢产品技术含量较高，市场占有率也较高，导致其产品的议价能力较好，同时竞争对手也较少"。以宝钢为代表的部分钢企在行业寒冬中实现了盈利。这表明，钢铁市场供给满足不了用户中高端钢铁产品需求。核心技术产品需求始终依靠进口的状况总体上没有改变。

这些新需求问题靠需求管理政策呢还是供给管理政策？如果实施需求管理政策，就要扩大国外进口规模，刺激国内产能过剩行业扩大出口。那些主张有效需求管理的经济学家争辩道，"一带一路"倡议就是应对需求不足和新需求增加的国际贸易战略。那些主张供给管理政策的经济学家则强调，创新创业政策、产业技术政策、新兴产业政策从根本上说是增加中高端供给的政策，这是毋庸置疑的。

2016 年 7 月 20 日国务院常务会议公告为供给管理政策增添了新的证据。本次国务院常务会议提出，"十三五"期间国家科技创新专项规划的主要任务是：

一是增强原始创新能力，加强基础和前沿技术研究，整合优化资源配置，瞄准引领未来发展的战略领域，布局建设一批重大科技设施、国家科研与技术创新基地等。提高创新型人才规模和质量。强化区域和国际创新合作，使国家综合创新能力世界排名明显提升。

二是构筑先发优势，用好比较优势，聚焦国家战略和民生改善需求，在量子通信、精准医疗等重点领域启动一批新的重大科技项目，强化种植业、煤炭清洁高效利用、第五代移动通信、智能机器人等重大产业技术开发，推进颠覆性技术创新，培育新动能，带动传统产业改造升级，使科技进步贡献率达到 60%，提高人民群众生活品质。

三是依托大众创业、万众创新平台，强化企业在科技创新中的主导作用，打造高效协同的创新生态链。完善科技创新服务和众创空间等创业孵化体系，建设统一开放的技术交易市场，引导更多资源向创新汇聚。

四是加快科技体制机制改革步伐，充分调动科技人员积极性。尽快落实改进科研经费管理使用、科技成果权益分配等政策措施，破除束缚创新和成果转化的制度障碍，提高科研资金使用效益，加强知识产权的保护和运用。强化科普和创新文化建设，促进形成崇尚创新的社会氛围。

会议还认为：发展"互联网+"、高效物流，是适度扩大总需求、推进供给侧结构性改革的重要举措，有利于促进就业、提高全要素生产率。㊀

二、讨论题

（1）近三年来，中国是有效需求不足的问题还是有效供给不足的问题？

㊀ 本案例由作者整理改编。

（2）中国的供给管理与有效需求管理有何关系？

（3）中国的供给管理与美国供给学派的供给管理在理论上有何不同？

（4）中国供给管理政策工具有哪些？

○本章要点

1. 法治是中国政府经济管理基本指导思想。
2. 政府与市场关系。
3. 产业规制的动因。
4. 产业规制的类型。
5. 产业规制的工具。
6. 有效需求的含义与特征。
7. 总需求的含义与总需求曲线。
8. 总需求模型。
9. 有效需求决定模型。
10. 有效需求管理工具。
11. 总供给的含义与特征。
12. 总供给曲线。
13. 有效供给的含义和特征。
14. 有效供给决定模型。
15. 有效供给管理工具。

○关键术语

资源配置	产业规制	直接规制	间接规制
经济规制	社会规制	总供给	总需求
有效需求	有效供给		

○延伸阅读

1. 亚当·斯密.国富论［M］.北京：商务印书馆，1990.
2. 约翰·梅纳德·凯恩斯.就业、利息和货币通论［M］.
3. 约瑟夫·斯蒂格利茨.产业组织与规制［M］.上海：三联书店，1996.
4. 厉以宁.宏观经济学的产生和发展［M］.长沙：湖南人民出版社，1997.
5. 保罗 A 萨缪尔森，威廉 D 诺德豪斯.经济学（上）［M］.北京：中国发展出版社，2001.
6. 干春晖.编著.产业经济学——教程与案例［M］.北京：机械工业出版社，2006.
7. 宋承先.现代西方经济学（宏观经济学）［M］.上海：复旦大学出版社，1997.
8. 刘诗白.我国转轨期经济过剩运行研究［M］.成都：西南财经大学出版社，2000.
9. 胡培兆.有效供给论［M］.北京：经济科学出版社，2004.

经济管理类精品规划教材系列

课程名称	书号	书名、作者及出版时间	定价
税务筹划	978-7-111-45031-3	税务筹划与国际税务（王素荣）（2013年）	39
财务管理（公司理财）	978-7-111-44665-1	财务管理原理（第2版）（王明虎）（2013年）	35
财务管理（公司理财）	978-7-111-31468-4	公司财务管理（吴立范）（2010年）	48
财务管理（公司理财）	978-7-111-46442-6	公司财务管理（叶陈刚）（2014年）	39
财务管理（公司理财）	978-7-111-33229-9	公司理财（周夏飞）（2011年）	38
财务分析	978-7-111-48649-7	财务分析（第3版）（鲁爱民）（"十二五"普通高等教育本科国家级规划教材）（2014年）	35
网络支付与结算	即将出版	网上支付与电子银行（第2版）（帅青红）（2015年）	29
网络支付与结算	978-7-111-30379-4	网上支付与电子银行（帅青红）（2010年）	29
网络营销	978-7-111-35888-6	网络营销（杨路明）（2011年）	32
网络营销	978-7-111-44080-2	网络营销：理论、策略与实战（卓骏）（2015年）	30
电子商务物流管理	978-7-111-44294-3	电子商务物流管理（第2版）（杨路明）（2013年）	39
电子商务法	978-7-111-32870-4	电子商务法（张继东）（2011年）	32
电子商务安全管理	978-7-111-32556-7	电子商务安全与电子支付（第2版）（杨坚争）（2011年）	28
电子商务	978-7-111-48635-0	电子商务概论（第2版）（孙军）（2015年）	35
战略管理	978-7-111-30855-3	战略管理：获取竞争优势之道（张文松）（2010年）	38
运营管理	978-7-111-45739-8	生产与运作管理（第2版）（陈志祥）（2014年）	35
运营管理	978-7-111-46120-3	运营管理（第3版）（马风才）（"十二五"普通高等教育本科国家级规划教材）（2014年）	35
领导学	978-7-111-47932-1	领导学：方法与艺术（第2版）（忤凤清）（2014年）	39
管理学学习指导	978-7-111-44584-5	管理学学习指导（郝云宏，向荣）（2013年）	35
管理学	978-7-111-43793-2	管理学（郝云宏、向荣）（2013年）	39
管理学	978-7-111-35399-7	管理学（李彦斌）（2011年）	35
管理学	978-7-111-44254-7	现代管理学（第2版）（"十一五"国家级规划教材）（张英奎）（2013年）	30
创业管理	978-7-111-36622-5	创业学（张文松）（2011年）	29
质量管理	978-7-111-41192-5	质量管理（第2版）（马风才）（2013年）	30
项目管理	978-7-111-32042-5	项目管理（孙新波）（"十二五"普通高等教育本科国家级规划教材）（2010年）	39
项目管理	978-7-111-40259-6	项目管理概论（第2版）（宋伟）（2012年）	30
税务会计	978-7-111-41879-5	纳税会计（王红云）（2013年）	39
会计学	978-7-111-46279-8	会计学基础（邱玉莲）（2014年）	39
管理会计	978-7-111-46850-9	管理会计：理论•模型•案例（第2版）（精品课）（温素彬）（2014年）	40
成本会计	978-7-111-49022-7	成本会计学（韩庆兰）（2015年）	35
成本管理会计	978-7-111-44597-5	成本管理会计（第3版）（精品课）（崔国萍）（2013年）	38
组织行为学	978-7-111-46172-2	组织行为学（第2版）（王晶晶）（2014年）	35
组织行为学	978-7-111-27494-0	组织行为学（肖余春）（2009年）	38
薪酬管理	978-7-111-44129-8	薪酬管理：理论与实务（第2版）（刘爱军）（2013年）	39
人力资源管理	978-7-111-44594-4	人力资源管理（张英奎）（2013年）	35
人力资源管理	978-7-111-43953-0	人力资源开发与管理（冯光明）（2013年）	39
营销策划	978-7-111-38329-1	营销策划：方法、技巧与文案（第2版）（孟韬）（2012年）	39
消费者行为学	978-7-111-48390-8	消费者行为学（第3版）（王曼）（2014年）	39
消费者行为学	即将出版	消费者行为学：基于消费者洞察的营销策略（吴柏林）（2015年）	39
市场营销（营销管理）	即将出版	市场营销：超越竞争，为顾客创造价值（第2版）（精品课）（杨洪涛）（2015年）	39
市场营销学（营销管理）	978-7-111-42983-8	市场营销管理：需求的创造与传递（第3版）（精品课）（钱旭潮）（"十二五"普通高等教育本科国家级规划教材）（2013年）	39
市场营销学（营销管理）	978-7-111-24623-7	市场营销学（兰苓）（2008年）	32
市场调研与预测	978-7-111-41102-4	市场研究：方法与应用（唐小飞）（2013年）	39
商务谈判	978-7-111-23176-9	商务谈判实务与案例（石永恒）（2008年）	28
品牌管理	978-7-111-45544-8	品牌审美与管理（李杰）（2014年）	45
零售营销（管理）	978-7-111-38292-8	零售营销（李桂华）（2012年）	35
客户关系管理	即将出版	客户关系管理：理念、技术与策略（第2版）（苏朝晖）（2015年）	35
客户关系管理	978-7-111-39847-9	客户关系管理：理念、技术与策略（苏朝晖）（2012年）	32
国际市场营销学	978-7-111-39277-4	国际市场营销学（第2版）（精品课）（李威）（2012年）	38
国际市场营销学	即将出版	国际市场营销学（第3版）（精品课）（李威）（2015年）	39
广告策划	978-7-111-42350-8	广告策划：实务与案例（第2版）（吴柏林）（2013年）	35

经济管理类精品规划教材系列

课程名称	书号	书名、作者及出版时间	定价
国际企业管理	978-7-111-42234-1	跨国公司经营与管理（卢进勇、陈恩专）（2013年）	39
运筹学	978-7-111-44298-1	运筹学（李峰）（2014年）	39
管理系统工程	978-7-111-35038-5	管理系统工程：方法论及建模（王新平）（2011年）	32
国际物流学	978-7-111-38579-0	国际物流学（逯宇铎）（2012年）	39
国际投资	978-7-111-41737-8	国际投资学（胡朝霞）（2013年）	35
国际商务谈判	978-7-111-42333-1	国际商务谈判（白远）（2013年）	29
国际商务	978-7-111-42330-0	国际商务（王炜瀚）（2013年）	45
国际商法	978-7-111-49679-3	国际商法（刘刚仿）（2015年）	39
国际贸易英文函电	978-7-111-30151-6	国际贸易英文函电（田野青）（2010年）	24
国际贸易英文函电	978-7-111-41657-9	外贸函电（王美玲）（2013年）	35
国际贸易学	978-7-111-49060-9	国际贸易学（陶涛）（2015年）	35
国际贸易实习	978-7-111-45087-0	国际贸易实务实验教程（李雁玲）（2014年）	30
国际贸易实务	978-7-111-38375-8	进出口贸易实务教程（宫焕久）（2012年）	39
国际贸易理论与实务	978-7-111-38549-3	国际贸易理论与实务（陈岩）（2012年）	39
国际经济合作	978-7-111-42603-5	国际经济合作（卢进勇）（2013年）	45
国际金融学	978-7-111-37659-0	国际金融学（刘园）（2012年）	38
国际结算	978-7-111-34376-9	国际结算（徐进亮）（2011年）	38
国际服务贸易	978-7-111-41997-6	国际服务贸易（陈宪）（2013年）	35
当代世界经济	978-7-111-48058-7	世界经济概论（刘文革）（2014年）	35
中央银行学	即将出版	中央银行学（汪洋）（2015年）	39
投资银行学	978-7-111-47822-5	投资银行学：理论与案例（第2版）（马晓军）（2014年）	40
金融学（货币银行学）指导或案例	即将出版	《货币金融学》习题集（蒋先玲）（2015年）	30
金融学（货币银行学）	978-7-111-42046-0	货币金融学（蒋先玲）（2013年）	45
金融市场营销	978-7-111-30588-0	金融市场营销（唐小飞）（2010年）	35
金融客户关系管理	978-7-111-31384-7	金融业客户关系管理（付晓蓉）（2010年）	30
金融风险管理	978-7-111-43745-1	金融风险管理（闫永新）（2013年）	35
金融分析	978-7-111-31108-9	金融分析：原理及应用（曹华）（2010年）	45
固定收益证券	978-7-111-45456-4	固定收益证券（李磊宁）（2014年）	39
固定收益证券	978-7-111-32258-0	固定收益证券分析（潘席龙）（2010年）	38
（证券）投资学	978-7-111-46328-3	投资学原理及应用（第2版）（贺显南）（2014年）	35
统计学	978-7-111-42504-5	统计学（向蓉美）（2013年）	39
经贸英语	978-7-111-40348-7	经贸英语阅读教程（第3版）（潘忠）（2012年）	25
经贸英语	978-7-111-46218-7	商务英语阅读教程（杨伶俐）（2014年）	29
经济法	978-7-111-44659-0	经济法（第2版）（郭懿美）（2014年）	39
经济法	978-7-111-41779-8	经济法（刘大洪）（2013年）	39
计量经济学	即将出版	计量经济学及其应用（第2版）（杜江）（2015年）	39
计量经济学	978-7-111-29842-7	计量经济学及其应用（杜江）（2010年）	29
博弈论	978-7-111-30394-7	博弈论及其应用（李蕃义）（2010年）	25
金融服务营销	978-7-111-30999-4	金融服务营销（周晓明）（2010年）	30
国际市场营销学	978-7-111-44117-5	国际市场营销（刘宝成）（2013年）	39
物流系统分析	978-7-111-34995-2	现代物流方案策划与设计（李学工）（2011年）	36
物流经济学	978-7-111-28386-7	物流经济学（舒辉）（2009年）	32
物流管理信息系统	978-7-111-48619-0	物流管理信息系统（王道平）（2014年）	35
物流管理	即将出版	物流学（舒辉）（2015年）	39
物流管理	978-7-111-38308-6	物流学（徐剑）（2012年）	39
供应链（物流）管理	978-7-111-38674-2	供应链管理（邓明荣）（2012年）	39
信息系统分析与设计	即将出版	管理信息系统课程设计（贺超）（2015年）	29
信息检索（多媒体）	即将出版	信息检索与处理（王知津）（2015年）	39
管理信息系统	即将出版	管理信息系统（第2版）（王恒山）（2015年）	29
管理信息系统	978-7-111-35417-8	管理信息系统（庄玉良）（2011年）	39